北京文物与考古系列丛书

丰台南苑汉墓

北京市文物研究所　编著

科 学 出 版 社
北 京

内 容 简 介

本书为2015年至2016年北京丰台南苑槐房、新宫、植物油厂三处地点考古发掘报告。三处地点共揭露面积约4425平方米，发掘汉代墓葬54座、汉代窑址14座、唐代墓葬7座、辽金元墓葬4座、清代水井4眼，以汉墓为主体，时代主要为东汉中晚期至魏晋时期，为了解和研究南苑地区考古学文化内涵提供了新的资料。

本书可供考古学、历史学等学科研究者，以及高等院校相关专业师生阅读、参考。

图书在版编目（CIP）数据

丰台南苑汉墓 / 北京市文物研究所编著. —北京：科学出版社，2019. 6
（北京文物与考古系列丛书）
ISBN 978-7-03-061620-3

Ⅰ. ①丰…　Ⅱ. ①北…　Ⅲ. ①汉墓-考古发掘-研究-丰台区
Ⅳ. ①K878.84

中国版本图书馆CIP数据核字（2019）第115176号

责任编辑：王光明　责任校对：邹慧卿
责任印制：肖　兴 / 封面设计：美光设计

科学出版社 出版
北京东黄城根北街16号
邮政编码：100717
http://www.sciencep.com
中国科学院印刷厂 印刷
科学出版社发行　各地新华书店经销
*
2019年6月第 一 版　开本：889 × 1194　1/16
2019年6月第一次印刷　印张：17 1/4　插页：48
字数：670 000

定价：328.00元

（如有印装质量问题，我社负责调换）

目　录

插图目录

插表目录

图版目录

第一章　绪　　论

第一节　地理环境与历史沿革

丰台南苑位于北京市东南部，北与西城区、东城区相接，南与大兴区接壤，东与朝阳区相连，西与丰台区花乡毗邻。地处永定河冲积扇平原，地势平缓，西北略高，东南略低，海拔42—36米，凉水河及其3条支流自西北向东南流过。

南苑乡面积56.74平方千米，辖区内由北至南依次有南二、三、四环路，东西两侧有京开和京沪高速公路，南部有南苑机场，西北部有新建的北京南站。地理位置优越，交通便捷，距天安门5千米，素有天安门前第一乡之称（图一）。

丰台区地形东西狭长，西北部为太行山山脉东麓，其西部边界上的马鞍山海拔690米，沿东南至永定河逐渐降为丘陵、岗地和台地，永定河以东为冲积平原，占全区面积的五分之三，东南边缘最低海拔35米。永定河是丰台区最大的过境河流，自北而南由石景山区流经丰台区进入大兴区，境内长约15千米的河段，将丰台区分为东、西两个部分，两侧皆有季节性河流、小溪汇入。

丰台区地处华北大平原北部，西去20余千米即是太行山余脉，东南距渤海150千米。冬季受高纬度内陆季风影响，寒冷干燥，夏季受海洋季风影响，高温多雨，是典型的暖温带半湿润季风性气候。

丰台区历史悠久[①]，商周时期，属古代北京——蓟城的郊野，燕并蓟后，属燕国。秦灭燕后属广阳郡。西汉时为燕国、广阳郡和广阳国属地。东汉时为幽州，治所在蓟。建安十八年（213年），幽州并入冀州，属广阳郡地。三国时期，改为燕郡，属幽州燕郡。太和六年（232年），改郡为国，蓟县属幽州燕国。魏、晋、北魏为蓟、广阳县地。北齐至隋为蓟、良乡县地。唐建中二年（781年），析蓟县西界为幽都县，与蓟县同为幽州治所。辽会同元年（938年），改蓟县为蓟北县。开泰元年（1012年），改幽都府为析津府，改幽都、蓟北为宛平和析津。金贞元元年（1153年），改析津为大兴。同时，今右安门以东的南苑乡地区属大兴县，西部北公村以南属良乡县，中间大部分属宛平县。元代大兴先后属燕京路大兴府和大都路。明代大兴先后属北平府和顺天府。清朝称“丰台镇”，清末，丰台镇以东、大红门以北划为城属区。

① 北京市丰台区地方志编纂委员会：《北京市丰台区志》，北京出版社，2001年。

图一　丰台南苑地理位置示意图

民国时期，丰台镇及以西地区属河北省宛平县，丰台镇以东为北平市郊区。1948年12月丰台划为北平市郊区。后来丰台区划几经变动，于1952年改为丰台区。最后至1967年，大致确定了今天的管辖范围。

南苑，作为现在的一个地区名，昔日为御苑名，在皇宫之南，故名。南苑在元、明、清三代为皇家苑囿，历代所指不一，清置总尉防御等官把守，其中养殖禽兽，专供皇帝游猎享乐。《大清一统志》记载："南苑在京城永定门外二十里，方圆一百六里。原为下马飞放泊，明永乐中增广，亦名南海子，周围绕以短垣，麋鹿雉兔，蕃息其中，时命禁旅行围，以肆武事。"

早在辽金时期，南苑是辽南京城、金中都城东南面的一片郊野，那里水草丰美，各种野生禽兽多栖息其间。由于地势开阔，河湖泉水密布，是贵族常来游猎的地方。元朝修建大都城，城南这一片水草丰美的地方被正式命名为“下马飞放泊”，与大都城内海子（今积水潭、后海、什刹海、北海、中海）遥相呼应。明代的南苑被命名为“南海子”。永乐十二年（1414年）修筑的围墙为黄土夯筑的垣墙，长达 60 千米，将200 余平方千米的猎场围筑起来，同时在围墙东、南、西、北各开一门，分别称“东红门”“南红门”“西红门”“北红门”，并设有“海户”护守，谓之“南海子”。其中北红门正对着北京旧城永定门，是皇帝出入最便捷的一座大门，由此为南苑正门，也称“大红门”，门开三个门洞，比其他门在规制上高。

清朝入主中原后，南海子被称为“南苑”，虽然后来建立起了西苑、北苑，但南苑仍然是当时北京地区最大的猎场，清朝皇帝在此修建4处行宫和若干庙宇，分别为旧衙门行宫（又称德寿寺，现地名旧宫）、南红门行宫（现地名南宫）、新衙门行宫（现地名新宫）和团河行宫，现仅存团河行宫。清朝在南苑周围开九门，正门为大红门，又称“北红门”，位于今南四环路大红门立交桥所在地，是由南苑往永定门的必经之路。《帝京景物略》记载：“城南二十里有囿，曰南海子，方一百六里。”乾隆后期，西苑兴建后，南苑逐渐停建，同治间于此设神机营，苑内多獐子、野兔、麋鹿，并圈养老虎，作狩猎之用。

光绪二十八年（1902年）六月，清廷下令成立南苑督办垦务局，出售“龙票”（是指清代南苑督办垦务局发给垦户的执照，执照为清廷奉宸苑印制，四周边框印有飞龙、祥云，故俗称龙票）拍卖南苑内的荒地。南苑土地开始被大量抢占，社会不同阶层的人都来到南苑。不久，南苑出现新村落。袁世凯在光绪三十年（1904年）在南苑内修筑兵营房，光绪三十二年（1906年）又修建了京苑轻便轨道。宣统二年（1910年），清政府在南苑研制飞机，建简易飞机跑道。

民国二年（1913年），北洋政府在南苑设立第一所航空学校，并建有飞机场，由此开始了南苑长期作为兵营的历史。

中华人民共和国成立后，这里发展为北京近郊重要的农业区和工业区，20世纪50年代，南郊农场和红星人民公社的出现，使这里成为北京重要的副食品生产基地。

第二节 工作概况与发掘经过

本报告收录2015—2016年北京市文物研究所为配合城市基本建设，在北京丰台南苑地区开展的三项考古工作。三个项目分别为：南苑槐房村NY-019地块（简称“槐房”）、南苑槐房村和新宫村旧村改造项目第七宗土地项目（简称“新宫”）、南苑植物油厂保障房住房项目（简称“植物油厂”）。大致范围：东邻槐房路，西至槐房西路，北起今北京市南四环中段北侧，南至南苑公园，京开高速以东至槐房路以西之间的南苑西路两侧（图二）。

槐房村NY-019地块，位于北京市丰台区南苑镇，西邻槐房西路新宫地铁站，东邻南苑西路，南邻未知道路。地理坐标为东经116° 21′ 46.87″，北纬39° 48′ 33.15″。该发掘区域内

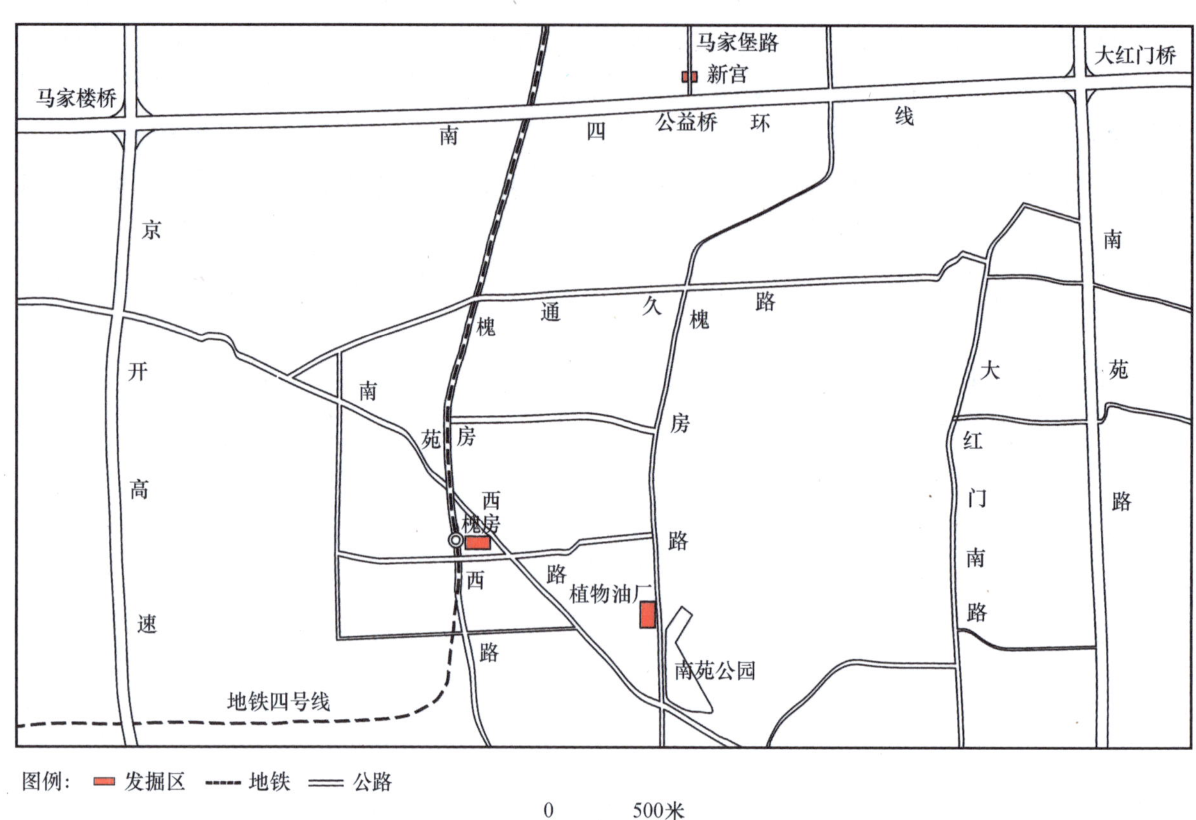

图二　发掘区位置示意图

地势较为平坦，地表为现代建筑垃圾与回填渣土。北京市文物研究所于2016年4月11日至5月5日对此地块具备勘探条件的区域进行了考古勘探。2016年5月8日至6月15日和8月30日至9月1日，分两次对勘探发现的28座古墓葬及2座窑址进行了考古发掘，发掘面积2000平方米，前后历时42天（图三）。项目负责人白岩，发掘执照号为考执字（2017）第（001）号。田野具体发掘工作由白岩、刘风亮负责。

槐房村和新宫村旧村改造项目第七宗土地项目，位于北京市丰台区东南部，南邻公益桥北侧绿化带，马家堡路从中穿过，其北邻未来假日花园及中国石油加油站，东临景馨园小区，西面是大众汽车（北京）中心。地理坐标为东经116° 22′ 20.2″，北纬39° 49′ 51.8″。北京市文物研究所于2015年4月6日至5月12日，对此项目占地范围内的区域进行了考古勘探。于2015年9月28日至11月12日，对勘探发现的17座古墓葬和5座窑址进行了考古发掘，发掘面积1231平方米（图四）。项目负责人郭京宁，发掘执照号为考执字（2015）第（561）号。田野具体发掘工作由郭京宁负责。

南苑植物油厂保障房住房项目，位于北京市丰台区东南部，地处南苑植物油厂院内，其东临槐房路，与南苑公园隔槐房路相望，北邻槐房南里小区，南面是槐房村。西南角地理坐标为东经116° 21′ 54.4″，北纬39° 48′ 33.5″。北京市文物研究所于2016年8月20日至9月24日对项目范围进行了考古勘探，于2016年10月21日至11月17日对勘探发现的20座古墓葬、7座窑址

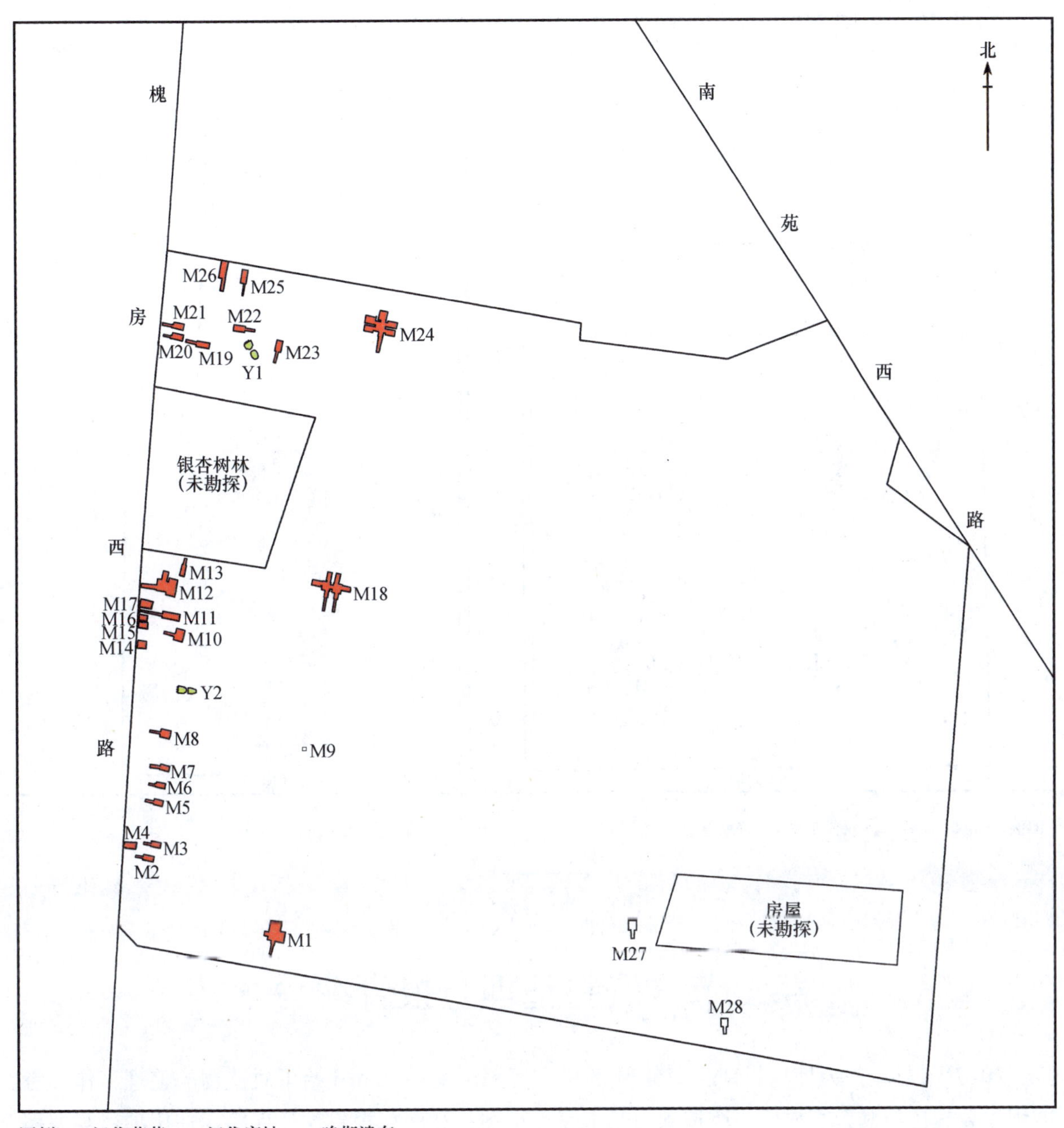

图三 槐房遗迹分布图

和4眼水井进行了考古发掘，发掘面积1194平方米（图五）。项目负责人魏然，发掘执照号为考执字（2016）第（785）号。田野具体发掘工作由魏然负责。

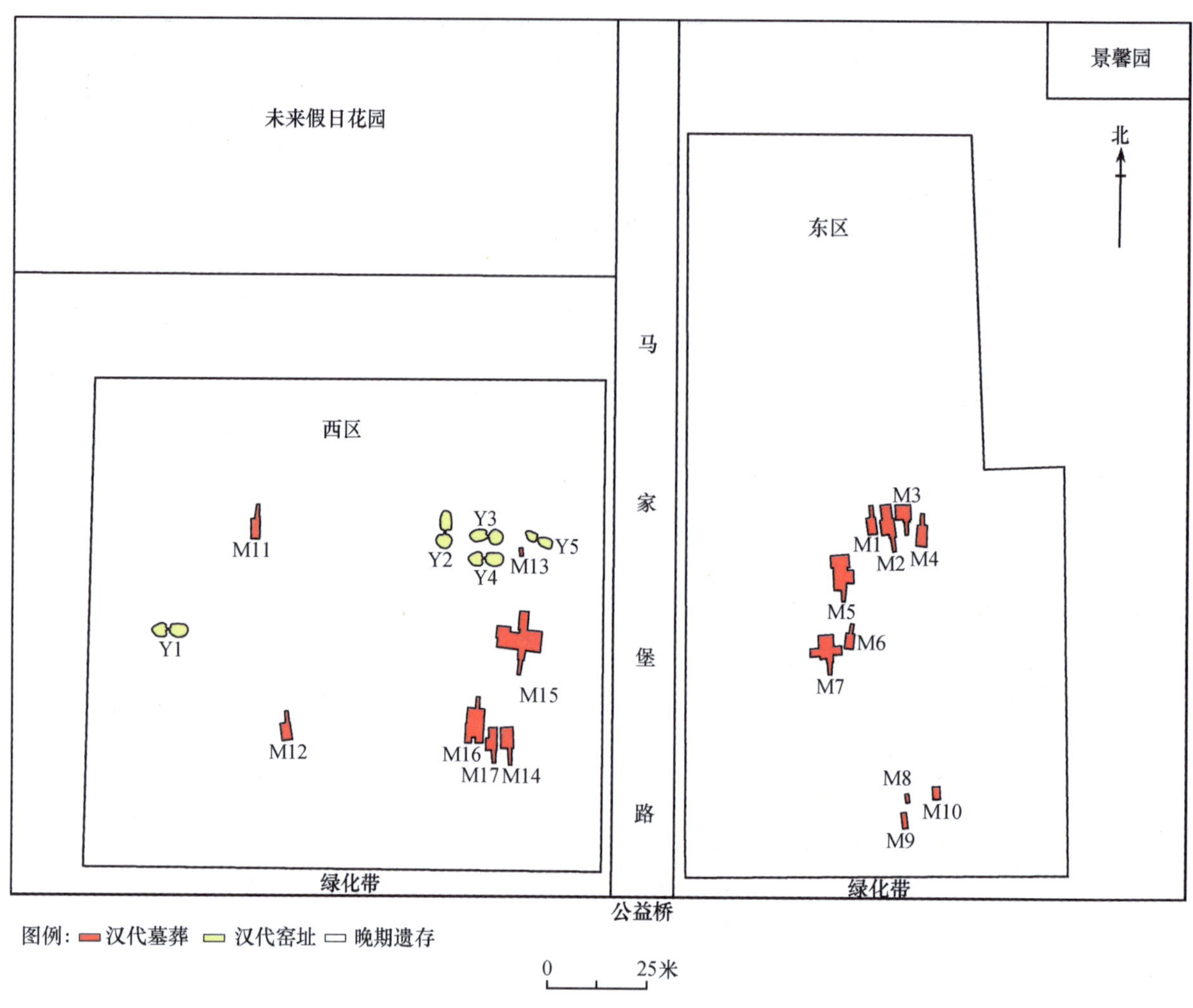

图四　新宫遗迹分布图

第三节　资料整理与报告编写

2017年1月，南苑槐房村NY-019地块的考古发掘结束后，就开始了对遗物的整理工作。考虑到南苑槐房村和新宫村旧村改造项目第七宗土地项目和南苑植物油厂保障房住房项目与槐房村NY-019地块在空间位置上毗邻，考古发现都是以汉代遗迹为主。在征求了郭京宁和魏然同志的意见后，将三处地点的考古发现一并整理发表，考古资料整理与报告编写工作由白岩负责。

本报告公布的是2015—2016年丰台南苑地区三处地点汉代墓葬、窑址的全部考古成果，另以附录形式收录唐、辽金元代墓葬和清代水井的考古发现。全部遗迹情况见表一。

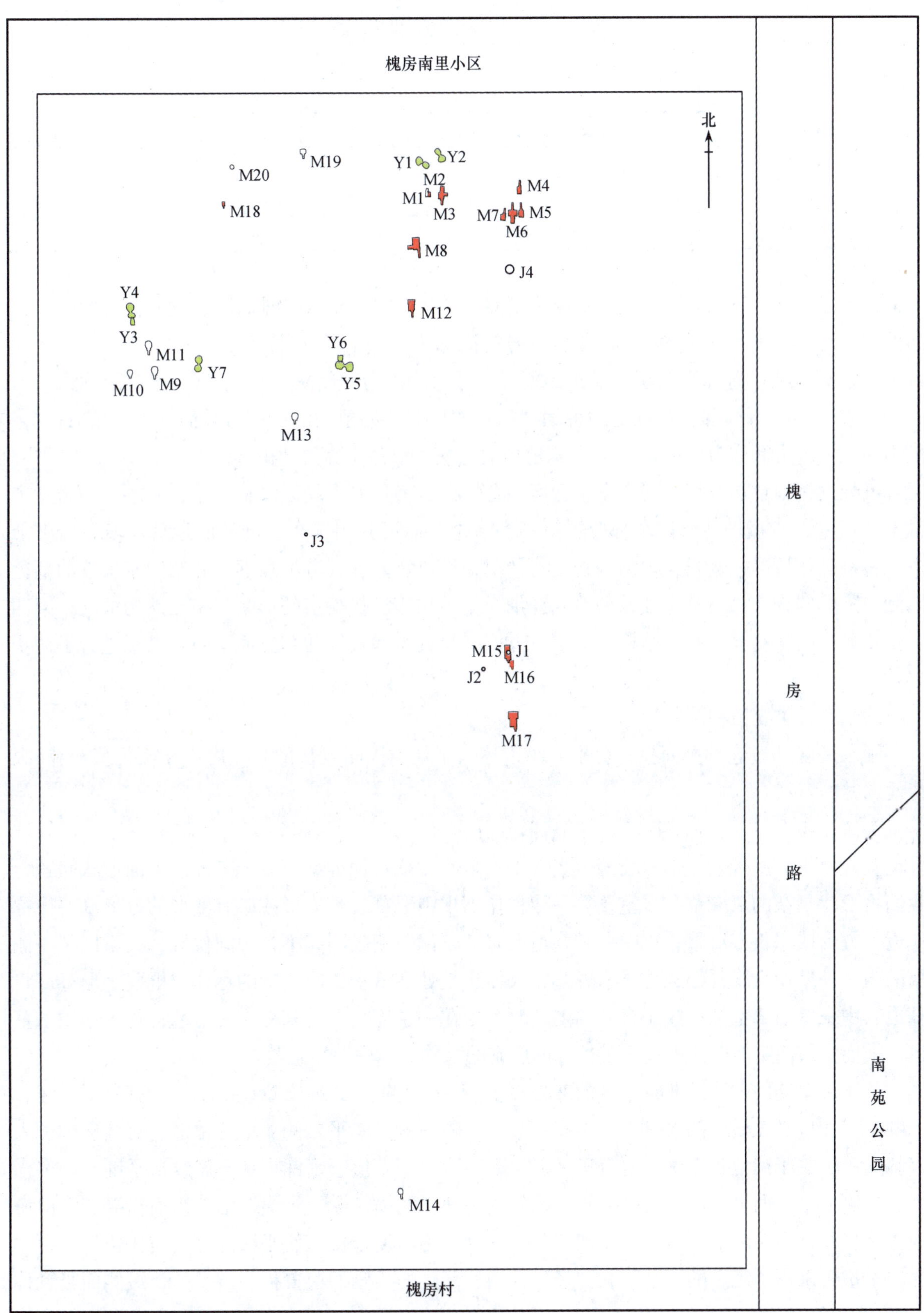

图五　植物油厂遗迹分布图

表一　丰台南苑地区考古发现遗迹

地点	槐房	新宫	植物油厂
汉代墓葬	25	17	12
汉代窑址	2	5	7
唐代墓葬	2		5
辽金元墓葬	1		3
清代水井			4

为叙述方便，我们对三处地点一律采用简称。将槐房村NY-019地块项目简称为“槐房”，如槐房一号墓简称为“槐M1”，槐房一号窑简称为“槐Y1”；槐房村和新宫村旧村改造项目第七宗土地项目简称为“新宫”，如新宫一号墓简称为“新M1”，新宫一号窑简称为“新Y1”；植物油厂保障房住房项目简称为“植物油厂”，如植物油厂一号墓简称为“植M1”，植物油厂一号窑简称为“植Y1”，南苑植物油厂一号水井简称为“植J1”。

三处发掘地点均位于今北京市丰台区南苑地区，考古发现均以汉墓为主，故本报告名《丰台南苑汉墓》。报告共分四个部分：第一章绪论，简要介绍了丰台南苑的地理环境、历史沿革、考古工作情况、资料整理与报告编写情况；第二章墓葬，分地点逐一介绍54座汉墓的墓葬形制与随葬器物。第三章窑址，分地点详细介绍了14座汉代陶窑的形制与出土遗物情况；第四章初步分析，从墓葬形制、结构、填土、方向、葬具与葬式等几个方面对南苑汉墓进行了初步总结。

后附有各类表格和图版。

附录是晚期遗迹发掘简报，分别介绍上述三个地点同时发掘的11座唐、辽金元墓葬和4眼清代水井的资料。

为统一编写体例，我们将南苑汉墓形制分为带（无）斜坡墓道竖穴土圹单室墓、带斜坡墓道竖穴土圹双室砖墓、带斜坡墓道竖穴土圹多室砖墓三种类型。关于墓葬的平面形状问题，我们将形状复杂的双室墓、多室墓等一律称作不规则形墓；长方形或略有变形的方形墓一律称作近长方形或似长方形墓；正中一条墓道或墓道略偏一侧或明显不在中间位置，又不以某一侧墙的内、外壁作直线延伸，总体来说墓道大体还是处在墓室中间位置的称作“甲”字形墓；将墓道其中一壁与墓室某一壁（含砖墙内外侧）处在一条连线上的墓称作刀形墓；将正中一条墓道，横前室或前室加东西侧室、带长方形后室的墓称为“中”字形墓。

关于砖室墓的砌法，北京地区的考古报告、发掘简报、研究文章说法不一，有一平一竖、一顺一丁、一竖三横、两平一立、二横一竖、二顺一侧、二平二侧、单砖错缝、对缝平砌、人字斜立等；关于铺地砖砌法，也有田字形、万字形、丁字形、平铺人字、席纹形平铺、一字横铺、二侧一平、两横两竖、二平二竖、纵侧立平铺、两横一纵、纵横平铺、纵横错缝、平铺墁地等十多种，而实际上只有“平”和“竖”两种，称名复杂极不便于综合分析与比较研究，对此，本报告采用了统一的“平”和“竖”称谓，墓砖的长侧面横置称为“平”，短侧面竖置称为“竖”，端侧面横置称为“侧”，正面横置称为“大面”。例如，“一平一竖”、“二平一竖”、平砌、平铺错缝、纵横平铺、斜侧立人字形竖砌等；铺地砖砌法则统一用纵横交错平铺、平铺、竖砌等（图六）。

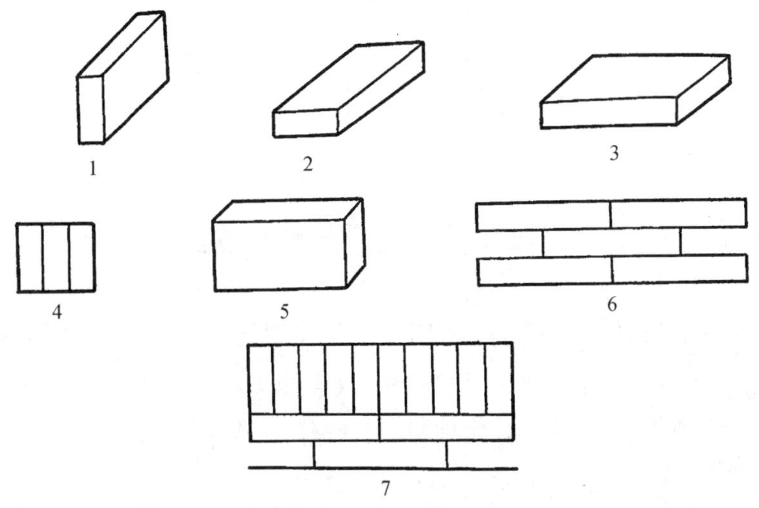

图六　墓砖摆放情况示意图

1. 竖　2. 侧　3. 平　4. 竖砌　5. 大面　6. 平砖错缝　7. 二平一竖

（图片来源：北京市文物研究所：《房山南正遗址》，科学出版社，2008年，第10页）

关于窑址的结构和特点，统一使用操作间、火门、火膛、窑室、窑床、烟道，红烧土、青烧土、窑柱、台阶等。关于窑的方向，一律以操作间相对于窑室所在的方向为准，操作间为前，烟道位置为后。

对汉代墓葬特别是中、小型墓葬的研究，一直都是考古界重视和关注的问题，从20世纪50年代开始，众学者针对平谷、昌平、怀柔等地的考古发现，对北京地区汉代墓葬的年代、分期等做过诸多讨论，直到21世纪初，北京市文物研究所陆续出版多部考古发掘报告，成果颇丰。《北京考古四十年》对1950—1988年北京地区发现的汉代墓葬资料进行了比较详细的论述。《北京考古发现与研究（1949—2009）》《北京考古史·汉代卷》都系统总结了北京地区以往汉代墓葬的发现和研究情况，并结合近年新出汉墓资料，为整理南苑墓葬报告提供了借鉴。

报告编写和资料整理得到了很多同志的帮助和支持，器物摄影王宇新、拓片张济发、绘图曾庆铅。

第二章　墓　　葬

第一节　丰台南苑槐房村NY-019地块墓葬群

丰台南苑槐房村NY-019地块（简称“槐房”）位于南苑三处地点的西南部，该墓地共发掘各时期古墓葬28座，分别编号为槐M1—槐M28，其中槐M1—槐M8、槐M10—槐M26等25座属于汉代墓葬，均为土坑竖穴砖室墓，其余槐M9、槐M27、槐M28为晚期墓。下面是关于槐房25座汉墓的详细介绍。

一、槐房一号墓（槐M1）

（一）墓葬形制

位于发掘区西南部，开口于现地表第1层下，墓口距地表深0.20米，方向190°，平面呈不规则形，为带斜坡墓道竖穴土圹多室砖墓，由墓道、甬道、前室、东侧室南室、东侧室北室、西侧室以及东西双后室等组成，墓葬平面总长12.10、宽7.50、墓底距墓口深1.90米，墓葬四壁较规整（图七）。其构筑方法是先凿挖一条带斜坡墓道的“凸”字形土圹，两个后室和两个侧室之间留有生土隔断，再贴土圹壁用长条砖以二平一竖砌筑砖墙、起券，构筑墓室（图版三）。

墓道：位于墓室南端，平面近长方形，底部呈斜坡状，壁面稍内收，墓道开口长3.60、宽0.70—0.90、底距开口深1.56米，坡度20°，底长3.84米。

甬道：位于墓道与墓室之间，平面呈长方形，壁面稍内收，根据现存状况分析甬道应为砖券洞室，结构与高均不详，底部有塌毁的长条砖残块和少量的铺地砖，宽1.30、进深1.60米。

墓门：位于甬道南端，连接墓道，封门墙仅存底部1层平砖，为残长条砖平砌，宽0.70、残高0.05米。

墓室：位于墓道北部，平面略呈“凸”字形的不规则形，由前室、东后室、西后室、东侧室南室、东侧室北室、西侧室组成，土圹总长7.50、宽4.40—7.88、残深1.70—1.94米。

前室：位于墓葬中部，甬道北端，平面呈长方形，四壁墙体及铺地砖均已无存，前室土圹长3.20、宽2.40、残高1.60—1.74米。

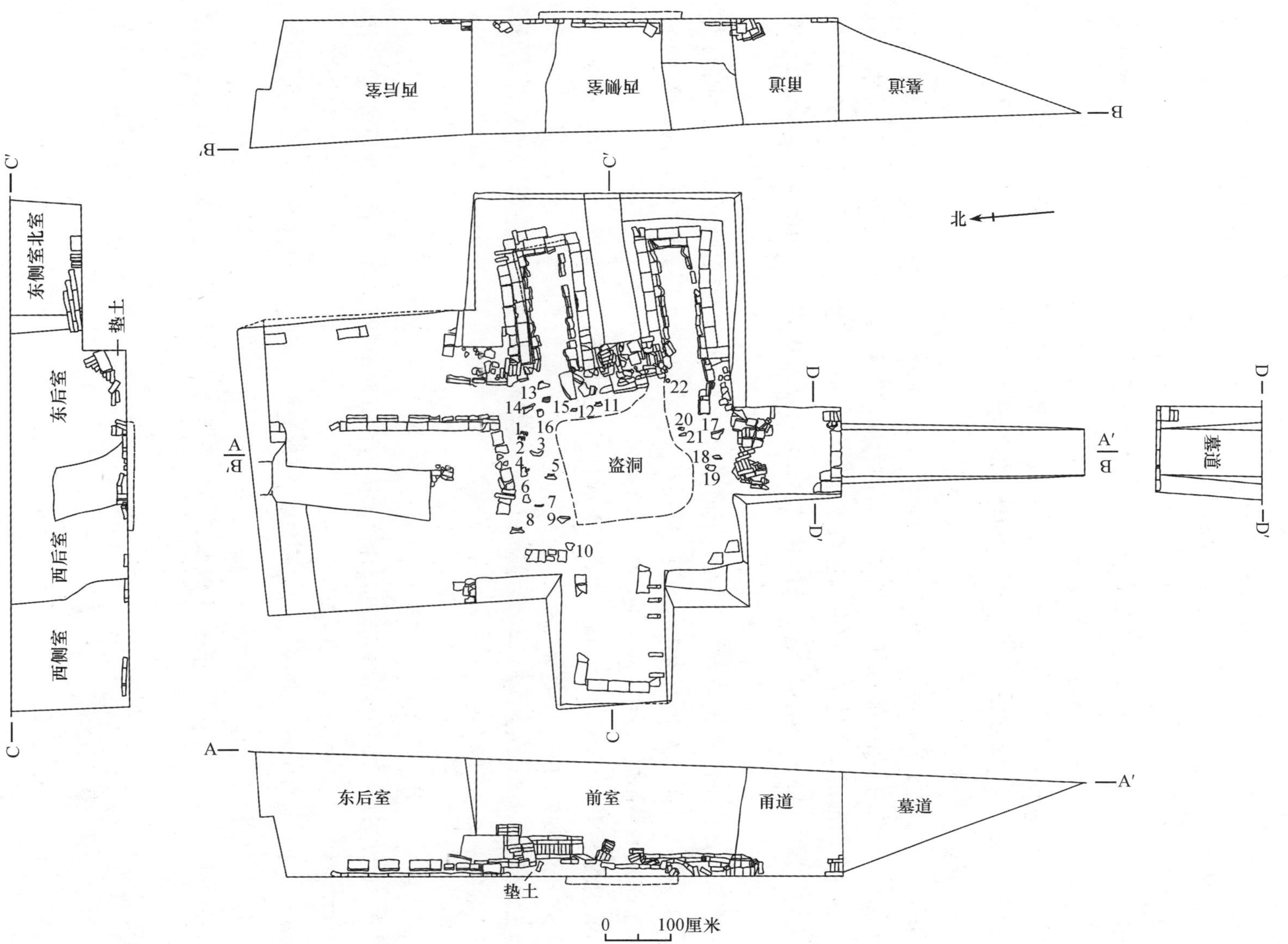

图七　槐M1平、剖面图

1、2. 陶鼎　3、5、6、8、10、11、15、16、21. 陶罐　4. 陶鐎壶　7、9、13、14、17—20. 陶盆　12. 陶甑　22. 圆形陶片

东侧室南室：位于前室东部南侧，平面近长方形，四壁墙体为长条砖二平一竖砌筑，仅存底部两层砖，砖铺地为1层，仅存靠北、东、南三面墙体下部，分别由墙体一侧向中间隆起；东侧室南室土圹长2.20—2.60、宽1.30—1.70、残深1.66米，墓室长2.20、宽1.00—1.10、残高0.50米。长条砖规格为长0.30、宽0.15、厚0.05米。

东侧室北室：位于前室东部北侧，平面近长方形，四壁墙体为长条砖二平一竖砌筑，砖铺地仅存北、东、南三面下部，皆向中间隆起，东侧室北室土圹长2.60、宽1.60—1.90、残深1.66米，墓室长2.25、宽1.20—1.30、残高0.68米。长条砖规格为长0.30、宽0.15、厚0.05米。

西后室：位于前室北部西侧，与东后室并列，有过道与前室相通，过道已破坏无存，宽度、进深不明，西后室四壁墙体、券顶及铺地砖均已无存，西后室土圹长2.40、宽1.40—1.70、残深1.80—1.94米。

东后室：位于前室北部东侧，有过道与前室相通，过道平面呈长方形，宽0.80、进深0.80米，铺地砖为1层，仅在底部两侧见到数块，由两侧向中间隆起；东后室平面近长方形，四壁墙体仅存底部1层平砖，铺地砖仅存靠近西壁部分，并向中间隆起，东后室土圹长3.30、宽2.00—2.40、残深1.85—1.94米，墓室长2.60、宽1.20、残高0.05米。长条砖规格为长0.32、宽0.16、厚0.05米。

西侧室：位于前室西侧，与前室相连，平面近长方形，券顶及铺地砖已无存，四壁墙体仅存西侧底部1层平砖，西侧室土圹长2.00、宽1.60、残深1.76米，墓室长1.90、宽1.30、残高0.06—0.15米。长条砖规格为长0.30、宽0.15、厚0.06米。

因盗扰破坏严重，墓室内无葬具、人骨等，葬具与葬式均不详。

前室中部发现盗洞一个，直径1.90米，盗扰至底。

（二）出土器物

墓葬因盗扰破坏严重，器物多已成碎片，出土器物有陶罐9件、陶鼎2件、陶鐎壶1件、陶盆8件、陶甑1件、圆陶片1件等，出土时均位于前室内。

陶罐　9件。均为轮制，其中6件为泥质灰陶、1件为夹云母红陶、1件为夹云母褐陶、1件为夹云母红胎灰陶。

标本槐M1：3，泥质灰陶。残存下腹及底部。器壁较薄，火候较高。弧腹，平底。底径4.5、残高4.6厘米（图八，17）。

标本槐M1：5，夹云母褐陶。仅存口沿。敛口，尖唇，短束颈，折肩。口沿下饰两周凸弦纹。残高7.6厘米（图八，7）。

标本槐M1：8，夹云母红陶。仅存口沿。侈口，折沿，尖唇，束颈。残高5.6厘米（图八，9）。

标本槐M1：10，夹云母红胎灰陶。仅存口沿。敛口，尖唇。颈部饰两周凸棱。残高6.2厘

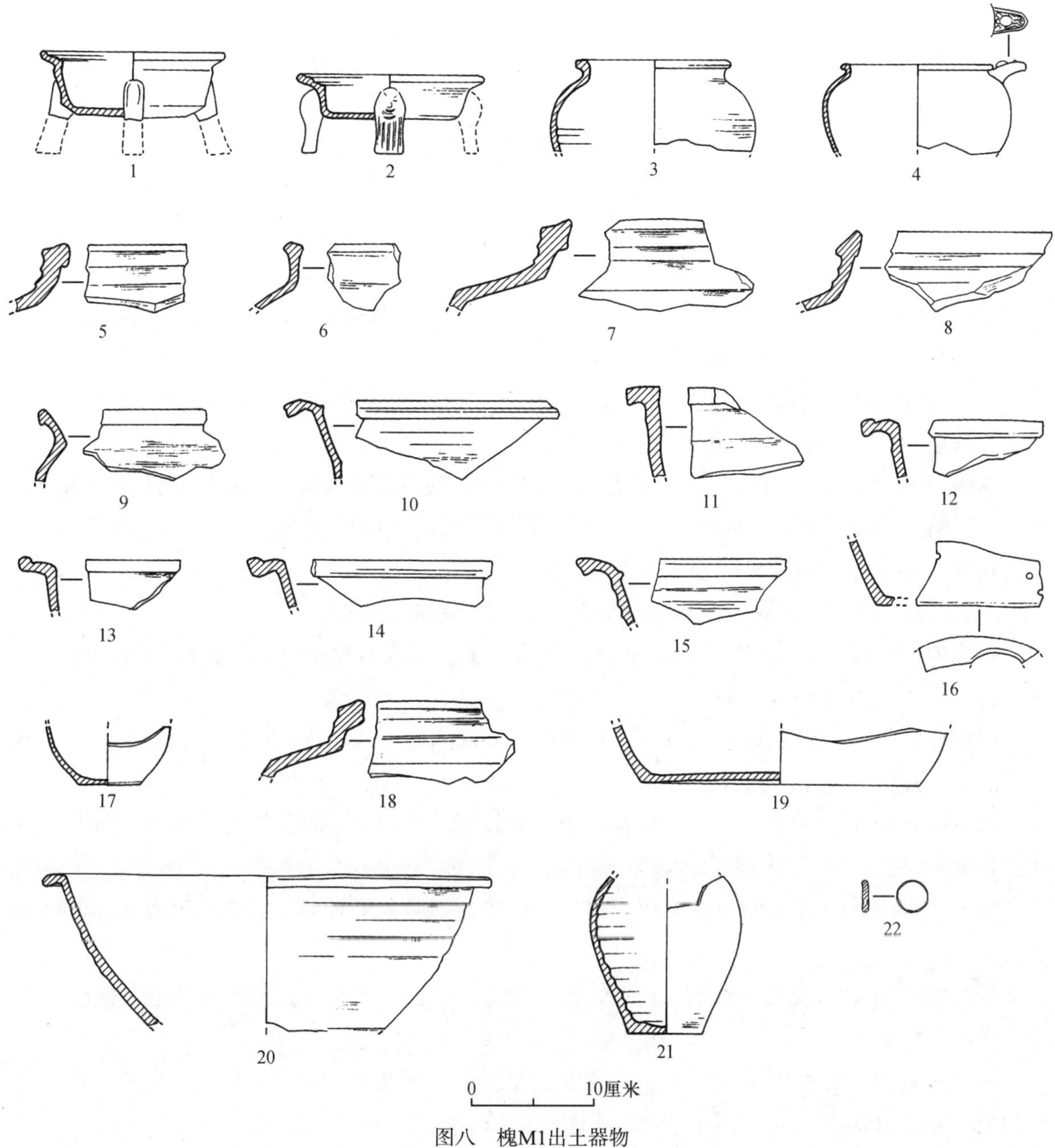

图八　槐M1出土器物

1、2. 陶鼎（槐M1：1、槐M1：2）　3、5—9、17、18、21. 陶罐（槐M1：11、槐M1：15、槐M1：16、槐M1：5、槐M1：10、槐M1：8、槐M1：3、槐M1：21、槐M1：6）　4. 陶鐎壶（槐M1：4）　10—15、19、20. 陶盆（槐M1：9、槐M1：13、槐M1：14、槐M1：17、槐M1：19、槐M1：20、槐M1：7、槐M1：18）　16. 陶甑（槐M1：12）　22. 圆陶片（槐M1：22）

米（图八，8）。

标本槐M1：11，泥质灰陶。仅存口沿及腹部。器壁较薄，火候较高。侈口，圆唇，束颈，圆肩，鼓腹。口径12.0、腹径16.0、残高5.8厘米（图八，3）。

标本槐M1：15，泥质灰陶。仅存口沿。敛口，尖唇，口沿下有数周凸弦纹。残高5.2厘米

（图八，5）。

标本槐M1：16，泥质灰陶。仅存口沿。口微敛，圆唇。残高5.0厘米（图八，6）。

标本槐M1：6，泥质灰陶。口沿残，仅存腹及底部。器壁较薄，火候较高，平底。底径6.0、残高12.0厘米（图八，21）。

标本槐M1：21，泥质灰陶。仅存口沿。敛口，尖唇，沿下两周凸棱。残高6.0厘米（图八，18）。

陶鼎　2件。均为泥质灰陶，轮制。

标本槐M1：1，足残。浅盆形，无耳，子母口，折沿，圆唇，折腹，平底，下附三足。口径14.4、残高7.8厘米（图八，1；图版六四，1）。

标本槐M1：2，浅盘形，无耳，子母口，折沿，沿面两道凹槽，圆唇，浅腹，平底，下附三兽首形足，底有轮旋痕。口径14.2、高6.0厘米（图八，2；图版六四，2）。

陶鐎壶　1件。标本槐M1：4，泥质灰陶，轮制。残存口沿及腹部。器壁较薄，火候高。侈口，圆唇，束颈，圆肩，鼓腹，一侧有柄，柄上堆塑乳钉纹样装饰。口径11.8、腹径14.8、残高14.0、柄长2.6、宽0.7—1.7厘米（图八，4）。

陶盆　8件。均为轮制，其中5件为泥质灰陶、3件为夹云母红陶。

标本槐M1：7，泥质灰陶。仅存底部。斜腹，平底。底有轮旋痕。残高4.0厘米（图八，19）。

标本槐M1：9，泥质灰陶。仅存口沿。敞口，斜折沿，圆唇，唇部凹槽，做叠唇状。口部一道凸棱。残高6.0厘米（图八，10）。

标本槐M1：13，夹云母红陶。仅存口沿，胎较厚。侈口，方唇，折沿。残高7.2厘米（图八，11）。

标本槐M1：14，夹云母红陶。仅存口沿。侈口，圆唇，平折沿，沿面有凹槽。残高4.8厘米（图八，12）。

标本槐M1：17，夹云母红陶。仅存口沿。敞口，方唇，平折沿，沿面有凹槽。残高3.6厘米（图八，13）。

标本槐M1：18，泥质灰陶。仅存口沿及腹部残片。平折沿，敞口，圆唇，斜腹急收。腹有数周轮旋痕。口径36.0、残高13.0厘米（图八，20）。

标本槐M1：19，泥质灰陶。仅存口沿残片。敞口，尖圆唇，平折沿，沿面有凹槽，沿下一道凹槽。残高3.4厘米（图八，14）。

标本槐M1：20，泥质灰陶。仅存残口沿。敞口，仰折沿，尖唇。口部一周凸棱，颈部数周轮旋痕。残高5.0厘米（图八，15）。

陶甑　1件。标本槐M1：12，泥质灰陶，轮制。仅存甑箅残片。平底，上有圆形箅孔，腹部与底皆有圆形小穿孔。残高5.0厘米（图八，16）。

圆陶片　1件。标本槐M1：22，泥质灰陶。为器物陶片打磨而成，呈圆形棋子状。直径2.3、厚0.5厘米（图八，22）。

二、槐房二号墓（槐M2）

（一）墓葬形制

位于发掘区西南部，北邻槐M3，开口于现地表第1层下，墓口距地表0.20米，方向260°，平面呈刀形，为带斜坡墓道竖穴土圹单室砖墓，由墓道与墓室组成，墓葬平面总长6.90、宽2.00、墓底距墓口深1.55米（图九；图版四，1、2）。

墓道：位于墓室西侧，平面呈长方形，底部为斜坡状，墓道开口长2.90、宽0.70—0.80、深0.50—1.40米，坡度17°，底长3.60米。

墓门：位于墓道东端、墓室西面，宽0.79、残高0.97米，封门砖已破坏无存。

墓室：位于墓道东侧，平面呈长方形，四壁墙体仅存南壁一块长条砖，墓室结构及尺寸不详，墓室底部中间部位有一刀形长方形土坑，长2.76—3.30、宽0.60—0.95、深0.35—0.55米，土坑西部与墓道相连，无出土物，墓室土圹长3.90、宽2.00、残深1.55米。

长条砖规格为长0.26、宽0.16、厚0.05米。

因盗扰破坏严重，墓室内无葬具、人骨等，葬具与葬式均不详。

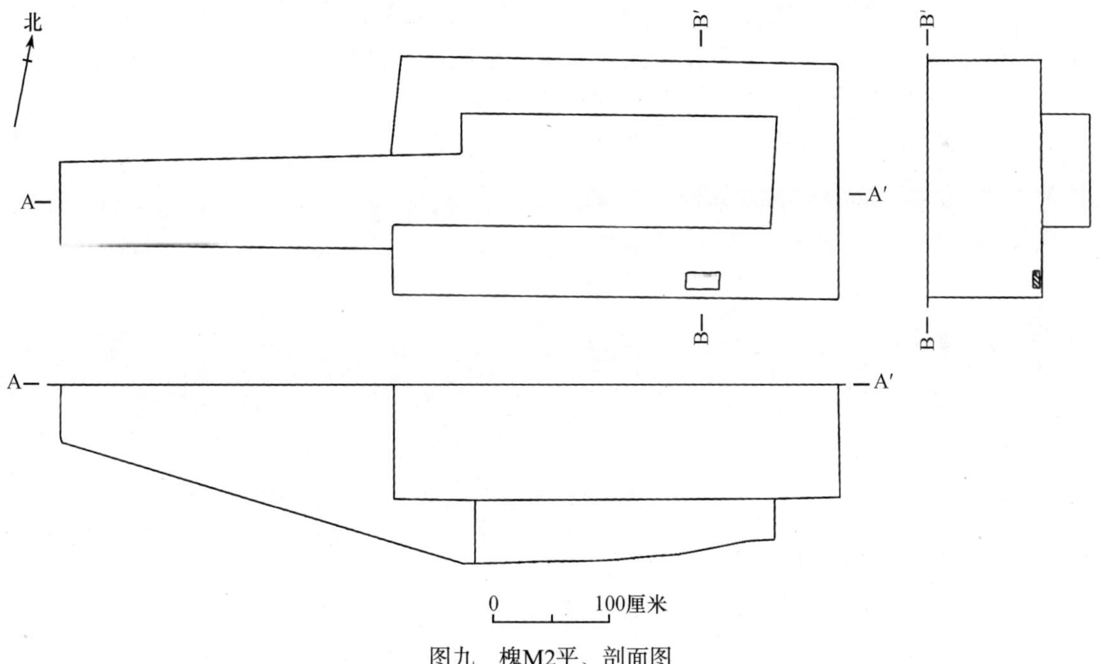

图九　槐M2平、剖面图

（二）出土器物

墓室遭破坏严重，未见出土器物。

三、槐房三号墓（槐M3）

（一）墓葬形制

位于发掘区西南部，南邻槐M2，西为槐M4，开口于现地表第1层下，墓口距地表0.20米，方向为265°，平面呈刀形，为带斜坡墓道竖穴土圹单室砖墓，由墓道与墓室组成，墓葬平面总长6.60、宽2.00、墓底距墓口深1.20米（图一〇；图版五，1、3）。

墓道：位于墓室西侧，平面呈长方形，底部为斜坡状，墓道开口长2.80、宽0.70—0.80、底距开口深0.40—1.00米，底部坡度13°，底长2.80米。

墓门：位于墓道东端、墓室西面，墓门宽0.80、残高0.52米。封门墙为长条砖砌，现存底部7层平砖，为以残长条砖为主错缝平砌。

墓室：位于墓道东侧，平面呈长方形，四壁墙体仅存西壁墓门北侧底部1层平砖和北壁底部零星长条砖，墓室底部中间有一长方形土坑，长2.60、宽1.15、深0.20—0.25米，内无出土物，推测为放置棺木所用；墓室土圹长3.60、宽1.90、残深1.25米，墓室长3.60、宽1.90、残高0.10米。

长条砖规格有两种，分别为长0.26、宽0.13、厚0.05米和长0.28、宽0.14、厚0.05米。

因盗扰破坏严重，墓室内无葬具、人骨发现，葬具与葬式不详。

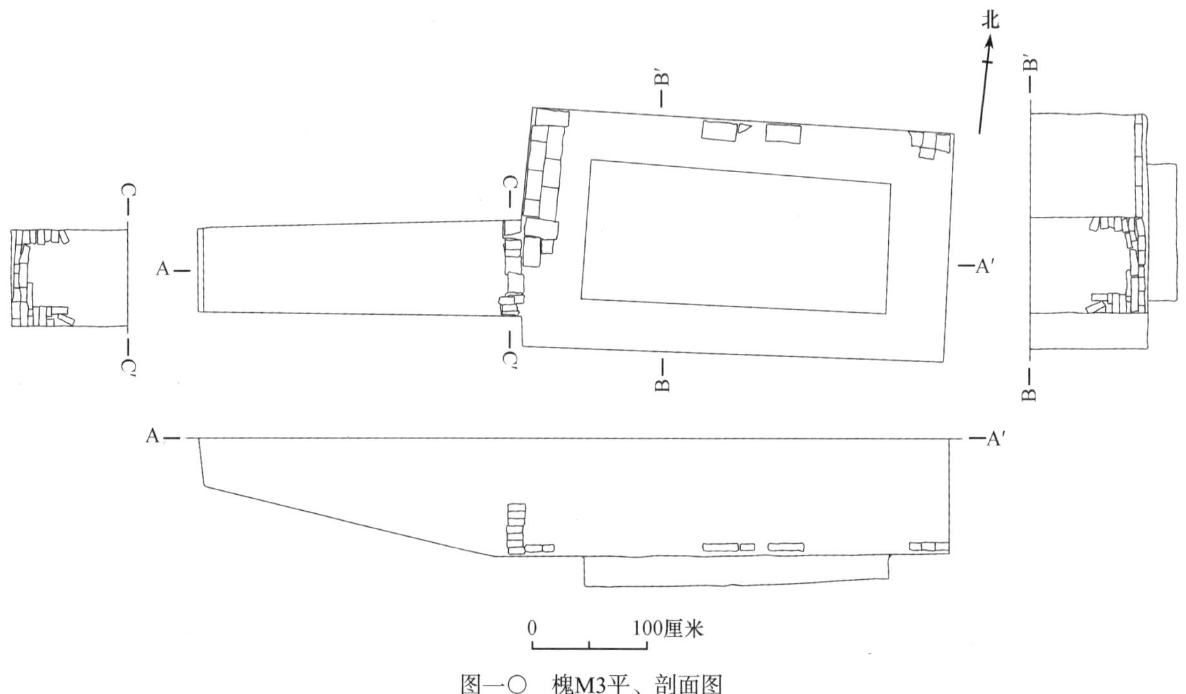

图一〇　槐M3平、剖面图

（二）出土器物

未见出土器物。

四、槐房四号墓（槐M4）

（一）墓葬形制

位于发掘区西南部，东邻槐M2、槐M3，开口于现地表第1层下，墓口距地表深0.20米，方向275°，平面呈刀形，为带斜坡墓道竖穴土圹单室砖墓，由墓道与墓室组成，墓葬平面总长4.66、宽1.84、墓底距墓口深1.14米（图一一；图版五，2、4）。

墓道：位于墓室西侧，延伸至围墙外，在建设项目范围以外，不具备发掘条件。从暴露出的墓道部分可知，墓道上口宽0.80、开口距底深1.14米。

墓门：位于墓道东端、墓室西面，墓门宽0.80、残高0.20米，封门墙为长条砖砌，仅存底部1层砖，用残长条砖斜置垒砌。

墓室：位于墓道东侧，平面呈长方形，四壁墙体仅存西壁、北壁西段及南壁底部1层平

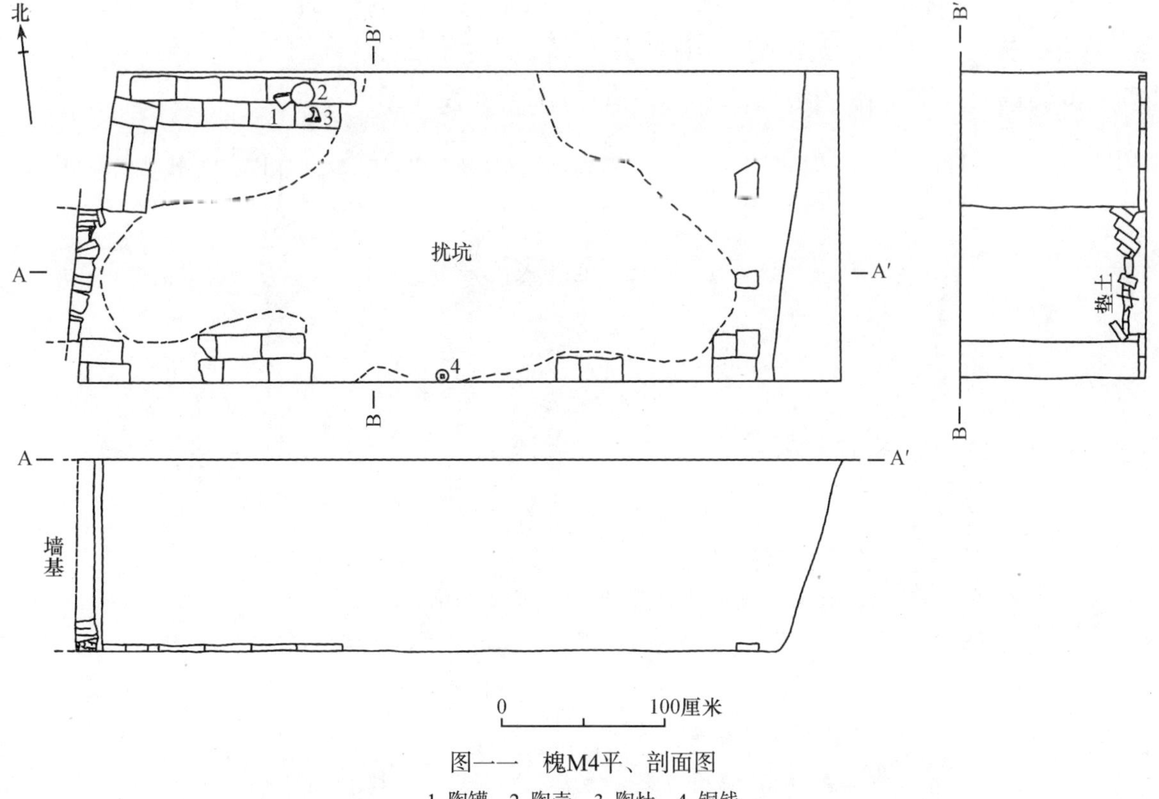

图一一　槐M4平、剖面图

1. 陶罐　2. 陶壶　3. 陶灶　4. 铜钱

砖，为两列长条砖纵向并排砌筑，墓室东北角土圹已垮塌，底部有一个较大的扰坑，扰坑形状不规则，长3.85、宽1.84米。铺地砖已损毁无存，墓室土圹长4.40—4.66、宽1.84、残深1.14米，墓室长4.40—4.66、宽1.84、残高0.05米。

长条砖规格为长0.28、宽0.14、厚0.05米。

因盗扰破坏严重，墓室内无葬具、人骨等，葬具与葬式均不详。

（二）出土器物

墓室已被严重盗扰，破坏至底，墓内南侧出土铜钱1件（1枚），北壁墙砖之上发现已成碎片的陶壶、陶罐和陶灶各1件。

陶壶　1件。标本槐M4：2，泥质灰陶，轮制。残存下腹及底部，束颈，斜腹，下外张，平底。底径14.5、残高9.6厘米（图一二，2）。

陶罐　1件。标本槐M4：1，夹云母红陶，轮制。残存口及腹部。侈口，折沿，尖唇，斜直腹。腹部饰数周凹弦纹。残高9.6厘米（图一二，1）。

陶灶　1件。标本槐M4：3，泥质灰陶，模制。平面呈马蹄形，灶面有呈“品”字形分布的三个圆形灶眼，前面并排两个稍小，后面一个略大，前端无挡烟墙，后端无烟囱，正面中部有一长方形落地式灶门，无底，内空。长18.6、宽17.0、通高6.7厘米（图一二，3）。

铜钱　1枚。标本槐M4：4，大泉五十，残。圆形方穿，正、背有郭，穿正面无郭，对读。略有破损，“十”字已不可见。背面穿下有一月牙形记号。郭径2.50、钱径2.14、穿宽0.87、郭宽0.20、郭厚0.18、肉厚0.08厘米，重量1.77克（图一三；表二）。

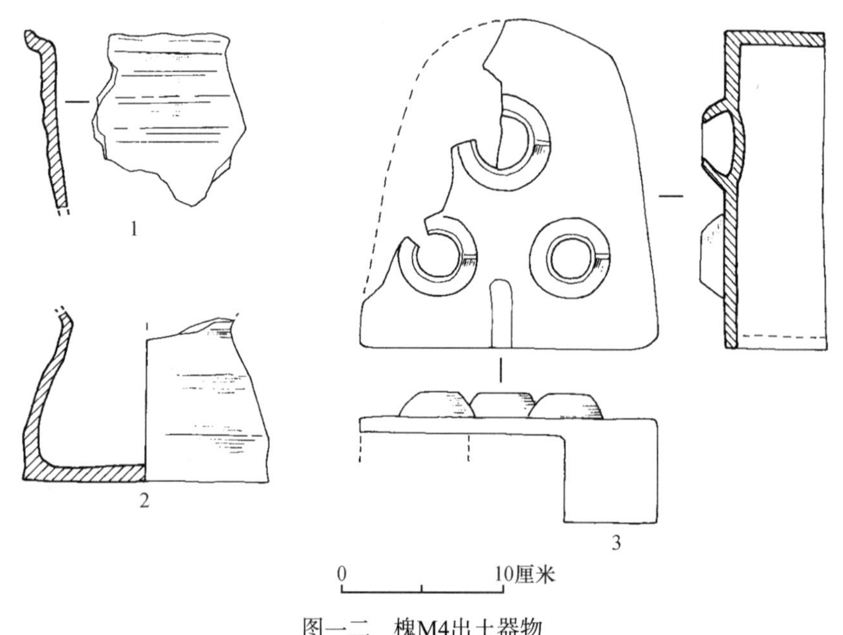

图一二　槐M4出土器物

1. 陶罐（槐M4：1）　2. 陶壶（槐M4：2）　3. 陶灶（槐M4：3）

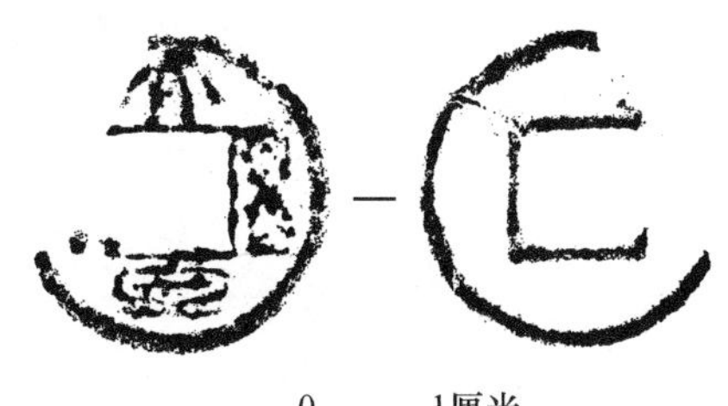

图一三　槐M4大泉五十拓本（槐M4：4）

表二　槐M4铜钱统计表　　（单位：厘米、克）

种类	编号	记号	郭径	钱径	穿宽	郭宽	郭厚	肉厚	重量	备注
大泉五十	M4：4	有	2.50	2.14	0.87	0.20	0.18	0.08	1.77	残

五、槐房五号墓（槐M5）

（一）墓葬形制

位于发掘区西南部，北邻槐M6，开口于现地表第1层下，墓口距地表深0.20米，方向为272°，平面呈刀形，为带斜坡墓道竖穴土圹单室砖墓，由墓道、墓室两部分组成，墓葬平面总长6.60、宽1.78、墓底距墓口深0.90米（图一四；图版六）。

墓道：位于墓室西侧，平面呈长方形，底部为斜坡状，墓道因合葬原因经过两次凿挖，首次挖掘墓道较深，长2.50、宽0.90、底距开口深1.50米；第二次挖掘形成的墓道相对较浅，打破首次挖掘的墓道，长3.00、宽1.12、底距开口深0.90—1.50米，底长3.50米。

墓门：位于墓道东端、墓室西侧，墓门宽0.96、残高0.90米。封门墙高出墓道底部0.60米，上部为长条砖错缝平砌，下部为残砖块堆砌，较为凌乱，并间杂五花土，封门内侧有1排竖砌长条砖。

墓室：位于墓道东侧，平面近长方形，仅存南壁西段、北壁西段少量长条砖，墓室中部发现一个不规则形土坑，东西长3.16、南北宽1.76米，应为盗扰所致；铺地砖已损毁无存，土圹长3.38、宽2.08、残深0.90米，墓室长3.38、宽2.08、残高0.80米。

长条砖规格为长0.27、宽0.14、厚0.05米。

因盗扰破坏严重，墓室内无葬具、人骨等，葬具与葬式均不详。

墓室东南角有一扰坑，打破墓室，直径1.16、深0.20米。

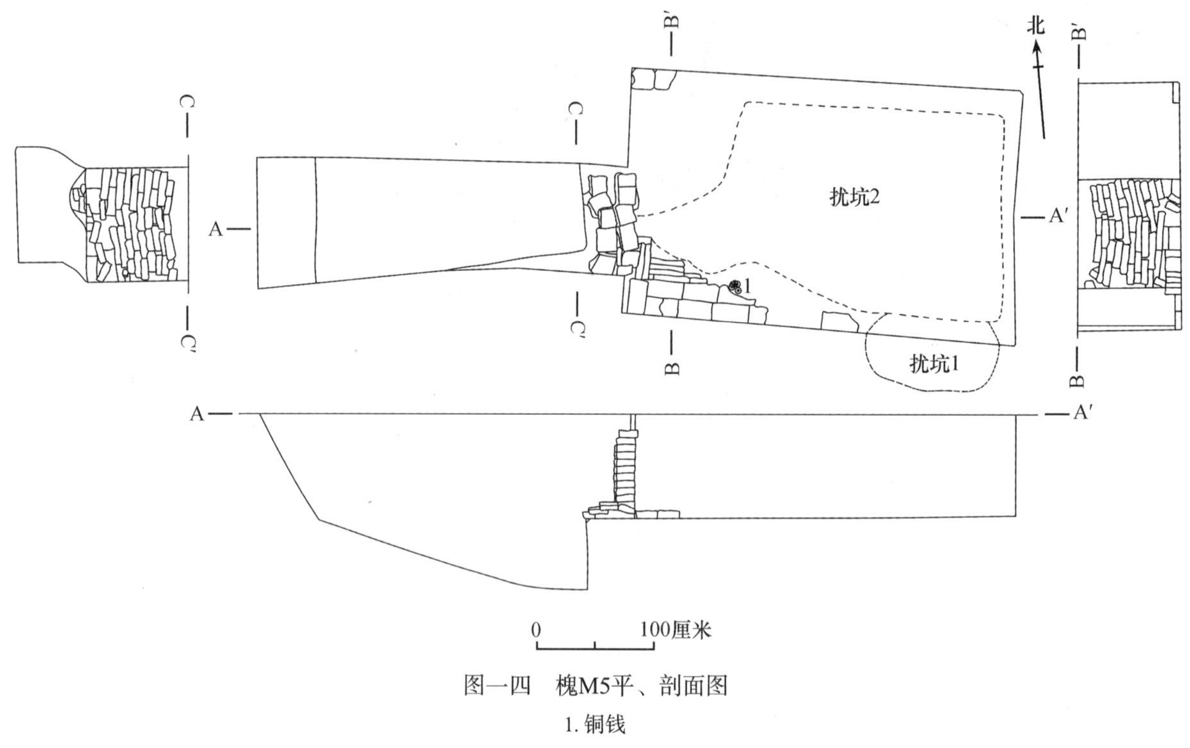

图一四　槐M5平、剖面图
1. 铜钱

（二）出土器物

仅见铜钱20枚，出土于墓室南壁附近，未见其他遗物。

铜钱　20枚。标本槐M5：1，均为五铢，多数腐蚀，字迹漫漶不清，圆形方穿，正、背有郭，穿正面无郭，正面穿左右篆书“五铢”，“五”字宽大，竖画或较直，或特曲，接上下横画处垂直或呈外放状，“铢”字“金”旁头呈三角形，“朱”旁上部两竖或方折，或圆折，或圆折外敞。

标本槐M5：1-1，五铢。字体宽大，“五”字宽大，竖画特曲，接上下横画处呈外放状，“铢”字“金”旁头呈三角形，“朱”旁上部两竖方折。郭径2.55、钱径2.36、穿宽0.85、郭宽0.12、郭厚0.15、肉厚0.08厘米，重量2.75克（图一五，1）。

标本槐M5：1-2，五铢。字体宽大，“五”字宽大，竖画较直，接上下横画处呈外放状，“铢”字“金”旁头呈三角形，“朱”旁上部两竖方折。郭径2.65、钱径2.39、穿宽0.86、郭宽0.17、郭厚0.15、肉厚0.06厘米，重量2.65克（图一五，2）。

标本槐M5：1-7，五铢。字体瘦长，“五”字瘦长，竖画较直，接上下横画处垂直，“铢”字“金”旁头呈三角形，“朱”旁上部两竖方折。郭径2.59、钱径2.37、穿宽0.94、郭宽0.19、郭厚0.15、肉厚0.08厘米，重量2.82克（图一五，3）。

标本槐M5：1-9，五铢。字体瘦长，“五”字瘦长，竖画较直，接上下横画处呈外放状，“铢”字“金”旁头呈三角形，“朱”旁上部两竖圆折。郭径2.67、钱径2.31、穿宽0.95、郭

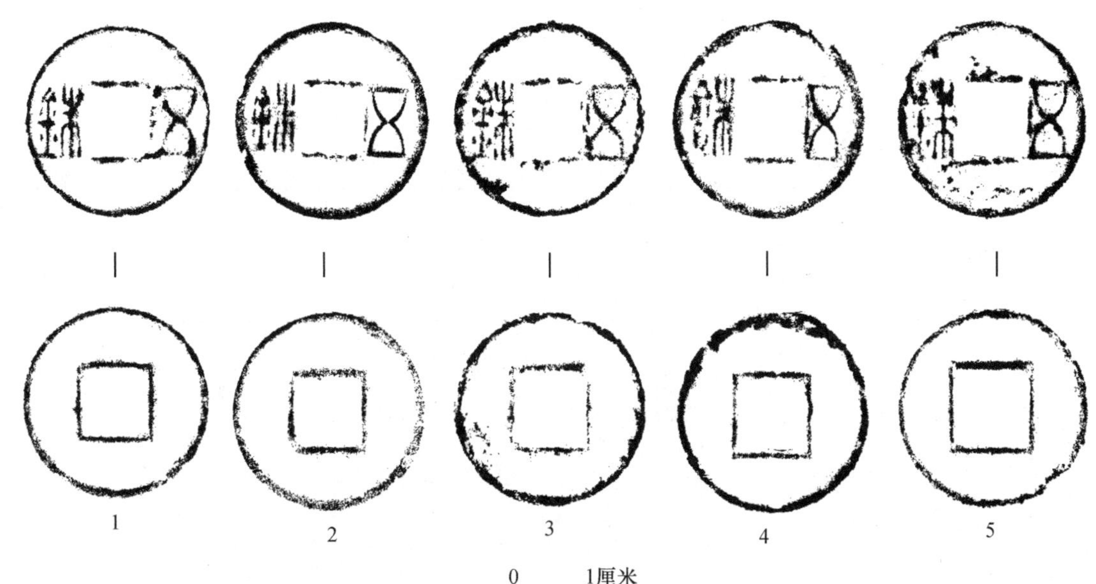

图一五 槐M5铜钱拓本

1—5. 五铢（槐M5：1-1、槐M5：1-2、槐M5：1-7、槐M5：1-9、槐M5：1-10）

宽0.19、郭厚0.19、肉厚0.07厘米，重量3.63克（图一五，4）。

标本槐M5：1-10，五铢。字体瘦长，“五”字瘦长，竖画较直，接上下横画处垂直，“铢”字“金”旁头呈三角形，“朱”旁上部两竖圆折外敞。郭径2.67、钱径2.32、穿宽0.98、郭宽0.22、郭厚0.20、肉厚0.10厘米，重量3.38克（图一五，5；表三）。

表三 槐M5铜钱统计表 （单位：厘米、克）

种类	编号	记号	郭径	钱径	穿宽	郭宽	郭厚	肉厚	重量	备注
五铢	M5：1-1	无	2.55	2.36	0.85	0.12	0.15	0.08	2.75	
	M5：1-2	无	2.65	2.39	0.86	0.17	0.15	0.06	2.65	
	M5：1-3	无	2.60	2.24	0.92	0.16	0.17	0.08	2.58	
	M5：1-4	无	2.61	2.30	0.92	0.17	0.16	0.09	2.90	
	M5：1-5	无	2.60	2.37	0.95	0.14	0.16	0.05	3.16	
	M5：1-6	无	2.61	2.33	0.93	0.16	0.17	0.07	3.12	
	M5：1-7	无	2.59	2.37	0.94	0.19	0.15	0.08	2.82	
	M5：1-8	无	2.62	2.40	0.93	0.12	0.14	0.10	2.61	
	M5：1-9	无	2.67	2.31	0.95	0.19	0.19	0.07	3.63	
	M5：1-10	无	2.67	2.32	0.98	0.22	0.20	0.10	3.38	
	M5：1-11	无	2.60	2.23	0.91	0.24	0.15	0.11	3.47	
	M5：1-12	无	2.58	2.37	0.93	0.19	0.12	0.08	2.55	
	M5：1-13	无	2.59	2.27	0.98	0.17	0.17	0.08	2.40	
	M5：1-14	无	2.62	2.28	0.95	0.14	0.16	0.10	3.02	
	M5：1-15	无	2.61	2.31	0.87	0.17	0.15	0.06	3.29	

续表

种类	编号	记号	郭径	钱径	穿宽	郭宽	郭厚	肉厚	重量	备注
五铢	M5：1-16	无	2.62	2.27	0.89	0.15	0.16	0.09	2.50	
	M5：1-17	无	2.57	2.15	0.87	0.15	0.16	0.07	3.25	
	M5：1-18	无	2.59	2.25	0.94	0.12	0.11	0.05	2.78	
	M5：1-19	无	2.59	2.23	0.94	0.13	0.15	0.12	2.91	
	M5：1-20	无	2.59	2.34	0.92	0.16	0.13	0.06		残

六、槐房六号墓（槐M6）

（一）墓葬形制

位于发掘区西南部，南邻槐M5，北邻槐M7，开口于现地表第1层下，墓口距地表深0.20米，方向为275°，平面呈刀形，为带陡坡墓道竖穴土圹单室砖墓，由墓道与墓室组成，墓葬平面总长6.20、宽2.00、墓底距墓口深1.20米（图一六；图版四，3、4）。

墓道：位于墓室西侧，平面呈长方形，坡较陡，底平缓，墓道开口长2.80、宽0.68米，壁面稍内收，底长2.66、宽0.52—0.58、底距开口深1.06—1.20米。

墓门：位于墓道东端、墓室西侧，墓门宽0.52—0.58、残高0.20米，封门墙为长条砖砌

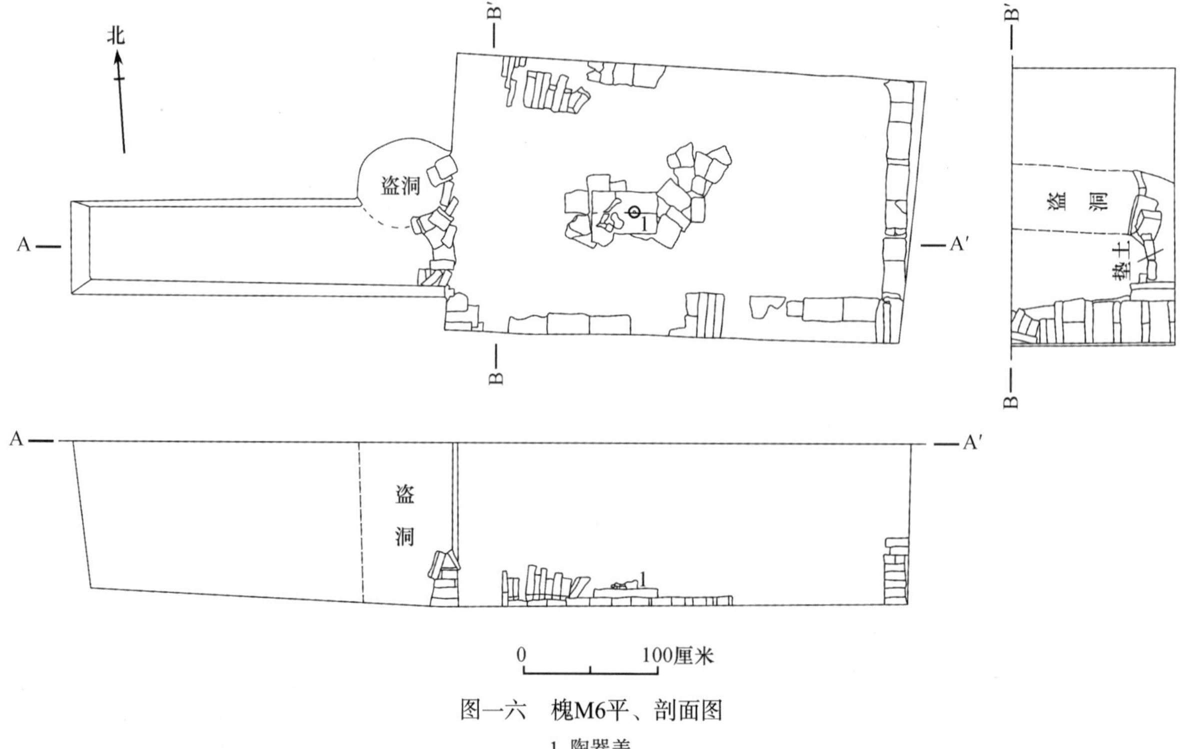

图一六　槐M6平、剖面图

1. 陶器盖

筑，仅存底部，堆放凌乱。

墓室：位于墓道东侧，平面近长方形，四壁墙体保存最高处在南壁靠近墓门处，存4组一平一竖砖，南壁、东壁及北壁西段墙体均仅存底部1层平砖，墙体用长条砖一平一竖砌筑，铺地砖为两层，见于墓室中部，大部已被破坏，上层为两横两纵交错平铺，下层由残长条砖无规律摆放而成，墓室土圹长3.40—3.50、宽1.80—2.00、深1.20米，墓室长3.40—3.50、宽1.80—2.00、残高0.06—0.48米。

长条砖规格有两种，分别为长0.27、宽0.14、厚0.05米和长0.28、宽0.14、厚0.04米。

因盗扰破坏严重，墓内无葬具，中部铺地砖上残存少量骨骼，葬具与葬式均不详。

墓道东部北侧与封门墙结合部发现一个盗洞，直径0.50米，从开口处打破墓道北壁直至墓道底，同时打破封门墙进入墓室。

（二）出土器物

墓室已遭严重损毁，仅在墓底中部未完全破坏的铺地砖上发现1件残陶器盖。

陶器盖 1件。标本槐M6：1，泥质灰陶，模制。博山形，顶上为乳凸状，坡面环列峰峦叠嶂的三角形，下有一周凸棱。口径14.0、高6.5厘米（图一七）。

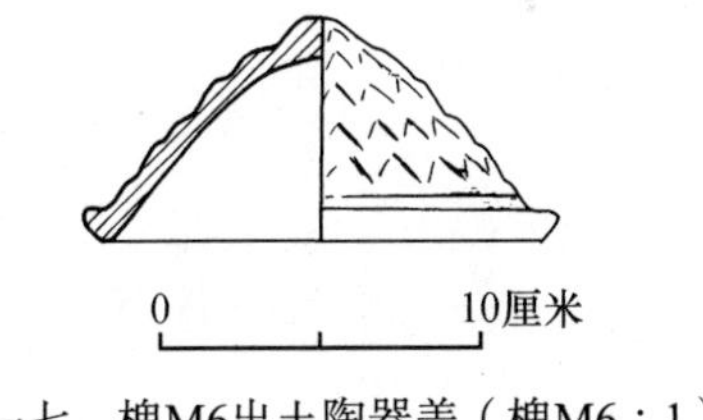

图一七 槐M6出土陶器盖（槐M6：1）

七、槐房七号墓（槐M7）

（一）墓葬形制

位于发掘区西南部，南邻槐M6，开口于现地表第1层下，墓口距地表深0.20米，方向275°，平面呈刀形，为带斜坡墓道竖穴土圹单室砖墓，由墓道与墓室组成，墓葬平面总长6.90、宽2.05、墓底距墓口深1.10米（图一八；图版七）。

墓道：位于墓室西侧，平面略呈梯形，墓道与墓室不在一条垂直线上，略有偏移，底部为斜坡状，为先后两次下葬挖掘而成，首次挖掘的墓道较深，残长3.40、宽0.95、距开口深1.40米；二次挖掘形成的墓道较浅，打破首次挖掘的墓道，长3.40、宽1.22、底距开口深1.04—1.40米，底长3.60米。

墓门：位于墓道东端、墓室西侧，墓门宽0.80—1.00、残高0.94米，封门墙为长条砖砌，高出墓道底0.36米，保存较好，封门墙分内外两层，外层上部横置两层长条砖，下部斜置“人”字形半砖，内侧上部用乱砖无规则堆砌，下部斜置排列较整齐的长条砖。

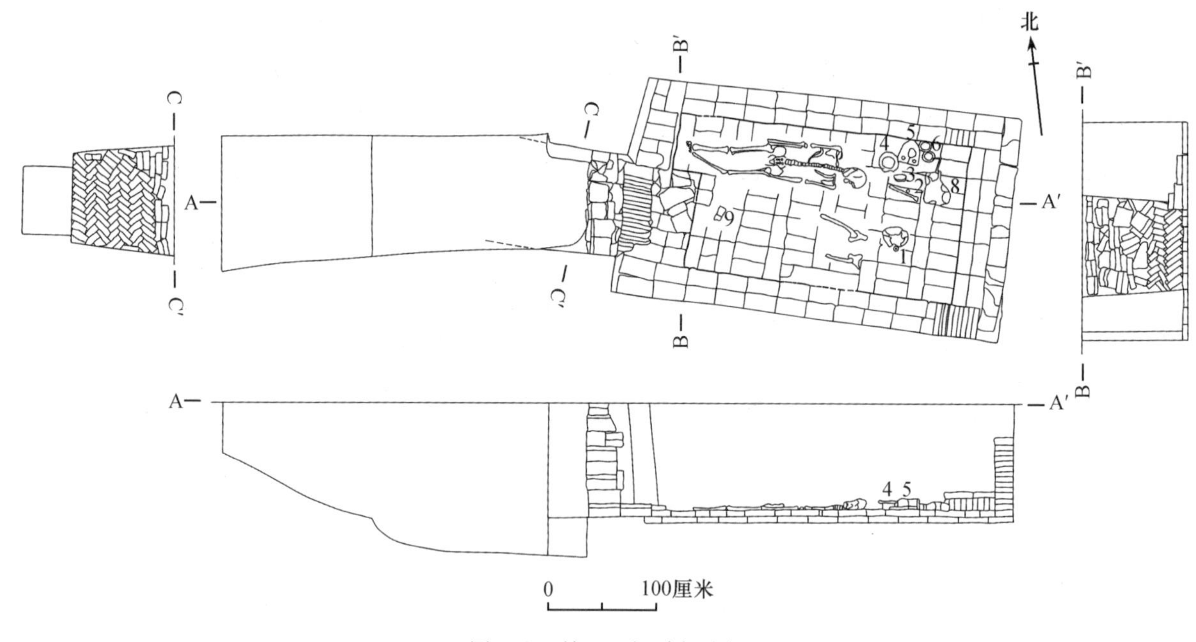

图一八　槐M7平、剖面图

1. 铜钱　2. 铜环　3. 陶碗　4. 陶井　5. 陶灶　6. 小陶盆　7. 陶甑　8. 陶罐　9. 铁锸

墓室：位于墓道东侧，平面近长方形，四壁仅存南、北、西三壁墙体底部1—3层平砖，为长条砖二平一竖砌筑，东壁墙体存15层平砖，残高0.65米，以长条砖错缝平砌，铺地砖为两层，上层为红色长条砖呈纵横交错平铺，保存较好，下层为长条砖平铺，墓室土圹长3.50—3.60、宽2.00—2.05、残深1.10米，墓室长3.50、宽2.00、残高0.10—0.65米。

长条砖规格有两种，分别为长0.28、宽0.14、厚0.04米和长0.27、宽0.13、厚0.05米。

墓室底部发现棺痕，推测为木棺，发现两具人骨，头向皆向东，呈南北并列放置，北侧人骨保存一般，部分已移位缺失，残长1.70米，为仰身直肢葬式，性别不详，南侧人骨保存较差，大部分已缺失，残存肢骨两根，性别、葬式均不详。

（二）出土器物

随葬品主要置于墓室北侧东部，即北侧人骨的头部，出土陶罐、陶灶、陶井、陶碗、陶甑、小陶盆和铜环各1件，铜钱1件（6枚），另在墓室西部即南侧人骨的足部位置出土铁锸1件。

陶罐　1件。标本槐M7：8，泥质灰陶，轮制。敛口做浅盘状，尖唇，束颈，溜肩，弧腹，平底。颈、肩、腹部饰数周凹弦纹。口径13.2、腹径20.0、底径17.6厘米（图一九，2；图版六四，3）。

陶灶　1件。标本槐M7：5，泥质灰陶，模制。平面呈马蹄形，灶面有呈“品”字形分布的三个圆形灶眼，前面并排两个较小，后面一个较大，前端无挡烟墙，后端有圆形烟囱，灶面前部模印一凸起的圆饼。正面中部有一长方形落地式灶门，无底，内空。长20.0、宽18.0、通

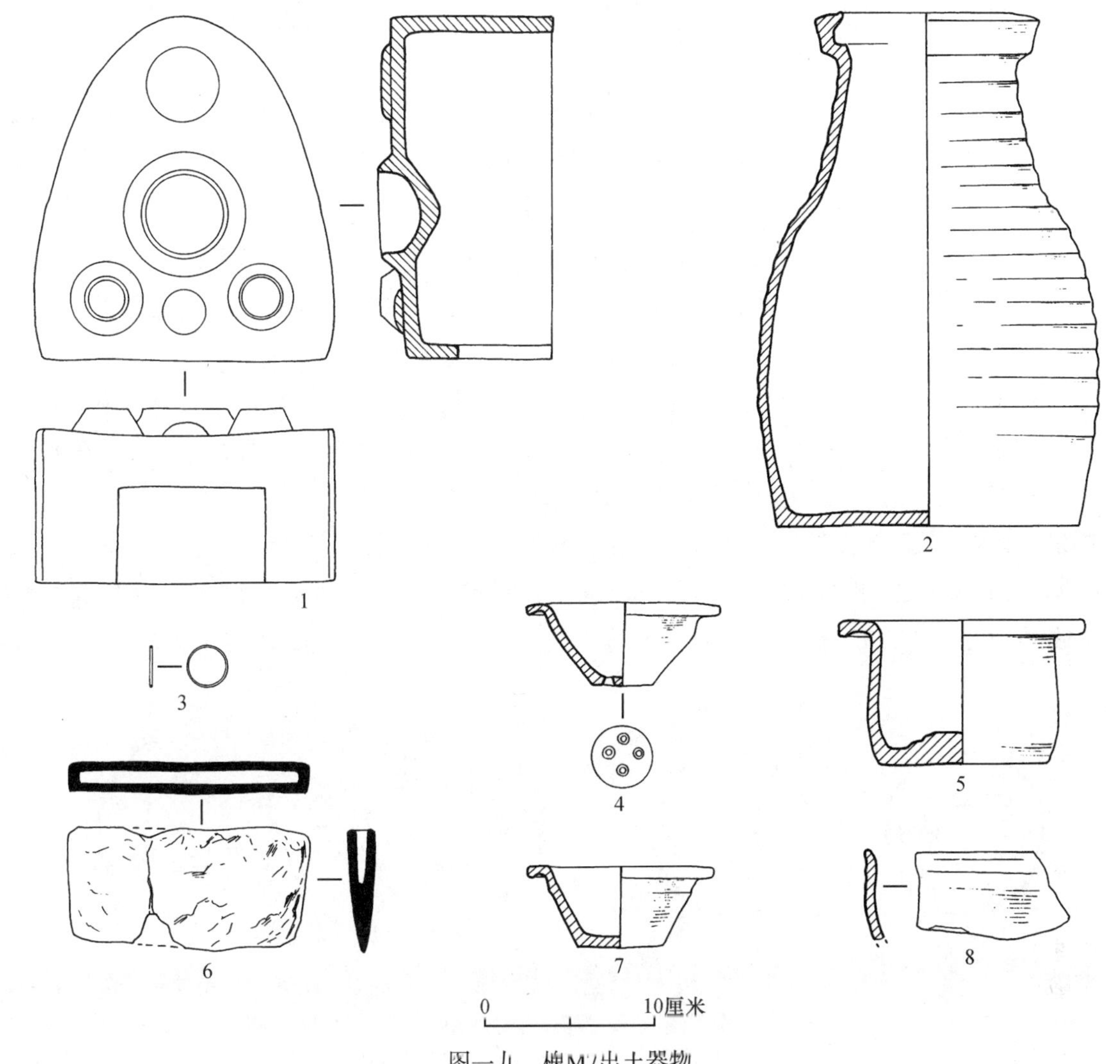

图一九 槐M7出土器物

1. 陶灶（槐M7：5） 2. 陶罐（槐M7：8） 3. 铜环（槐M7：2） 4. 陶甑（槐M7：7） 5. 陶井（槐M7：4）
6. 铁锸（槐M7：9） 7. 小陶盆（槐M7：6） 8. 陶碗（槐M7：3）

高9.5厘米（图一九，1）。

陶井 1件。标本槐M7：4，泥质灰陶，轮制。直口，方唇，宽平沿，筒形直腹，平底。内底三周凸棱。口径14.5、底径10.4、通高8.2厘米（图一九，5）。

陶碗 1件。标本槐M7：3，泥质灰陶，轮制。仅存口沿残片。口沿下两周凹弦纹。残高4.8厘米（图一九，8）。

陶甑 1件。标本槐M7：7，泥质灰陶，轮制。敞口，方唇，折沿，斜弧腹，平底，底上4个圆形镂孔。颈部一周凸弦纹。口径11.0、底径3.6、通高4.6厘米（图一九，4）。

小陶盆 1件。标本槐M7：6，泥质灰陶，轮制。敞口，圆唇，平沿，斜直腹，平底。颈部一周凸弦纹。口径10.5、底径5.0、通高4.6厘米（图一九，7）。

铜环　1件。标本槐M7：2，平面呈圆形，截面呈椭圆形。环径2.2、断面径1.0—1.5厘米（图一九，3）。

铁锸　1件。标本槐M7：9，锈蚀。正面呈横长方形，侧面呈三角形，下端有刃，顶端较厚，有一长条形銎。宽14.2、高6.8、上端厚1.6厘米（图一九，6）。

铜钱　6枚。标本槐M7：1，分五铢和货泉两种。

五铢　5枚。多数腐蚀，字迹漫漶不清，圆形方穿，正、背有郭，穿正面无郭，正面穿左右篆书“五铢”，“五”字瘦长，竖画或较直，或特曲，接上下横画处垂直或呈外放状，“铢”字“金”旁头呈三角形，“朱”旁上部两竖圆折。

标本槐M7：1-2，五铢。字体瘦长，“五”字瘦长，竖画较直，接上下横画处垂直，“铢”字“金”旁头呈三角形，“朱”旁上部两竖圆折。郭径2.46、钱径2.26、穿宽0.99、郭宽0.12、郭厚0.08、肉厚0.06厘米，重量1.66克（图二〇，2）。

货泉　1枚。保存较完好，正背均有钱郭、穿郭。

标本槐M7：1-1，货泉。圆形方穿，对读。正反面均有郭，“泉”字竖画有断笔。郭径2.31、钱径2.00、穿宽0.59、郭宽0.18、郭厚0.15、肉厚0.11厘米，重量2.94克（图二〇，1；表四）。

图二〇　槐M7铜钱拓本

1. 货泉（槐M7：1-1）　2. 五铢（槐M7：1-2）

表四　槐M7铜钱统计表　　（单位：厘米、克）

种类	编号	记号	郭径	钱径	穿宽	郭宽	郭厚	肉厚	重量	备注
货泉	M7：1-1	无	2.31	2.00	0.59	0.18	0.15	0.11	2.94	
五铢	M7：1-2	无	2.46	2.26	0.99	0.12	0.08	0.06	1.66	残
	M7：1-3	无	2.56	2.28	0.98	0.18	0.22	0.17	2.94	
	M7：1-4	无	2.61	2.33	0.88	0.18	0.16	0.13	4.03	
	M7：1-5	无	2.60	2.31	0.90	0.21	0.20	0.14	3.01	
	M7：1-6	无	2.50	2.22	0.92	0.12	0.12	0.08	2.15	

八、槐房八号墓（槐M8）

（一）墓葬形制

位于发掘区西南部，开口于现地表第1层下，墓口距地表深0.20米，方向275°，平面呈“甲”字形，为带斜坡墓道竖穴土圹单室砖墓，由墓道与墓室组成，墓葬平面总长8.06、宽3.10米、墓底距墓口深2.40米（图二一；图版八、图版九）。

墓道：位于墓室西侧，平面近长方形，底部为斜坡状，口大底小，开口长4.06、宽0.70—0.80、底长3.96、宽0.52—0.80、底距开口深1.62—2.20米，坡度7°，底长4.30米。墓道内出土陶马1件、陶器盖1件。

墓门：位于墓道东端、墓室西侧，墓门宽0.80、残高0.60米，封门墙由长条砖砌筑，为无规则堆砌而成，封门墙外堆垒有高0.20米的残砖块。

墓室：位于墓道东侧，平面呈弧长方形，墓顶已损毁，四壁墙体为长条砖一平一竖砌筑，东壁墙体保存稍好，现存10组一平一竖砖，残高2.10米，从第13层开始起券，南、北、西三面墙壁保存较差，残存2—17层，残高0.12—1.86米，铺地砖为1层，为两纵两横交错平铺，中部稍隆起，四侧尤甚，中间铺地砖已基本不存。墓室土圹长3.60—4.00、宽3.00—3.10、残深2.40米，墓室长3.50、宽3.00、残高0.12—2.10米。

长条砖规格有两种，分别为长0.28、宽0.14、厚0.06米和长0.27、宽0.13、厚0.06米。

墓室底部发现棺痕，推测为木棺，依痕迹判断为两具人骨，墓室内还发现少量残碎肢骨，分布凌乱，有被火烧过的痕迹，葬式、性别均不详。

墓室南壁偏东部位发现一个盗洞，直径0.54—0.65米，从墓葬开口处进入墓室南部，向西斜穿，直至墓底。

（二）出土器物

随葬品分布于墓内多处，墓道有陶马1件、陶器盖1件，墓室内西北角有陶井1件、陶俑1件，南部有陶壶2件，东南角集中有陶罐1件、陶仓3件、陶灶1件、陶盆5件、陶案1件、陶盘2件、陶耳杯2件、陶灯1件、陶奁3件、陶樽1件，中部出土铅当卢1件和铜钱54枚。

陶壶　2件。均为泥质灰陶，轮制。

标本槐M8：15，敞口，尖唇，沿面外斜，长束颈，弧腹，假圈足，底近平。下腹饰数周较宽的凹弦纹。口径14.8、腹径22.6、底径12.0、残高43.0厘米（图二三，6；图版六七，1）。

标本槐M8：16，口残，束颈，弧腹下垂，假圈足略外撇，平底略内凹。腹部数周轮旋痕。腹径24.0、底径12.5、残高38.0厘米（图二四，2；图版六七，2）。

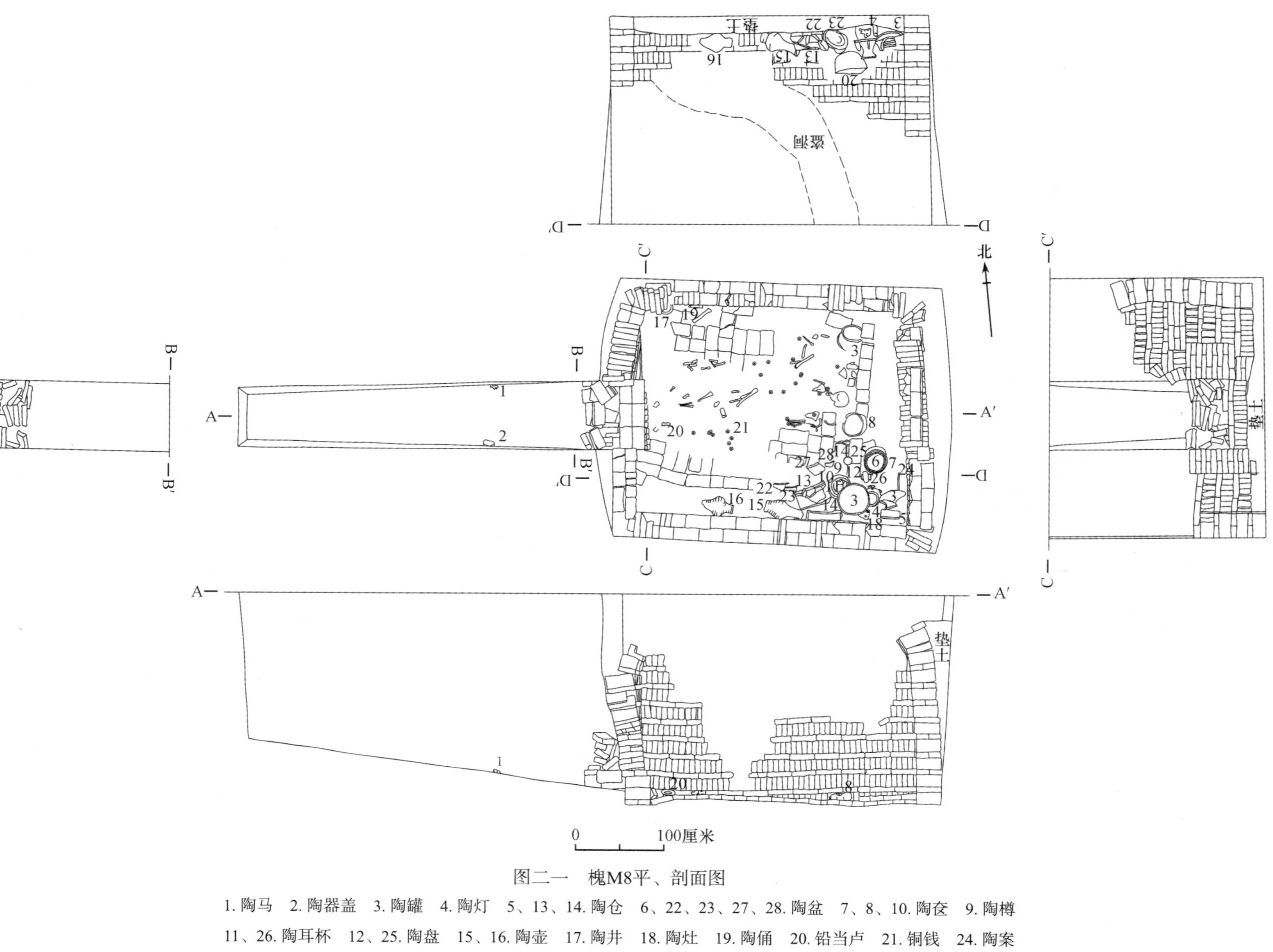

图二一　槐M8平、剖面图

1. 陶马　2. 陶器盖　3. 陶罐　4. 陶灯　5、13、14. 陶仓　6、22、23、27、28. 陶盆　7、8、10. 陶奁　9. 陶樽
11、26. 陶耳杯　12、25. 陶盘　15、16. 陶壶　17. 陶井　18. 陶灶　19. 陶俑　20. 铅当卢　21. 铜钱　24. 陶案

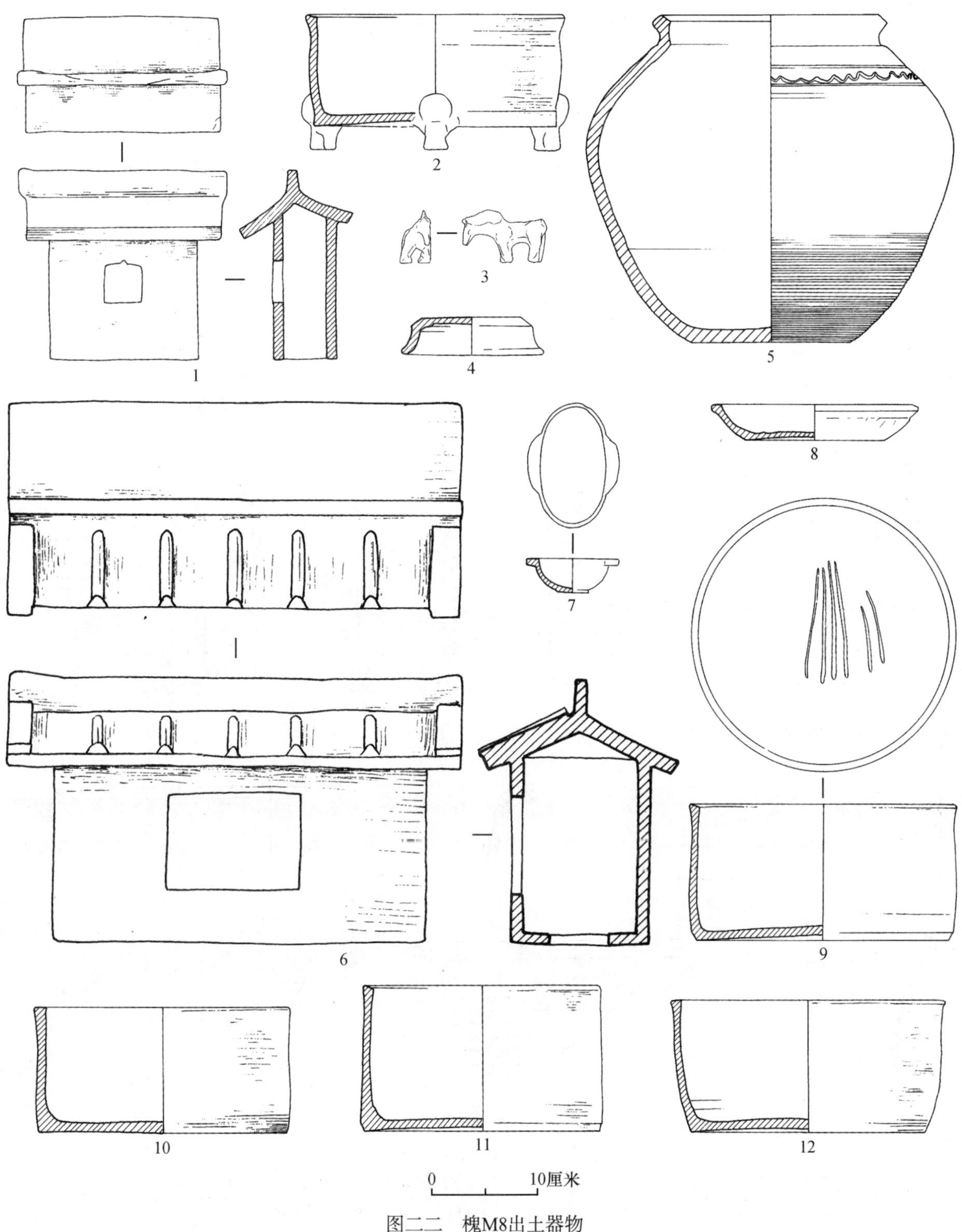

图二二 槐M8出土器物

1、6. 陶仓（槐M8：5、槐M8：13） 2. 陶樽（槐M8：9） 3. 陶马（槐M8：1） 4. 陶器盖（槐M8：2） 5. 陶罐（槐M8：3） 7. 陶耳杯（槐M8：11） 8. 陶盘（槐M8：12） 9—11. 陶奁（槐M8：8、槐M8：7、槐M8：10） 12. 陶盆（槐M8：6）

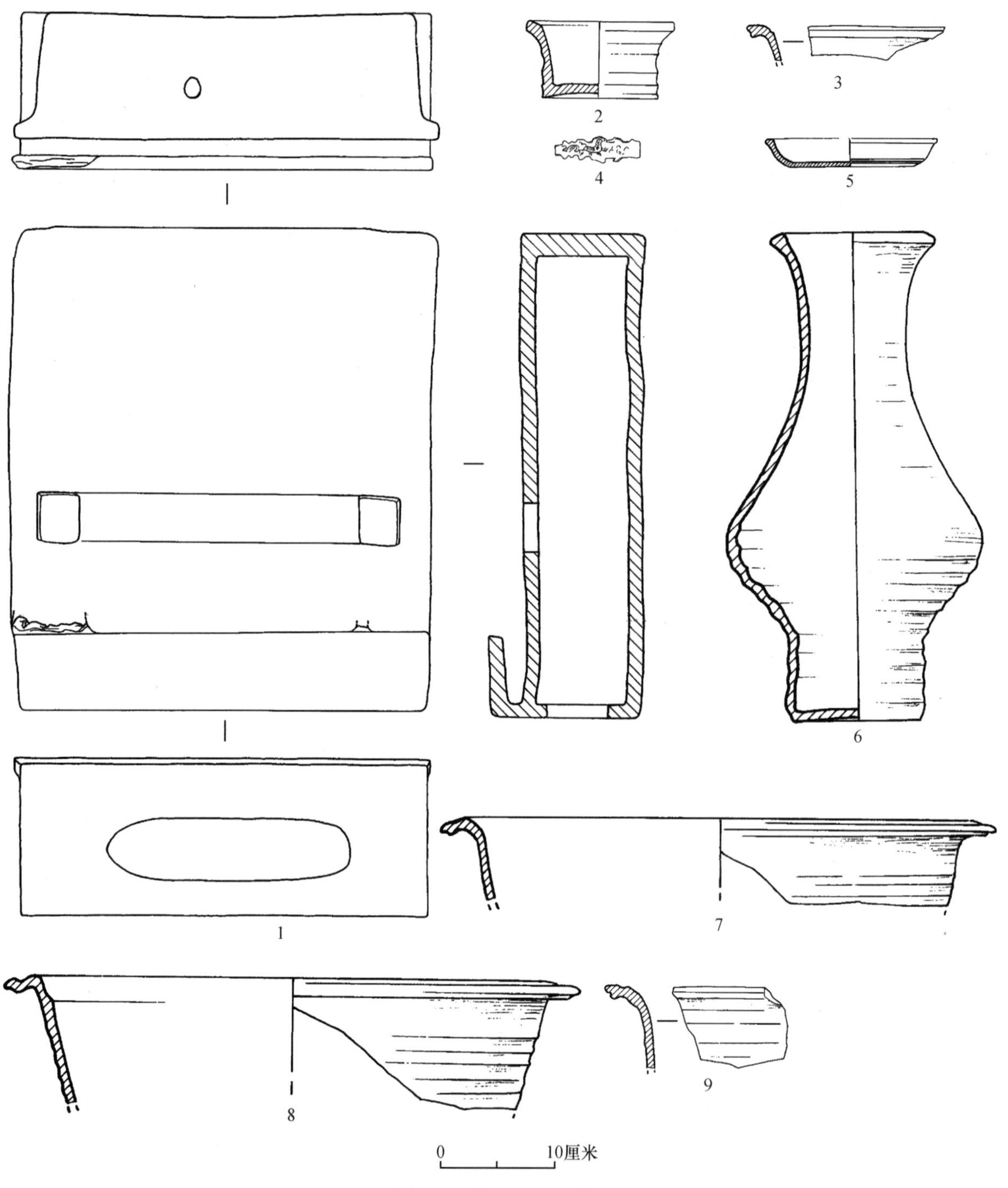

图二三　槐M8出土器物

1. 陶仓（槐M8：14）　2. 陶井（槐M8：17）　3、7—9. 陶盆（槐M8：28、槐M8：23、槐M8：22、槐M8：27）
4. 铅当卢（槐M8：20）　5. 陶盆（槐M8：25）　6. 陶壶（槐M8：15）

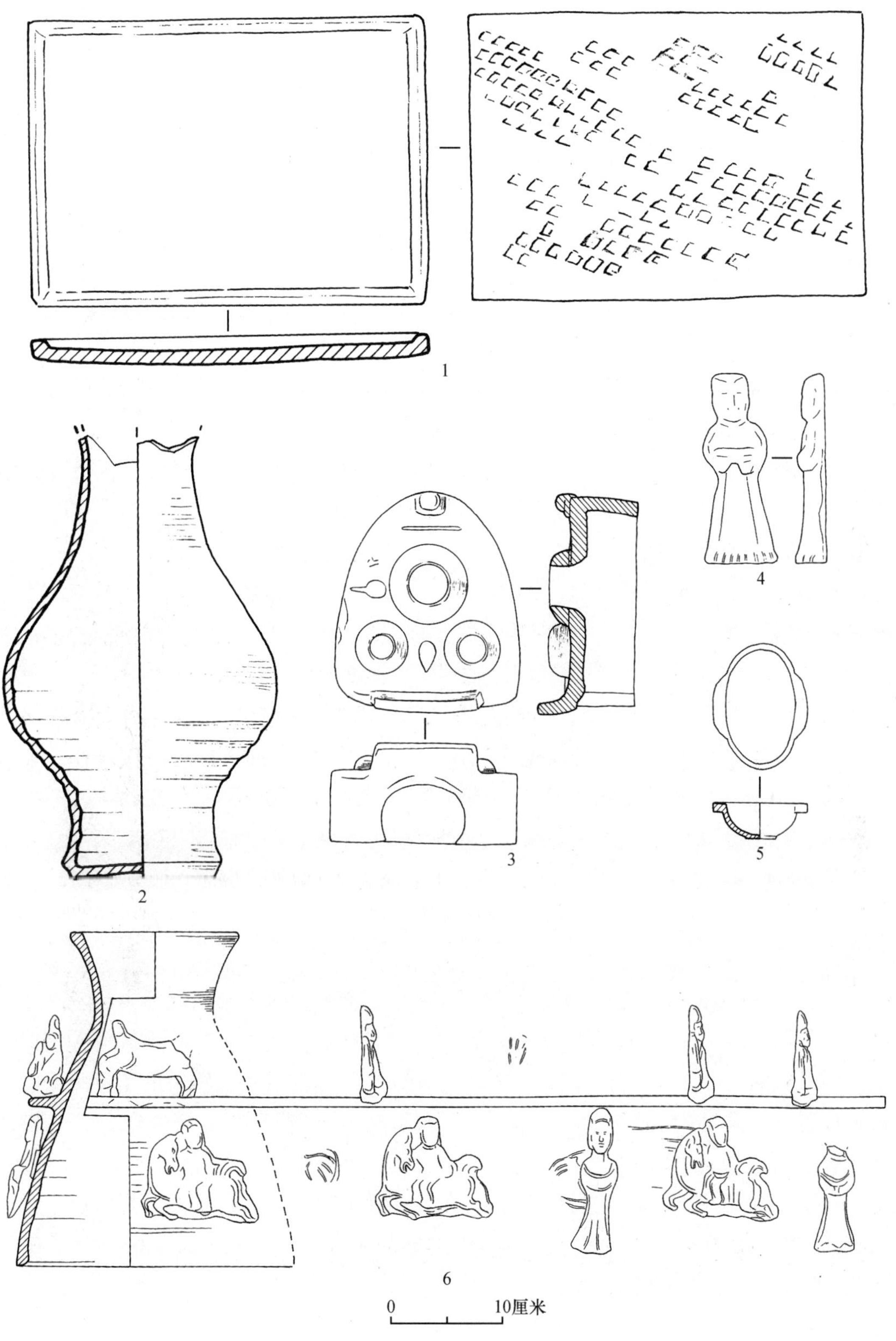

图二四　槐M8出土器物

1. 陶案（槐M8：24）　2. 陶壶（槐M8：16）　3. 陶灶（槐M8：18）　4. 陶俑（槐M8：19）　5. 陶耳杯（槐M8：26）　6. 陶灯（槐M8：4）

陶罐　1件。标本槐M8∶3，泥质灰陶，轮制。敛口，尖唇，短束颈，溜肩，鼓腹，平底。肩部饰两周浅凹弦纹，凹弦纹间饰断续不规则水波纹，下腹至底满饰横篮纹。口径22.0、腹径35.8、底径16.0、通高30.0厘米（图二二，5；图版六四，6）。

陶樽　1件。标本槐M8∶9，器身轮制，三足模制，而后粘接。直口，圆唇，浅筒形直腹，平底略内凹，底边黏附三蹄形足。口沿下饰两周凹弦纹，下腹饰一周凹弦纹，并有轮旋痕。口径23.8、通高12.0厘米（图二二，2；图版六六，1）。

陶奁　3件。均为泥质灰陶，轮制。

标本槐M8∶7，直口，方唇，唇部有凹槽，浅筒形直腹，平底。腹有轮旋痕。口径23.0、底径22.4、通高11.2厘米（图二二，10；图版六五，5）。

标本槐M8∶8，直口，方唇，浅筒形直腹，平底内凹。内底有划痕，腹部有轮旋痕。口径26.5、底径25.0、通高13.0厘米（图二二，9；图版六五，6）。

标本槐M8∶10，直口，方唇，唇部有浅凹槽，筒形直腹，平底内凹。下腹有数周轮旋痕。口径21.6、底径21.6、通高13.0厘米（图二二，11；图版六六，2）。

陶仓　3件。均为泥质灰陶。

标本槐M8∶5，手制，略粗糙。悬山顶，脊一端平，一端略翘，中部平，流水坡素平，仓体平面呈长方形，直壁较高，正面中部有一长方形孔，背面素平，平底，中空。顶部最大宽度20.5、进深6.0、通高18.2厘米（图二二，1；图版六五，3）。

标本槐M8∶13，手、模兼制，以模制为主。悬山顶，顶中部起脊，两端微翘起，中间近平，一坡有瓦垄，一面素平，仓体平面呈长方形，直壁，正面中部有一横长方形孔，背面素平，平底，中空。顶部最大宽度43.0、进深13.0、通高25.0厘米（图二二，6；图版六六，5）。

标本槐M8∶14，模制。平面呈长方形，正面略偏下部两侧各有一长方形孔，侧面长方形，平顶，顶中间有一小圆孔。一侧近底有栏式矮墙。最大宽度39.6、进深11.3、通高43.4厘米（图二三，1；图版六六，6）。

陶灶　1件。标本槐M8∶18，泥质灰陶，模制。平面略呈马蹄形，灶面设有呈“品”字形凸起的三个圆形灶眼，前面并排两个较小，后面一个较大，正前方设有略前倾的挡烟墙，后端设有不规则形烟囱，灶面模印有1个钳形物和2个圆饼等与食品及工具相关的图形装饰。正面中部是近圆形落地式火门，无底内空。长18.6、灶面最宽16.0、通高8.4、壁厚1.2厘米（图二四，3）。

陶井　1件。标本槐M8∶17，泥质灰陶，手、轮兼制。侈口，仰折沿，圆唇，直腹，平底内凹。腹饰数周凸弦纹。口径13.2、底径10.0、通高6.6厘米（图二三，2；图版六七，3）。

陶盆　5件。均为泥质灰陶，轮制。

标本槐M8∶6，直口，方唇，筒形腹，微弧，平底略内凹。腹有轮旋痕。口径27.0、底径23.0、通高12.5厘米（图二二，12；图版六五，4）。

标本槐M8∶22，残存口沿。敞口，斜折沿，沿面有凹槽，尖唇。腹部饰数周凸弦纹。口径54.0、残高10.0厘米（图二三，8）。

标本槐M8：23，残存口沿。敞口，斜折沿，尖唇，唇部有凹槽，做叠唇状。口沿下饰数道凸旋纹。口径52.0、残高8.0厘米（图二三，7；图版六七，5）。

标本槐M8：27，残存口沿。敞口，仰折沿，圆唇，唇部凹槽，做叠唇状，沿面内凹。颈部饰两周轮旋痕。残高6.8厘米（图二三，9）。

标本槐M8：28，残存口沿。敞口，仰折沿，尖唇，做叠唇状，沿面内凹。残高3.6厘米（图二三，3）。

陶器盖 1件。标本槐M8：2，泥质灰陶，轮制。平顶，曲腹壁，盖口外撇，圆唇。口径13.0、通高3.4厘米（图二二，4；图版六四，5）。

陶案 1件。标本槐M8：24，泥质灰陶，模制，手工修整。长方形，四角略削去，边缘有一周斜凸缘，平底。底饰网格纹。长36.0、宽26.0、厚1.8厘米（图二四，1；图版六七，6）。

陶盘 2件。均为泥质灰陶，轮制。

标本槐M8：12，敞口，方唇，斜弧腹，平底内凹。底有轮旋痕，腹部有削痕。口径19.0、底径13.0、通高3.2厘米（图二二，8；图版六六，4）。

标本槐M8：25，侈口，圆唇，浅弧腹，平底略内凹。口径19.0、底径13.0、高3.0厘米（图二三，5；图版六八，1）。

陶耳杯 2件。均为泥质灰陶，模制。

标本槐M8：11，杯口呈椭圆形，敞口，方唇，弧腹，平底。口沿两侧有弧形耳，耳面内侧与口沿平。口部最大径11.0、最小径8.2、高3.0厘米（图二二，7；图版六六，3）。

标本槐M8：26，杯口呈椭圆形，敞口，方唇，弧腹，平底。口沿两侧有弧形耳，耳面内侧与口沿平。口部最大径10.6、最小径8.4、高3.0厘米（图二四，5；图版六八，2）。

陶灯 1件。标本槐M8：4，泥质灰陶，手、轮兼制。侈口，圆唇，束颈，喇叭形腹，中空。腹中部饰一道凸起的宽棱，棱上装饰3个（其中1个残缺）头戴高冠、双手垂立的跪坐状俑和2个动物俑（其中1个残缺，有粘接痕）；人物俑和动物俑皆模制而成。下腹装饰3个站立俑（其中1个残缺）和3个骑马俑，站立俑和骑马俑皆为捏塑而成。站立俑身着低领长袍，其中一站立俑眉目清秀，显女性形象；另一站立俑头部残，亦着低领长袍，双手拢于胸前。骑马俑中的人侧身回望，马做嘶吼回首状。5个俑皆模制，而后分别粘在器腹上。口径15.2、底径25.0、高29.5厘米（图二四，6；图版六五，1、2）。

陶俑 1件。标本槐M8：19，泥质灰陶，手制。面部不清，双手拢于胸前，做站立状，身着落地长袍，袍角微上翘，袍底装饰一周褶皱纹。通高16.0厘米（图二四，4；图版六七，4）。

陶马 1件。标本槐M8：1，泥质灰陶，手制。体瘦，两耳耸立，鬃竖起，四肢做站立状，尾残。首尾残长8.4、高5.0厘米（图二二，3；图版六四，4）。

铅当卢 1件。标本槐M8：20，灰褐色，扁平长条状，正面饰凸起的花瓣形装饰图案，纹饰漫漶不清，背面平整。长7.9、宽1.0—2.3、厚0.4厘米（图二三，4）。模型车马饰件。

铜钱　54枚。标本槐M8：21，分五铢和货泉两种。

五铢　53枚。多数腐蚀，字迹漫漶不清，圆形方穿，正、背有郭，穿正面无郭，正面穿左右篆书“五铢”，“五”字瘦长，竖画或较直，或特曲，“铢”字“金”旁头呈三角形，“朱”旁上部两竖或方折，或圆折。

标本槐M8：21-1，五铢。字体瘦长，“五”字宽大，竖画较直，接上下横画处垂直，“铢”字“金”旁头呈三角形，“朱”旁上部两竖方折。郭径2.60、钱径2.26、穿宽0.91、郭宽0.19、郭厚0.15、肉厚0.09厘米，重量2.05克（图二五，1）。

标本槐M8：21-22，五铢。字体瘦长，“五”字宽大，竖画较直，接上下横画处垂直，“铢”字“金”旁头呈三角形，“朱”旁上部两竖圆折。郭径2.58、钱径2.34、穿宽0.90、郭宽0.11、郭厚0.12、肉厚0.07厘米，重量2.63克（图二五，2）。

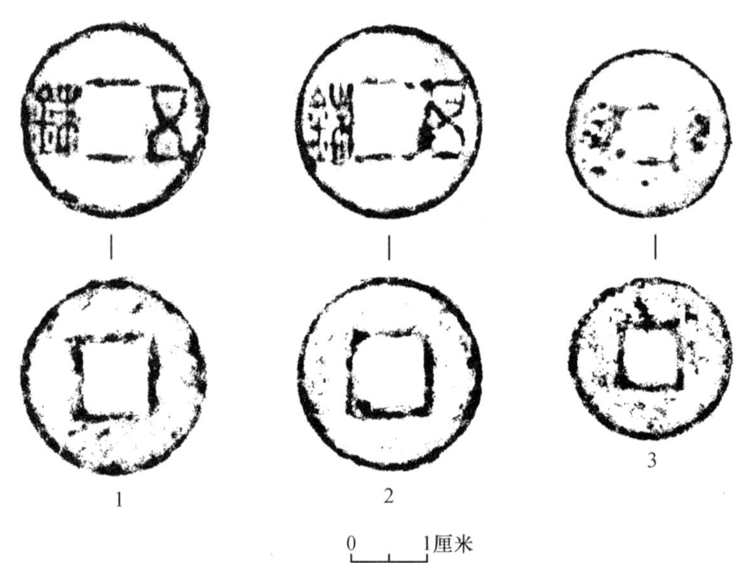

图二五　槐M8铜钱拓本

1、2. 五铢（槐M8：21-1、槐M8：21-22）　3. 货泉（槐M8：21-54）

货泉　1枚。保存较完好，正背均有钱郭、穿郭。

标本槐M8：21-54，货泉。圆形方穿，对读。正反面均有郭，“泉”字竖画有断笔。郭径2.24、钱径1.94、穿宽0.65、郭宽0.14、郭厚0.13、肉厚0.09厘米，重量1.83克（图二五，3；表五）。

表五　槐M8铜钱统计表　（单位：厘米、克）

种类	编号	记号	郭径	钱径	穿宽	郭宽	郭厚	肉厚	重量	备注
五铢	M8：21-1	无	2.60	2.26	0.91	0.19	0.15	0.09	2.05	
	M8：21-2	无	2.59	2.26	1.03	0.16	0.11	0.08	2.21	
	M8：21-3	无	2.60	2.30	0.97	0.14	0.14	0.11	2.28	
	M8：21-4	无	2.66	2.26	0.87	0.18	0.16	0.10	3.03	

续表

种类	编号	记号	郭径	钱径	穿宽	郭宽	郭厚	肉厚	重量	备注
五铢	M8：21-5	无	2.46	2.20	0.90	0.14	0.13	0.08	2.02	
	M8：21-6	无	2.65	2.32	0.91	0.22	0.11	0.09	2.13	
	M8：21-7	无	2.59	2.28	0.92	0.16	0.19	0.09	3.18	
	M8：21-8	无	2.57	2.20	0.88	0.19	0.17	0.11	2.96	
	M8：21-9	无	2.61	2.30	0.90	0.26	0.18	0.10	2.78	
	M8：21-10	无	2.50	2.13	0.92	0.19	0.14	0.08	2.58	
	M8：21-11	无	2.59	2.27	0.90	0.16	0.13	0.08	2.44	
	M8：21-12	无	2.60	2.30	0.90	0.18	0.17	0.10	2.74	
	M8：21-13	无	2.57	2.23	0.91	0.14	0.14	0.07	2.40	
	M8：21-14	无	2.56	2.22	1.01	0.21	0.14	0.08	1.51	
	M8：21-15	无	2.57	2.16	0.93	0.20	0.15	0.07	2.32	
	M8：21-16	无	2.57	2.23	0.81	0.19	0.18	0.08	3.00	
	M8：21-17	无	2.46	2.21	0.93	0.14	0.19	0.10	2.11	
	M8：21-18	无	2.63	2.20	0.88	0.16	0.15	0.09	3.53	
	M8：21-19	无	2.54	2.27	0.92	0.15	0.13	0.08	2.58	
	M8：21-20	无	2.58	2.27	0.95	0.18	0.13	0.10	1.50	
	M8：21-21	无	2.39	2.11	0.91	0.14	0.10	0.06	1.56	
	M8：21-22	无	2.58	2.34	0.90	0.11	0.12	0.07	2.63	
	M8：21-23	无	2.57	2.23	0.97	0.12	0.15	0.11	2.33	
	M8：21-24	无	2.61	2.28	0.90	0.20	0.14	0.05	2.46	
	M8：21-25	无	2.57	2.25	0.97	0.14	0.13	0.10	2.89	
	M8：21-26	无	2.60	2.23	0.90	0.21	0.13	0.09	2.63	
	M8：21-27	无	2.62	2.26	0.88	0.19	0.20	0.12	3.58	
	M8：21-28	无	2.67	2.37	0.83	0.17	0.18	0.10	2.89	
	M8：21-29	无	2.65	2.33	0.92	0.21	0.16	0.10	2.49	
	M8：21-30	无	2.67	2.35	0.98	0.16	0.17	0.08	2.53	
	M8：21-31	无	2.50	2.14	0.89	0.13	0.16	0.07	2.63	
	M8：21-32	无	2.60	2.31	0.96	0.17	0.15	0.06	2.84	
	M8：21-33	无	2.57	2.30	0.88	0.20	0.17	0.08	2.61	
	M8：21-34	无	2.56	2.20	0.84	0.14	0.18	0.09	2.49	
	M8：21-35	无	2.57	2.24	0.89	0.22	0.14	0.11	2.51	
	M8：21-36	无	2.60	2.27	0.93	0.18	0.14	0.09	2.39	
	M8：21-37	无	2.60	2.24	0.97	0.20	0.12	0.07	2.75	
	M8：21-38	无	2.62	2.21	0.91	0.23	0.19	0.07	3.65	
	M8：21-39	无	2.60	2.23	0.90	0.21	0.15	0.09	3.16	
	M8：21-40	无	2.60	2.23	0.88	0.16	0.15	0.06	2.88	

续表

种类	编号	记号	郭径	钱径	穿宽	郭宽	郭厚	肉厚	重量	备注
五铢	M8：21-41	无	2.63	2.27	0.92	0.18	0.17	0.11	3.18	
	M8：21-42	无	2.62	2.28	0.88	0.18	0.18	0.06	2.32	
	M8：21-43	无	2.60	2.23	0.92	0.19	0.16	0.11	3.16	
	M8：21-44	无	2.69	2.34	0.94	0.22	0.15	0.10	2.32	
	M8：21-45	无	2.60	2.27	0.94	0.17	0.15	0.08	3.08	
	M8：21-46	无	2.61	2.27	0.87	0.17	0.16	0.08	2.41	
	M8：21-47	无	2.61	2.31	0.95	0.17	0.14	0.08	2.31	
	M8：21-48	无	2.59	2.26	0.97	0.18	0.17	0.09	2.38	
	M8：21-49	无	2.53	2.23	0.88	0.17	0.17	0.08		略残
	M8：21-50	无	2.74	2.35	0.90	0.19	0.18	0.10		略残
	M8：21-51	无	2.59	2.22	0.95	0.17	0.21	0.11		略残
	M8：21-52	无	2.62	2.25	0.88	0.14	0.16	0.10		略残
	M8：21-53	无	2.68	2.33	0.91	0.18	0.16	0.11		残
货泉	M8：21-54	无	2.24	1.94	0.65	0.14	0.13	0.09	1.83	

九、槐房十号墓（槐M10）

（一）墓葬形制

位于发掘区西部偏中，北邻槐M11，开口于现地表第1层下，墓口距地表深0.20米，方向为275°，平面呈“甲”字形，为带斜坡墓道竖穴土圹单室砖墓，由墓道与墓室组成，墓葬平面总长7.80、宽4.45、墓底距墓口深1.30米（图二六；图版一〇）。

墓道：位于墓室西侧，平面近长方形，底部为斜坡状，墓道开口长4.40、宽0.80—1.00、底距开口深0.10—1.25米，坡度14°，底长4.55米。

墓门：位于墓道东端、墓室西侧，墓门宽1.00、残高0.06米，封门墙为长条砖砌，仅存底部横置1层平砖。

墓室：位于墓道东侧，平面为不规则长方形，四壁墙体残存南壁、东壁南部和西壁南部近底的1层平砖，其他墙体仅见零星砖块，铺地砖为1层，仅存南面一部分，用长条砖两纵两横交错平铺，室内南侧有用长条砖加内由熟土填充构筑的器物台，器物台长2.74、宽0.60—0.90、高0.32米，器物台东、西、南三面均被破坏，残长2.70、残宽0.60—0.90米，台面北侧砌有6层平砖，为长条砖错缝平砌，残高0.32米，墓室土圹长4.45、宽3.26—3.40、残深1.30米，墓室长4.35、宽3.26—3.40、残高0.06—0.32米。

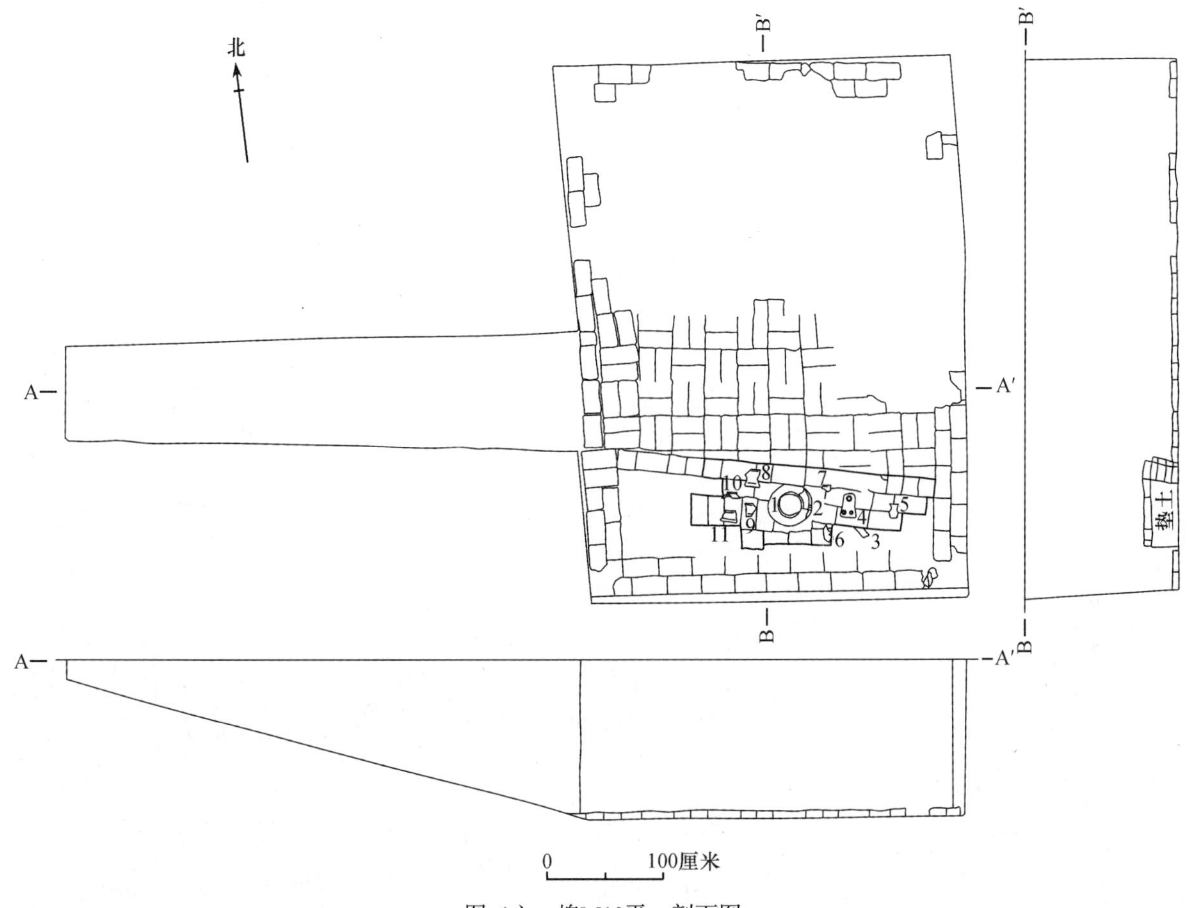

图二六 槐M10平、剖面图

1、7、10、11.陶罐 2、8.陶奁 3.铁锸 4.陶灶 5.陶壶 6.陶案 9.陶盆

长条砖规格为长0.28、宽0.14、厚0.05米。

因盗扰破坏严重，墓室内无葬具、人骨等，葬具与葬式均不详。

（二）出土器物

随葬品集中在墓室南部的器物台及其附近，有陶壶1件、陶罐4件、陶奁2件、陶灶1件、陶盆1件和陶案1件，器物台填土内出土铁锸1件。

陶壶 1件。标本槐M10：5，泥质灰陶，轮制。浅盘口，方唇，长直颈，折腹，假圈足，平底内凹。肩、腹部有数周轮旋痕。腹径14.6、底径14.5、通高37.0厘米（图二七，4；图版六八，4）。

陶罐 4件。均为轮制。

标本槐M10：1，泥质红陶。口微敛，平沿，方唇，短束颈，溜肩，圆鼓腹，底残。肩饰一周压印小方格组成的纹饰带，腹饰一周由压印的连续点状浅凹窝组成的弦纹。口径21.0、腹径37.3、残高23.0厘米（图二七，2）。

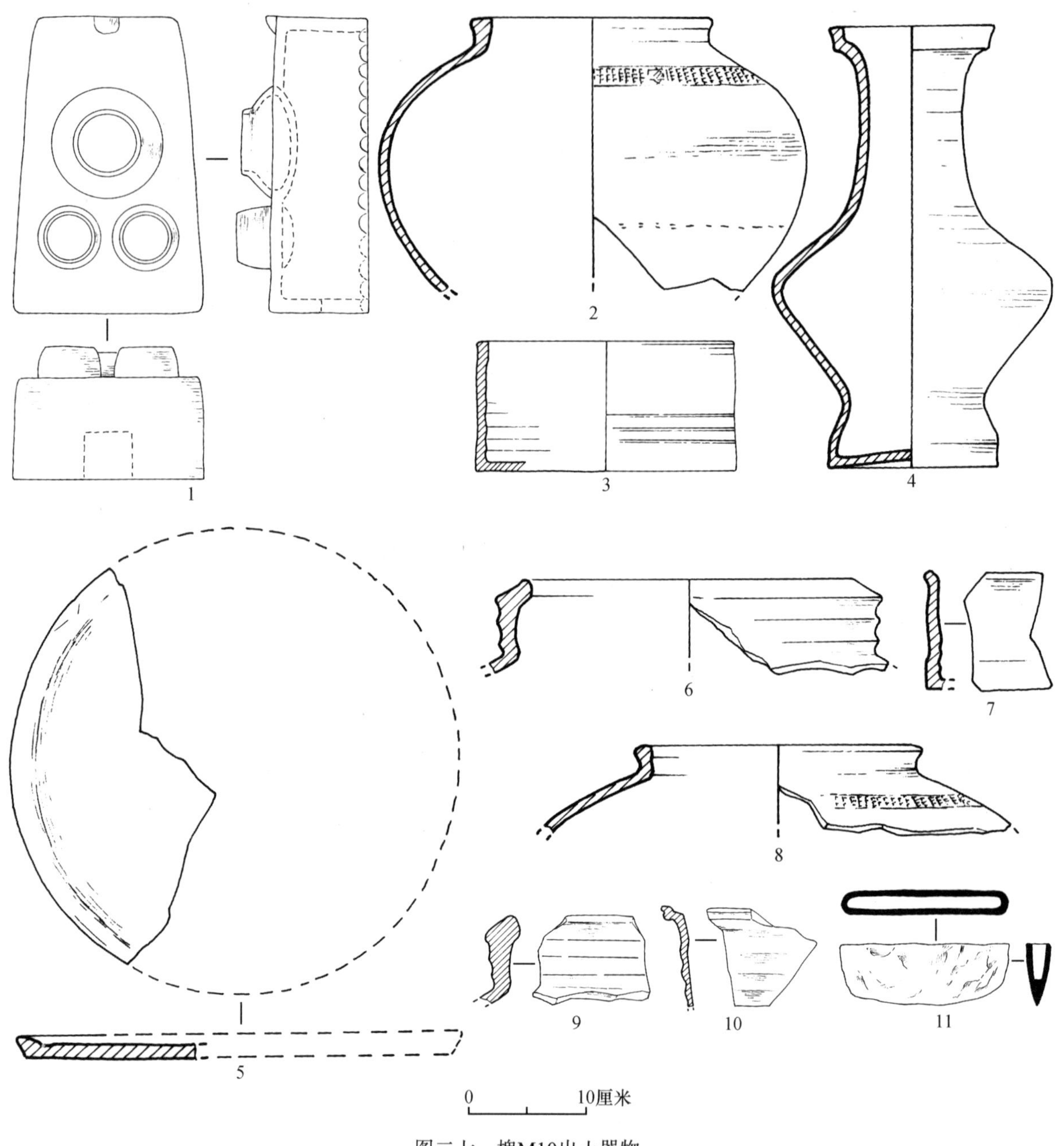

图二七　槐M10出土器物

1. 陶灶（槐M10：4）　2、6、8、9. 陶罐（槐M10：1、槐M10：7、槐M10：10、槐M10：11）　3、7. 陶奁（槐M10：2、槐M10：8）　4. 陶壶（槐M10：5）　5. 陶案（槐M10：6）　10. 陶盆（槐M10：9）　11. 铁锸（槐M10：3）

标本槐M10：7，泥质灰陶。残存口沿。敛口，圆唇。颈部饰两周凸弦纹。残高8.8厘米（图二七，6）。

标本槐M10：10，夹云母红陶。仅存口沿。口微侈，平沿，方唇，短束颈，广肩。肩饰一周由压印小方格组成的纹饰带。口径24.0、残高8.0厘米（图二七，8）。

标本槐M10：11，泥质灰陶。残存口沿。敛口，圆唇。颈部饰两周凸弦纹。残高7.6厘米

（图二七，9）。

陶奁 2件。均为泥质灰陶，轮制。

标本槐M10：2，直口，圆唇，浅筒形直腹，平底。腹饰三周凹弦纹，外壁有数周轮旋痕。口径22.4、底径22.6、通高11.0厘米（图二七，3）。

标本槐M10：8，直口，圆唇，筒形直腹，底残。下腹饰一周凹弦纹。高10.5厘米（图二七，7）。

陶灶 1件。标本槐M10：4，泥质灰陶。平面呈梯形，前宽后窄，灶面有呈“品”字形分布的三个圆形灶眼，前面并排两个稍小，后面一个较大，前端无挡烟墙，后端有凸起的方形示意性烟囱，正面残，无底内空。长25.0、残宽16.0、通高11.2厘米（图二七，1；图版六八，3）。

陶盆 1件。标本槐M10：9，泥质灰陶，轮制。残存口沿及腹部。侈口，仰折沿，尖唇，做叠唇状，斜直腹。腹饰数周凹弦纹。残高8.6厘米（图二七，10）。

陶案 1件。标本槐M10：6，泥质灰陶，轮制。圆形，周边有较宽的凸缘，平底。直径39.0、厚2.0厘米（图二七，5；图版六八，5）。

铁锸 1件。标本槐M10：3，锈蚀。正面呈梯形，上宽下窄，侧面呈三角形，下端有刃，顶端较厚，并有一长条形銎。宽14.0、高5.0、顶端厚2.0厘米（图二七，11）。

十、槐房十一号墓（槐M11）

（一）墓葬形制

位于发掘区西部偏中，南邻槐M10，开口于现地表第1层下，墓口距地表深0.20米，方向275°，平面呈刀形，为带斜坡墓道竖穴土圹单室砖墓，由墓道与墓室组成，墓葬平面总长15.20、宽0.90—2.50、墓底距墓口深1.90米（图二八；图版一一）。

墓道：位于墓室西侧，平面呈长方形，底部为斜坡状，底部西段为较缓斜坡，东段较平，墓道开口长8.50、宽0.90—0.95、底距开口深0.10—2.00米，坡度26°，底长8.80米。

墓门：位于墓道东端、墓室西侧，墓门宽0.94—1.04、残高1.50米，封门墙为两层砖砌，外侧封门墙用长条砖平砌，底部填五花土，厚0.15米，上部堆放凌乱，内侧封门墙为长条砖错缝平砌，底部亦填五花土，厚0.20米，封门墙内侧底部存1排竖砌砖。

墓室：位于墓道东部，平面为不规则长方形。四壁墙体仅西壁保存较好，现存21层平砖，残高1.78米。南北两壁西段墙体现存15—18层平砖，残高1.20—1.43米，南北两壁东段及东壁仅存底部1层平砖。东西两壁用长条砖二平一竖砌筑；西壁以平砌为主，部分采用二平一竖砌法。铺地砖为1层，为长条砖平铺，仅见于西部，中部稍隆起，西北角为长条砖合缝平铺，西南角为纵横交错平铺。墓室土圹长 6.60—7.10、宽2.20—2.50、残深1.76—1.86米，墓室长6.30—6.60、宽2.20—2.40、残高1.46米。

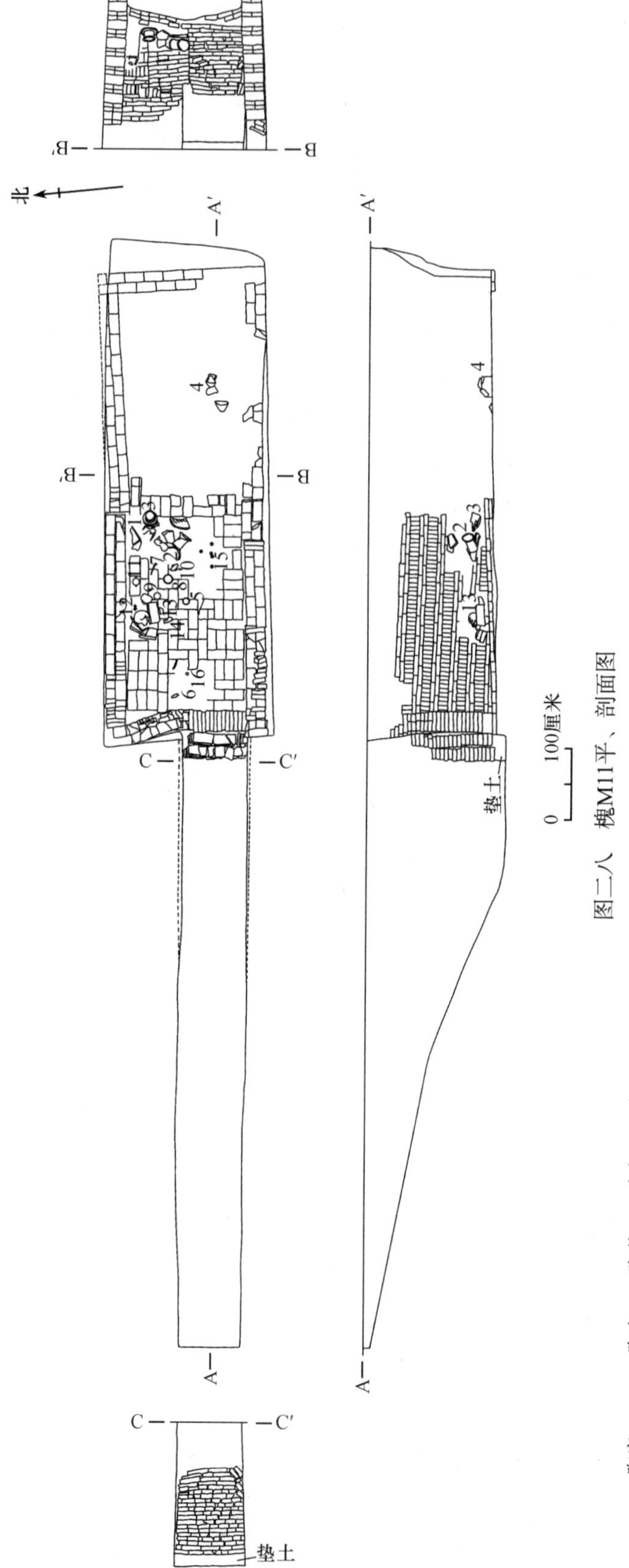

图二八　槐M11平、剖面图

1. 陶案　2、14. 陶壶　3. 陶井　4. 陶勺　5. 陶盘　6. 铅当卢　7. 铁棺钉　8. 陶奁　9. 陶斗　10. 陶耳杯　11. 小陶盆　12. 陶猪　13. 陶罐　15. 铜钱　16. 铅衔铅镳

长条砖有两种，单面饰不同的横向粗绳纹，长0.27、宽0.14、厚0.05米；长0.27、宽0.13、厚0.05米（图二九）。

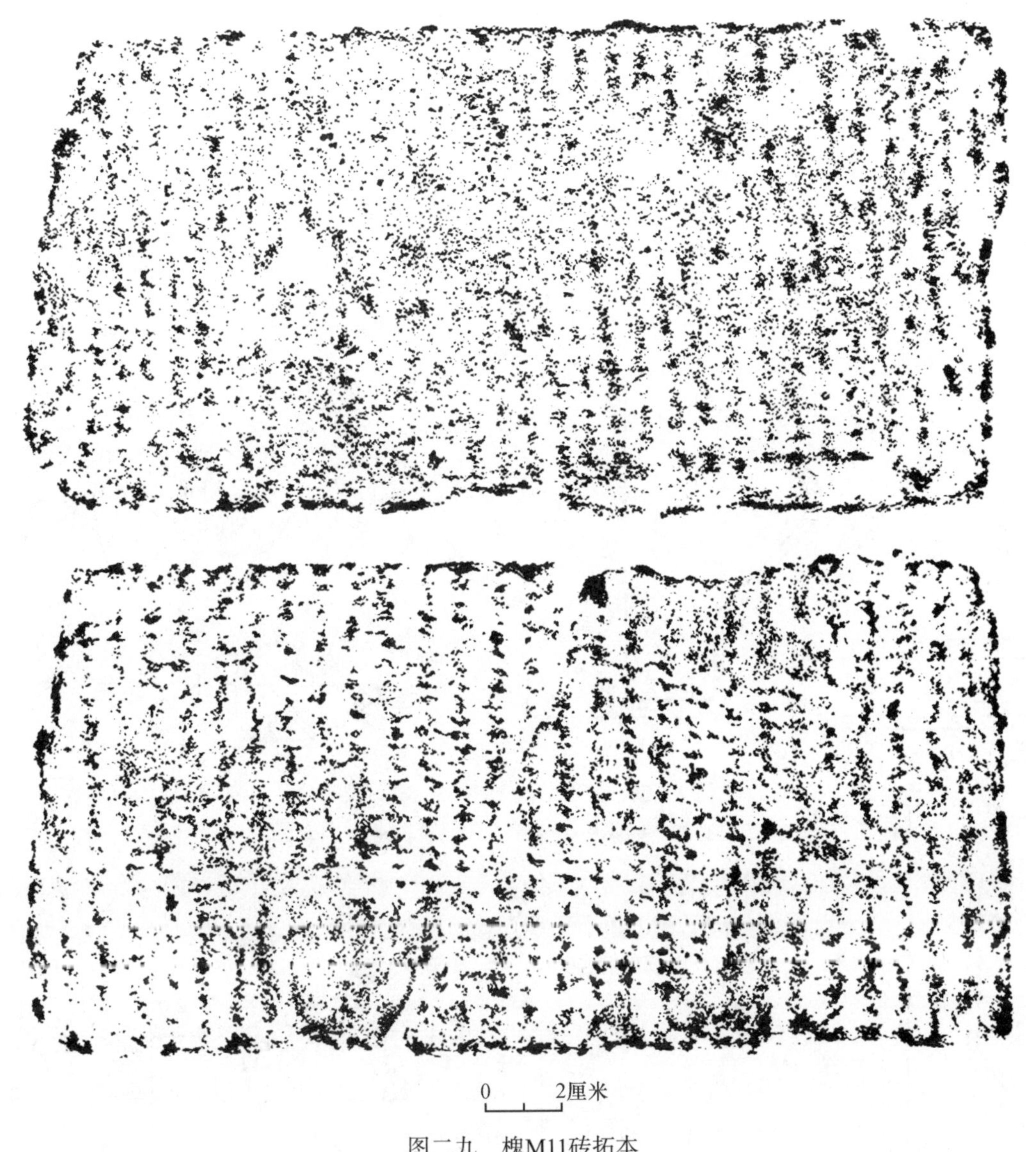

图二九 槐M11砖拓本

因盗扰破坏严重，墓内无葬具，仅在西北部发现零星残骨，葬具与葬式均不详。

（二）出土器物

随葬品主要出土于墓内中部偏北处，有陶壶2件、陶罐1件、陶奁1件、陶井1件、陶斗1件、陶案1件、陶盘1件、陶耳杯1件、小陶盆1件、陶猪1件、铁棺钉1枚，西部有铅当卢1件、铅衔铅镳1套，偏东有陶勺1件，中部有铜钱14枚。

陶壶　2件。均为泥质灰陶，轮制。

标本槐M11：2，口残，长直颈，扁腹，假圈足，平底内凹。颈、肩结合处饰两周凹弦纹，肩部两侧各有1个铺首衔环（其中1个脱落），下腹饰数周凸弦纹。腹径30.0、底径15.6、残高40.0厘米（图三〇，2；图版六八，6）。

标本槐M11：14，残存口、颈及腹部。侈口，圆唇，唇部有浅凹槽，高直颈，弧腹。肩

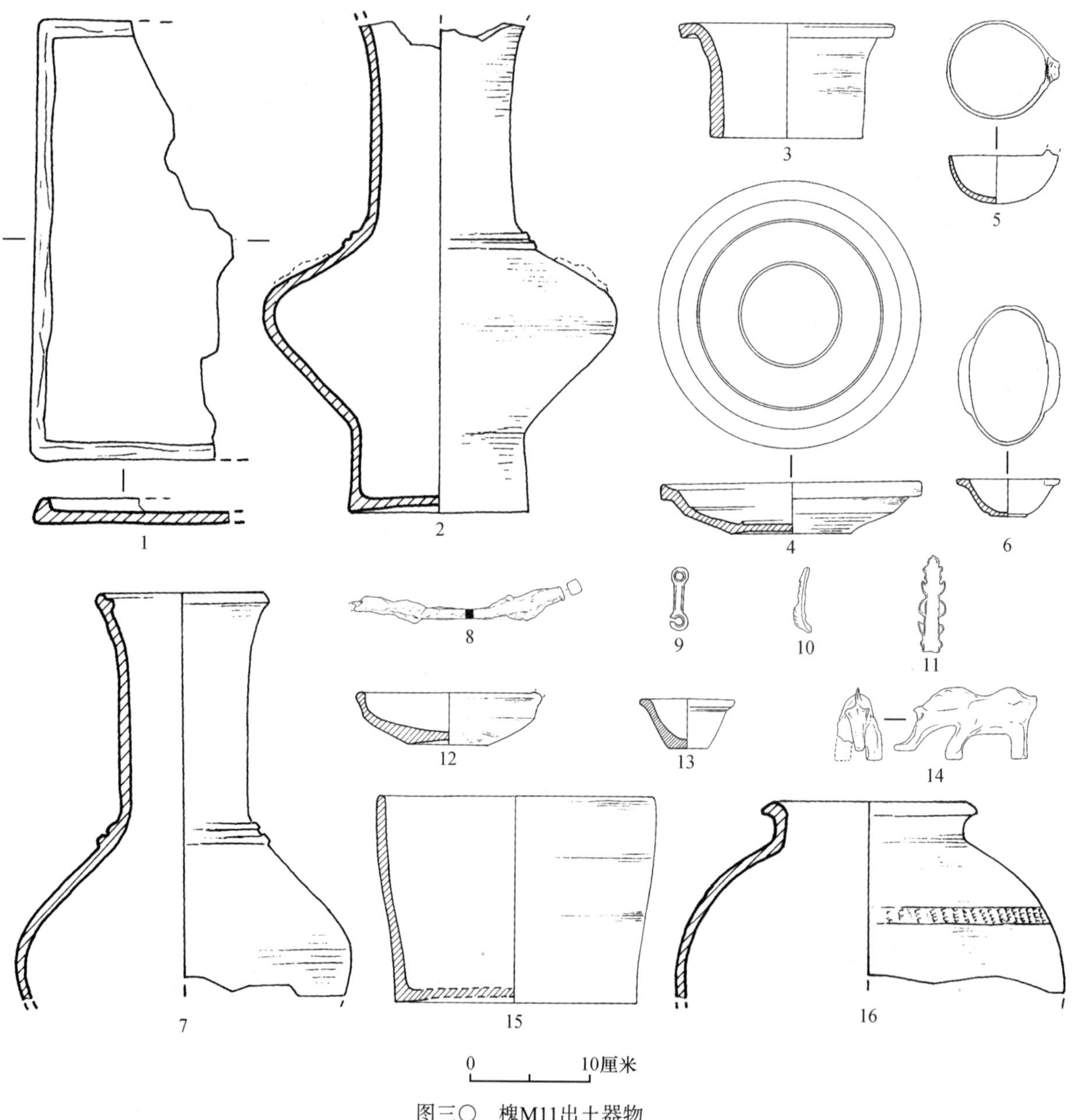

图三〇　槐M11出土器物

1. 陶案（槐M11：1）　2、7. 陶壶（槐M11：2、槐M11：14）　3. 陶井（槐M11：3）　4. 陶盘（槐M11：5）　5. 陶勺（槐M11：4）　6. 陶耳杯（槐M11：10）　8. 铁棺钉（槐M11：7）　9、10. 铅衔铅镳（槐M11：16）　11. 铅当卢（槐M11：6）　12. 陶斗（槐M11：9）　13. 小陶盆（槐M11：11）　14. 陶猪（槐M11：12）　15. 陶奁（槐M11：8）　16. 陶罐（槐M11：13）

部有对称装饰（已脱落），颈、腹间饰两周凹弦纹。口径15.0、腹径29.5、残高33.0厘米（图三〇，7）。

陶罐 1件。标本槐M11：13，泥质灰陶，轮制。残存口、颈及腹部。侈口，尖唇，溜肩，鼓腹。腹饰一周由斜行排列与正行排列相间的菱形纹和方格纹组成的纹饰带。口径18.5、残高15.0厘米（图三〇，16）。

陶奁 1件。标本槐M11：8，泥质灰陶，轮制。口微侈，圆唇，斜直腹，下腹略收，底残。口径23.6、底径20.5、通高17.0厘米（图三〇，15）。

陶井 1件。标本槐M11：3，泥质灰陶，轮制。侈口，折沿，方唇，筒形直腹，腹部有戳印痕和轮旋痕。素面。口径18.0、底径12.8、高9.4厘米（图三〇，3）。

陶斗 1件。标本槐M11：9，泥质灰陶，轮制。侈口，圆唇，一侧有柄，柄残断，斜腹，平底内凹。口径16.5、底径7.2、高4.4厘米（图三〇，12）。

陶案 1件。标本槐M11：1，泥质灰陶，模制，手工修整。残。长方形，四角略削去，边缘饰一周斜凸缘，平底。宽36.0、厚2.0厘米（图三〇，1）。

陶盘 1件。标本槐M11：5，泥质灰陶，轮制。敞口，折沿，厚唇，斜折腹，平底。内壁有两周凸棱，腹部饰数周轮旋痕。口径21.2、底径9.2、通高4.0厘米（图三〇，4）。

陶耳杯 1件。标本槐M11：10，泥质灰陶，模制。杯口呈椭圆形，敞口，方唇，弧腹，平底，假圈足。口沿两侧有弧形耳，耳面内侧与口沿平。口部最大径10.5、最小径8.2、高3.0厘米（图三〇，6）。

陶勺 1件。标本槐M11：4，泥质灰陶，手、模兼制。平面近圆形，敞口，尖唇，圆弧腹，圜底，一侧有柄，柄残。口径7.8、残高3.8厘米（图三〇，5）。

小陶盆 1件。标本槐M11：11，泥质灰陶，模制。器形较小，敞口，圆唇，折腹，平底。口径8.2、底径3.2、高4.4厘米（图三〇，13）。

陶猪 1件。标本槐M11：12，泥质灰陶，手制。引首，竖耳，塌腰，背鬃耸立，尾残。首尾长11.0、通高5.4厘米（图三〇，14）。

铁棺钉 1枚。标本槐M11：7，锈蚀。方形钉帽，钉身截面呈方形，尖残。长19.0、截面边长0.8厘米（图三〇，8）。

铅当卢 1件。标本槐M11：6，灰褐色，模制。平面呈长条形，两侧有略显对称的多组或尖或圆形装饰，顶部呈尖圆形，侧面扁平。长8.0厘米（图三〇，11）。为模型车马饰件。

铅衔铅镳 1套（2件）。标本槐M11：16，灰褐色，模制。衔平面扁平，两端有环，以环套接，长3.4厘米。镳略残，一端叶状，较宽，一端较细。残长5.3厘米（图三〇，9、10）。为模型车马饰件。

铜钱 14枚。标本槐M11：15，字迹可辨者均为五铢。多数腐蚀，字迹漫漶不清，圆形方穿，正、背有郭，穿正面无郭，正面穿左右篆书“五铢”，“五”字瘦长，竖画或较直，或特曲，接上下横画处垂直或呈外放状，“铢”字“金”旁头呈三角形，“朱”旁上部两竖或方折，或圆折。

标本槐M11：15-1，五铢。字体瘦长，“五”字瘦长，竖画较直，接上下横画处呈外放状，“铢”字“金”旁头呈三角形，“朱”旁上部两竖方折。郭径2.63、钱径2.26、穿宽0.94、郭宽0.15、郭厚0.14、肉厚0.08厘米，重量2.58克（图三一，1）。

标本槐M11：15-6，五铢。字体宽大，“五”字宽大，竖画特曲，接上下横画处垂直，“铢”字“金”旁头呈三角形，“朱”旁上部两竖圆折。郭径2.64、钱径2.30、穿宽0.89、郭宽0.18、郭厚0.19、肉厚0.10厘米，重量3.27克（图三一，2；表六）。

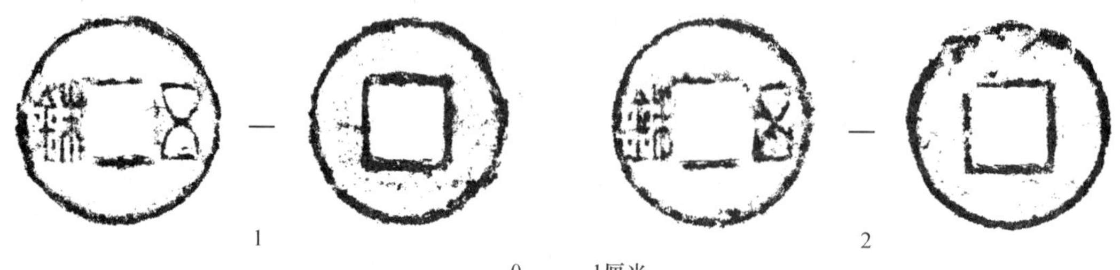

图三一　槐M11铜钱拓本

1、2. 五铢（槐M11：15-1、槐M11：15-6）

表六　槐M11铜钱统计表　　（单位：厘米、克）

种类	编号	记号	郭径	钱径	穿宽	郭宽	郭厚	肉厚	重量	备注
五铢	M11：15-1	无	2.63	2.26	0.94	0.15	0.14	0.08	2.58	
	M11：15-2	无	2.55	2.22	0.94	0.15	0.12	0.06	1.91	
	M11：15-3	无	2.77	2.20	0.78	0.24	0.26	0.15	4.17	
	M11：15-4	无	2.68	2.22	0.86	0.23	0.24	0.16	3.59	
	M11：15-5	无	2.61	2.26	0.85	0.21	0.23	0.13	3.59	
	M11：15-6	无	2.64	2.30	0.89	0.18	0.19	0.10	3.27	
	M11：15-7	无	2.72	2.27	0.88	0.22	0.25	0.20	2.72	
	M11：15-8	无	2.67	2.20	0.84	0.19	0.23	0.19	3.68	
	M11：15-9	无	2.70	2.31	0.87	0.21	0.23	0.16	3.56	
	M11：15-10	无	2.64	2.17	0.85	0.13	0.18	0.12	3.56	
	M11：15-11	无	2.60	2.24	0.90	0.18	0.20	0.10	3.16	
	M11：15-12	无	2.67	2.35	0.94	0.17	0.22	0.18	2.88	
	M11：15-13	无	2.64	2.26	0.90	0.22	0.24	0.11		残
	M11：15-14	无	2.62	2.26	0.89	0.20	0.23	0.08	2.79	

十一、槐房十二号墓（槐M12）

（一）墓葬形制

位于发掘区西部偏中，北邻槐M13，南邻槐M11，开口于现地表第1层下，墓口距地表深0.20米，方向278°，平面呈不规则形，为带斜坡墓道竖穴土圹多室砖墓，由墓道、前室、南后室、北侧室、北后室组成。墓葬平面总长14.00、宽1.34—7.80、墓底距墓口深2.80米，四壁土圹较规整（图三二；图版一二、图版一三）。

墓道：位于墓室西侧，平面略呈长方形，底部为斜坡状，壁面稍内收，墓道西部延至界外未完整揭露，墓道口部残长5.70、宽1.34—1.58、底距开口深1.10—2.80米，坡度19°，底长6.00米。

墓门：位于墓道东端、墓室西侧，墓门两侧墙砖与封门砖已不存。

墓室：位于墓道东部，因多室相连，平面呈不规则形，包括前室、北侧室和南北两个后室等，墓室土圹长3.60—8.80、宽4.20—7.80、残深2.80米。

前室：位于墓道东侧，平面近长方形，四壁墙体仅存北壁中段和南壁东段底部4层平砖，残高0.32米，为长条砖以二平一竖砌筑，铺地砖为1层，仅存东部14块方砖。前室土圹长4.20、宽3.64、残深2.80米，墓室长4.00、宽3.40、残高0.32米。

北侧室：位于前室北侧，有过道与前室相连，过道平面呈长方形，砖券洞室，进深1.14、宽1.40米，过道两壁及券顶保存较好，两壁为长条砖二平一竖砌筑，至第12层开始用双排长条砖起券，过道墙壁高1.00、洞高1.40米，至券顶高1.70米，铺地砖为1层，为满饰花纹的方砖，过道内有6块。四壁墙体为长条砖二平一竖砌筑，残高0.74—1.60米，北侧室铺地方砖存22块，合缝平铺，过道铺地砖与前室铺地砖及侧室铺地砖皆连成一体。北侧室土圹长3.06、宽2.10、残深2.80米，室长3.00、宽2.00、残高0.74—1.60米。

南后室：位于前室东部南侧，有过道连通前室，过道平面呈长方形，砖券洞室，宽1.40、进深1.50米。四壁墙体仅存西壁及南壁底部4层平砖，残高0.32米，为长条砖二平一竖砌筑，铺地砖为1层，仅存中部3块方砖。南后室土圹长3.60、宽2.80、残深2.80米，室长3.40、宽2.80、残高0.32米。

北后室：位于前室东部北侧，与南后室并列，有过道连通前室，过道平面呈长方形，砖券洞室，宽1.40、进深1.20米。两壁墙体残存底部1层平砖，铺地砖为1层，仅存东南角2块方砖。北后室土圹长3.46、宽2.86、残深2.80米，室长3.40、宽2.80、残高0.05米。

长条砖规格为长0.28、宽0.14、厚0.06米（图三三，1）。铺地砖为方砖，图案、尺寸皆一致，铺地砖平面近方形，侧面呈长方形，正面模印装饰花纹，四角各一凸起的圆形大乳钉，中间模印柿蒂纹方花，方花内间饰小乳钉，四条边边缘凸起双直线间为菱形格。铺地方砖长

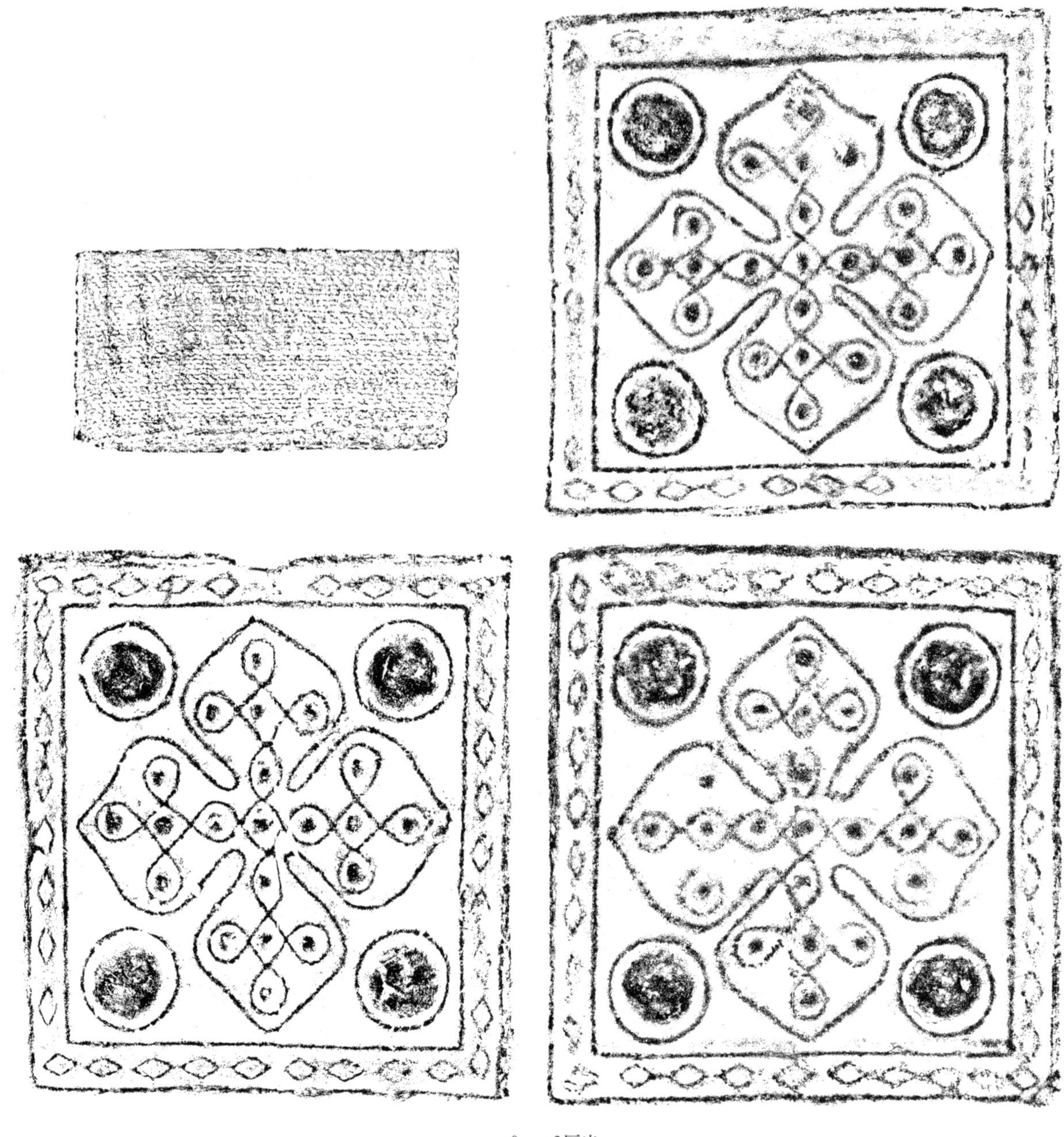

0　3厘米

图三三　槐M12砖拓本

0.37、宽0.34、厚0.06米（图三三，2—4；图三四，7）。

因盗扰破坏严重，墓室内无葬具，仅在前室内中部、西北部及南后室和北后室中部发现有零星残骨，葬具与葬式均不详。

（二）出土器物

随葬品大多放置在前室偏北部，有陶罐1件、陶奁2件、陶仓1件、陶盆2件、陶案1件，南后室东北部和北侧室东部各出土陶壶1件，北后室中部出土铜钱1件（10枚）。

陶壶 2件。均为泥质灰陶，轮制。

标本槐M12：1，残存口、颈部。浅盘口，方唇，长直颈内束。颈饰数周凹弦纹。口径15.0、残高22.0厘米（图三四，1）。

标本槐M12：3，残存下腹及底部。下腹内收，近底外撇，假圈足，底内凹。下腹有轮旋痕。底径14.4、残高10.0厘米（图三四，5）。

陶罐 1件。标本槐M12：5，泥质灰陶，轮制。残存腹及底部。鼓腹，下收，平底。腹部有轮旋痕。腹径20.0、底径19.0、残高10.2厘米（图三四，8）。

陶奁 2件。均为泥质灰陶，轮制。

标本槐M12：6，直口，圆唇，筒形直腹，平底。上、下腹各饰两周凹弦纹。口径18.2、底径18.0、通高10.0厘米（图三四，10）。

标本槐M12：9，残存下腹及底部。直腹，平底。下腹饰一周凹弦纹。底径22.0、残高4.0厘米（图三四，2）。

陶仓 1件。标本槐M12：8，泥质灰陶，模制。残存仓顶一角。悬山顶，圆形檩凸出，脊一端凸起，中间平。一坡有斜行瓦垄装饰。残长13.1、残宽7.1、厚1.0厘米（图三四，9）。

陶盆 2件。均为泥质灰陶，轮制。

标本槐M12：4，残存口沿。敞口，斜折沿，沿面有凹槽，尖唇，唇部有凹槽，做叠唇状。口沿下饰一周凸弦纹。残高5.6厘米（图三四，3）。

标本槐M12：10，残存口沿。斜折沿，沿面有凹槽，尖唇，做叠唇状。残高5.6厘米（图三四，4）。

陶案 1件。标本槐M12：7，泥质灰陶，模制。残存多块碎片。长方形，平底，边上有凸缘。最大一块残长14.0、残宽11.5、厚1.6厘米（图三四，6）。

铜钱 10枚。标本槐M12：2，字迹可辨者均为五铢。多数腐蚀，字迹漫漶不清，圆形方穿，正、背有郭，穿正面无郭，正面穿左右篆书“五铢”，“五”字宽大，竖画或较直或特曲，接上下横画处垂直或呈外放状，“铢”字“金”旁头呈三角形，“朱”旁上部两竖或方折或圆折。

标本槐M12：2-1，五铢。字体宽大，“五”字宽大，竖画特曲，接上下横画处呈外放状，“铢”字“金”旁头呈三角形，“朱”旁上部两竖方折。郭径2.58、钱径2.25、穿宽0.88、郭宽0.17、郭厚0.16、肉厚0.09厘米，重量2.79克（图三五，1）。

标本槐M12：2-2，五铢。字体瘦长，“五”字瘦长，竖画较直，接上下横画处垂直，“铢”字“金”旁头呈三角形，“朱”旁上部两竖圆折。郭径2.56、钱径2.34、穿宽0.94、郭宽0.15、郭厚0.13、肉厚0.06厘米，重量2.05克（图三五，2；表七）。

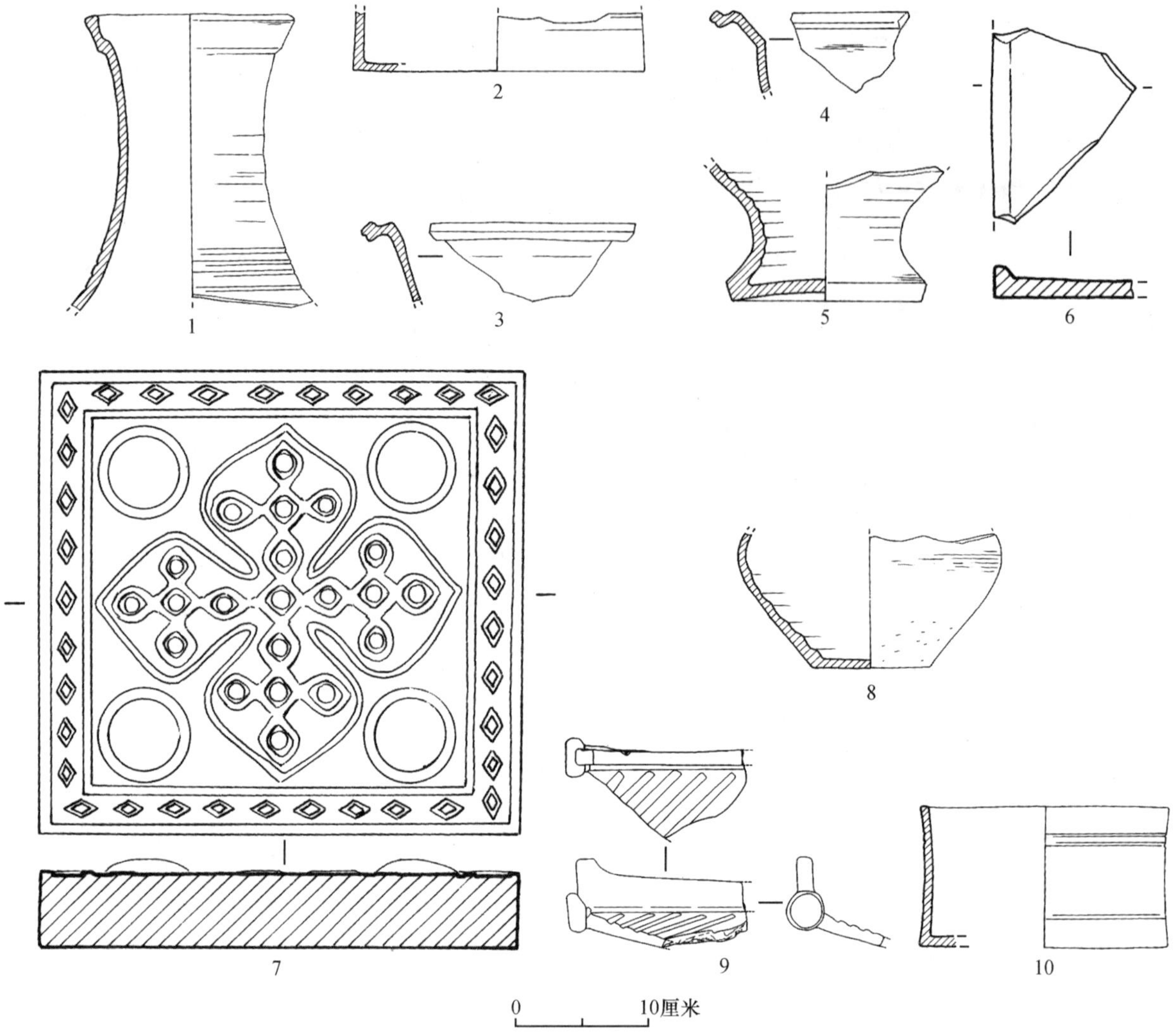

图三四　槐M12出土器物

1、5. 陶壶（槐M12：1、槐M12：3）　2、10. 陶奁（槐M12：9、槐M12：6）　3、4. 陶盆（槐M12：4、槐M12：10）　6. 陶案（槐M12：7）　7. 槐M12铺地砖　8. 陶罐（槐M12：5）　9. 陶仓（槐M12：8）

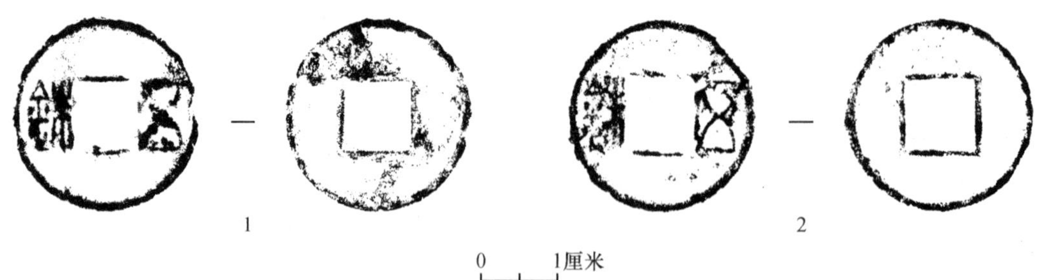

图三五　槐M12铜钱拓本

1、2. 五铢（槐M12：2-1、槐M12：2-2）

表七 槐M12铜钱统计表 （单位：厘米、克）

种类	编号	记号	郭径	钱径	穿宽	郭宽	郭厚	肉厚	重量	备注
五铢	M12：2-1	无	2.58	2.25	0.88	0.17	0.16	0.09	2.79	
	M12：2-2	无	2.56	2.34	0.94	0.15	0.13	0.06	2.05	
	M12：2-3	无	2.60	2.29	0.92	0.17	0.12	0.07	0.07	
	M12：2-4	无	2.60	2.35	0.88	0.22	0.19	0.12	0.12	
	M12：2-5	无	2.65	2.38	0.90	0.18	0.16	0.09	0.09	
	M12：2-6	无	2.50	2.30	0.85	0.12	0.17	0.15	0.15	
	M12：2-7	无	2.63	2.39	0.89	0.25	0.19	0.13	0.13	
	M12：2-8	无	2.61	2.36	0.91	0.14	0.16	0.10	0.10	
	M12：2-9	无	2.67	2.38	0.86	0.19	0.20	0.15	0.15	
	M12：2-10	无	2.54	2.26	0.88	0.19	0.17	0.10	0.10	

十二、槐房十三号墓（槐M13）

（一）墓葬形制

位于发掘区西部偏中，南邻槐M12，开口于现地表第1层下，墓口距地表0.20米，方向15°，平面呈“甲”字形，为带斜坡墓道竖穴土圹单室砖墓，由墓道与墓室组成。墓葬平面总长7.00、宽1.00—2.00、墓底距墓口深1.20米（图三六；图版一四，1、2）。

墓道：位于墓室北部略偏东侧，平面近长方形，底部为斜坡状，坡较平缓，墓道北侧延伸至界外，因故未发掘。开口残长2.70、宽1.00—1.20、底部宽0.84—1.00、底距开口深0.80—1.20米，坡度8°，底残长2.74米。

墓门：位于墓道南端、墓室北侧，墓门两侧墙砖与封门墙全毁，形制不详。

墓室：位于墓道南侧，平面呈长方形，四壁墙体仅存东南角底砖和一平一竖共3层，西壁南段存底部1层平砖，铺地砖为1层，见于墓室南部和中部，南部用长条砖错缝平铺，中部较为凌乱。墓室土圹长3.80—3.84、宽2.00、残深1.20米，室内长3.28、宽1.36、残高0.22米。

长条砖规格为长0.26、宽0.13、厚0.06米。

因盗扰破坏严重，墓内无葬具、人骨等，葬具与葬式均不详。

（二）出土器物

随葬品主要集中位于墓室后部，墓道口仅1件陶壶，近后壁处1件陶灯，其余器物多位于西

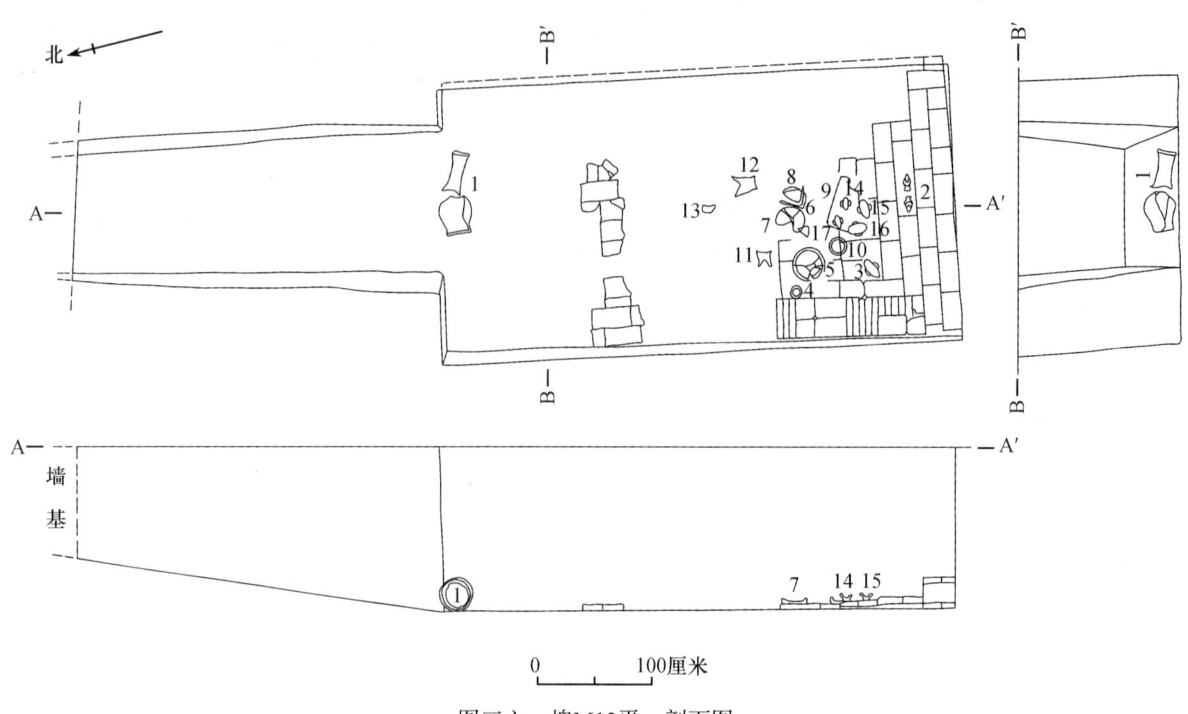

图三六　槐M13平、剖面图

1、11. 陶壶　2、4. 陶灯　3、14—17. 陶耳杯　5. 陶盘　6. 陶罐　7、10. 陶器盖　8. 小陶盆　9. 陶案　12. 陶仓　13. 陶盆

南部，包括陶壶1件、陶罐1件、陶盆1件、陶器盖2件、陶仓1件、陶案1件、陶盘1件、陶耳杯5件、陶灯1件和小陶盆1件。

陶壶　2件。均为泥质灰陶，轮制。

标本槐M13：1，浅盘口，平沿，方唇，沿面有凹槽，高直颈，鼓肩，弧腹下收，近底略外张，假圈足，平底内凹。颈部有数周轮旋痕。肩、腹饰较宽的凹弦纹。口径15.4、腹径23.0、通高43.2厘米（图三七，1；图版六九，1）。

标本槐M13：11，残存口沿。直口，方唇，直颈。颈部有轮旋痕。口径15.4、残高16.0厘米（图三七，9）。

陶罐　1件。标本槐M13：6，泥质灰陶，轮制。残存口、颈部。侈口，沿略外卷，方唇，束颈。口径15.2、残高8.5厘米（图三七，15）。

陶盆　1件。标本槐M13：13，泥质灰陶，轮制。残存口部。敞口，斜折沿，圆唇，做双唇状。口部饰一周凸棱。残高5.5厘米（图三七，7）。

陶器盖　2件。均为泥质灰陶，手、模兼制。

标本槐M13：7，博山式盖，坡形盖面凸起数列三角形做山峦起伏状，下有一周凸棱。最大径17.7、高6.6厘米（图三七，13）。

标本槐M13：10，博山式盖，顶残，盖面做山峦起伏状，下有一周凸棱。最大径16.2、残高6.8厘米（图三七，14）。

陶仓　1件。标本槐M13：12，泥质灰陶，轮制。残存口沿及颈部。侈口，方唇，沿外折，颈略束，斜直腹。口径15.2、残高13.5厘米（图三七，16）。

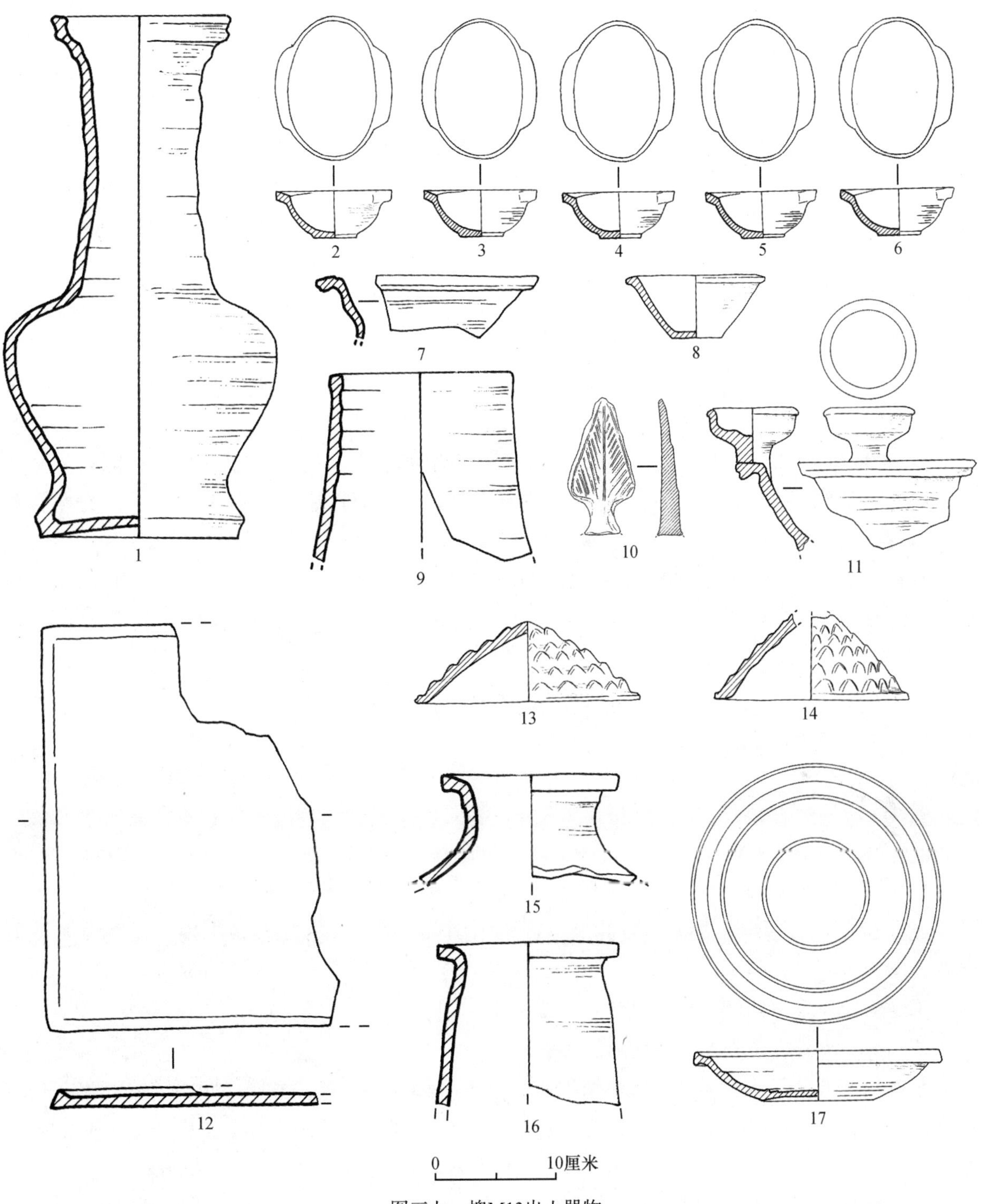

图三七 槐M13出土器物

1、9. 陶壶（槐M13：1、槐M13：11） 2—6. 陶耳杯（槐M13：3、槐M13：14、槐M13：15、槐M13：16、槐M13：17） 7. 陶盆（槐M13：13） 8. 小陶盆（槐M13：8） 10、11. 陶灯（槐M13：2、槐M13：4） 12. 陶案（槐M13：9） 13、14. 陶器盖（槐M13：7、槐M13：10） 15. 陶罐（槐M13：6） 16. 陶仓（槐M13：12） 17. 陶盘（槐M13：5）

陶案　1件。标本槐M13：9，泥质灰陶，模制，手工修整。残存半截。长方形，角略削去，边缘一周斜凸缘，平底。残长24.0、宽33.0、厚1.6厘米（图三七，12）。

陶盘　1件。标本槐M13：5，泥质灰陶，轮制。敞口，厚唇做双唇状，斜弧腹较浅，平底微凹。内壁饰两周凸弦纹。口径21.4、底径9.0、通高4.0厘米（图三七，17）。

陶耳杯　5件。标本槐M13：3、M13：14—M13：17，泥质灰陶，模制。杯口呈椭圆形，敞口，方唇，弧腹，平底。口沿两侧有弧形耳，耳上翘。口部最大径11.6、最小径9.6、高3.9厘米（图三七，2—6）。

陶灯　2件。均为泥质灰陶。

标本槐M13：4，残件仅存承盘口沿上其中的一个小灯盘。承盘宽折沿，敞口，方唇，唇部有凹槽，斜腹壁；小灯盘侈口，圆唇，做浅盘状。小灯盘口径7.9、高4.4厘米（图三七，11）。

标本槐M13：2，模制。为灯下承盘上粘贴的镞形叶片饰件，正面呈三角形，侧面一面平直，另一面从底至尖渐薄，上部尖状，下部较厚，略平，与灯盘对接。上有斜线分列脊左右两侧形似叶脉纹。宽5.5、高11.0厘米（图三七，10）。

小陶盆　1件。标本槐M13：8，泥质灰陶，轮制。敞口，尖唇，斜直腹，平底。口径11.6、底径4.2、高5.0厘米（图三七，8）。

十三、槐房十四号墓（槐M14）

（一）墓葬形制

位于发掘区西部偏中，开口于现地表第1层下，墓口距地表0.25米，方向276°，为竖穴土圹单室砖墓，似有墓道，部分墓室和墓道因延至围墙界外，不在工程范围内，无法发掘（图三八；图版一四，3、4）。

墓道：位于墓室西侧，延伸至界外，未发掘。

墓门：在界外，未发掘，具体形制不详。

墓室：部分西部延至界外，未完全揭露，已发掘部分平面近长方形，四壁墙体仅存南北两壁底部残砖，残高0.40—0.86米，为长条砖一平一竖砌筑，铺地砖无存。墓室土圹残长3.30、宽2.50—2.70、残深2.74米，墓室残长2.70—2.90、宽1.70—2.00、残高0.40—0.86米。

长条砖规格为长0.28、宽0.14、厚0.06米。

因盗扰破坏严重，墓室内无葬具、人骨等，葬具与葬式均不详。

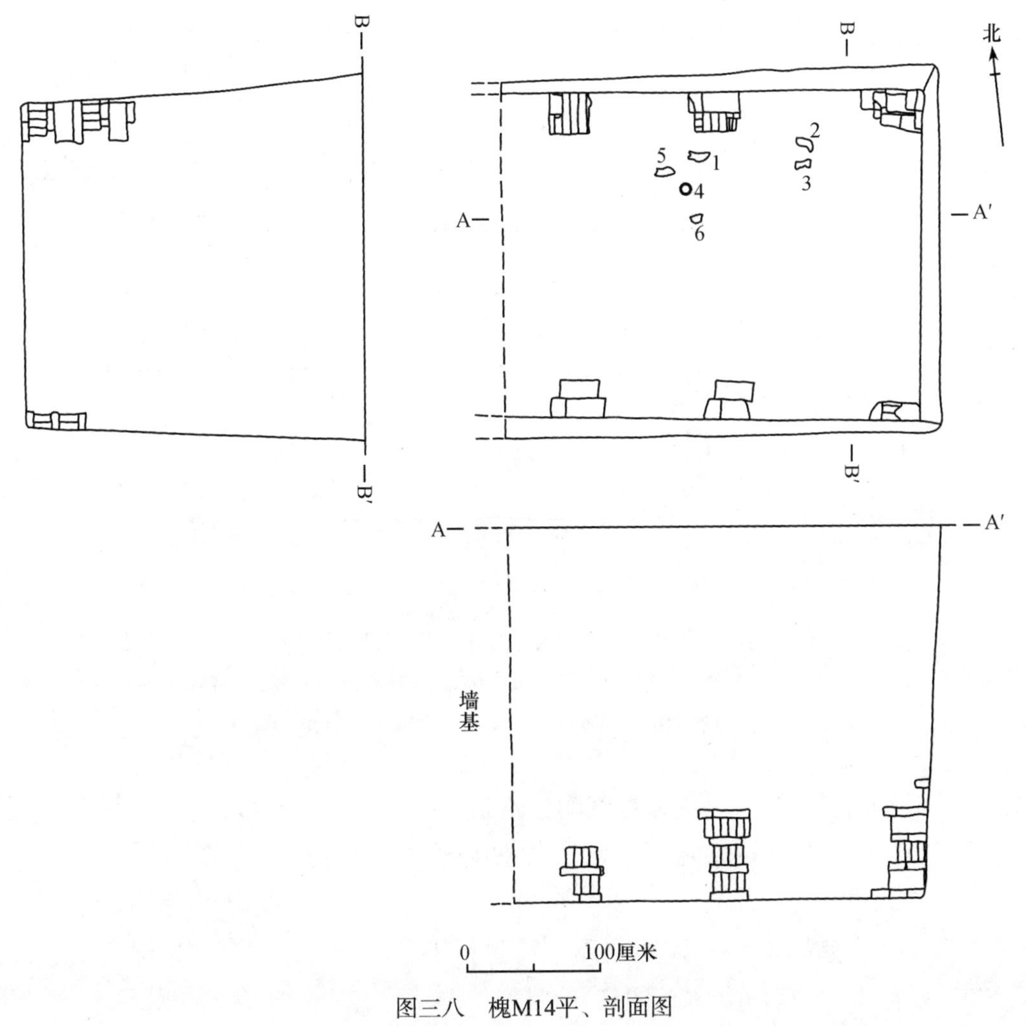

图三八　槐M14平、剖面图

1. 陶盆　2. 陶奁　3. 陶盒　4. 小陶盆　5. 陶案　6. 陶樽

（二）出土器物

墓室已基本被破坏，又因未全部发掘，仅在填土中发现6件陶器残件，有陶樽1件、陶奁1件、陶盒1件、陶盆1件、陶案1件、小陶盆1件，皆位于墓室后部偏北处。

陶樽　1件。标本槐M14：6，泥质灰陶，轮制。直口，圆唇，筒形直腹，平底，底边黏附示意形三蹄足（残）。直径22.0、高10.0厘米（图三九，2）。

陶奁　1件。标本槐M14：2，泥质灰陶，轮制。残存口沿及腹部。直口，筒形直腹。腹部有轮旋痕。口径28.0、残高8.5厘米（图三九，3）。

陶盒　1件。标本槐M14：3，泥质灰陶，模制。整体呈长方形，由盖和盒组成。盖为盝顶，直壁；盒为方沿，子口，直壁，平底。盖长34.0、残宽8.0、高15.2厘米，盒残长30.5厘米（图三九，4）。

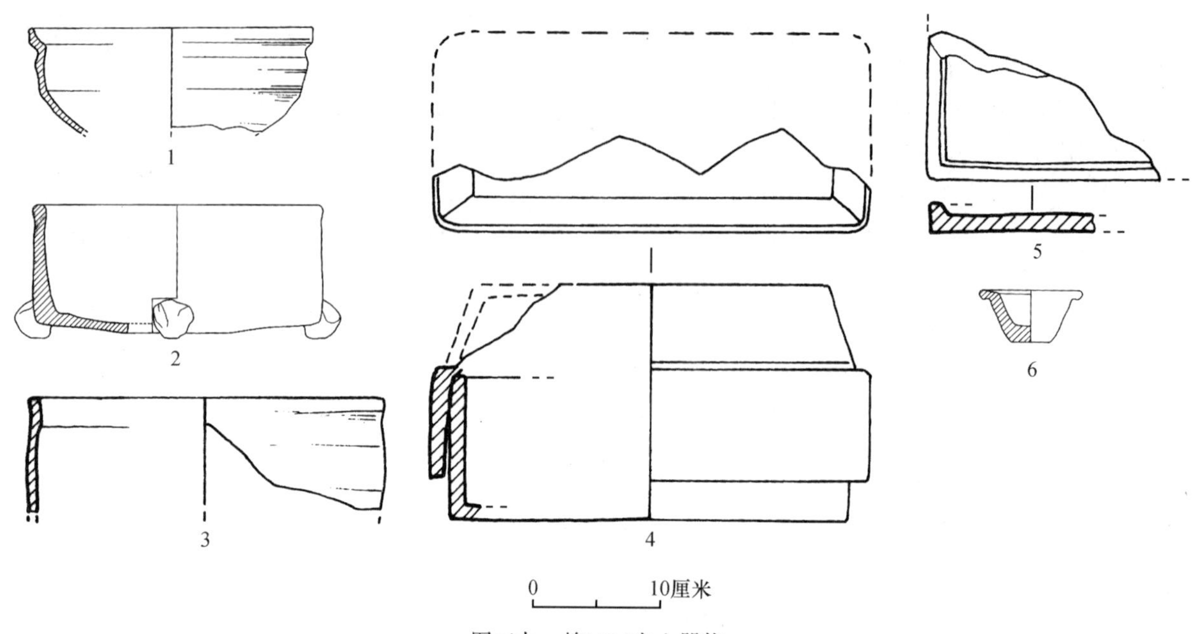

图三九　槐M14出土器物

1. 陶盆（槐M14：1）　2. 陶樽（槐M14：6）　3. 陶奁（槐M14：2）　4. 陶盒（槐M14：3）
5. 陶案（槐M14：5）　6. 小陶盆（槐M14：4）

陶盆　1件。标本槐M14：1，夹云母红陶，轮制。残存口沿及腹部。敞口，做子母口状，仰折沿，尖唇，弧腹下收。腹部饰数周不明显的凹弦纹。口径22.0、残高7.0厘米（图三九，1）。

陶案　1件。标本槐M14：5，泥质灰陶，模制。残存一角。长方形，边缘有斜凸缘，平底。残长18.0、残宽10.2、高1.6厘米（图三九，5）。

小陶盆　1件。标本槐M14：4，泥质灰陶，模制。敞口，折沿，斜直腹，平底。口径8.0、底径4.0、高4.5厘米（图三九，6）。

十四、槐房十五号墓（槐M15）

（一）墓葬形制

位于发掘区西部偏中，南邻槐M14，北邻槐M16，开口于现地表第1层下，墓口距地表0.20米，方向275°，为竖穴土圹单室砖墓，似有墓道，部分墓室因延至围墙界外，不在工程范围内而未能发掘，墓道情况不明。土圹残长3.18—3.32、宽2.10—2.40、残深2.30米（图四〇；图版一五，1、2）。

墓道：位于墓室西侧，延至界外，未发掘，具体形制不详。

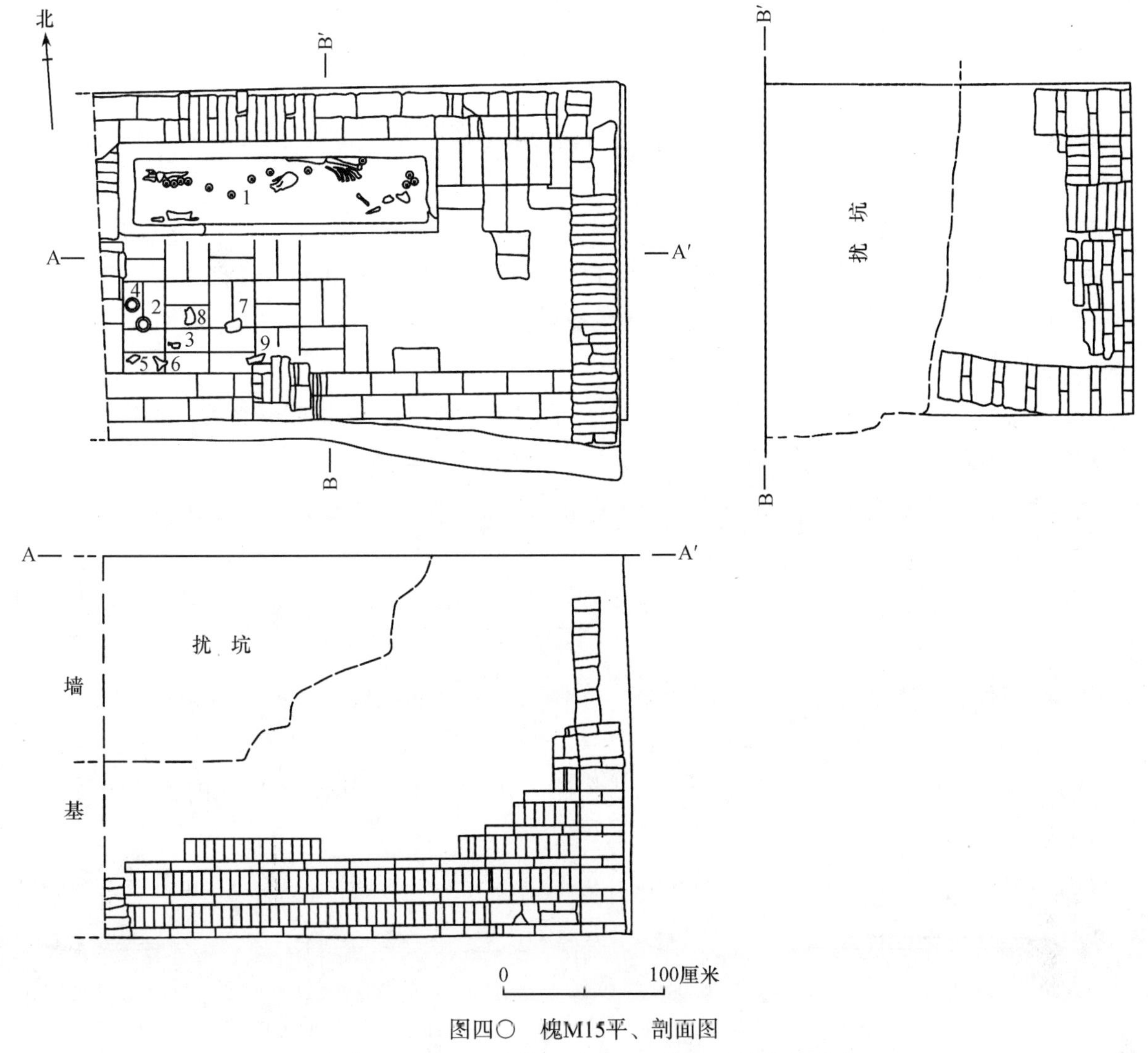

图四〇 槐M15平、剖面图

1. 铜钱 2、5、7、8. 陶罐 3. 陶盆 4. 陶盘 6. 陶灶 9. 陶奁

墓门：位于墓道与墓室之间，宽1.30、残高0.45米，部分延至界外，封门墙为长条砖错缝平砌。

墓室：位于墓道东侧，平面近长方形，墓顶无存，四壁墙体残高0.32—1.86米，东壁保存稍好，为长条砖一平一竖砌筑，铺地砖为1层，见于室内东北及西南部，为长条砖两纵两横交错平铺。墓室土圹残长3.18—3.32、宽2.10—2.40、残深2.30米，墓室长2.90、宽1.90、残高0.32—1.86米。

用砖规格为长0.28、宽0.14、厚0.05米。

墓室内北部发现木质棺痕，残长1.98、宽0.06—0.10米，内有1具人骨，已被扰乱，仅存部分骨骼，推测为仰身直肢葬式，性别不详。

墓室偏北发现一个现代扰坑，直径2.04、深1.24米，未至墓底。

（二）出土器物

随葬品多位于墓室西南部即墓室靠前端处，有陶罐4件、陶奁1件、陶灶1件、陶盆1件、陶盘1件，棺内出土铜钱1件（38枚）。

陶罐　4件。均为轮制。

标本槐M15：2，泥质灰红陶。底残。敛口，平沿，尖唇，短束颈，溜肩，圆鼓腹。肩饰一周压印的由菱形纹组成的纹饰带，下腹满饰交错绳纹。口径21.0、腹径34.4、残高25.5厘米（图四一，1）。

标本槐M15：5，泥质灰陶。残存底部。平底略内凹。下腹及底饰间断绳纹。底径14.0、残高1.5厘米（图四一，4）。

标本槐M15：7，泥质灰陶。仅存口沿。侈口，圆唇外翻，束颈。口径22.0、残高3.6厘米（图四一，5）。

标本槐M15：8，泥质灰陶。残存口沿及颈、肩部。侈口，平沿，圆唇，束颈，鼓腹。口径13.6、残高6.4厘米（图四一，7）。

陶奁　1件。标本槐M15：9，泥质灰陶，手制。残存下腹及底部。筒形直腹，平底内凹。下腹有轮旋痕。底径22.0、残高6.4厘米（图四一，3）。

陶灶　1件。标本槐M15：6，泥质红陶，模制。残存下部。直壁，平底，内空。残高8.5厘米（图四一，8）。

陶盆　1件。标本槐M15：3，泥质灰陶，轮制。残存口沿及腹部。敞口，仰折沿，斜腹。

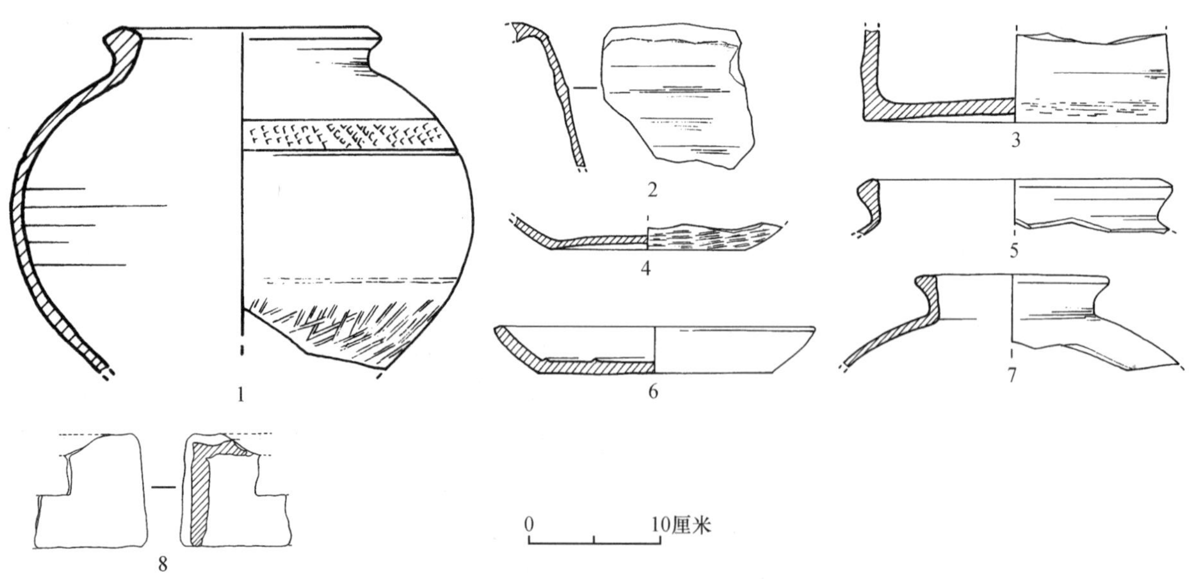

图四一　槐M15出土器物

1、4、5、7. 陶罐（槐M15：2、槐M15：5、槐M15：7、槐M15：8）　2. 陶盆（槐M15：3）　3. 陶奁（槐M15：9）　6. 陶盘（槐M15：4）　8. 陶灶（槐M15：6）

腹饰数周细弦纹。残高10.0厘米（图四一，2）。

陶盘 1件。标本槐M15：4，泥质灰陶，轮制。敞口，方唇，浅弧腹，平底，内底有两周凸棱。口径22.8、底径16.6、通高3.4厘米（图四一，6）。

铜钱 38枚。标本槐M15：1，字迹可辨者均为五铢。多数腐蚀，字迹漫漶不清，圆形方穿，正、背有郭，穿正面无郭，正面穿左右篆书“五铢”，“五”字瘦长，竖画或较直或特曲，接上下横画处垂直或呈外放状，“铢”字“金”旁头呈三角形，“朱”旁上部两竖或方折或圆折。

标本槐M15：1-1，五铢。字体瘦长，“五”字瘦长，竖画特曲，接上下横画处呈外放状，“铢”字“金”旁头呈三角形，“朱”旁上部两竖方折。郭径2.59、钱径2.25、穿宽0.95、郭宽0.15、郭厚0.16、肉厚0.09厘米，重量1.96克（图四二，1）。

标本槐M15：1-10，五铢。字体瘦长，“五”字瘦长，竖画特曲，接上下横画处呈外放状，“铢”字“金”旁头呈三角形，“朱”旁上部两竖圆折。郭径2.58、钱径2.30、穿宽0.92、郭宽0.13、郭厚0.15、肉厚0.08厘米，重量2.48克（图四二，2）。

标本槐M15：1-14，五铢。字体宽大，“五”字宽大，竖画较直，接上下横画处呈外放状，“铢”字“金”旁头呈三角形，“朱”旁上部两竖圆折。其中有记号穿上一横。郭径2.54、钱径2.15、穿宽0.87、郭宽0.17、郭厚0.14、肉厚0.07厘米，重量2.52克（图四二，3；表八）。

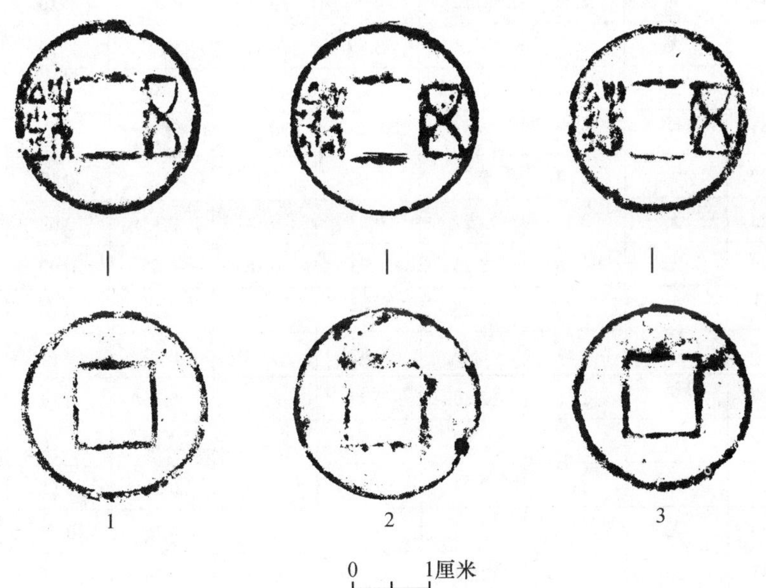

图四二 槐M15铜钱拓本

1—3. 五铢（槐M15：1-1、槐M15：1-10、槐M15：1-14）

表八 槐M15铜钱统计表 （单位：厘米、克）

种类	编号	记号	郭径	钱径	穿宽	郭宽	郭厚	肉厚	重量	备注
五铢	M15：1-1	无	2.59	2.25	0.95	0.15	0.16	0.09	1.96	
	M15：1-2	无	2.63	2.29	0.99	0.20	0.18	0.12	3.10	

续表

种类	编号	记号	郭径	钱径	穿宽	郭宽	郭厚	肉厚	重量	备注
五铢	M15：1-3	无	2.58	2.23	0.91	0.17	0.19	0.10	3.51	
	M15：1-4	无	2.58	2.27	0.86	0.14	0.15	0.11	2.64	
	M15：1-5	无	2.58	2.29	0.92	0.15	0.12	0.08	1.72	
	M15：1-6	无	2.59	2.26	0.95	0.14	0.15	0.09	2.56	
	M15：1-7	无	2.57	2.23	1.00	0.18	0.15	0.08	2.18	
	M15：1-8	无	2.63	2.29	0.87	0.20	0.17	0.09	4.13	
	M15：1-9	无	2.55	2.23	0.88	0.15	0.18	0.07	2.89	
	M15：1-10	无	2.58	2.30	0.92	0.13	0.15	0.08	2.48	
	M15：1-11	无	2.58	2.23	0.92	0.18	0.15	0.10	1.98	
	M15：1-12	无	2.57	2.17	0.89	0.13	0.18	0.11	3.73	
	M15：1-13	无	2.60	2.21	0.86	0.15	0.17	0.06	3.41	
	M15：1-14	有	2.54	2.15	0.87	0.17	0.14	0.07	2.52	
	M15：1-15	无	2.62	2.26	0.95	0.16	0.18	0.12	3.71	
	M15：1-16	无	2.59	2.22	0.87	0.22	0.18	0.11	2.72	
	M15：1-17	无	2.65	2.28	0.93	0.18	0.21	0.12	3.70	
	M15：1-18	无	2.66	2.22	0.96	0.19	0.22	0.10	4.17	
	M15：1-19	无	2.68	2.27	0.89	0.19	0.18	0.10	3.33	
	M15：1-20	无	2.51	2.13	0.88	0.16	0.16	0.11	2.80	
	M15：1-21	无	2.62	2.23	0.94	0.20	0.18	0.12	2.92	
	M15：1-22	无	2.64	2.33	0.95	0.19	0.18	0.10	3.49	
	M15：1-23	无	2.56	2.27	0.93	0.14	0.13	0.08	2.56	
	M15：1-24	无	2.58	2.25	0.93	0.18	0.16	0.07	2.89	
	M15：1-25	无	2.58	2.25	0.93	0.20	0.21	0.10	3.47	
	M15：1-26	无	2.57	2.15	0.82	0.19	0.22	0.15	3.22	
	M15：1-27	无	2.68	2.30	0.90	0.17	0.16	0.14	2.83	
	M15：1-28	无	2.67	2.22	0.94	0.22	0.19	0.10	3.48	
	M15：1-29	无	2.60	2.33	0.87	0.19	0.20	0.11	3.77	
	M15：1-30	无	2.57	2.23	0.91	0.20	0.15	0.09	3.66	
	M15：1-31	无	2.63	2.28	0.88	0.16	0.19	0.13	3.67	
	M15：1-32	无	2.63	2.26	0.91	0.17	0.14	0.09	3.28	
	M15：1-33	无	2.64	2.31	0.93	0.21	0.15	0.11	2.86	
	M15：1-34	无	2.53	2.19	0.89	0.15	0.16	0.12	3.60	
	M15：1-35	无	2.62	2.29	0.93	0.19	0.20	0.11	4.04	
	M15：1-36	无	2.60	2.27	0.85	0.23	0.16	0.01	3.16	
	M15：1-37	无	2.53	2.15	0.85	0.15	0.11	0.07		残
	M15：1-38	无	2.60	2.26	0.88	0.18	0.19	0.13		残

十五、槐房十六号墓（槐M16）

（一）墓葬形制

位于发掘区西部偏中，南邻槐M15，北邻槐M17，开口于现地表第1层下，墓口距地表0.20米，方向275°，为竖穴土圹单室砖墓，似有墓道，墓室西部及墓道延出建设工程界外，未发掘（图四三；图版一五，3、4）。

墓道：位于墓室西侧，延至界外，暂未发掘，具体形制不详。

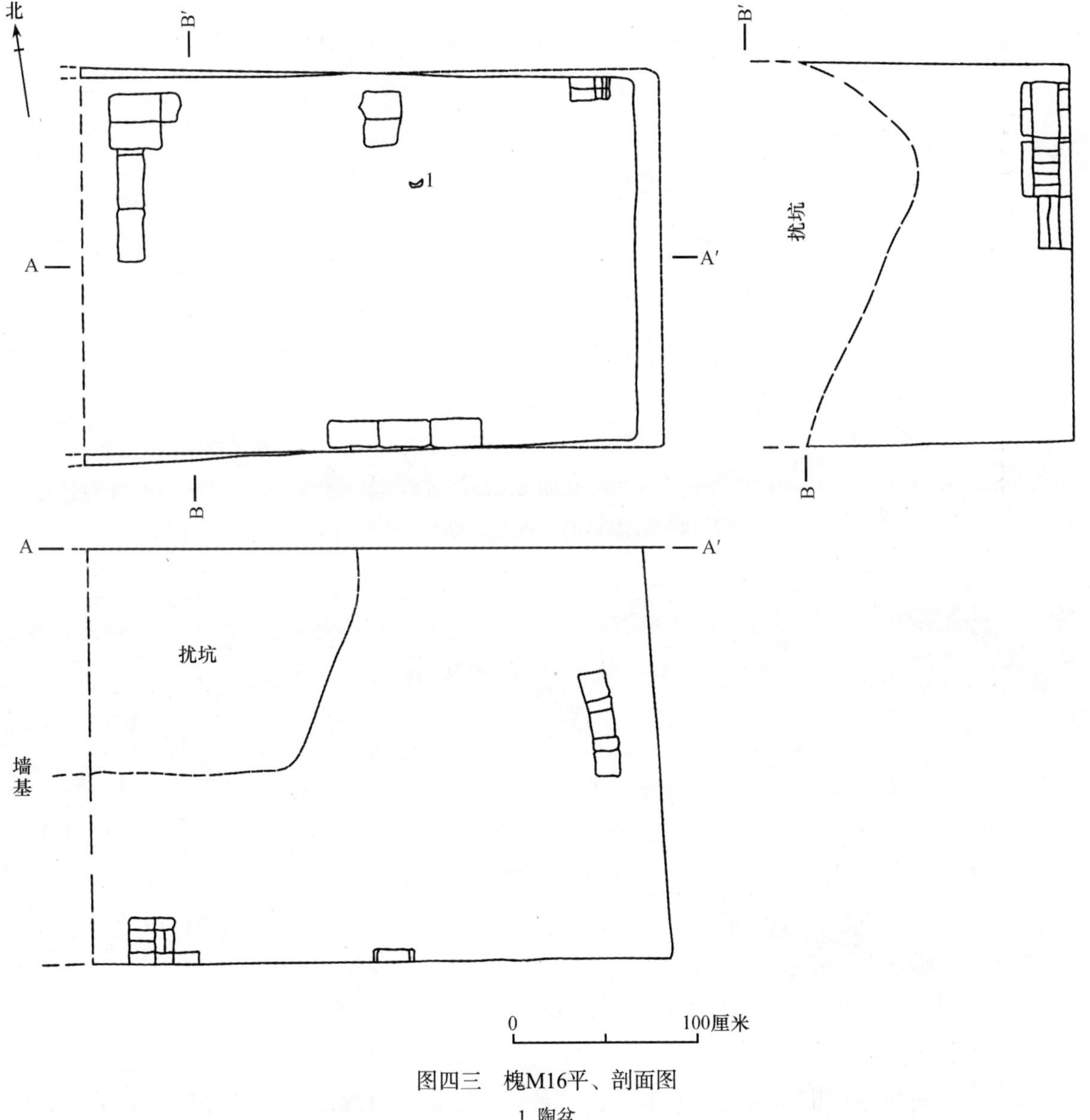

图四三　槐M16平、剖面图

1. 陶盆

墓门：延至界外，暂未发掘，具体形制不详。

墓室：西部延出界外部分未全部发掘，已发掘部分平面呈长方形，四壁墙体仅存南、北、西壁底部墙砖，用长条砖一平一竖砌筑，残高0.06—0.24米，铺地砖为1层，为长条砖平铺，仅见于墓内东部。墓室土圹残长3.00—3.15、宽1.92—2.08、残深2.20米，墓室长2.85、宽1.42、残高0.06—0.24米。

长条砖规格为长0.28、宽0.14、厚0.06米。

因盗扰破坏严重，墓室内无葬具、人骨等，葬具与葬式均不详。

（二）出土器物

墓葬破坏严重，仅发现1件陶盆，位于墓室偏北即墓室后部。

陶盆　1件。标本槐M16∶1，夹云母红陶，轮制。残存口沿及腹部。敛口，仰折沿，圆唇，束颈，深弧腹。腹饰数周凹弦纹。残高15.0厘米（图四四）。

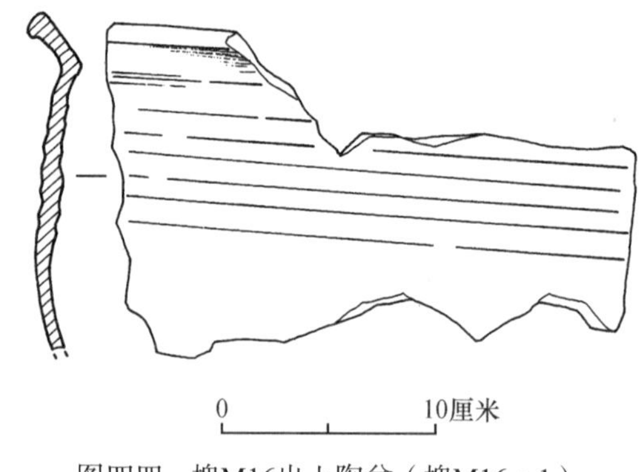

图四四　槐M16出土陶盆（槐M16∶1）

十六、槐房十七号墓（槐M17）

（一）墓葬形制

位于发掘区西部偏中，南邻槐M16，北邻槐M12墓道，开口于现地表第1层下，墓口距地表0.20米，方向290°，为带墓道竖穴土圹单室砖墓，墓室西部和墓道因延出界外，未发掘（图四五；图版一六，1、2）。

墓道：位于墓室西侧，延出至界外，未发掘，具体形制不详。

墓门：延伸至界外，未发掘，具体形制不详。

墓室：西南角因延出界外，部分未发掘，墓室平面近长方形，四壁墙体仅存北壁底部1—

2层砖及南壁东段两块平砖，铺地砖为1层，见于中部和北部，分两种，中部铺地砖为满饰花纹的方砖，发现16块，北部铺地砖为长条砖加残砖平铺。墓室土圹长4.48—4.60、宽2.70—2.90、残深2.30米，墓室长4.25、宽2.50、残高0.06—0.20米。长条砖规格为长0.28、宽0.14、厚0.06米；铺地砖平面近方形，侧面呈长方形，正面模印装饰花纹，四角各一凸起的圆形大乳钉，中间模印柿蒂纹方花，方花内间饰小乳钉，四条边边缘凸起双直线间为菱形格。铺地砖规格为长0.38、宽0.36、厚0.06米（图四六）。

图四六 槐M17砖拓本

墓室内北部仅存西端部分棺痕，残长0.60、残宽0.50米，内有人骨一具，仅见下肢骨，应为仰身直肢葬式，性别不详。

（二）出土器物

随葬品多位于墓室北侧，有陶壶1件、陶罐4件、陶奁2件、陶仓1件、陶耳杯2件、铜镜1件，墓室中部发现陶狗1件，墓室南侧发现陶俑1件，另有置于棺内的铜钱24枚。

陶壶 1件。标本槐M17：9，泥质灰陶，轮制。残存下腹及底部。下腹内收，近底外张，平底内凹。腹部饰数周轮旋痕。底径12.8、残高13.0厘米（图四七，6）。

陶罐 4件。均为泥质灰陶，轮制。

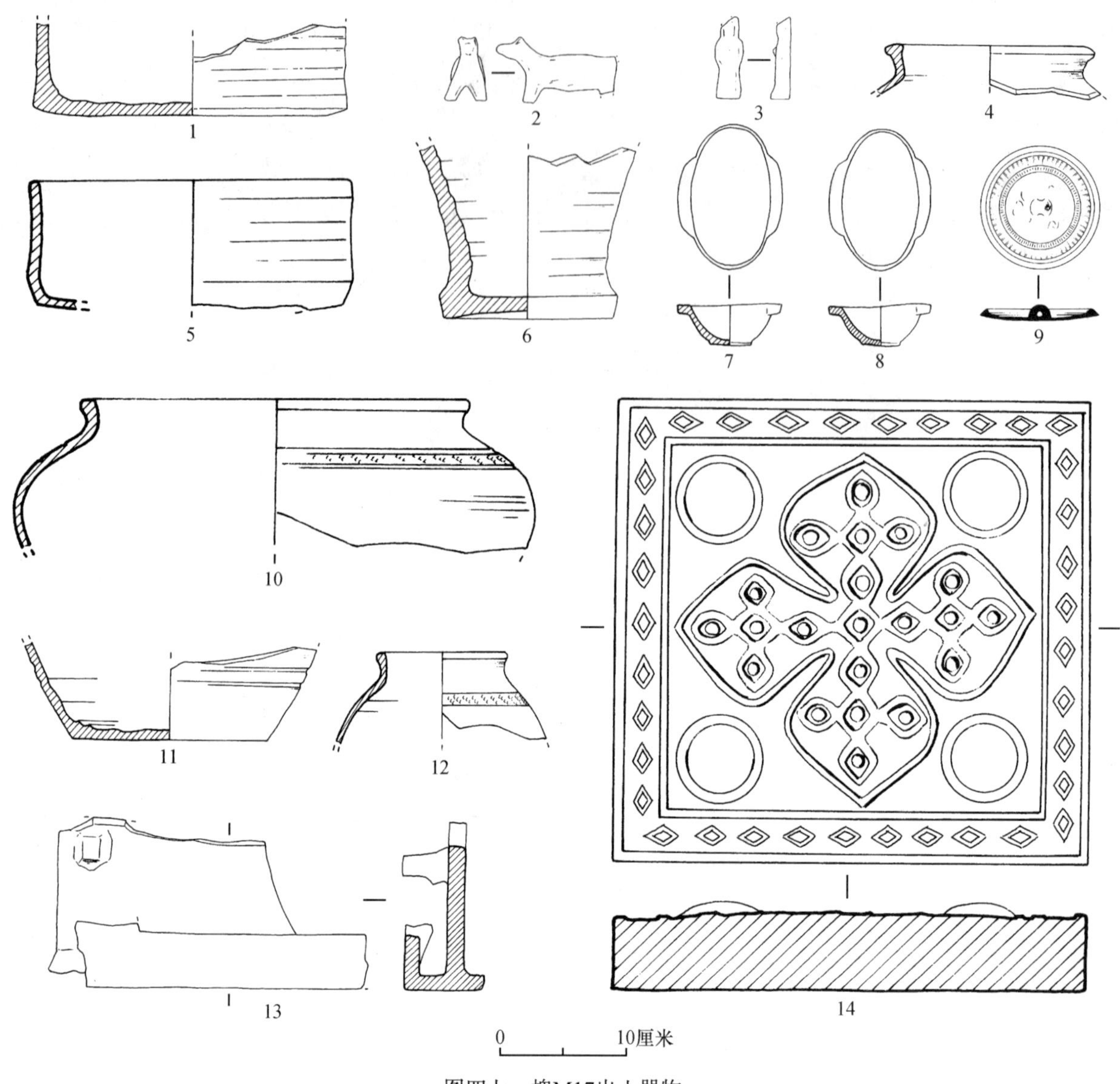

图四七　槐M17出土器物

1、5. 陶奁（槐M17：12、槐M17：14）　2. 陶狗（槐M17：1）　3. 陶俑（槐M17：2）　4、10—12. 陶罐（槐M17：10、槐M17：6、槐M17：11、槐M17：5）　6. 陶壶（槐M17：9）　7、8. 陶耳杯（槐M17：7、槐M17：8）　9. 铜镜（槐M17：3）　13. 陶仓（槐M17：13）　14. M17铺地砖

标本槐M17：5，仅存口沿。侈口，平沿，方唇，束颈，圆肩。肩饰一周由模印菱形网格组成的纹饰带，带饰上方有一周凸弦纹，下方有一周凹弦纹。口径10.0、残高8.0厘米（图四七，12）。

标本槐M17：6，残存口沿及腹部。侈口，平沿，方唇，束颈，圆肩，鼓腹。肩饰一周由模印菱形网格组成的纹饰带，带饰上下各有一周凹弦纹。口径31.5、残高11.6厘米（图四七，10）。

标本槐M17：10，仅存口沿。侈口，平沿，方唇，束颈。口径15.8、残高4.0厘米（图四七，4）。

标本槐M17：11，仅存下腹及底部。斜直腹，平底。腹饰两周凹弦纹。底径15.4、残高8.0厘米（图四七，11）。

陶奁　2件。均为泥质灰陶，轮制。

标本槐M17：12，残存下腹及底部。浅筒形直腹，平底。腹部有轮旋痕。底径24.0、残高6.8厘米（图四七，1）。

标本槐M17：14，直口，方唇，浅筒形直腹，平底。内底有一周凸弦纹，腹部有轮旋痕。口径26.0、底径24.8、高10.0厘米（图四七，5）。

陶仓　1件。标本槐M17：13，泥质灰陶，手、模兼制。残存下部。直壁，一侧有栏式矮墙，平底。残长24.5、宽13.0厘米（图四七，13）。

陶耳杯　2件。均为泥质灰陶，模制。

标本槐M17：7，杯口呈椭圆形，敞口，方唇，弧腹，平底。口沿两侧有弧形耳，耳面内侧与口沿平。口部最大径11.0、最小径8.0、高3.0厘米（图四七，7）。

标本槐M17：8，杯口呈椭圆形，敞口，方唇，弧腹，平底。口沿两侧有弧形耳。耳面内侧与口沿平。口部最大径11.0、最小径8.0、高3.0厘米（图四七，8）。

陶俑　1件。标本槐M17：2，泥质灰陶，模制。俑身呈柱状，姿态呈跪坐式，面部模糊，双手置于胸前。高5.7厘米（图四七，3）。

陶狗　1件。标本槐M17：1，泥质灰陶，模制。残。做站立状，昂首，短颈，四足直立，粗腰，尾残。首尾长8.6、高4.5厘米（图四七，2）。

铜镜　1件。标本槐M17：3，体略厚，圆形，圆纽，镜面微凸，背面下凹。中间有穿孔圆纽，素沿斜边略上翘。纹饰简单，内饰一周由短直线环状排列的纹饰带，近缘处饰短斜线，素缘。面径8.6、背面径7.5、纽径1.6、纽高0.9、缘宽0.9、缘厚0.6、肉厚0.2厘米（图四七，9）。

铜钱　24枚。标本槐M17：4，分五铢、剪轮五铢、货泉三种。

五铢　20枚。多数腐蚀，字迹漫漶不清，圆形方穿，正、背有郭，穿正面无郭，正面穿左右篆书“五铢”，“五”字瘦长，竖画或较直或特曲，接上下横画处垂直或呈外放状，“铢”字“金”旁头呈三角形，“朱”旁上部两竖或方折，或圆折外敞。

标本槐M17：4-1，五铢。字体瘦长，“五”字瘦长，竖画特曲，接上下横画处呈外放状，“铢”字“金”旁头呈三角形，“朱”旁上部两竖方折。郭径2.49、钱径2.25、穿宽0.91、郭宽0.15、郭厚0.11、肉厚0.08厘米，重量2.43克（图四八，1）。

标本槐M17：4-5，五铢。字体宽大，“五”字宽大，竖画特曲，接上下横画处垂直，“铢”字“金”旁头呈三角形，“朱”旁上部两竖圆折外敞。郭径2.63、钱径2.36、穿宽0.95、郭宽0.16、郭厚0.13、肉厚0.10厘米，重量2.39克。

剪轮五铢　3枚。腐蚀严重，字已漫漶不清，剪之较甚，五铢两字有残缺，圆形方穿，穿正面无郭。

标本槐M17：4-11，剪轮五铢。字体瘦长，剪之较甚，字迹有残缺，“五”字瘦长，竖画

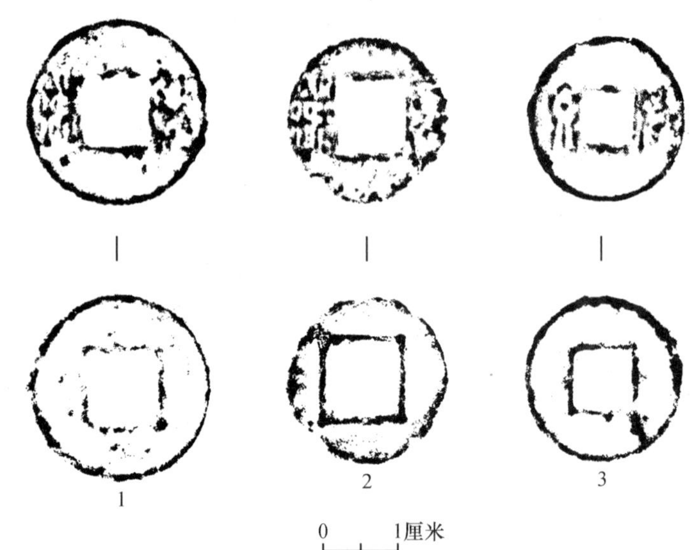

图四八　槐M17铜钱拓本
1. 五铢（槐M17：4-1）　2. 剪轮五铢（槐M17：4-11）　3. 货泉（槐M17：4-14）

较直，接上下横画处呈外放状，“铢”字“金”旁头呈三角形，“朱”旁上部两竖方折。钱径2.23、穿宽0.95、肉厚0.09厘米，重量1.54克（图四八，2）。

货泉　1枚。保存完好，正背均有钱郭、穿郭。

标本槐M17：4-14，货泉。圆形方穿，对读。正反面均有郭，“货”字锈蚀严重，不可分辨。郭径2.21、钱径1.85、穿宽0.76、郭宽0.18、郭厚0.19、肉厚0.08厘米，重量1.37克（图四八，3；表九）。

表九　槐M17铜钱统计表　　（单位：厘米、克）

种类	编号	记号	郭径	钱径	穿宽	郭宽	郭厚	肉厚	重量	备注
五铢	M17：4-1	无	2.49	2.25	0.91	0.15	0.11	0.08	2.43	
	M17：4-2	无	2.58	2.23	0.94	0.15	0.14	0.07	2.46	
	M17：4-3	无	2.49	2.22	0.94	0.12	0.13	0.09	2.99	
	M17：4-4	无	2.60	2.28	0.83	0.18	0.17	0.09	3.34	
	M17：4-5	无	2.63	2.36	0.95	0.16	0.13	0.10	2.39	
	M17：4-6	无	2.62	2.22	0.83	0.20	0.17	0.12	2.62	
	M17：4-7	无	2.59	2.30	0.98	0.16	0.20	0.11	3.07	
	M17：4-8	无	2.57	2.24	0.91	0.19	0.16	0.09	2.55	
	M17：4-9	无	2.63	2.31	0.92	0.18	0.17	0.12	3.14	
	M17：4-10	无	2.60	2.23	0.87	0.15	0.15	0.11	3.01	
	M17：4-15	无	2.62	2.20	0.88	0.20	0.16	0.10	3.30	
	M17：4-16	无	2.63	2.23	0.90	0.24	0.18	0.10	3.03	
	M17：4-17	无	2.54	2.22	0.89	0.16	0.19	0.11	2.65	残

续表

种类	编号	记号	郭径	钱径	穿宽	郭宽	郭厚	肉厚	重量	备注
五铢	M17：4-18	无	2.69	2.32	0.89	0.19	0.16	0.13	3.15	
	M17：4-19	无	2.53	2.25	0.96	0.14	0.16	0.11	2.68	
	M17：4-20	无	2.53	2.26	0.88	0.15	0.17	0.12	3.32	
	M17：4-21	无	2.64	2.28	0.95	0.18	0.18	0.07	3.11	
	M17：4-22	无	2.60	2.23	0.91	0.12	0.15	0.09	3.38	
	M17：4-23	无	2.61	2.23	0.90	0.19	0.16	0.11	2.63	
	M17：4-24	无	2.59	2.22	0.87	0.20	0.17	0.12	3.40	
剪轮五铢	M17：4-11	无		2.23	0.95			0.09	1.54	
	M17：4-12	无		2.36	0.91			0.09	1.24	
	M17：4-13	无		2.47	0.91			0.12	1.93	
货泉	M17：4-14	无	2.21	1.85	0.76	0.18	0.19	0.08	1.37	

十七、槐房十八号墓（槐M18）

（一）墓葬形制

位于发掘区中部偏西，开口于现地表第1层下，打破生土，墓口距地表深0.40米，方向185°，平面呈“甘”字形，为双斜坡墓道竖穴土圹多室砖墓，两条墓道呈南北向东西并列，两条墓道的北端各有一呈“凸”字形的竖穴土圹，土圹间留有通道，东西并排，对称布置，构成一平面略呈“甘”字形的多室墓。墓室遭不同程度的破坏，顶已不存，上部结构包括墓门等皆不详，墓室结构虽复杂，但清晰易辨，由东墓道、西墓道、东甬道、西甬道、东前室、西前室、连接过道、东侧室、西侧室、东后室和西后室等11个部分组成。包括墓道、甬道、前室、后室在内的墓葬平面南北总长达14.30米，包括两个前室、连接过道、东侧室和西侧室在内的东西总宽度为14.36米，墓底距墓口深2.00米（图四九；图版一七）。

东墓道：位于东前室南端，平面呈长方形，底部为斜坡状，壁面稍直，开口长4.70、宽0.80、底距开口深0—1.90米，坡度20°，底长5.00米。

西墓道：位于西前室南端，平面呈长方形，底部为先台阶后斜坡状，壁面稍内收。墓道开口长4.90、宽0.80、底距开口深0.40—2.00米，共设4级台阶，台阶皆位于墓道内南段，第一级至第四级台阶宽皆0.80、高度分别为0.50、0.60、0.30和0.20米，墓道北段底较平。

东墓门：位于东墓道北端、东甬道前，已被破坏无存，结构不详。

西墓门：位于西墓道北端、西甬道前，已被破坏无存，结构不详。

东甬道：位于东墓道与东前室之间，平面呈长方形，宽1.20、进深2.70米，仅存东、西墙体底部1—2层砖，残高0.06—0.15米，铺地砖已无存。东甬道土圹长2.30、宽1.40、底距开口深1.90—2.00米。

西甬道：位于西墓道与西前室之间，平面呈长方形，宽1.40、进深2.50米，壁面稍直，顶部已无存，东、西两侧墙体仅存底部1—4层砖，残高0.06—0.32米，为长条砖二平一竖砌筑，铺地砖为1层，仅存南部数块，与西前室相连，为长条砖错缝平铺。西甬道土圹长2.50、宽1.50、底距开口深2.00米。

东前室：位于整座墓葬中部东侧，平面呈长方形，四壁墙体保存较差，东、西壁最高处各残存10层砖，残高皆0.85米，北壁最高处残高0.96米，南壁残高0.25米。四壁墙体用长条砖二平一竖砌筑，铺地砖为1层，由长条砖错缝平铺。东前室土圹长3.48、宽3.30、残深2.00米，东前室长3.28、宽3.20、残高0.96米。

西前室：位于墓葬中部西侧，平面呈长方形，四壁墙体保存较差，西壁残高0.90—1.00、东壁残高0.75、北壁残高0.94米，南壁保存最高处残存12—13层砖，残高1.00—1.25米。西前室土圹长3.30、宽3.10、残深2.00米，平面呈长方形，长3.10、宽2.70—3.10、残高0.75—1.25米。四壁墙体皆为长条砖二平一竖砌筑，铺地砖为1层，仅见于东北部，用长条砖错缝平铺。

过道：东、西墓圹间以过道相连，沟通东、西两个前室，过道两端与前室连接处各有一道封门墙，封门砖为长条砖错缝平砌，西侧残高0.30—0.35、东侧残高0.15米，过道平面呈长方形，砖券洞室，宽0.90、进深1.60米，南、北两侧墙体中，南墙残高1.25米，北墙存14层砖，残高1.10米，从第12层砖开始起券，墙体用长条砖二平一竖砌筑，过道铺地砖已无存。

东侧室：位于墓葬东前室东侧，有过道与东前室相连，连接处有一道封门墙，封门墙为长条砖错缝平砌，残存2层平砖，残高0.10米。过道平面呈长方形，砖券洞室，宽1.20、进深0.90米，南北两侧墙体残高0.90米，用长条砖二平一竖砌筑，铺地砖为1层，用长条砖错缝平铺。东侧室土圹长2.96、宽1.94、残深2.00米，平面呈长方形，长2.90、宽1.90、墙体残高0.64—0.84米，用长条砖二平一竖砌筑。

西侧室：位于墓葬西前室西侧，有过道与西前室相通，连接处有一道封门墙，封门墙为长条砖错缝平砌，残存6层平砖，残高0.30米，过道平面呈长方形，砖券洞室，宽1.28、进深1.00米，南、北两侧墙体保存较差，南墙残高1.10、北墙残高1.25米，为长条砖二平一竖砌筑，过道铺地砖为1层，用长条砖错缝平铺。西侧室土圹长3.40、宽1.80—1.92、残深2.00米，平面呈长方形，长3.20、宽1.70米。四壁墙体残高0.90—1.16米，为长条砖二平一竖砌筑，西侧室铺地砖为1层，由长条砖错缝平铺。

东后室：位于墓葬北部东侧，有过道与东前室连接，连接处有一道封门墙，封门墙用长条砖错缝平砌，残存3层平砖，残高0.15米，过道平面呈长方形，砖券洞室，宽1.00、进深0.96米，两侧墙体中，西墙残高0.60—0.90米，东墙残高0.50—0.85米，皆用长条砖二平一竖砌筑。东后室土圹长3.30、宽1.96—2.02、残深2.00米，平面呈长方形，长2.80、宽1.70—1.90、墙体残高0.40—1.10米，用长条砖二平一竖砌筑，铺地砖已无存。

西后室：位于墓葬北部西侧，有过道与西前室相连，连接处有一道封门墙，封门墙为长条砖错缝平砌，残存3层砖，残高0.15米，过道平面呈长方形，砖券洞室，宽1.00、进深1.10米，东、西两侧墙体保存较差，西墙残高0.40、东墙残高0.90米，为长条砖二平一竖砌筑，过道铺地砖已无存。西后室土圹长3.26、宽1.80—1.86、残深2.00米，平面呈长方形，长3.10、宽1.40—1.80、墙体残高0.64—1.16米。四壁墙体残存8—14层砖，东墙向墓室内坍塌，为长条砖二平一竖砌筑，铺地砖已无存。

四壁墙砖和铺地砖均采用长条砖，形制、大小一致，制法为模制，砖呈青灰色，正面饰斜行绳纹，背面和侧面素面，长条砖规格为长0.30、宽0.15、厚0.06米。

东前室前部发现有陶扁壶、陶罐、陶盆，中部有陶灯、陶樽、陶鸡、陶狗、陶猪、陶磨、陶耳杯、陶勺、陶案和铜钱等；西前室东南部有陶仓、陶魁，东北部有陶俑、陶盆、陶灶、陶磨、陶井、陶盘和石砚等；另在西后室和西侧室各处发现铜钱。

因盗扰破坏严重，墓室内没有发现葬具，西前室、西侧室、东前室、东后室及东侧室内均发现零星人骨，有火烧痕迹，葬式、性别均不详。

（二）出土器物

该墓墓室结构复杂，虽遭严重破坏，随葬品仍较丰富，器物放置位置主要集中在两个前室，其中东前室内放置的随葬品较西前室丰富，各随葬有成组陶器。其中有陶罐2件、陶樽1件、陶奁1件、陶仓2件、陶灶1件、陶井1件、陶盆3件、陶碗1件、陶魁1件、陶器盖1件、陶扁壶1件、陶磨2件、陶案1件、陶盘1件、陶耳杯3件、陶勺1件、陶灯2件、陶汲水小罐1件、陶圈1件、陶俑1件、陶狗1件、陶猪1件、陶鸡2件、石砚2件、石研子1件。

陶罐　2件。均为泥质灰陶，轮制。

标本槐M18：27，残存口沿及腹部。敛口，尖唇，短束颈，圆肩，鼓腹。颈部饰一周凹弦纹，肩、腹饰带状短竖绳纹。口径14.4、残高13.0厘米（图五二，2）。

标本槐M18：28，仅存口沿。侈口，平沿，圆唇，束颈。残高5.6厘米（图五二，3）。

陶樽　1件。标本槐M18：3，泥质灰陶，器身轮制，三足模制，而后粘接。直口，圆唇，浅直筒形腹，平底略内凹，底边黏附三蹄形足。口径21.6、底径21.8、通高12.6厘米（图五〇，3；图版六九，4）。

陶奁　1件。标本槐M18：2，泥质灰陶，轮制。直口，圆唇，浅筒形腹，下部略粗，平底微凸。腹中部饰两周凹弦纹。口径22.5、底径23.0、通高12.6厘米（图五〇，2；图版六九，3）。

陶仓　2件。均为泥质灰陶。

标本槐M18：14，手、模兼制。悬山顶，流水坡素平，仓体平面呈长方形，直壁较高，背面素平，两侧中上部各开一对称圆孔，正面中部左右辟两个立式长方形孔，底空。顶部最大宽度40.2、底宽26.0、进深13.4、通高40.0厘米（图五二，1；图版七一，3）。

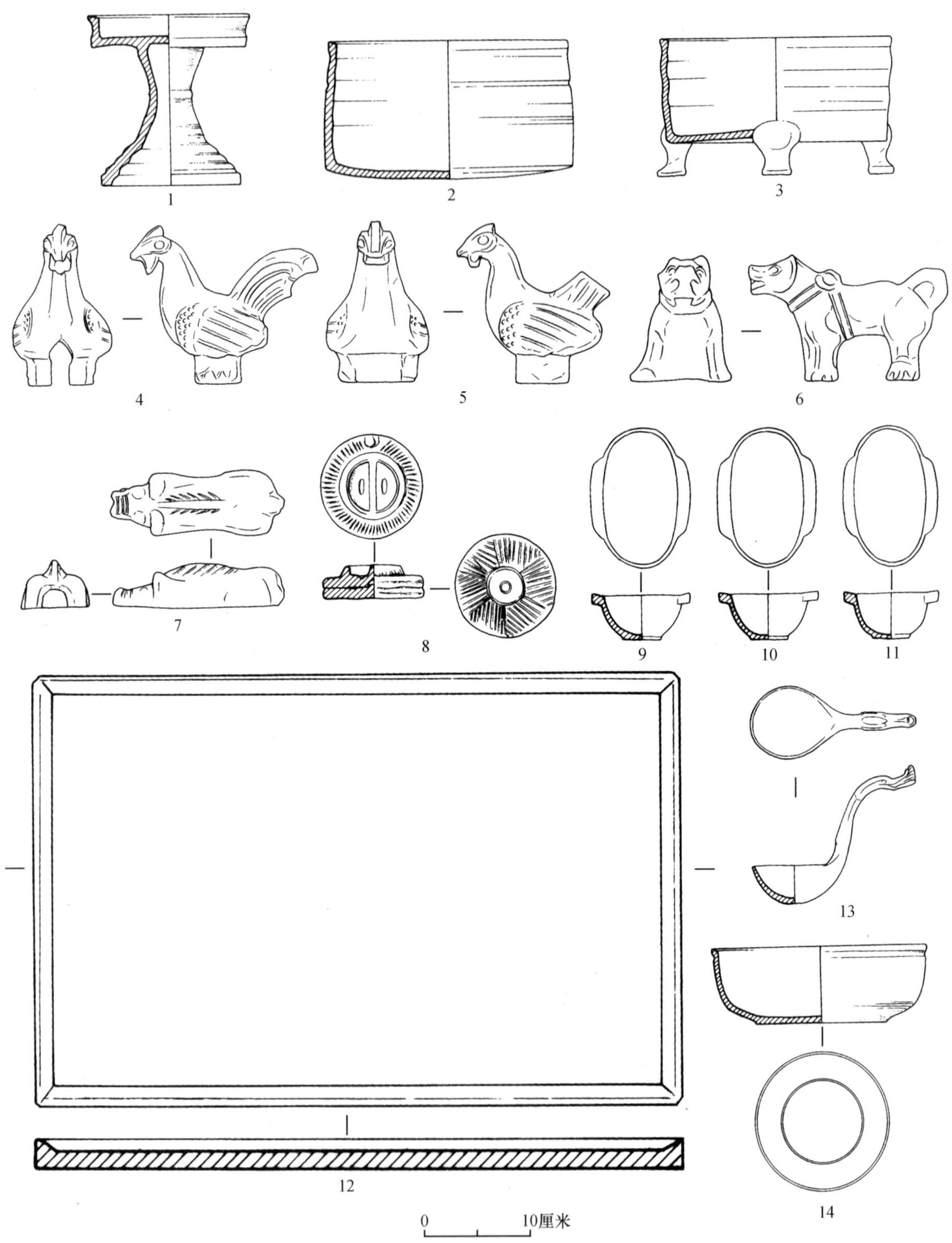

图五〇　槐M18出土器物

1. 陶灯（槐M18：1）　2. 陶奁（槐M18：2）　3. 陶樽（槐M18：3）　4、5. 陶鸡（槐M18：4、槐M18：5）　6. 陶狗（槐M18：6）　7. 陶猪（槐M18：7）　8. 陶磨（槐M18：8）　9—11. 陶耳杯（槐M18：9、槐M18：10、槐M18：11）　12. 陶案（槐M18：13）　13. 陶勺（槐M18：12）　14. 陶碗（槐M18：15）

标本槐M18：20，模制。悬山顶，脊两端平，中部凹，流水坡素平，仓体平面呈长方形，直壁较高，背面素平，正面中部右侧辟一立式长方形孔，底空。顶部最大宽度13.6、底宽9.6、进深7.4、通高21.0厘米（图五一，9；图版七二，4）。

陶灶　1件。标本槐M18：16，泥质灰陶，灶体模制，灶面两甑手、模兼制。灶体平面略呈梯形，前宽后窄，灶面呈“品”字形分布三个灶眼，前端两灶眼较小，后端灶眼较大，两甑前后放置，两件陶甑大小、形制几乎相同，斜腹，平底，一件平折沿，底部3个小箅孔，另一件卷平沿，底部6个小箅孔。前有矮挡烟墙，后有长方体实心烟囱，灶面灶眼周围分别以堆塑或刻划方式装饰勺、饼等与炊事、饮食相关的用品图像，正面中部设横长方形火门，无底内空。长24.0、宽17.2—18.0、台高9.6—11.8、通高16.0、壁厚1.4厘米（图五一，1；图版七一，5、6）。

陶井　1件。标本槐M18：18，泥质灰陶，轮制。井口呈圆形，侈口，卷平沿，方唇，底下部外张，近底略收，平底。口径14.5、底径14.0、高10.8厘米（图五一，8；图版七二，2）。

陶盆　3件。均为泥质灰陶，轮制。

标本槐M18：29，仅存口沿。侈口，斜折沿，尖唇。颈部数周凹弦纹。残高6.6厘米（图五二，4）。

标本槐M18：30，残存口沿及腹部。敞口，平沿，尖唇，唇部有凹槽，腹部数周轮旋痕。口径48.0、残高10.4厘米（图五二，8）。

标本槐M18：31，仅存口沿。敞口，卷沿，圆唇。颈饰凸弦纹。残高9.6厘米（图五二，5）。

陶碗　1件。标本槐M18：15，泥质灰、红陶，轮制。侈口，尖圆唇，腹壁稍内束，腹壁弧收，平底。内底有一圈凹弦纹。口径20.5、底径13.0、通高7.6厘米（图五〇，14；图版七一，4）。

陶魁　1件。标本槐M18：21，泥质灰陶，器身轮制，柄模制，而后粘接。器身碗形，敞口，圆唇，束颈，腹壁内收，弧腹，平底。内饰一周凸弦纹。口沿一侧黏附龙首柄，柄首略上扬平出，略高于口沿。口径16.4、底径12.0、柄长7.8、通长24.2、通高6.6厘米（图五一，12；图版七二，5）。

陶器盖　1件。标本槐M18：25，泥质灰陶，轮制。圆形顶，素面，子口，盖边缘起凸棱，中部有一小圆孔。直径10.2、高2.4厘米（图五一，4）。

陶扁壶　1件。标本槐M18：32，泥质红陶，手制，分两片制作，然后捏合而成。仅存底部残片。扁直腹，平底，底部有长条形矮足。残长12.8、残宽5.7、残高4.6厘米（图五二，6；图版七三，5）。

陶磨　2件。均为泥质灰陶，模制。

标本槐M18：8，分为上、下两扇，圆形。下扇正中有一凸起的圆榫，磨面以6组方向不同的斜线纹等分为6个部分。上扇中部有一周圆形凸棱，中间一道隔梁，隔梁两侧为置粮孔，凸

图五一　槐M18出土器物

1. 陶灶（槐M18：16）　2. 陶盘（槐M18：19）　3. 陶磨（槐M18：17）　4. 陶器盖（槐M18：25）　5、6. 石砚（槐M18：22-1、槐M18：22-2）　7. 石研子（研杵）（槐M18：35）　8. 陶井（槐M18：18）　9. 陶仓（槐M18：20）　10. 陶汲水小罐（槐M18：26）　11. 陶俑（槐M18：24）　12. 陶魁（槐M18：21）

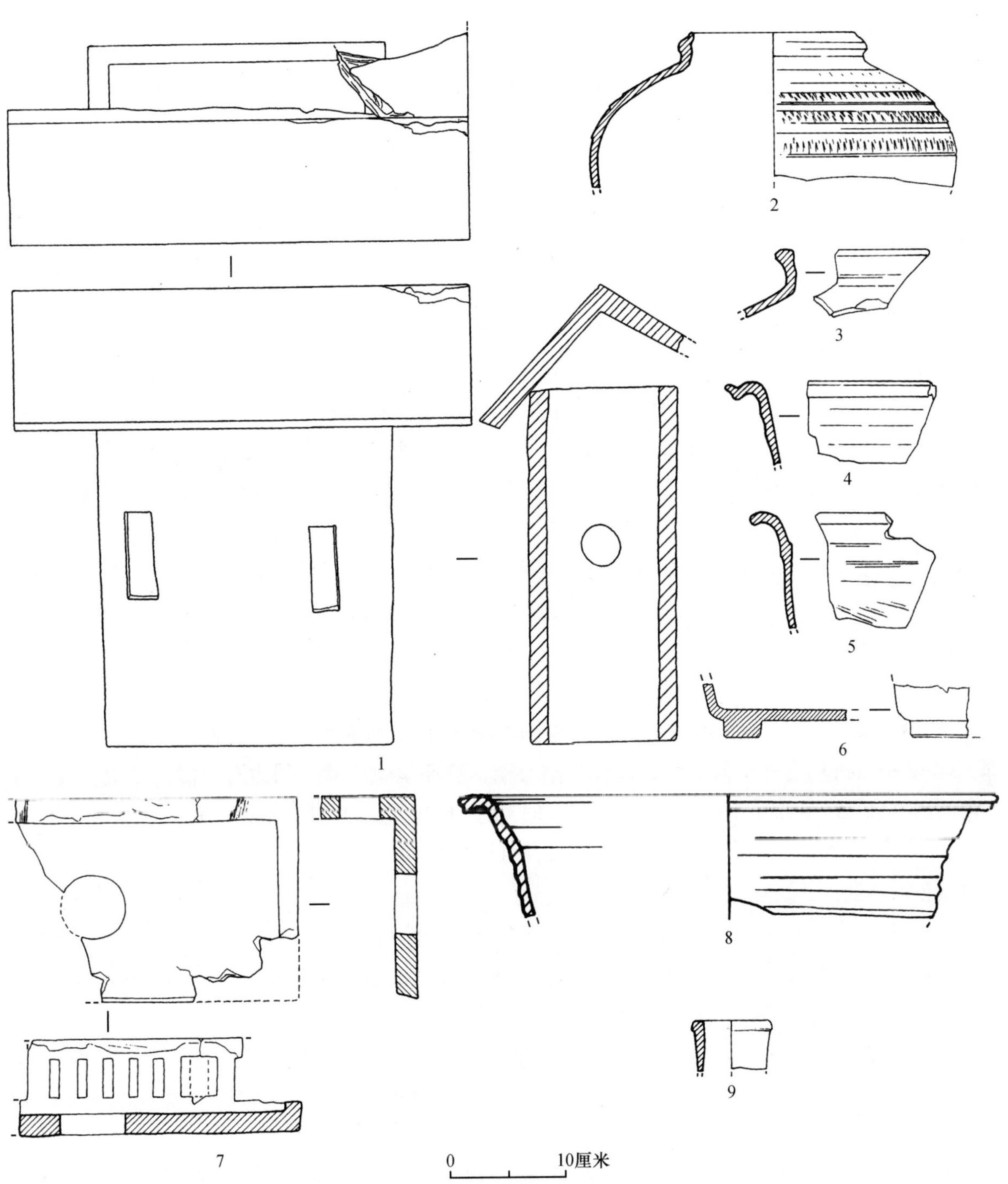

图五二　槐M18出土器物

1. 陶仓（槐M18：14）　2、3. 陶罐（槐M18：27、槐M18：28）　4、5、8. 陶盆（槐M18：29、槐M18：31、槐M18：30）　6. 陶扁壶（槐M18：32）　7. 陶圈（槐M18：34）　9. 陶灯（槐M18：33）

棱四周饰有斜线纹，上扇底面中间有一凹孔，用于与下扇凸起的圆榫对接。直径9.2、通高3.0厘米（图五〇，8；图版七〇，3）。

标本槐M18：17，分为上、下两扇，圆形。下扇正中有一凸起的圆榫，磨面以6组方向不同的斜线等分为6个部分。上扇中部有一周圆形凸棱，中间一道隔梁，隔梁两侧为置粮孔，凸棱四周饰斜线纹，上扇底面中间有一凹孔，用于与下扇凸起圆榫对接。直径9.2、通高3.0厘米（图五一，3；图版七二，1）。

陶案　1件。标本槐M18：13，泥质灰陶，模制，手工修整。长方形，四角略削去，边缘有一周斜凸沿，平底。长62.0、宽40.0、厚1.6厘米（图五〇，12；图版七一，2）。

陶盘　1件。标本槐M18：19，泥质灰陶，轮制。敞口，窄平沿外斜，方唇，浅腹，腹壁斜直，平底。内饰一周凸弦纹。口径22.0、底径15.8、高3.6厘米（图五一，2；图版七二，3）。

陶耳杯　3件。泥质灰陶，模制。器身呈椭圆船形，略瘦长，敞口，方唇，浅弧腹，低矮假圈足。口沿两侧有对称月牙形耳，耳微上翘，耳面内侧与口沿平，外侧略高于口沿。标本槐M18：9—M18：11，形制、尺寸相同，体小，两端略尖。口长12.4、口宽8.8、高4.4厘米（图五〇，9—11；图版七〇，4—6）。

陶勺　1件。标本槐M18：12，泥质灰陶，手、模兼制。器身圆形，敞口，圆唇，深弧腹，圜底，一侧兽形曲柄上翘，末端微上扬。口径6.4、腹深4.6、通长15.0、通高12.0厘米（图五〇，13；图版七一，1）。

陶灯　2件。

标本槐M18：1，泥质灰陶，灯盘、柄座分体轮制，而后粘接。灯盘直口，斜方唇，浅腹，内底平，外壁有一周轮旋痕，高柱状空心柄，底座呈喇叭状，周边有台棱，底边斜直，座上有三周轮旋痕。口径15.2、底径13.2、通高15.5厘米（图五〇，1；图版六九，2）。

标本槐M18：33，泥质红陶，轮制。仅存灯柱口部残片。直口，方唇，直颈。口径6.5、残高4.4厘米（图五二，9；图版七三，6）。

陶汲水小罐　1件。标本槐M18：26，泥质灰陶，模制。直口，平沿，圜底，口部外侧有一周凸棱，外壁两侧有对称长方形装饰。腹、底饰数道较粗绳纹。口径7.0、通高5.2厘米（图五一，10；图版七三，4）。

陶圈　1件。标本槐M18：34，泥质褐陶，手、模合制。火候较低。上部无存，残存下部。平面呈长方形，一侧围栏镂出竖长条棂窗形孔。残长24.5、残宽17.0、残高8.0厘米（图五二，7）。

陶俑　1件。标本槐M18：24，泥质灰陶，模制。头戴圆顶帽，大脸，面目清晰，双手拢于胸前，身着交衽长袍，做站立状。通高16.0厘米（图五一，11；图版七三，3）。

陶狗　1件。标本槐M18：6，泥质灰陶，模制。耳耸，目圆，嘴阔，尾巴上卷搭于臀部，四肢高壮，做站立吠叫状。长18.6、高11.2、足宽3.0厘米（图五〇，6；图版七〇，1）。

陶猪　1件。标本槐M18：7，泥质灰陶，模制。双耳上耸，二目凸起，鼻前张，尾折断，身躯肥壮，做趴伏状。长16.0、高4.4厘米（图五○，7；图版七○，2）。

陶鸡 2件。均为泥质灰陶，模制。

标本槐M18：4，为公鸡。尖喙，高冠，大髯，长尾，双目微凸，眉目、翅羽清晰，尾上翘，长方形底座。长18.0、通高14.8、座高2.6厘米（图五○，4；图版六九，5）。

标本槐M18：5，为母鸡。尖喙，矮冠，小髯，短尾，双目微凸，眉目、翅羽清晰，尾上翘（残），长方形底座。长14.0、通高14.4、座高2.6厘米（图五○，5；图版六九，6）。

石砚 2件。均为青石质。正面平整光滑，背面略粗糙。

标本槐M18：22-1，近长方形。长12.1—12.5、宽5.5、厚0.5厘米（图五一，5；图版七三，2）。

标本槐M18：22-2，方形，其中一角残。边长5.5、厚0.5厘米（图五一，6；图版七二，6）。

石研子（研杵） 1件。标本槐M18：35，半球形圆顶，青石质，方座，底平。方座边长3.0、高2.5厘米（图五一，7；图版七三，1）。

铜钱 10枚。标本槐M18：23，分五铢和剪轮五铢两种。

五铢 8枚。多数腐蚀，字迹漫漶不清，圆形方穿，正、背有郭，穿正面无郭，正面穿左右篆书“五铢”，“五”字瘦长，竖画或较直或特曲，接上下横画处垂直或呈外放状，“铢”字“金”旁头呈三角形，“朱”旁上部两竖或方折或圆折。

标本槐M18：23-1，五铢。字体宽大，“五”字宽大，竖画特曲，接上下横画处垂直，“铢”字“金”旁头呈三角形，“朱”旁上部两竖方折。郭径2.43、钱径2.33、穿宽0.90、郭宽0.09、郭厚0.10、肉厚0.06厘米，重量1.80克（图五三，1）。

标本槐M18：23-2，五铢。字体宽大，“五”字宽大，竖画特曲，接上下横画处垂直，“铢”字“金”旁头呈三角形，“朱”旁上部两竖方折。穿下一星。郭径2.49、钱径2.26、穿宽0.93、郭宽0.14、郭厚0.14、肉厚0.07厘米，重量2.00克（图五三，2）。

标本槐M18：23-3，五铢。字体宽大，“五”字宽大，竖画特曲，接上下横画处垂直，“铢”字“金”旁头呈三角形，“朱”旁上部两竖圆折。郭径2.53、钱径2.30、穿宽0.95、郭宽0.13、郭厚0.11、肉厚0.05厘米，重量1.98克（图五三，3）。

标本槐M18：23-4，五铢。字体宽大，“五”字宽大，竖画特曲，接上下横画处垂直，“铢”字“金”旁头呈三角形，“朱”旁上部两竖圆折。郭径2.59、钱径2.29、穿宽0.94、郭宽0.13、郭厚0.12、肉厚0.09厘米，重量2.22克（图五三，4）。

标本槐M18：23-5，五铢。字体宽大，“五”字宽大，竖画特曲，接上下横画处垂直，“铢”字“金”旁头呈三角形，“朱”旁上部两竖圆折。郭径2.55、钱径2.26、穿宽0.99、郭宽0.10、郭厚0.10、肉厚0.08厘米，重量1.87克（图五三，5）。

标本槐M18：23-6，五铢。字体宽大，“五”字宽大，竖画特曲，接上下横画处垂直，“铢”字“金”旁头呈三角形，“朱”旁上部两竖圆折。郭径2.48、钱径2.15、穿宽0.98、郭宽0.17、郭厚0.11、肉厚0.06厘米，重量1.69克（图五三，6）。

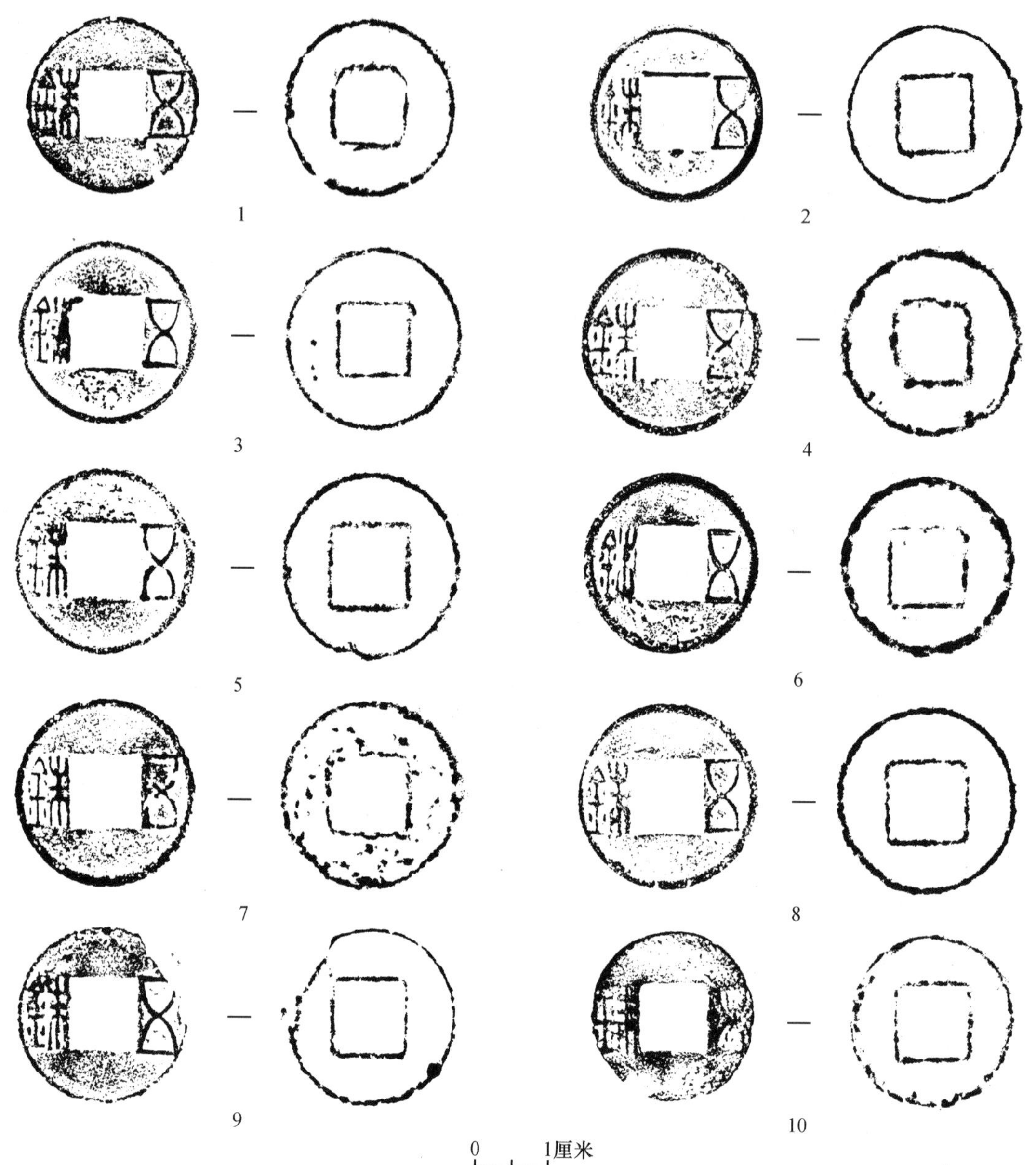

图五三　槐M18铜钱拓本

1—8. 五铢（槐M18：23-1、槐M18：23-2、槐M18：23-3、槐M18：23-4、槐M18：23-5、槐M18：23-6、槐M18：23-7、槐M18：23-8）　9、10. 剪轮五铢（槐M18：23-9、槐M18：23-10）

标本槐M18：23-7，五铢。字体宽大，“五”字宽大，竖画特曲，接上下横画处垂直，“铢”字“金”旁头呈三角形，“朱”旁上部两竖圆折。郭径2.60、钱径2.28、穿宽1.01、郭宽0.14、郭厚0.12、肉厚0.08厘米，重量2.29克（图五三，7）。

标本槐M18：23-8，五铢。字体宽大，“五”字宽大，竖画特曲，接上下横画处垂直，“铢”字“金”旁头呈三角形，“朱”旁上部两竖圆折。郭径2.58、钱径2.21、穿宽0.99、郭宽0.13、郭厚0.11、肉厚0.09厘米，重量2.19克（图五三，8）。

剪轮五铢 2枚。腐蚀严重，字已漫漶不清，剪之较甚，五铢两字有残缺，圆形方穿，穿正面无郭。

标本槐M18：23-9，剪轮五铢。字体宽大，略有残郭，有部分破损，字迹有残缺。“五”字宽大，竖画较直，接上下横画处呈外放状，“铢”字“金”旁头呈三角形，“朱”旁上部两竖方折。钱径2.45、穿宽0.95、肉厚0.07厘米，重量1.27克（图五三，9）。

标本槐M18：23-10，剪轮五铢。字体宽大，略有残郭，有部分破损，字迹有残缺。“五”字宽大，竖画较直，接上下横画处呈外放状，“铢”字“金”旁头呈三角形，“朱”旁上部两竖方折。钱径2.35、穿宽0.94、肉厚0.08厘米，重量1.51克（图五三，10；表一〇）。

表一〇 槐M18铜钱统计表 （单位：厘米、克）

种类	编号	记号	郭径	钱径	穿宽	郭宽	郭厚	肉厚	重量	备注
五铢	M18：23-1	无	2.43	2.33	0.90	0.09	0.10	0.06	1.80	
	M18：23-2	穿下一星	2.49	2.26	0.93	0.14	0.14	0.07	2.00	
	M18：23-3	无	2.53	2.30	0.95	0.13	0.11	0.05	1.98	
	M18：23-4	无	2.59	2.29	0.94	0.13	0.12	0.09	2.22	
	M18：23-5	无	2.55	2.26	0.99	0.10	0.10	0.08	1.87	
	M18：23-6	无	2.48	2.15	0.98	0.17	0.11	0.06	1.69	
	M18：23-7	无	2.60	2.28	1.01	0.14	0.12	0.08	2.29	
	M18：23-8	无	2.58	2.21	0.99	0.13	0.11	0.09	2.19	
剪轮五铢	M18：23-9	无		2.45	0.95			0.07	1.27	
	M18：23-10	无		2.35	0.94			0.08	1.51	

十八、槐房十九号墓（槐M19）

（一）墓葬形制

位于发掘区西北部，西邻槐M20，开口于现地表第1层下，墓口距地表深0.40米，方向275°，平面呈刀形，为带斜坡墓道竖穴土圹单室砖墓，由墓道与墓室组成。墓葬平面总长9.60、宽0.86—2.10、墓底距墓口深1.60米（图五四；图版一八）。

墓道：位于墓室西侧，平面呈长方形，底部西段呈缓坡状，东段较平。墓道开口长4.40、宽0.86—0.88、深1.00—1.60米，坡度13°，底长4.30米。

墓门：位于墓道东端、墓室西侧，墓门宽0.90、残高1.06米，封门墙为长条砖砌，分内、外两层，外层封门墙上横置5层长条砖，下部斜置不规则“人”字形长条砖，底部垫五花土，内层上部横置不甚整齐的6层长条砖，下部斜置不规则“人”字形长条砖，底部1排竖砖。

墓室：位于墓道东侧，平面呈长方形，南、北两壁墙体残高0.05—1.35米，东、西两壁残高0.25—1.35米。四壁墙体用长条砖二平一竖砌筑，铺地砖为1层，为长条砖竖砌，见于墓室

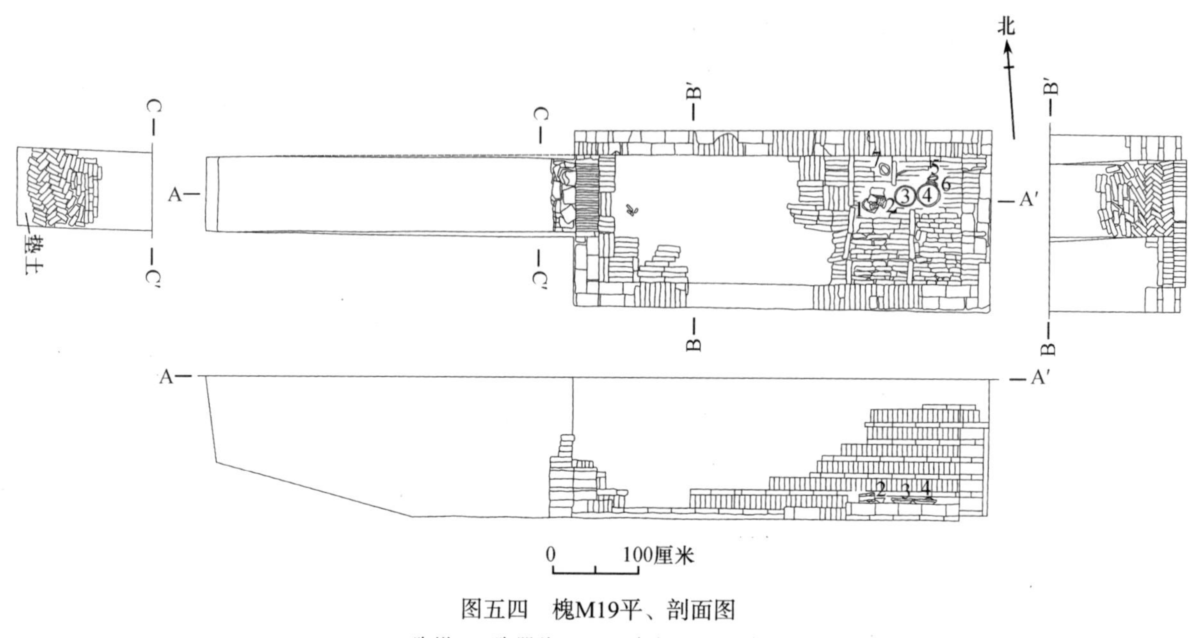

图五四　槐M19平、剖面图
1. 陶樽　2. 陶器盖　3、4. 陶盘　5—7. 陶耳杯

东部，铺法分两种形式：一种是以5块长条砖为一组的纵横交错竖砌；一种是用残砖无规律排列方式竖砌。墓室土圹长4.90、宽2.02—2.10、残深1.60米，墓室长4.90、宽2.02—2.10、残高0.05—1.35米。

长条砖规格为长0.28、宽0.14、厚0.05米。

因盗扰破坏严重，墓室内无葬具，仅在西部发现零星人骨，葬具与葬式均不详。

（二）出土器物

随葬品皆置于墓室后部，有陶樽1件、陶器盖1件、陶盘2件、陶耳杯3件。

陶樽　1件。标本槐M19：1，泥质灰陶，器身轮制，三足手制，而后粘接。直口，圆唇，浅直筒形腹，平底，底边黏附三示意形蹄足。口沿下和下腹各饰两周凹弦纹。口径21.0、底径21.0、通高12.0厘米（图五五，1）。

陶器盖　1件。标本槐M19：2，泥质灰陶，手、模兼制。博山形，顶部乳凸状，盖面排列凸起的三角形，做山峦起伏状，下有一周凸棱。口径15.2、高6.0厘米（图五五，2）。

陶盘　2件。均为泥质灰陶，轮制。

标本槐M19：3，敞口，仰折沿，方唇，折腹较浅，下腹斜收，平底内凹。内壁有数周轮旋痕。口径21.4、底径9.2、通高4.8厘米（图五五，6）。

标本槐M19：4，敞口，仰折沿，方唇，折腹较浅，下腹斜收，平底内凹。内壁有数周轮旋痕。口径22.6、底径9.0、通高5.0厘米（图五五，7）。

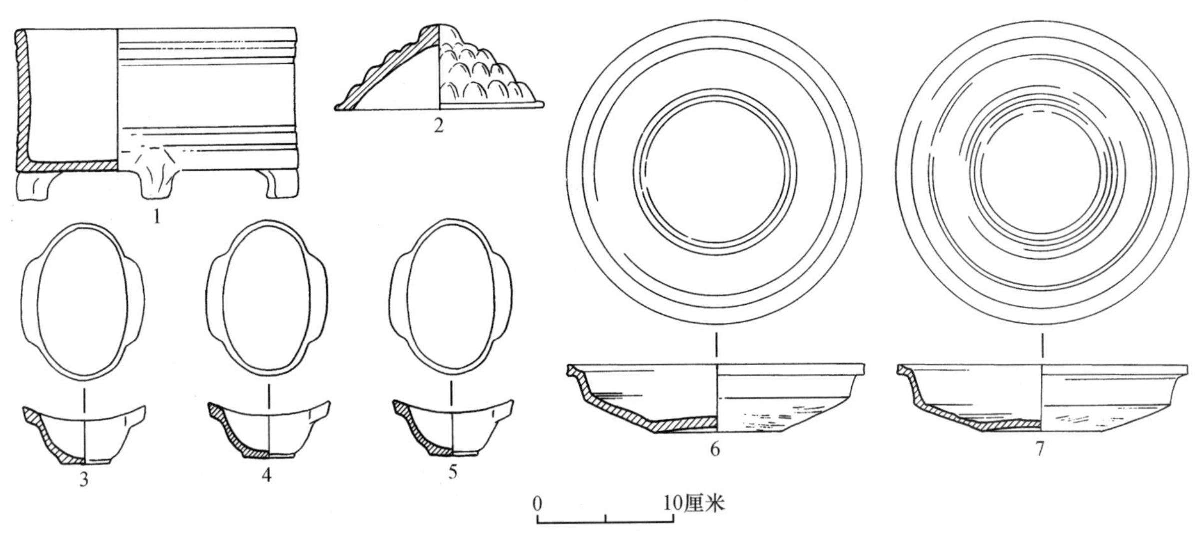

图五五　槐M19出土器物

1. 陶樽（槐M19：1）　2. 陶器盖（槐M19：2）　3—5. 陶耳杯（槐M19：5、槐M19：6、槐M19：7）
6、7. 陶盘（槐M19：3、槐M19：4）

陶耳杯　3件。均为泥质灰陶，模制。

标本槐M19：5，杯口呈椭圆形，敞口，方唇，弧腹，平底。口沿两侧有弧形耳，耳上翘。口部最大径11.2、最小径9.0、高4.0厘米（图五五，3）。

标本槐M19：6，杯口呈椭圆形，敞口，方唇，弧腹，平底。口沿两侧有弧形耳，耳上翘。口部最大径11.2、最小径9.0、高4.0厘米（图五五，4）。

标本槐M19：7，杯口呈椭圆形，敞口，方唇，弧腹，平底。口沿两侧有弧形耳，耳上翘。口部最大径11.2、最小径9.0、高4.0厘米（图五五，5）。

十九、槐房二十号墓（槐M20）

（一）墓葬形制

位于发掘区西北部，北邻槐M21，东为槐M19，开口于现地表第1层下，墓口距地表深0.40米，方向280°，平面呈刀形，为带斜坡墓道竖穴土圹单室砖墓，由墓道、甬道与墓室组成。墓葬平面总长7.50、宽0.71—2.32、墓底距墓口深2.15米（图五六；图版一九）。

墓道：位于墓室西侧，平面略呈梯形，底部为斜坡状，西端被后期扰乱。墓道开口长3.10、宽0.71—0.86、深1.20—2.15米，坡度18°，底长2.90米。

墓门：位于墓道东端、甬道西侧，墓门宽0.86、高1.50米，封门墙为长条砖砌，有内外两层，保存较好，外侧上部横置15层长条砖，错缝平铺，下部横置长条砖合缝平铺，内侧上部横置6层，错缝平铺，下部用长条砖一平一竖砌筑。

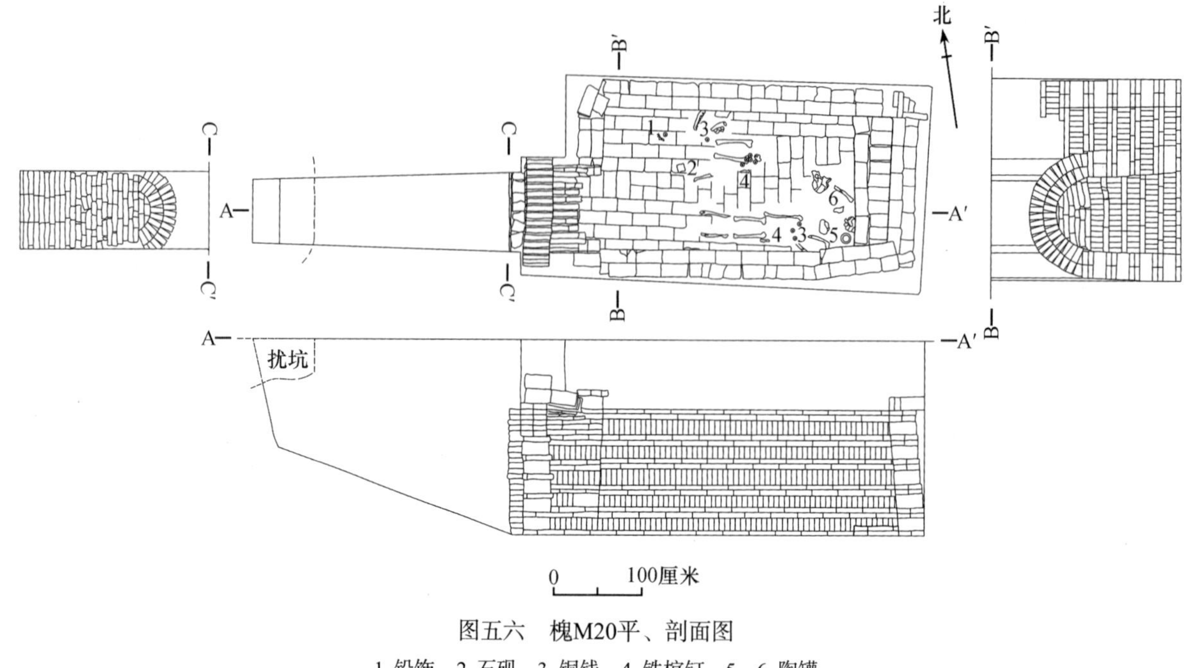

图五六　槐M20平、剖面图

1. 铅饰　2. 石砚　3. 铜钱　4. 铁棺钉　5、6. 陶罐

甬道：位于墓道东端、墓室西部，平面呈长方形，砖券洞室，宽1.10、进深0.90、洞高1.50、顶高1.80米，两侧墙体为长条砖一平一竖砌筑，从第12层砖开始用长条砖双排起券，铺地砖为1层，用长条砖错缝平铺，与墓室相同。

墓室：位于墓道东部，平面呈长方形，紧贴土圹垒砌而成，墓室土圹长4.04—4.16、宽2.24—2.32、深2.16米，墓室长3.76、宽1.80—2.00、残高1.60米。四壁墙体最高处达5组二平一竖砖，残高1.40—1.60米，为长条砖二平一竖砌筑，铺地砖为1层，用长条砖错缝平铺，墓室后部设有长方形器物台，器物台由长条砖铺砌，高于墓室铺地砖1层平砖，其长度等同于墓室内宽，长1.36、宽0.55、高0.06米。

长条砖规格为长0.30、宽0.16、厚0.06米。

墓室内发现有木棺痕，有两具人骨，均已散乱缺失，尺寸不详，南侧一具骨骼为仰身直肢葬式，北侧一具骨骼大部残毁，葬式不详。

（二）出土器物

随葬品皆置于墓室中部，有陶罐2件、铅饰1件、铁棺钉1枚、石砚1件、铜钱1件（17枚）。

陶罐　2件。均为轮制。

标本槐M20：5，泥质灰陶。口微敛，平沿，尖唇，束颈，溜肩，弧腹下收，平底。颈部饰一周凸弦纹，腹饰不规则凹弦纹。口径9.6、腹径11.4、通高15.0厘米（图五七，4）。

标本槐M20：6，夹云母红陶。残存口沿。侈口，圆唇做叠唇状，束颈。口径12.0、残高

1.6厘米（图五七，5）。

铅饰 1件。标本槐M20：1，灰褐色，一端略残，一端圆形，宽叶状，中脊较细，通体扁平。残长8.3厘米（图五七，1）。

铁棺钉 1枚。标本槐M20：4，残断，锈蚀。蘑菇状钉帽，钉身截面呈方形，尖残。长20.5、截面边长0.9、钉帽直径2.5厘米（图五七，3）。

石砚 1件。标本槐M20：2，青石质。正方形，正面平整光滑，背面粗糙。边长6.5、厚0.6厘米（图五七，2）。

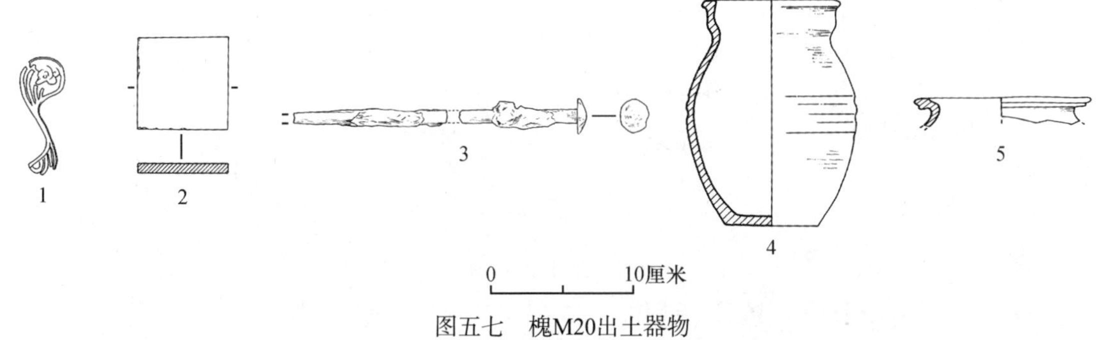

图五七 槐M20出土器物

1. 铅饰（槐M20：1） 2. 石砚（槐M20：2） 3. 铁棺钉（槐M20：4） 4、5. 陶罐（槐M20：5、槐M20：6）

铜钱 17枚。标本槐M20：3，分五铢、剪轮五铢、货泉三种。

五铢 14枚。多数腐蚀，字迹漫漶不清，圆形方穿，正、背有郭，穿正面无郭，正面穿左右篆书“五铢”，“五”字宽大，竖画或较直或特曲，接上下横画处垂直或呈外放状，“铢”字“金”旁头呈三角形，“朱”旁上部两竖或方折，或圆折外敞。

标本槐M20：3-1，五铢。字体瘦长，“五”字瘦长，竖画较直，接上下横画处呈外放状，“铢”字“金”旁头呈三角形，“朱”旁上部两竖方折。郭径2.51、钱径2.24、穿宽0.87、郭宽0.13、郭厚0.15、肉厚0.09厘米，重量2.28克（图五八，1）。

标本槐M20：3-8，五铢。字体宽大，“五”字宽大，竖画特曲，接上下横画处垂直，“铢”字“金”旁头呈三角形，“朱”旁上部两竖圆折。郭径2.66、钱径2.22、穿宽0.89、郭宽0.20、郭厚0.14、肉厚0.08厘米，重量2.56克（图五八，2）。

剪轮五铢 1枚。腐蚀严重，字已漫漶不清，仅剪去边郭，圆形方穿，穿正面无郭。

标本槐M20：3-10，剪轮五铢。仅剪去边郭，“五”字宽大，竖画特曲，接上下横画处垂直，“铢”字“金”旁头呈三角形，“朱”旁上部两竖圆折。钱径2.35、穿宽0.95、肉厚0.08厘米，重量1.28克（图五八，3）。

货泉 2枚。保存较好，正背均有钱郭、穿郭。

标本槐M20：3-16，货泉。圆形方穿，对读。正反面均有郭，“泉”字竖画有断笔。郭径2.29、钱径1.90、穿宽0.70、郭宽0.17、郭厚0.15、肉厚0.08厘米，重量2.44克（图五八，4；表一一）。

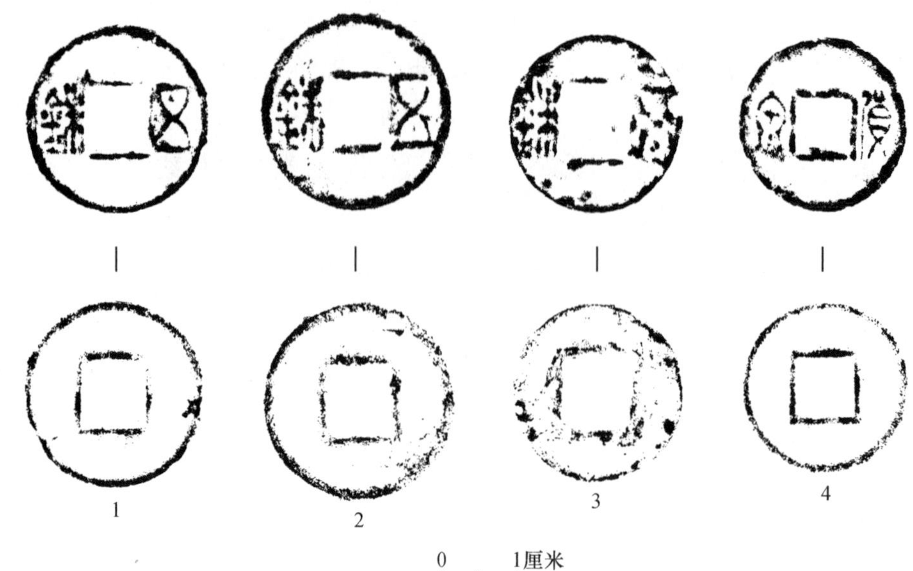

图五八　槐M20铜钱拓本

1、2. 五铢（槐M20：3-1、槐M20：3-8）　3. 剪轮五铢（槐M20：3-10）　4. 货泉（槐M20：3-16）

表一一　槐M20铜钱统计表　（单位：厘米、克）

种类	编号	记号	郭径	钱径	穿宽	郭宽	郭厚	肉厚	重量	备注
五铢	M20：3-1	无	2.51	2.24	0.87	0.13	0.15	0.09	2.28	
	M20：3-2	无	2.48	2.22	0.88	0.09	0.15	0.11	2.11	
	M20：3-3	无	2.59	2.25	0.84	0.18	0.15	0.08	2.62	
	M20：3-4	无	2.49	2.25	0.94	0.13	0.11	0.07	1.58	
	M20：3-5	无	2.59	2.16	0.90	0.14	0.14	0.09	2.18	
	M20：3-6	无	2.60	2.19	0.87	0.14	0.17	0.08	2.63	
	M20：3-7	无	2.60	2.27	0.94	0.17	0.18	0.10	3.30	
	M20：3-8	无	2.66	2.22	0.89	0.20	0.14	0.08	2.56	
	M20：3-9	无	2.66	2.30	0.89	0.17	0.15	0.10	2.88	
	M20：3-11	无	2.55	2.24	0.87	0.13	0.17	0.10	2.00	
	M20：3-12	无	2.52	2.21	0.90	0.12	0.14	0.09	2.25	
	M20：3-13	无	2.62	2.19	0.90	0.17	0.18	0.15	2.83	
	M20：3-14	无	2.52	2.21	0.90	0.14	0.19	0.09	3.39	
	M20：3-15	无	2.59	2.31	0.99	0.11	0.15	0.11		残
剪轮五铢	M20：3-10	无		2.35	0.95			0.08	1.28	
货泉	M20：3-16	无	2.29	1.90	0.70	0.17	0.15	0.08	2.44	
	M20：3-17	无	2.31	1.99	0.70	0.18	0.17	0.11	2.67	

二十、槐房二十一号墓（槐M21）

（一）墓葬形制

位于发掘区西北部，南邻槐M20，开口于现地表第1层下，墓口距地表深0.40米，方向275°，平面呈刀形，为带斜坡墓道竖穴土圹单室砖墓，由墓道、甬道与墓室组成。墓葬平面总长8.30、宽0.86—2.20、墓底距墓口深2.16米（图五九；图版二〇、图版二一）。

墓道：位于墓室西侧，平面呈长方形，底部为斜坡状，开口长3.80、宽0.86、深0.85—1.95、底宽0.70—0.86米，坡度12°，底长4.30米。

墓门：位于墓道东端、甬道内，墓门宽0.75、高1.35米，封门墙为长条砖砌，上部横置4层长条砖错缝垒砌，下部以长条砖二平一竖砌筑。

甬道：位于墓道东端、墓室西部，平面呈长方形，砖券洞室，进深0.90、宽1.06、洞高1.34、券顶高1.62米。两壁墙体为长条砖二平一竖砌筑，从第13层砖开始用长条砖双层起券，甬道内铺地砖为1层，为长条砖合缝平铺，与墓室铺地砖相连。

墓室：位于墓道东侧，平面呈长方形，贴土圹垒砌，墓室土圹长3.96、宽2.06—2.20、深2.16米，墓室长3.70、宽1.90、残高0.90—1.40米，四壁墙体存11—17层砖，残高0.90—1.40米，为长条砖二平一竖砌筑，铺地砖为1层，中部为长条砖两纵两横交错平铺，东西两端为长条砖合缝平铺。

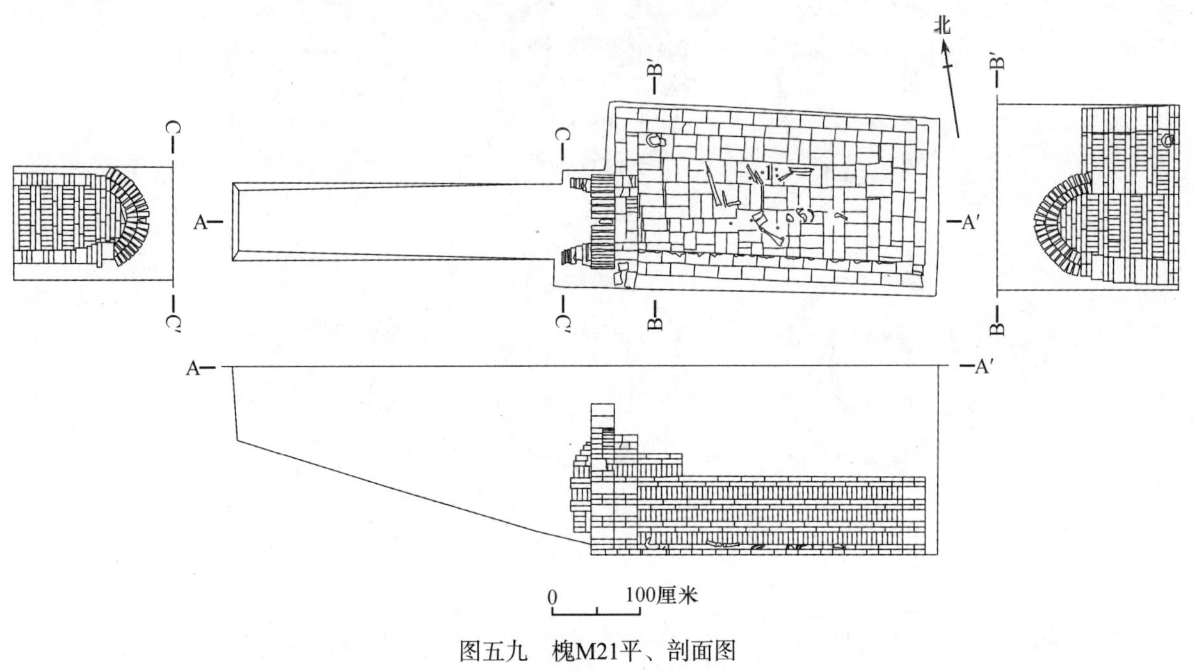

图五九　槐M21平、剖面图

1. 铜钱

长条砖规格为长0.28、宽0.14、厚0.06米。

因盗扰破坏严重，墓室内无葬具，仅在底部发现零星人骨，葬具与葬式均不详。

（二）出土器物

仅见铜钱21枚，出土于墓室中部，未发现其他遗物。

铜钱　21枚。标本槐M21：1，字迹可辨者均为五铢。多数腐蚀，字迹漫漶不清，圆形方穿，正、背有郭，穿正面无郭，正面穿左右篆书“五铢”，“五”字瘦长，竖画或较直或特曲，接上下横画处垂直或呈外放状，“铢”字“金”旁头呈三角形，“朱”旁上部两竖或方折或圆折。

标本槐M21：1-1，五铢。字体瘦长，“五”字瘦长，竖画较直，接上下横画处呈外放状，“铢”字“金”旁头呈三角形，“朱”旁上部两竖方折。郭径2.57、钱径2.21、穿宽0.90、郭宽0.18、郭厚0.12、肉厚0.08厘米，重量2.47克（图六〇，1）。

标本槐M21：1-11，五铢。字体宽大，“五”字宽大，竖画较直，接上下横画处垂直，“铢”字“金”旁头呈三角形，“朱”旁上部两竖圆折。郭径2.66、钱径2.22、穿宽0.95、郭宽0.18、郭厚0.16、肉厚0.11厘米，重量2.99克（图六〇，2）。

标本槐M21：1-13，五铢。字体宽大，“五”字宽大，竖画较直，接上下横画处垂直，“铢”字漫漶不清。郭径2.56、钱径2.44、穿宽0.93、郭宽0.11、郭厚0.15、肉厚0.11、重量2.08克（图六〇，3；表一二）。

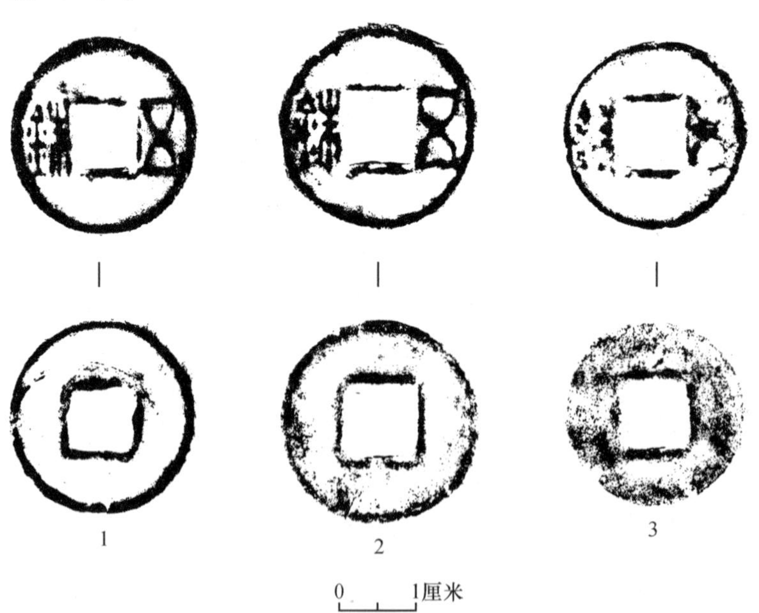

图六〇　槐M21铜钱拓本

1—3. 五铢（槐M21：1-1、槐M21：1-11、槐M21：1-13）

表一二　槐M21铜钱统计表　（单位：厘米、克）

种类	编号	记号	郭径	钱径	穿宽	郭宽	郭厚	肉厚	重量	备注
五铢	M21：1-1	无	2.57	2.21	0.90	0.18	0.12	0.08	2.47	
	M21：1-2	无	2.56	2.16	0.85	0.19	0.19	0.10	2.95	
	M21：1-3	无	2.61	2.27	0.92	0.16	0.15	0.10	2.81	
	M21：1-4	无	2.58	2.26	0.86	0.17	0.18	0.11	3.12	
	M21：1-5	无	2.57	2.25	0.92	0.22	0.16	0.10	3.44	
	M21：1-6	无	2.55	2.31	0.94	0.11	0.14	0.09	2.50	
	M21：1-7	无	2.61	2.27	0.92	0.15	0.17	0.08	3.13	
	M21：1-8	无	2.65	2.24	0.90	0.14	0.16	0.10	2.66	
	M21：1-9	无	2.59	2.27	0.88	0.17	0.16	0.09	2.37	
	M21：1-10	无	2.61	2.30	0.89	0.15	0.18	0.09	2.88	
	M21：1-11	无	2.66	2.22	0.95	0.18	0.16	0.11	2.99	
	M21：1-12	无	2.60	2.23	0.99	0.16	0.16	0.08	2.27	
	M21：1-13	无	2.56	2.44	0.93	0.11	0.15	0.11	2.08	
	M21：1-14	无	2.58	2.21	0.96	0.15	0.12	0.09	2.34	
	M21：1-15	无	2.74	2.26	0.91	0.15	0.16	0.12	2.66	
	M21：1-16	无	2.61	2.27	0.89	0.20	0.13	0.10	3.57	
	M21：1-17	无	2.60	2.31	0.99	0.15	0.13	0.11	2.88	
	M21：1-18	无	2.57	2.32	0.93	0.10	0.13	0.10	3.06	
	M21：1-19	无	2.60	2.26	0.90	0.14	0.15	0.13	2.56	
	M21：1-20	无	2.58	2.24	0.89	0.20	0.16	0.08	2.35	
	M21：1-21	无	2.57	2.23	0.96	0.20	0.14	0.10		残

二十一、槐房二十二号墓（槐M22）

（一）墓葬形制

位于发掘区西北部，开口于现地表第1层下，墓口距地表深0.20米，方向100°，平面呈“甲”字形，为带斜坡墓道竖穴土圹单室砖墓，由墓道与墓室组成。墓葬平面总长8.10、宽0.82—2.16、墓底距墓口深1.80米（图六一；图版二二）。

墓道：位于墓室东侧，平面呈长方形，底部为斜坡状，上部被扰乱，仅存墓道西段底部，开口残长3.80、宽0.82、深0.50—1.80米，坡度19°，底长4.00米。

墓门：位于墓道与墓室之间，已被破坏无存，结构不详。

墓室：位于墓道西侧，墓室土圹长4.30、宽2.06—2.16、残深1.80米，平面呈长方形，墓室长3.70、宽1.50、残高0.05米。四壁墙体仅存北壁东段及南壁中段底部1层平砖，为双排长条砖平砌，铺地砖为1层，仅存中部1列和南侧局部，砌法有长条砖合缝平铺和横纵平铺两种形式。

长条砖规格为长0.26、宽0.13、厚0.05米。

因盗扰破坏严重，墓室内无葬具，仅在东北部发现零星人骨，葬具、葬式均不详。

墓室上部整体被扰乱，扰乱范围较大，扰坑深0.20—1.60米。

（二）出土器物

仅见1件陶罐，置于墓室中部略偏北处。

陶罐　1件。标本槐M22：1，夹云母红陶，轮制。仅存口沿。口微敛，平沿，圆唇，束颈。肩饰菱形网格纹。口径24.0、残高5.8厘米（图六二）。

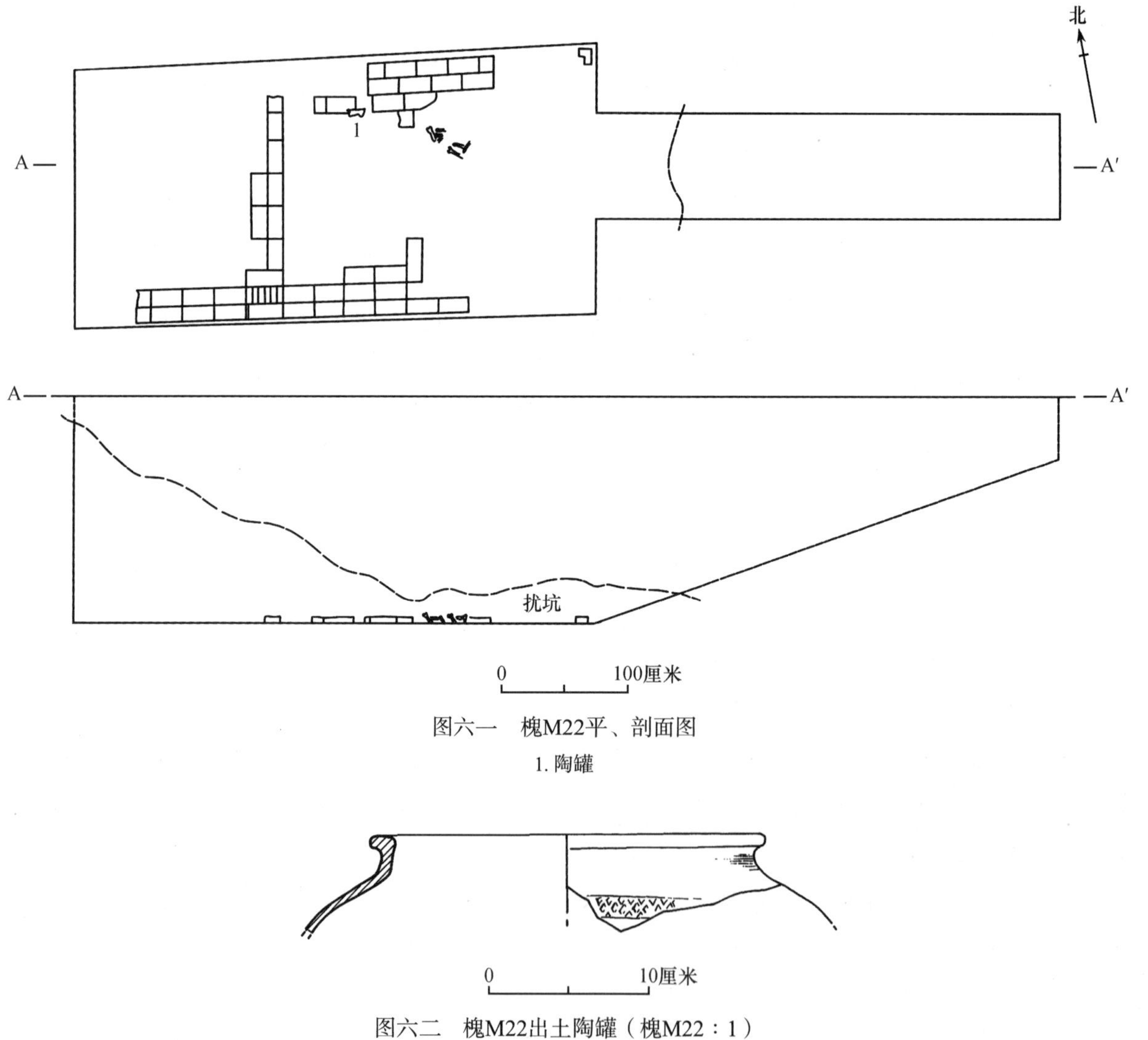

图六一　槐M22平、剖面图

1. 陶罐

图六二　槐M22出土陶罐（槐M22：1）

二十二、槐房二十三号墓（槐M23）

（一）墓葬形制

位于发掘区西北部，开口于现地表第1层下，墓口距地表深0.40米，方向175°，平面呈“甲”字形，为带斜坡墓道竖穴土圹单室砖墓，由墓道与墓室组成。墓葬平面总长8.50、宽0.80—2.30、墓底距墓口深1.30米（图六三；图版二三，1、3）。

墓道：位于墓室南侧，平面呈长方形，底部为斜坡状，北段被扰乱至底，开口长4.30、宽0.80—0.90、深0.40—1.30米，坡度12°，底长4.40米。

墓门：位于墓道与墓室之间，已被破坏无存，结构不详。

墓室：位于墓道北侧，墓室土圹长4.20、宽2.22—2.30、残深1.30米，平面近长方形，四壁墙体及铺地砖等遭严重破坏，已荡然无存，不见残砖，具体形制不详。

因盗扰破坏严重，墓室内无葬具，仅在填土内发现散乱碎骨若干，葬具与葬式均不详。

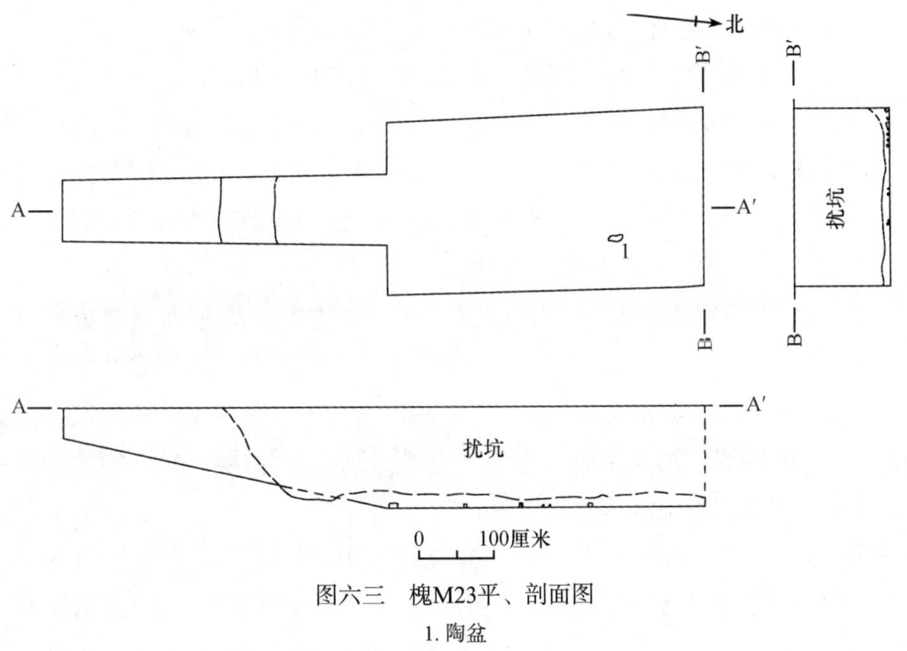

图六三　槐M23平、剖面图

1. 陶盆

（二）出土器物

仅见陶盆1件，置于墓室中部略偏北即墓室后部。

陶盆　1件。标本槐M23∶1，夹云母红陶，轮制。仅存口沿及腹部。侈口，子母口状，尖唇，束颈，弧腹。颈部饰一周凸弦纹。口径22.0、残高5.0厘米（图六四）。

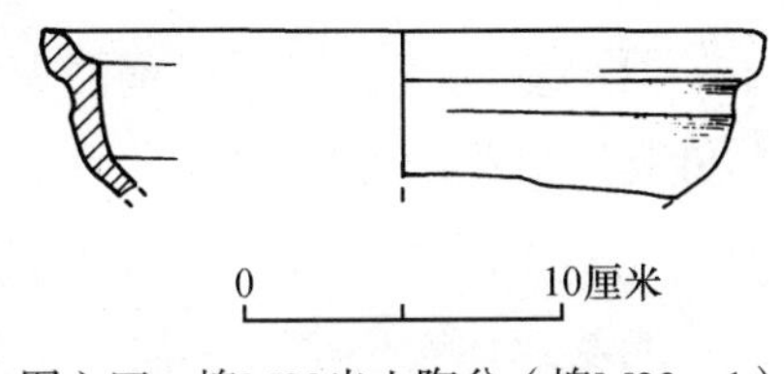

图六四　槐M23出土陶盆（槐M23∶1）

二十三、槐房二十四号墓（槐M24）

（一）墓葬形制

位于发掘区西北部，开口于现地表第1层下，墓口距地表深0.40米，方向185°，平面呈“中”字形，四壁较规整，为带斜坡墓道竖穴土圹多室砖墓，由墓道、甬道、前室、后室、东侧室南室、东侧室北室、西侧室南室、西侧室北室等组成。墓葬平面总长16.20、宽11.50、墓底距墓口深2.00米（图六五；图版一六，3、4）。

墓道：位于整个墓葬的最南端，平面近梯形，底部为斜坡状，壁面较直，开口长5.70、宽1.00—1.20、底距开口深0.20—2.00米，坡度17°，底长5.94米。

甬道：位于墓道与前室之间，平面呈长方形，甬道土圹长1.80、宽1.60、底距开口深2.00米，壁面较直，墙体及铺地砖都已无存，形制不详。

墓门：位于墓道北端南侧，已无存，形制不详。

墓室：位于墓道及甬道北侧，墓室平面复杂，呈不规则形，由前室、后室、东侧室南室、东侧室北室、西侧室南室、西侧室北室等组成。墓室土圹长3.74—8.46、宽4.06—11.50、残深2.00米。

前室：位于整座墓葬的中心位置，前室土圹长4.04、宽3.75、残深2.00米，平面近长方形，前室长4.00、宽3.70、残高0.05米。四壁墙体仅存东壁北段、南壁底部1层平砖和西壁北段底部2层平砖，铺地砖为上、下两层，仅存西北部，上层存9块满饰花纹的方砖，下层为长条砖两纵两横交错平铺，西北部方砖之上出铜钱1枚。

东侧室北室：位于前室东部北侧，有过道与前室相连，过道平面呈长方形，宽1.20、进深0.80米，南北两壁墙体仅存底部1层平砖，为两列长条砖平砌。东侧室北室土圹长3.40、宽2.20、残深2.00米，平面呈长方形，长3.40、宽2.20、残高0.94米。四壁墙体仅存北壁东段及南壁西段11层砖，残高0.94米，用长条砖二平一竖砌筑，铺地砖为1层，仅存室内中东部，用长条砖错缝竖砌，室内东部填土中出土陶狗、陶鸭等。

东侧室南室：位于前室东部南侧，有过道与前室相连，过道平面呈长方形，宽1.40、进深0.70米，南北两壁墙体仅存底部1层平砖，为两列长条砖并排错缝平砌。东侧室南室土圹长3.70、宽2.20、残深2.00米，平面呈长方形，长3.60、宽2.20、残高0.90米。四壁墙体存底部10层砖，残高0.9米，用长条砖二平一竖砌筑，铺地砖为1层，为长条砖错缝竖砌，铺满全室，保存完整。

西侧室北室：位于前室西部北侧，有过道与前室相连，过道平面呈长方形，宽1.20、进深1.00米，南北两壁墙体仅存底部2层平砖，为两列长条砖合缝或错缝平砌，铺地砖已无存。西侧室北室土圹长3.70、宽2.80、残深2.00米，平面呈长方形，长3.50、宽2.80、残高0.10—0.40米，四壁墙体存底部2—5层砖，残高0.10—0.40米，为长条砖二平一竖砌筑，铺地砖已无存。

西侧室南室：位于前室西部南侧，有过道与前室相连，过道平面呈长方形，宽1.21、进深0.80米。西侧室南室土圹长3.40、宽2.20、残深2.00米，平面呈长方形，南北两壁墙体及铺地砖皆无存。

后室：位于前室北部，有过道与前室相连，过道平面呈长方形，宽1.00、进深1.45米，东、西两壁墙体仅存底部1层平砖，为两排长条砖平砌，过道内铺地砖为1层，前边为横纵交错平铺，后面为数列竖砖合缝铺砌。后室土圹长3.30、宽2.94、残深2.00米，平面呈长方形，后室长3.30、宽2.80—2.90、残高1.06米。四壁墙体残高1.06米，用长条砖二平一竖砌筑，铺地砖与过道相连，由长条砖错缝竖砌而成，北部铺地砖被破坏。

图六六 槐M24砖拓本

墙壁皆用长条砖砌，规格为长0.30、宽0.15、厚0.05米。铺地砖为方砖，平面呈正方形，侧面呈长方形，正面模印花纹，四角各饰一略凸的大乳钉，中间为方花图案，间以“十”字排列的连环圆圈，周边饰由三角形、菱形等排列组成的纹饰带，铺地砖规格为长0.30、宽0.30、厚0.05米（图六六）。

因盗扰破坏严重，墓室内无葬具，仅在前室内西北部发现零星人骨，葬具、葬式均不详。

（二）出土器物

因盗扰严重，随葬品多成碎片，集中发现于前室、后室及两边侧室。有陶罐7件、陶奁1件、陶仓1件、陶灶1件、陶井1件、陶盆11件、陶钵1件、陶器盖1件、陶案2件、陶灯4件、陶甑1件、陶汲水小罐1件、陶马鞍形饰1件、陶狗1件、陶鸭1件、铜钱1件（6枚）。

陶罐 7件。均为轮制。其中泥质灰陶4件，夹云母红（褐）陶2件，泥质红陶1件。

标本槐M24：4，泥质灰陶。残存口沿及肩、腹部。口微敛，尖唇，沿面外斜，短束颈，溜肩，圆鼓腹。肩饰一周凹弦纹，腹饰三周压印的由宽窄不等的短竖斜线组成的纹饰带。口径17.0、腹径33.2、残高16.8厘米（图六七，6）。

标本槐M24：10，泥质灰陶。残存下腹及底部。斜折腹，平底，做假圈足状。下腹及底有轮旋痕。底径6.0、残高3.6厘米（图六七，16）。

标本槐M24：21，夹云母红陶。残存口沿。敛口，尖唇，沿面外斜，短束颈，溜肩。颈部

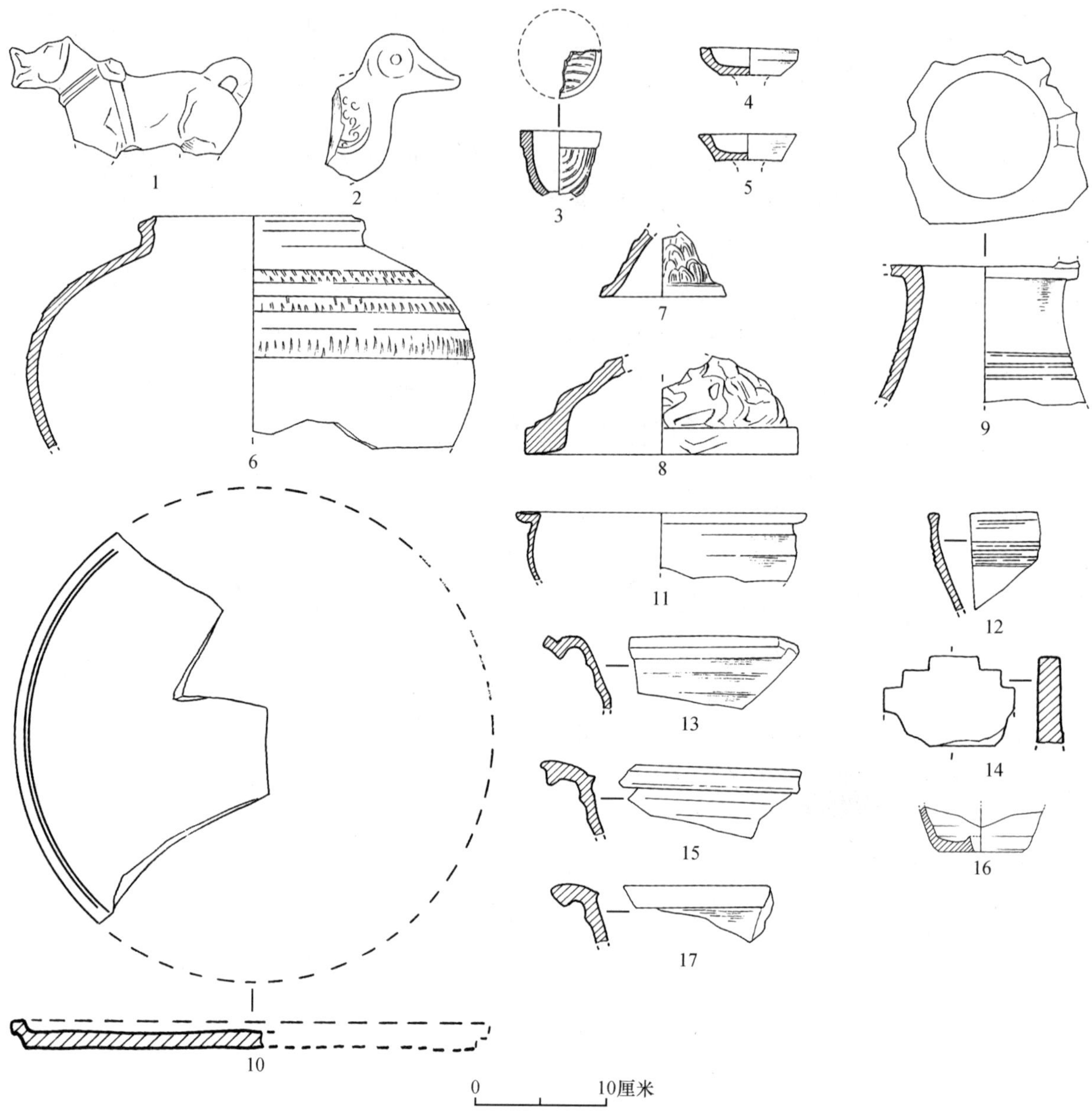

图六七　槐M24出土器物

1. 陶狗（槐M24：1）　2. 陶鸭（槐M24：2）　3. 陶汲水小罐（槐M24：7）　4、5、8. 陶灯（槐M24：8、槐M24：9、槐M24：14）　6、16. 陶罐（槐M24：4、槐M24：10）　7. 陶器盖（槐M24：16）　9. 陶井（槐M24：5）　10. 陶案（槐M24：12）　11、13、15、17. 陶盆（槐M24：11、槐M24：6、槐M24：13、槐M24：15）　12. 陶钵（槐M24：18）　14. 陶仓（槐M24：17）

饰两周凸弦纹。口径38.0、残高8.0厘米（图六八，8）。

标本槐M24：28，泥质红陶。口微敛，尖唇，短颈，圆肩，最大径在肩部，鼓腹下收，平底（残）。肩腹间有三周排列有序的由短斜线组成的纹饰带。口径17.0、腹径32.5、高27.0厘米（图六八，13）。

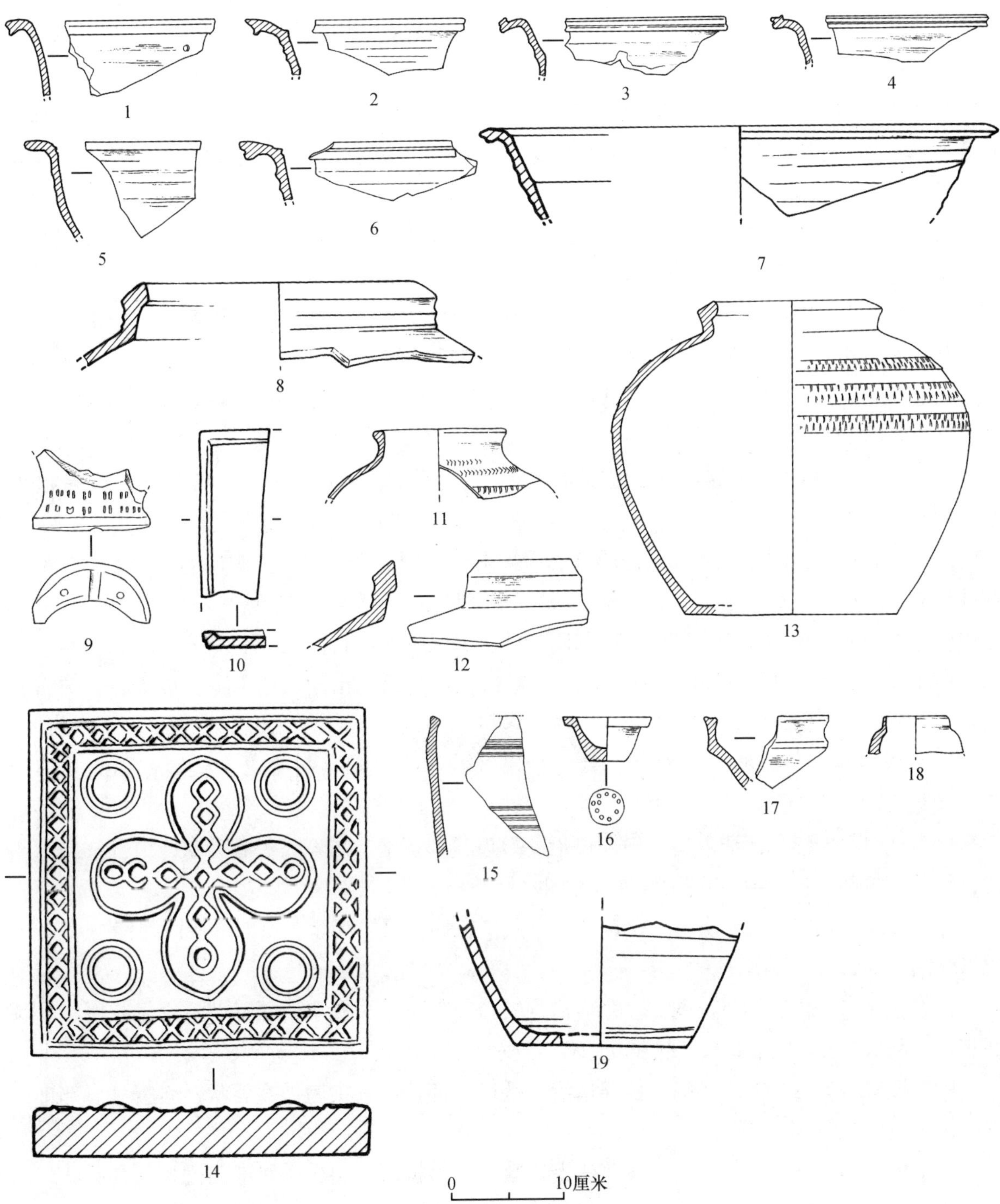

图六八 槐M24出土器物

1—7. 陶盆（槐M24：20、槐M24：22、槐M24：25、槐M24：29、槐M24：30、槐M24：31、槐M24：27） 8、11—13、19. 陶罐（槐M24：21、槐M24：35、槐M24：36、槐M24：28、槐M24：34） 9. 陶马鞍形饰（槐M24：26） 10. 陶案（槐M24：33） 14. M24铺地砖 15. 陶奁（槐M24：24） 16. 陶甑（槐M24：19） 17. 陶灯（槐M24：32） 18. 陶灶（槐M24：23）

标本槐M24：34，泥质灰陶。仅存罐底。弧腹，平底。下腹近底饰一周弦纹。底径16.0、残高11.0厘米（图六八，19）。

标本槐M24：35，泥质灰陶。残存口沿及肩、腹部。口微敛，方唇，束颈，圆肩。肩部刻划三组带状纹，第一组为深浅不一的短斜线，第二组为短曲线，第三组为“人”字形短线排列。口径12.0、残高6.3厘米（图六八，11）。

标本槐M24：36，夹云母红褐陶。残存口沿。敛口，尖唇，沿面外斜，短束颈，溜肩。口沿下饰三周凸弦纹。残高7.2厘米（图六八，12）。

陶奁　1件。标本槐M24：24，泥质红胎绿釉陶，轮制。残存口沿及腹部。口微敛，方唇，斜直腹略束。上、下腹各饰三周凹弦纹。残高12.4厘米（图六八，15）。

陶仓　1件。标本槐M24：17，泥质红胎绿釉陶，模制。残存碎片。残长10.0、残高6.4厘米（图六七，14）。

陶灶　1件。标本槐M24：23，泥质红胎绿釉陶，模制。敛口，尖唇。口径6.0、残高4.0厘米（图六八，18）。

陶井　1件。标本槐M24：5，泥质红胎绿釉陶，轮制。残存口沿及腹部。圆台形，口部残存井架断痕，中空，口小底大，弧腹壁。腹饰三周凹弦纹。残高10.5厘米（图六七，9）。

陶盆　11件。均为轮制。其中泥质灰陶10件，夹云母红陶1件。

标本槐M24：6，泥质灰陶。仅存口沿。敞口，斜折沿，沿面凹槽，下凸成尖状，尖唇，斜直腹。残高5.6厘米（图六七，13）。

标本槐M24：11，夹云母红陶。残存口沿及腹部。敛口，折平沿，尖唇，弧腹。口径22.0、残高5.2厘米（图六七，11）。

标本槐M24：13，泥质灰陶。仅存口沿。敞口，仰折沿，较宽，做叠唇状，口部饰一周凸棱，斜腹，腹部有轮旋痕。残高5.7厘米（图六七，15）。

标本槐M24：15，泥质灰陶。仅存口沿。敞口，仰折沿，尖唇，口部饰一周凸棱。残高4.0厘米（图六七，17）。

标本槐M24：20，泥质灰陶。仅存口沿。敞口，斜折沿，圆唇，唇部凹槽，做叠唇状。颈部有一个圆形小孔。孔径0.3、残高6.0厘米（图六八，1）。

标本槐M24：22，泥质灰陶。仅存口沿。敞口，仰折沿，尖唇做叠唇状，斜腹。口部饰一周凸棱。残高5.0厘米（图六八，2）。

标本槐M24：25，泥质灰陶。仅存口沿。敞口，斜折沿，尖唇，唇部凹槽，做叠唇状，沿面凹槽。肩部饰一周凸棱。残高5.2厘米（图六八，3）。

标本槐M24：27，泥质灰陶。仅存口沿。敞口，斜折沿，做叠唇状，尖唇，口部饰一周凸棱。腹部有数周轮旋痕。口径47.2、残高8.0厘米（图六八，7）。

标本槐M24：29，泥质灰陶。仅存口沿。敞口，斜折沿，圆唇，做叠唇状，沿面起棱，颈部有轮旋痕。残高4.0厘米（图六八，4）。

标本槐M24：30，泥质灰陶。仅存口沿。敞口，仰折沿，圆唇。口部饰一周凸棱，沿下饰数周凸弦纹。残高8.6厘米（图六八，5）。

标本槐M24：31，泥质灰陶。仅存口沿残片。敞口，仰折沿，方唇，做叠唇状，口沿下有轮旋痕。残高5.2厘米（图六八，6）。

陶钵　1件。标本槐M24：18，泥质红胎绿釉陶，轮制。残存口沿及腹部。敛口，方唇，弧腹下收。腹饰三周凹弦纹。残高7.0厘米（图六七，12）。

陶器盖　1件。标本槐M24：16，泥质红胎绿釉陶，手、轮兼制。盖顶残。博山式，应为熏炉盖，盖面堆塑山峦状图案，上有数个圆形小穿孔，下有方形凸棱。直径9.2、残高4.5厘米（图六七，7）。

陶案　2件。

标本槐M24：12，泥质灰陶，轮制。涂朱，圆形，敞口，斜沿，浅腹，束腰，平底。腹部有削痕。口径37.5、底径35.5、通高2.0厘米（图六七，10）。

标本槐M24：33，泥质红陶，模制。残存碎片。平面应为长方形，边上有斜凸缘，平底。残长14.0、残宽6.0、高1.4厘米（图六八，10）。

陶灯　4件。分陶灯座和陶灯盘。

陶灯座　1件。标本槐M24：14，泥质灰陶泛红，手、模兼制。残存底座。座面浮雕人物、动物等，画面做运动状，下有一周凸棱。最大径20.4、残高7.0厘米（图六七，8）。

陶灯盘　3件。均为泥质灰陶，轮制。

标本槐M24：8，侈口，方唇，浅盘形，斜弧腹，平底。口径7.3、底径4.5、高2.1厘米（图六七，4）。

标本槐M24：9，侈口，方唇，浅盘形，斜直腹，平底底部有粘接痕。口径7.0、底径4.8、高2.0厘米（图六七，5）。

标本槐M24：32，内外施银釉，已脱落。仅存口沿残片。盘口状，口微敛，斜直腹急收。残高6.0厘米（图六八，17）。

陶甑　1件。标本槐M24：19，泥质灰陶，模制。折平沿，厚方唇，斜腹，平底，底部有分布不规则的10个小箅孔。口径7.6、高3.6厘米（图六八，16）。

陶汲水小罐　1件。标本槐M24：7，泥质红胎绿釉陶，模制。侈口，平沿，圜底（残）。腹部饰数道竖向较粗绳纹。底径6.2、残高4.8厘米（图六七，3）。

陶马鞍形饰　1件。标本槐M24：26，泥质灰陶，模制。残。两端上翘，前端略高，后端稍低。两端模印对称简化目纹，鞍面有戳印纹。残长7.0、宽10.5、高6.0厘米（图六八，9）。

陶狗　1件。标本槐M24：1，泥质灰陶，模制。足残。做吠叫状，昂首，短颈，粗腰，卷尾落于臀部，颈、腰部系带从背部孔中穿过。长18.5、残高8.6厘米（图六七，1）。

陶鸭　1件。标本槐M24：2，泥质红陶，模制。残存头部。表面涂云母，多已脱落。扁喙，昂首，身上刻划有羽毛图案。残高11.0厘米（图六七，2）。

铜钱　6枚。标本槐M24：3，字迹可辨者均为五铢。多数腐蚀，字迹漫漶不清，圆形方穿，正、背有郭，穿正面无郭，正面穿左右篆书“五铢”，“五”字宽大，竖画或较直或特曲，“铢”字“金”旁头呈三角形，“朱”旁上部两竖圆折外敞。

标本槐M24：3-1，五铢。字体宽大，“五”字宽大，竖画特曲，接上下横画处垂直，“铢”字“金”旁头呈三角形，“朱”旁上部两竖圆折外敞。郭径2.68、钱径2.28、穿宽1.02、郭宽0.20、郭厚0.15、肉厚0.10厘米，重量2.40克（图六九；表一三）。

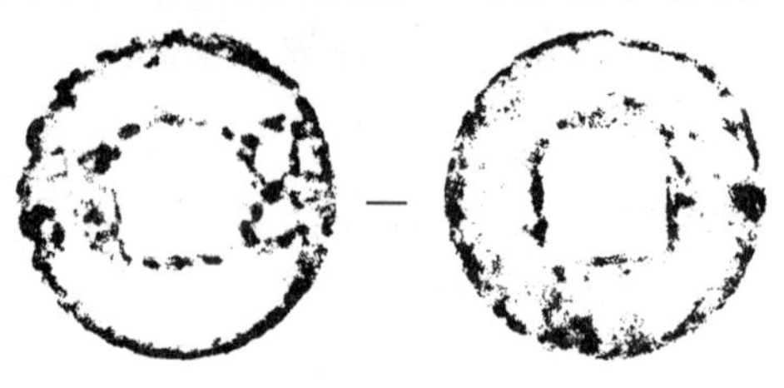

图六九　槐M24五铢拓本（槐M24：3-1）

表一三　槐M24铜钱统计表　（单位：厘米、克）

种类	编号	记号	郭径	钱径	穿宽	郭宽	郭厚	肉厚	重量	备注
五铢	M24：3-1	无	2.68	2.28	1.02	0.20	0.15	0.10	2.40	
	M24：3-2	无	2.64	2.26	0.93	0.15	0.16	0.11	2.68	
	M24：3-3	无	2.56	2.24	0.91	0.15	0.17	0.08	2.66	
	M24：3-4	无	2.60	2.22	0.88	0.19	0.21	0.16		残
	M24：3-5	无	2.60	2.18	0.90	0.22	0.15	0.09		残
	M24：3-6	无	2.47	2.21	0.91	0.16	0.14	0.07		残

二十四、槐房二十五号墓（槐M25）

（一）墓葬形制

位于发掘区西北部，南邻槐M22，开口于现地表第1层下，墓口距地表深0.40米，方向185°，平面呈刀形，为带斜坡墓道竖穴土圹单室砖墓，由墓道与墓室组成，墓葬平面总长9.70、宽0.72—2.22、墓底距墓口深2.10米（图七〇；图版二三，2、4）。

墓道：位于墓室南部，平面呈长方形，底部为斜坡状，墓道开口长4.50、宽0.72—0.80、深1.20—2.10、底宽0.72—0.92米，坡度10°，底长4.46米。

墓门：位于墓道北端、墓室南部，墓门宽0.80、残高0.05米，封门墙为长条砖砌，仅存底部1层平砖。

墓室：位于墓道北侧，平面呈长方形，墓室土圹长5.08、宽2.12—2.22、残深2.10米，墓室长5.00、宽2.05—2.15、残高0.05—0.25米。四壁墙体仅存底部1—3层砖，残高0.05—0.25米，四壁墙体为一平一竖砌筑，铺地砖无存。

墓砖为长条砖，规格为长0.28、宽0.14、厚0.05米。

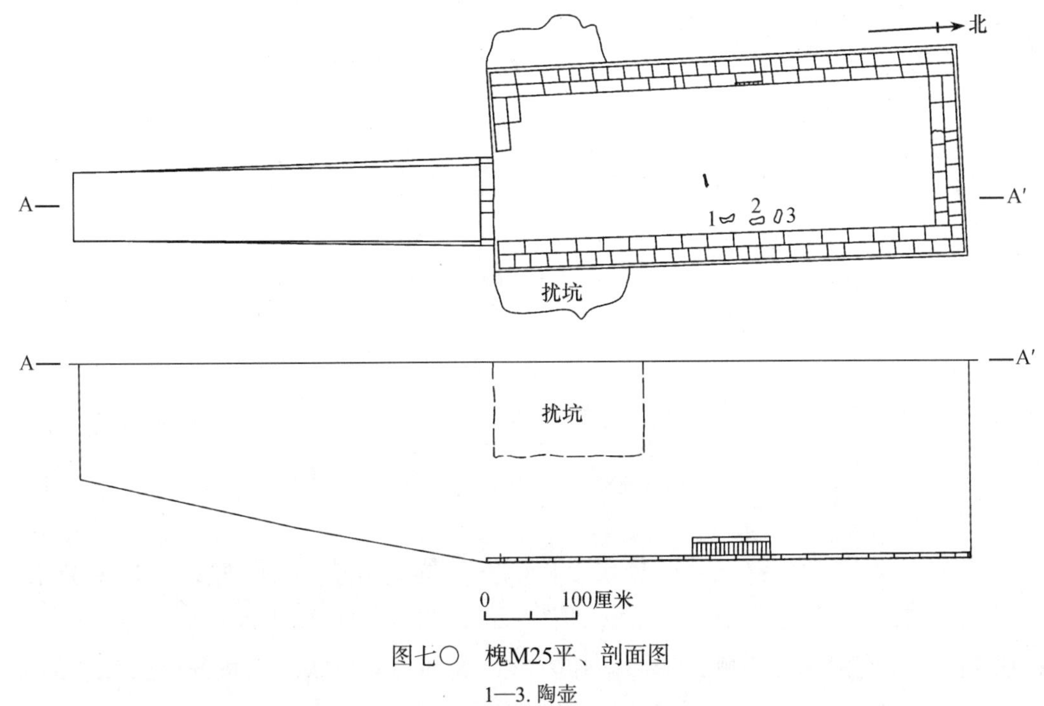

图七〇　槐M25平、剖面图
1—3. 陶壶

因盗扰破坏严重，墓室内无葬具，仅在墓室中部发现零星人骨，葬具与葬式均不详。

墓室南部上方被扰坑破坏，扰坑直径1.20—1.60、深1.40米。

（二）出土器物

墓室包括墓砖都已破坏至底，于墓室中部填土中发现若干陶器残片，经辨识为陶壶残件。

陶壶　3件。均为泥质灰陶，轮制。

标本槐M25：1，残存颈、腹部。折腹，腹有轮旋痕。腹径22.3、残高17.0厘米（图七一，1）。

标本槐M25：2，残存口沿。侈口，方唇，颈略束。口径7.2、残高7.0厘米（图七一，3）。

标本槐M25：3，残存口、颈部。直口，方唇，直颈。口径13.6、残高14.5厘米（图七一，2）。

二十五、槐房二十六号墓（槐M26）

（一）墓葬形制

位于发掘区西北部，东邻槐M25，开口于现地表第1层下，墓口距地表深0.40米，方向

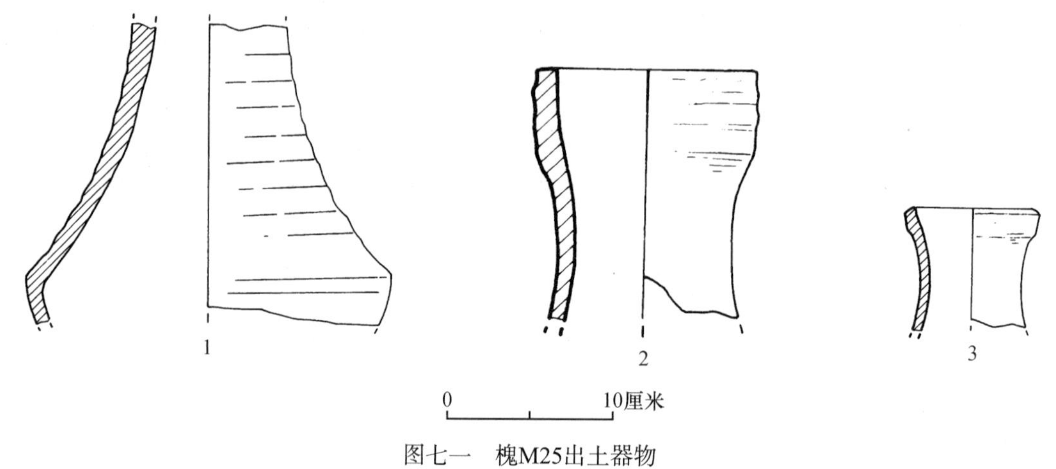

图七一　槐M25出土器物

1—3. 陶壶（槐M25：1、槐M25：3、槐M25：2）

185°，平面呈刀形，为带斜坡墓道竖穴土圹单室砖墓，由墓道与墓室组成。墓葬平面总长11.14、宽0.80—2.60、墓底距墓口深2.24米（图七二；图版二四，1、2）。

墓道：位于墓室南部偏东侧，平面呈长方形，底部为斜坡状。墓室开口长4.24、宽0.80—0.84、深0.80—2.24米，坡度20°，底长4.50米。

墓门：位于墓道北端、墓室南部偏东侧，为砖券拱门，墓门宽0.92、券拱内空1.15、券顶高1.40米，墓道北端砖券洞室与墓室南壁为一个整体，砖券洞室两壁用长条砖一平一竖砌筑，从第11层开始用双层长条砖起券，封门墙为长条砖砌，位于砖券门洞内，上部已遭破坏，宽0.92、高0.80米，为长条砖错缝横置垒砌。

墓室：位于墓道北侧，平面呈长方形，土圹长6.72—6.90、宽2.60、残深2.24米，墓室长6.70—6.90、宽2.55、残高0.05—0.90米。四壁墙体东壁残高0.05—0.16米，西壁残高0.90米，北

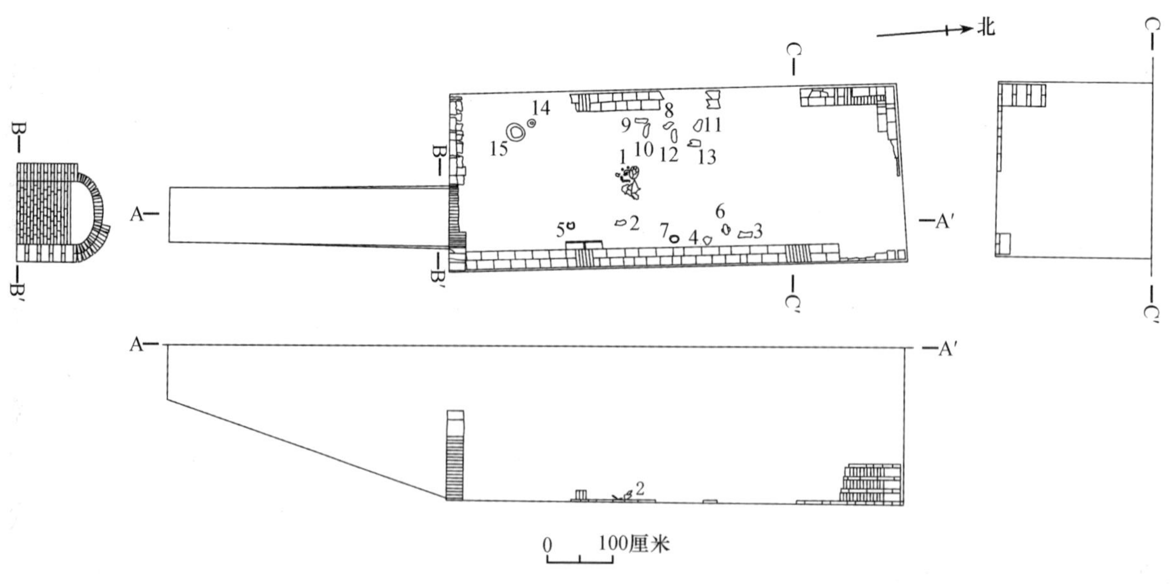

图七二　槐M26平、剖面图

1. 铜钱　2、4、9、10、12. 陶壶　3. 陶钵　5. 陶盆　6. 陶耳杯　7. 陶灯　8、15. 陶罐　11. 陶樽　13. 陶盒　14. 陶圈

墙中段残高0.05—0.16米，东北角残高0.60米，四壁墙体皆为长条砖一平一竖砌筑，铺地砖已无存。

墓室用砖为长条砖，正面饰粗绳纹，墙砖和封门砖规格不同，四周墙壁用砖规格为长0.30、宽0.16、厚0.06米（图七三），封门墙用砖规格为长0.26、宽0.13、厚0.05米。

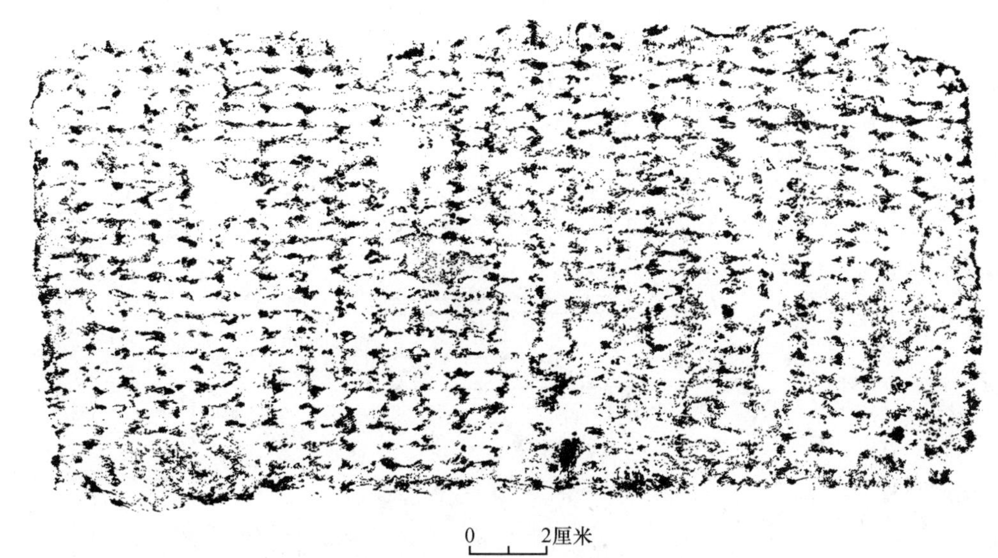

图七三 槐M26砖拓本

因盗扰破坏严重，墓室内无葬具，仅在墓室中部发现零星人骨，葬具与葬式均不详。

（二）出土器物

墓葬已遭严重破坏，陶器多成残片，随葬品集中置于墓室中部，有陶壶5件、陶罐2件、陶樽1件、陶盒1件、陶盆1件、陶钵1件、陶耳杯1件、陶灯1件、陶圈1件、铜钱1件（1枚）。

陶壶 5件。均为泥质灰陶，轮制。

标本M26：2，残存口、颈部。近盘口，方唇，长直颈。颈部有轮旋痕。口径14.8、残高22.0厘米（图七四，4）。

标本槐M26：4，残存口、颈部。侈口，方唇，束颈。颈部有对称的装饰（已脱落）。口径16.0、残高15.0厘米（图七四，2）。

标本槐M26：9，残存口、颈部。近盘口，方唇，高颈略束。口径15.6、残高16.0厘米（图七四，3）。

标本槐M26：10，残存下腹及底部。下腹内收，平底。底径17.0、残高10.0厘米（图七四，12）。

标本槐M26：12，残存口、颈部。侈口，方唇，长直颈。口部有手捏花边装饰。口径15.5、残高10.8厘米（图七四，11）。

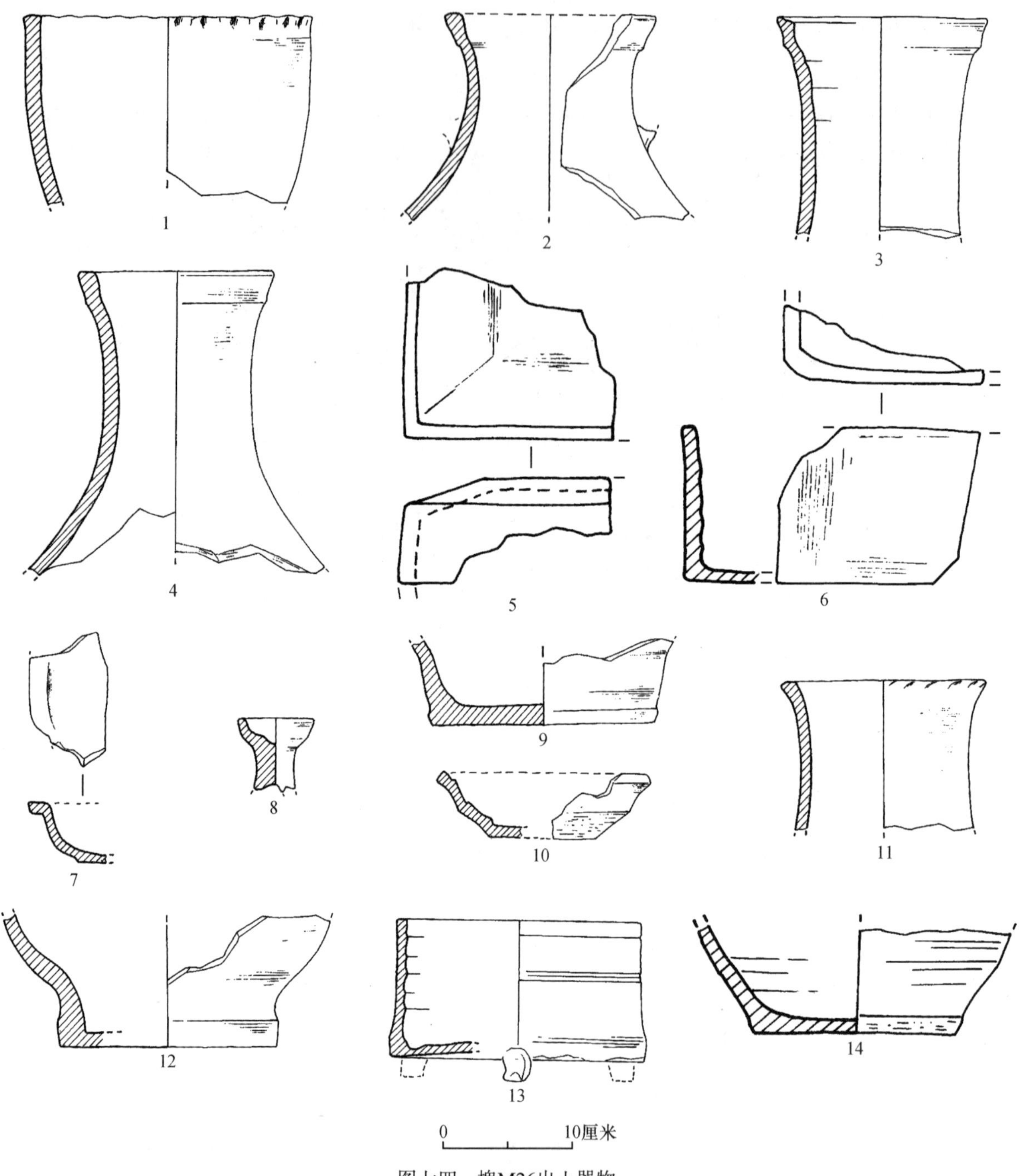

图七四　槐M26出土器物

1. 陶钵（槐M26：3）　2—4、11、12. 陶壶（槐M26：4、槐M26：9、槐M26：2、槐M26：12、槐M26：10）
5. 陶盒（槐M26：13）　6. 陶圈（槐M26：14）　7. 陶耳杯（槐M26：6）　8. 陶灯（槐M26：7）
9、14. 陶罐（槐M26：8、槐M26：15）　10. 陶盆（槐M26：5）　13. 陶樽（槐M26：11）

陶罐 2件。均为泥质灰陶，轮制。

标本槐M26：8，仅存罐底。平底。底径18.0、残高7.0厘米（图七四，9）。

标本槐M26：15，残存下腹及底部。折腹，平底。底径16.0、残高8.0厘米（图七四，14）。

陶樽 1件。标本槐M26：11，泥质灰陶，器身轮制，足手制，而后粘接。圆形体，直口，方唇，筒形直腹，平底，底边黏附三个示意形蹄足。口沿下和腹中部各饰一周凹弦纹。口径19.2、底径20.0、通高12.5厘米（图七四，13）。

陶盒 1件。标本槐M26：13，泥质灰陶，手制。残存盖。盝顶，长方形。残长16.0、残宽14.0、残高8.0厘米（图七四，5）。

陶盆 1件。标本槐M26：5，泥质灰陶，轮制。敞口，方唇，折腹，平底（残）。口径16.8、高4.6厘米（图七四，10）。

陶钵 1件。标本槐M26：3，泥质灰陶，轮制。残存口沿及腹部。侈口，圆唇，直腹略弧，下收。口沿呈花边状。口径22.0、残高13.6厘米（图七四，1）。

陶耳杯 1件。标本槐M26：6，泥质灰陶，模制。残。杯口呈椭圆形，敞口，方唇，耳面内侧与口沿平，弧腹，平底。残高4.2厘米（图七四，7）。

陶灯 1件。标本槐M26：7，泥质灰陶，手制。残存灯盘口部。浅盘口，方唇，斜腹，腹下有柄与大灯盘连接。口径6.0、残高5.2厘米（图七四，8）。

陶圈 1件。标本槐M26：14，泥质灰陶，手制。残。直口，圆唇，直腹，平底。残长12.0、高12.0厘米（图七四，6）。

铜钱 1枚。标本槐M26：1，五铢。字体宽大，“五”字宽大，竖画特曲，接上下横画处垂直，“铢”字“金”旁头呈三角形，“朱”旁上部两竖圆折。郭径2.55、钱径2.25、穿宽0.86、郭宽0.12、郭厚0.13、肉厚0.10厘米，重量2.96克（图七五；表一四）。

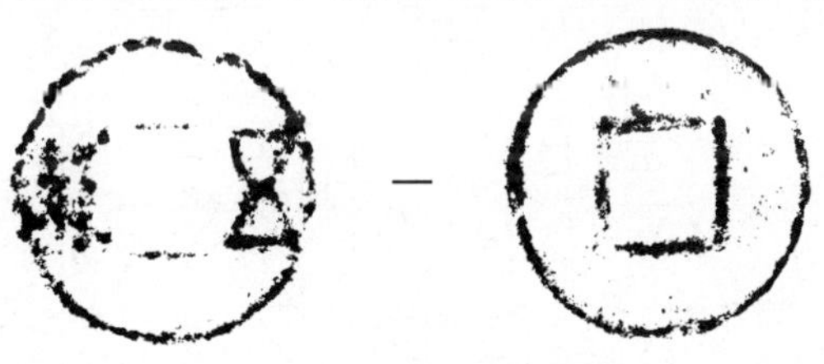

图七五 槐M26五铢拓本（槐M26：1）

表一四 槐M26铜钱统计表 （单位：厘米、克）

种类	编号	记号	郭径	钱径	穿宽	郭宽	郭厚	肉厚	重量	备注
五铢	M26：1	无	2.55	2.25	0.86	0.12	0.13	0.10	2.96	

第二节　丰台南苑槐房村和新宫村旧村改造项目第七宗土地项目墓葬群

丰台南苑槐房村和新宫村旧村改造项目第七宗土地项目（简称“新宫”）位于南苑三处地点的最北部，具体位置已进入四环线内侧。该墓地考古发掘古墓葬17座，编号为新M1—新M17，其中竖穴土坑墓1座、砖室墓13座、砖椁墓3座。结合出土器物判断，应为汉代墓葬。下面是关于新宫17座汉墓的详细介绍。为便于叙述，以马家堡路为界，将发掘区域分为东区和西区。

一、新宫一号墓（新M1）

（一）墓葬形制

位于发掘区东区中部，东边紧邻新M2，开口于第3层下，墓口距地表深1.80米，方向5°，平面呈刀形，为带斜坡墓道竖穴土圹单室砖墓，由墓道和墓室组成。墓葬平面总长7.90、宽0.88—2.34、墓底距墓口深1.18米（图七六；图版二六，1、3）。

墓道：位于墓室北部略偏东处，平面似长方形，底部为斜坡状，长3.04、宽0.88—1.12、

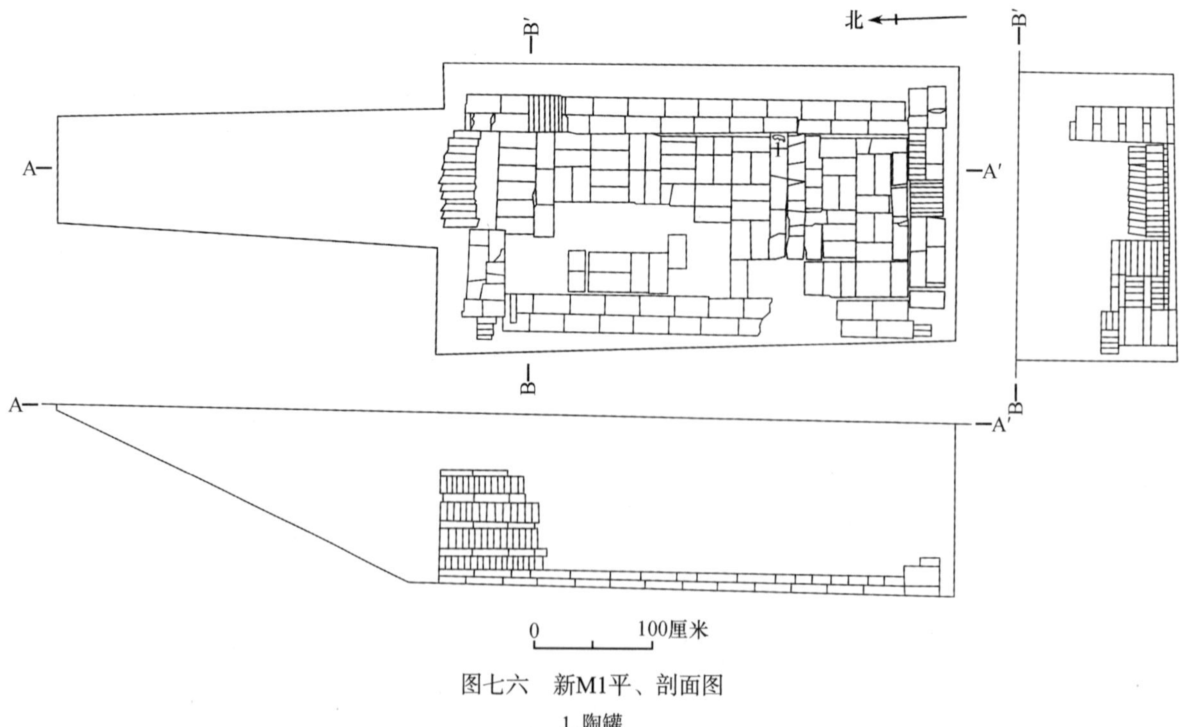

图七六　新M1平、剖面图

1. 陶罐

深0.04—1.24、底长3.20米，周壁较平整。

墓门：位于墓道南端、墓室北部略偏东处。东西宽0.80、残高0.28米，封门墙用长条砖竖砌，残存2层竖砌砖，东、西两壁为长条砖一平一竖砌筑，残高0.50—0.72米。

墓室：位于墓道南侧，墓室土圹长4.36—4.40、宽2.25、残深1.18米，平面呈长方形，墓室长4.11、宽2.00、残高0.06—0.78米，残墙仅存1层平砖，东墙北部与西北角保存较高，周壁用长条砖二平一竖砌筑，铺地砖为1层，皆使用长条砖，铺法不太规整，有错缝平铺、纵横交错平铺等，墓室墙体基础部位低于铺地砖层。

用砖规格有两种，分别为长0.28、宽0.14、厚0.05—0.06米；长0.28、宽0.15、厚0.06米。

因盗扰破坏严重，墓室内无葬具、人骨等，葬具与葬式均不详。

（二）出土器物

仅见陶罐1件，置于墓内中部东边。

陶罐　1件。标本新M1：1，泥质灰陶，轮制。侈口，沿略外卷，尖唇，束颈，溜肩，弧腹，平底。肩部模印方格纹与星号纹相间的纹饰带，腹饰由三周戳印纹组成的纹饰带。口径13.5、腹径27.6、高25.1 厘米（图七七；图版七四，1）。

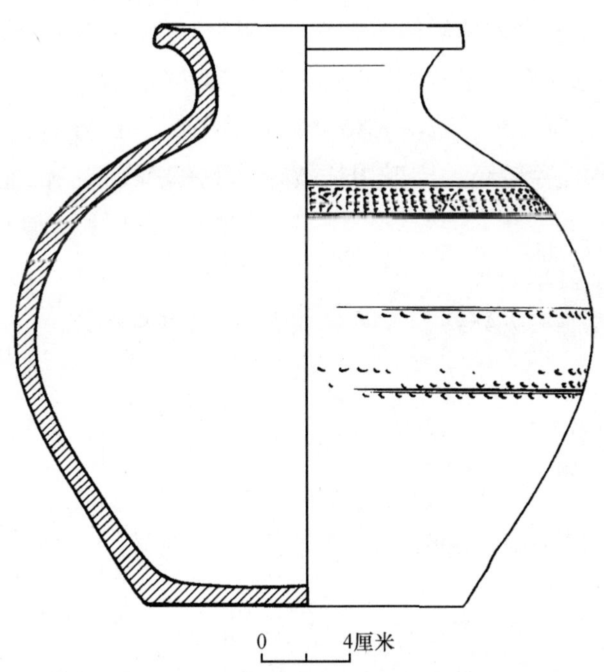

图七七　新M1出土陶罐（新M1：1）

二、新宫二号墓（新M2）

（一）墓葬形制

位于发掘区东区中部，东邻新M3，西邻新M1，开口于第3层下，墓口距地表深1.80米，方向185°，平面近刀形，为带斜坡墓道竖穴土圹双室砖墓，由墓道、甬道和前室和后室组成，墓葬平面总长11.80、宽0.22—3.50、墓底距墓口深1.36米（图七八；图版二六，2、4）。

墓道：位于墓室南部、偏东一侧，平面近似长方形，底部为斜坡状，长3.50、宽0.22—1.00、深0.88—1.00、底长3.70米，北宽南窄，周壁较平整。

墓门：位于墓道北端、甬道南部，墓门宽0.80米，保存较差，仅1层平砖，残高0.06米。

甬道：位于墓道与墓室之间，平面呈长方形，长1.04、宽1.40、残高0.06米，底部仅存1层平砖，其他结构不详。

墓室：分为前室和后室。

前室：位于甬道北部，前室土圹长3.67、宽3.47、残深1.36米，前室平面呈长方形，长3.40、宽3.10—3.30、残高0.16—0.72米，南壁西段和东壁北段保存较好，西北角和西壁中段已损毁，铺地砖为1层，东南侧和西北侧铺地砖不见，采用长条砖错缝平铺。

后室：平面呈长方形，有过道连通前室，过道长0.90、宽1.40、残高0.72米，西侧墙体无存。后室土圹长3.80、宽2.58、残深1.36米，后室平面呈长方形，长3.60、宽2.30、残高0.16—0.78米。西壁南段残存较高，周壁用长条砖二平一竖砌筑，铺地砖为1层，用长条砖错缝平铺。

长条砖规格有两种，分别为长0.30、宽0.15、厚0.05米；长0.30、宽0.16、厚0.06米。

因盗扰破坏严重，墓室内无葬具、人骨等，葬具与葬式均不详。

（二）出土器物

随葬品置于前室西南部及东北部，有陶磨1件、小陶盆1件、陶猪2件、陶鸡2件、铜钱1件（21枚）。

陶磨　1件。标本新M2：7，泥质灰陶，模制。分为上、下两扇，圆形。下扇正中有一凸起的圆榫，磨面以6组方向不同的斜线纹等分为6个部分。上扇中部有一周圆形凸棱，中间一道隔梁，隔梁两侧为置粮孔，凸棱四周饰有斜线纹，上扇底面中间有一凹孔，用于与下扇凸起的圆榫对接。直径11.4、通高4.2厘米（图七九，4；图版七五，1）。

小陶盆　1件。标本新M2：6，泥质灰陶，轮制。敞口，方唇，平沿，斜直腹，平底。口径8.8、底径3.0、通高4.0厘米（图七九，2；图版七四，6）。

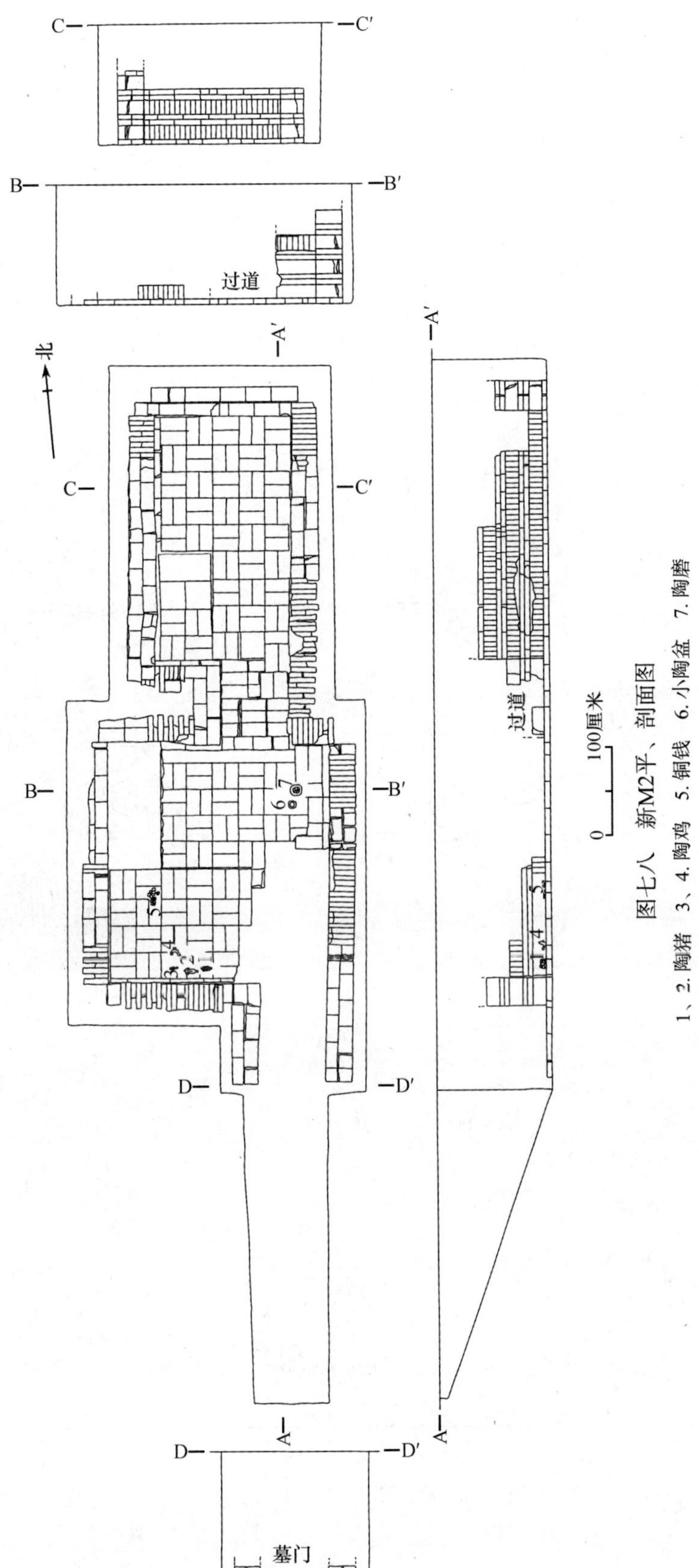

图七八　新M2平、剖面图

1、2. 陶猪　3、4. 陶鸡　5. 铜钱　6. 小陶盆　7. 陶磨

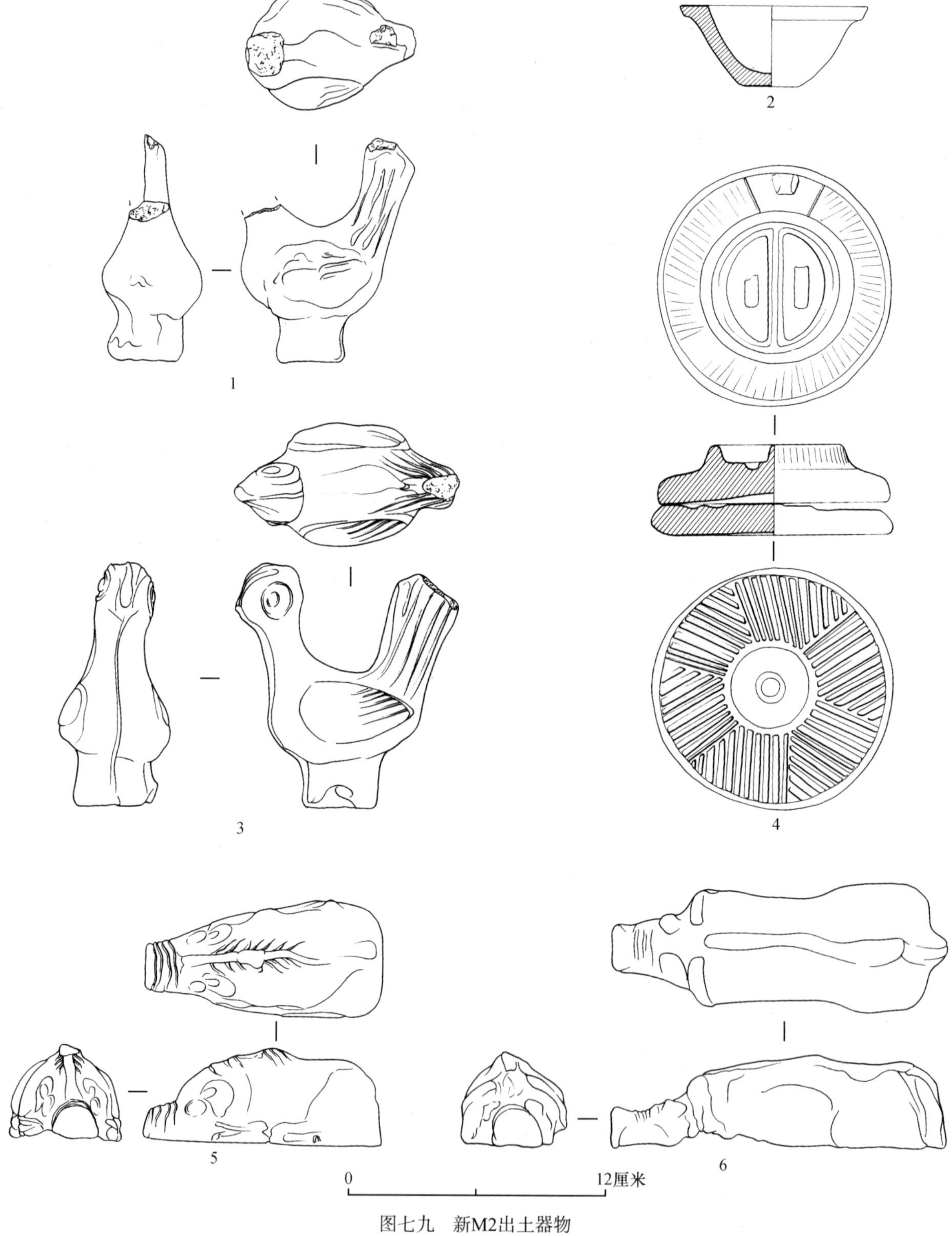

图七九　新M2出土器物

1、3. 陶鸡（新M2：3、新M2：4）　2. 小陶盆（新M2：6）　4. 陶磨（新M2：7）　5、6. 陶猪（新M2：1、新M2：2）

陶猪 2件。均为模制。

标本新M2：1，泥质灰陶。双耳上耸，双目凸起，鼻前张，身躯肥壮，做趴伏状。长11.3、通高4.6厘米（图七九，5；图版七四，2）。

标本新M2：2，泥质红陶。双耳上耸，双目凸起，鼻前张，尾上翘，身躯较瘦，做趴伏状。长15.6、高4.5厘米（图七九，6；图版七四，3）。

陶鸡 2件。均为泥质灰陶，模制。

标本新M2：3，为公鸡。尖喙，矮冠，小髯，长尾，双目微凸，眉目、翅羽清晰，尾上翘，长方形底座。长10.8、通高10.6、座高2.1厘米（图七九，1；图版七四，4）。

标本新M2：4，为公鸡，头部残。翅羽清晰，尾上翘，长方形底座。长8.5、通高10.3、座高2.0厘米（图七九，3；图版七四，5）。

铜钱 21枚。标本新M2：5，分五铢和剪轮五铢两种。

五铢 17枚。多数腐蚀，字迹漫漶不清，圆形方穿，正、背有郭，穿正面无郭，正面穿左右篆书"五铢"，"五"字竖画或较直或特曲，接上下横画处垂直或呈外放状，"铢"字"金"旁头呈三角形或菱形，四点竖长，"朱"旁上部两竖或方折或圆折或圆折外敞。

标本新M2：5-1，五铢。字体宽大，"五"字瘦长，竖画较直，接上下横画处垂直，"铢"字"金"旁头呈菱形，"朱"旁上部两竖方折。郭径2.61、钱径2.11、穿宽0.96、郭宽0.20、郭厚0.13、肉厚0.10厘米，重量2.67克（图八〇，1）。

标本新M2：5-7，五铢。字体宽大，"五"字宽大，竖画特曲，接上下横画处呈外放状，"铢"字"金"旁头呈三角形，"朱"旁上部两竖圆折外敞。郭径2.56、钱径2.11、穿宽0.91、郭宽0.11、郭厚0.11、肉厚0.10厘米，重量2.74克（图八〇，2）。

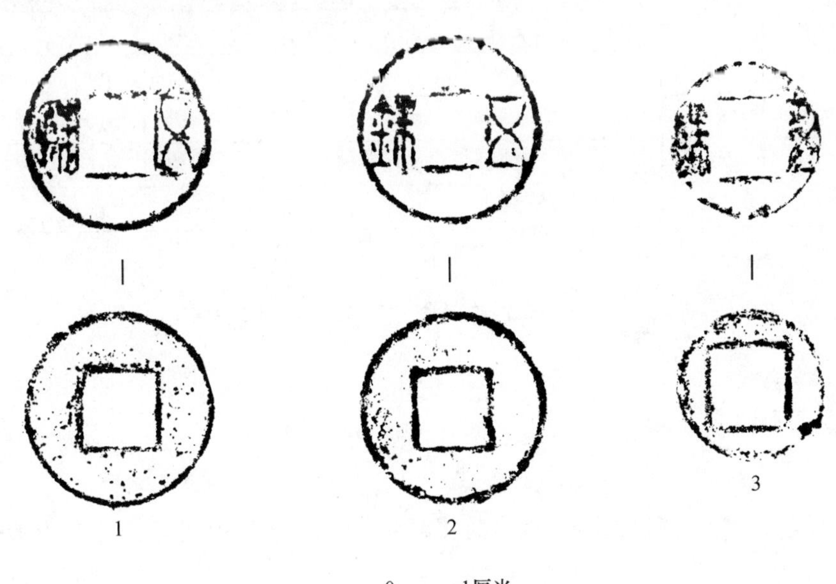

图八〇 新M2铜钱拓本

1、2. 五铢（新M2：5-1、新M2：5-7） 3. 剪轮五铢（新M2：5-21）

剪轮五铢　4枚。腐蚀严重，字已漫漶不清，部分仅剪去边郭，还有部分剪之较甚，五铢两字仅各存一半，圆形方穿，穿正面无郭。

标本新M2：5-21，剪轮五铢。字体瘦长，剪之较甚，字迹有残缺。钱径2.06、穿宽0.98、肉厚0.15厘米，重量1.69克（图八〇，3；表一五）。

表一五　新M2铜钱统计表　　（单位：厘米、克）

种类	编号	记号	郭径	钱径	穿宽	郭宽	郭厚	肉厚	重量	备注
五铢	M2：5-1	无	2.61	2.11	0.96	0.20	0.13	0.10	2.67	
	M2：5-2	无	2.60	2.23	0.98	0.19	0.14	0.11	2.57	
	M2：5-3	无	2.54	2.19	0.92	0.20	0.15	0.09	2.72	
	M2：5-4	无	2.54	2.28	0.91	0.21	0.11	0.10	2.41	
	M2：5-5	无	2.53	2.18	0.91	0.17	0.11	0.08	2.12	
	M2：5-6	无	2.55	2.10	0.85	0.17	0.18	0.15	3.58	
	M2：5-7	无	2.56	2.11	0.91	0.11	0.11	0.10	2.74	
	M2：5-8	无	2.55	2.22	0.98	0.16	0.17	0.14	1.92	
	M2：5-9	无	2.58	2.26	0.92	0.17	0.15	0.10	2.84	
	M2：5-10	无	2.59	2.21	0.92	0.12	0.09	0.08	2.15	略残
	M2：5-11	无	2.64	2.17	0.93	0.22	0.14	0.12	2.34	
	M2：5-12	无	2.46	2.09	0.86	0.17	0.13	0.12	2.41	
	M2：5-13	无	2.60	2.25	0.90	0.16	0.12	0.09	1.93	
	M2：5-14	无	2.48	2.20	0.90	0.17	0.15	0.13	2.69	
	M2：5-15	无	2.57	2.19	0.87	0.22	0.16	0.12	4.88	
	M2：5-16	无	2.60	2.24	0.95	0.12	0.12	0.09	2.20	
	M2：5-20	无	2.60	2.27	0.94	0.13	0.14	0.10		残
剪轮五铢	M2：5-17	无		2.49	0.91			0.13	1.79	
	M2：5-18	无		1.90	0.89			0.09	1.02	
	M2：5-19	无		2.33	0.97			0.08	1.39	
	M2：5-21	无		2.06	0.98			0.15	1.69	

三、新宫三号墓（新M3）

（一）墓葬形制

位于发掘区东区中部，东南邻新M4，西邻新M2，开口于第3层下，墓口距地表深1.80米，方向185°，平面呈刀形，为带斜坡墓道竖穴土圹单室绳纹砖砌墓，由墓道、甬道和墓室组成。墓葬平面总长7.44、宽0.72—3.84、墓底距墓口深1.44米（图八一；图版二八，1）。

墓道：位于墓室南部偏东处，平面呈梯形，底部为斜坡状。长3.40、宽0.72—1.14、深

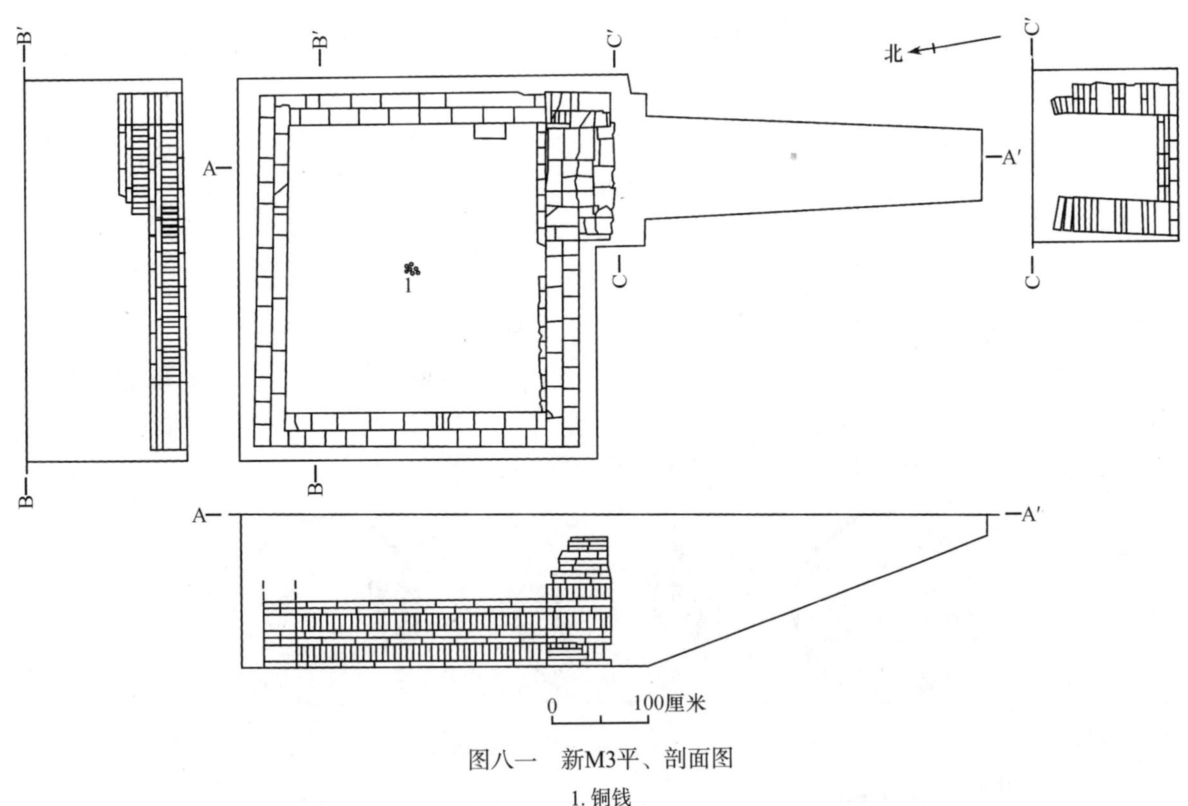

图八一　新M3平、剖面图

1. 铜钱

0.20—1.44、底长3.60米。

墓门：位于墓道北端、甬道南，墓门宽0.86米，两壁砌至1.04米处开始起券，券顶已被破坏，封门墙残存3层平砖，为残砖横向平砌。

甬道：位于墓道北部，墓室南部偏东处，宽1.50、进深0.68、残高1.28米，两侧墙壁为二平一竖砌筑，上部券砖为竖向平砌起券。

墓室：位于墓道北侧，平面近方形，为横室，土圹南北长3.54、东西宽3.84、残深1.44米，墓室东西长3.50、南北宽3.30米，周壁用长条砖二平一竖砌筑，残高0.62米，铺地砖为1层，残存墓室南部墓门处一排平砖，其余全毁，铺法不详。

长条砖分两种，规格为长0.30、宽0.15、厚0.06米；长0.32、宽0.16、厚0.06米。

因盗扰破坏严重，墓室内无葬具、人骨等，葬具与葬式均不详。

（二）出土器物

仅见铜钱7枚，出土于墓室中部，未发现其他遗物。

铜钱　7枚。标本新M3：1，均为五铢。多数腐蚀，字迹漫漶不清，圆形方穿，正、背有郭，穿正面无郭，正面穿左右篆书“五铢”，“五”字宽大，竖画或较直或特曲，接上下横画处呈外放状，“铢”字“金”旁头呈三角形，“朱”旁上部两竖或方折或圆折或圆折外敞。

标本新M3：1-1，五铢。字体宽大，“五”字宽大，竖画特曲，接上下横画处呈外放状，“铢”字“金”旁头呈三角形，“朱”旁上部两竖圆折外敞。郭径2.60、钱径2.26、穿宽0.89、郭宽0.18、郭厚0.16、肉厚0.10厘米，重量3.27克（图八二，1）。

标本新M3：1-2，五铢。字体瘦长，“五”字瘦长，竖画特曲，接上下横画处呈外放状，“铢”字“金”旁头呈三角形，“朱”旁上部两竖圆折。郭径2.59、钱径2.24、穿宽0.98、郭宽0.13、郭厚0.13、肉厚0.11厘米，重量2.17克（图八二，2）。

标本新M3：1-5，五铢。字体宽大，“五”字宽大，竖画特曲，接上下横画处呈外放状，“铢”字“金”旁头呈三角形，“朱”旁上部两竖圆折。郭径2.58、钱径2.27、穿宽0.87、郭宽0.18、郭厚0.11、肉厚0.08厘米，重量3.45克（图八二，3；表一六）。

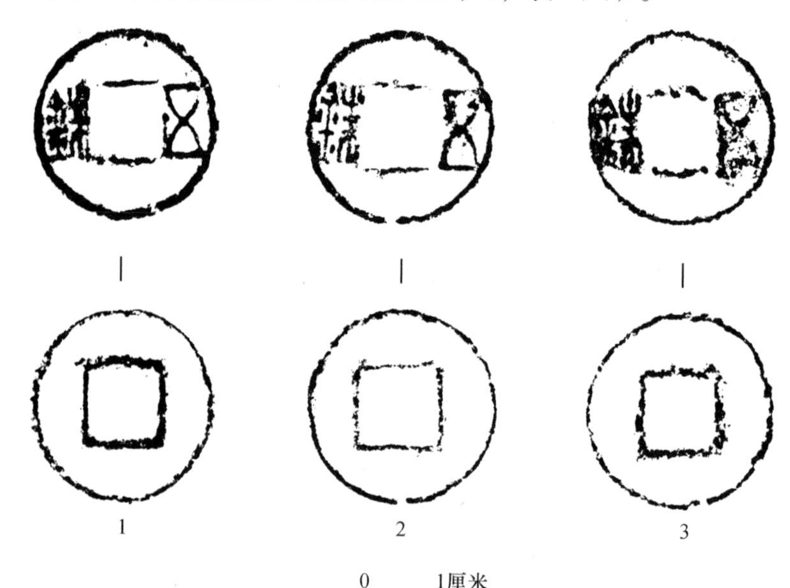

图八二　新M3铜钱拓本

1—3. 五铢（新M3：1-1、新M3：1-2、新M3：1-5）

表一六　新M3铜钱统计表　（单位：厘米、克）

种类	编号	记号	郭径	钱径	穿宽	郭宽	郭厚	肉厚	重量	备注
五铢	M3：1-1	无	2.60	2.26	0.89	0.18	0.16	0.10	3.27	
	M3：1-2	无	2.59	2.24	0.98	0.13	0.13	0.11	2.17	
	M3：1-3	无	2.48	2.19	0.89	0.14	0.11	0.07	2.13	
	M3：1-4	无	2.54	2.25	0.90	0.14	0.14	0.10	2.86	
	M3：1-5	无	2.58	2.27	0.87	0.18	0.11	0.08	3.45	
	M3：1-6	无	2.56	2.22	0.89	0.16	0.13	0.09	3.52	
	M3：1-7	无	2.58	2.36	0.90	0.16	0.10	0.06	2.89	

四、新宫四号墓（新M4）

（一）墓葬形制

位于发掘区东区中部，西北紧邻新M3，开口于第3层下，墓口距地表深1.80米，方向10°，平面呈“甲”字形，为带斜坡墓道竖穴土圹单室砖墓，由墓道和墓室组成，墓葬平面总长8.00、宽0.88—2.58、墓底距墓口深1.20米（图八三；图版二七，1、3）。

墓道：位于墓室北部，平面近长方形，底部为斜坡状。长3.00、宽0.88—1.00、深0.20—1.20、底长3.15米。

墓室：位于墓道南部，平面近似长方形，墓室土圹长5.00、宽2.40—2.58、深1.20米，墓室长4.24、宽2.20—2.40、残高0.04—0.44米。东壁和西壁仅存底部1层平砖，为长条砖顺向平砌，南壁底部先砌1层平砖，再以长条砖斜置“人”字形竖砌，铺地砖已无存。

因盗扰破坏严重，墓室内无葬具、人骨等，葬具与葬式均不详。

（二）出土器物

未见出土器物。

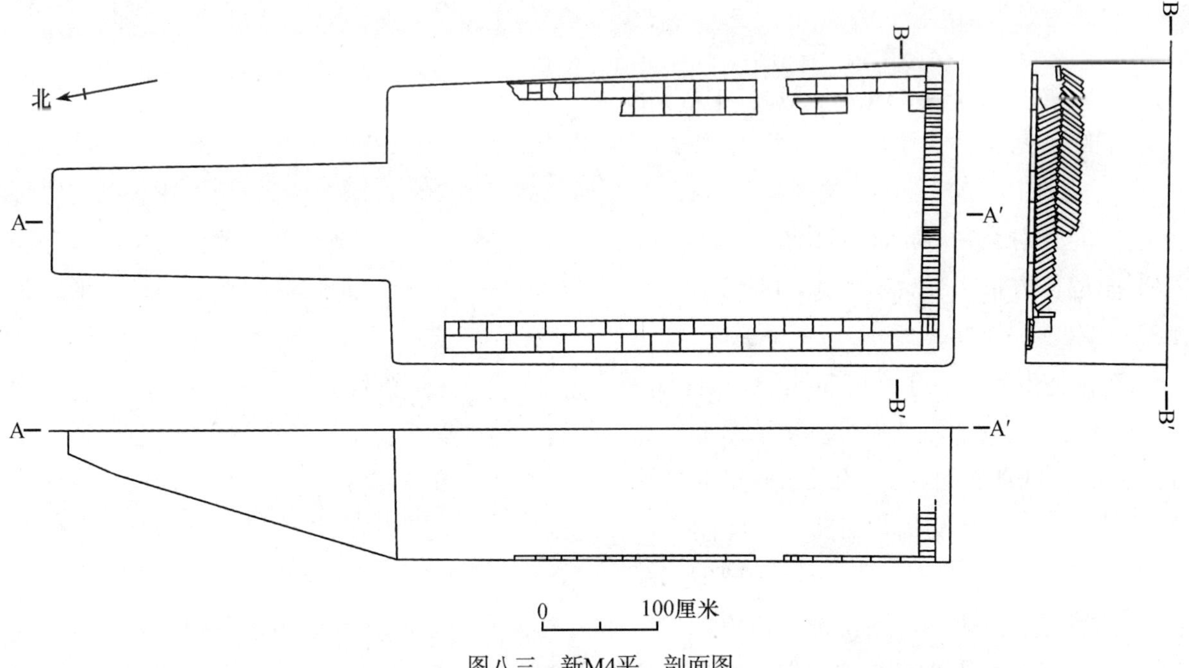

图八三 新M4平、剖面图

五、新宫五号墓（新M5）

（一）墓葬形制

位于发掘区东区中部，东北为新M1，南邻新M6，开口于第3层下，墓口距地表深1.60米，方向180°，平面呈不规则形，为带斜坡墓道竖穴土圹多室砖墓，由墓道、甬道、前室、东侧室南室、东侧室北室、南侧室、东后室、西后室等组成。墓葬平面总长11.30、宽5.88、墓底距墓口深1.10—1.20米（图八四；图版二七，2、4）。

墓道：位于墓室南部偏东处，南侧室东部，平面近长方形，底部为斜坡状。长3.10、宽0.86—1.14、深0.40—1.00、底长3.20米，北宽南窄，东壁略内收。

墓门：位于墓道北端、甬道南，宽0.80、残高0.56米，东壁残存1层竖砖和7层平砖，西壁无存。

甬道：位于墓道北端、前室南部，宽1.40、进深1.28、残高0.22—0.72米，东壁高于西壁，东、西两壁皆用长条砖一平一竖砌筑，铺地砖为1层，用长条砖纵横交错与错缝平铺相结合铺砌。

墓室：分前室、多个侧室和两个后室，其中侧室又有东侧室和南侧室之分，其中的东侧室又细分为东侧室南室和东侧室北室，后室又分为东后室和西后室。

前室：位于甬道北部，平面呈长方形，南北长3.30、东西宽3.00、残高0.06—0.72米，墙体仅西北部残存较高，周壁用长条砖二平一竖砌筑，铺地砖为1层，用长条砖错缝平铺，铺地砖上置有铜钱。

东侧室：2个，东侧室南室和东侧室北室。

东侧室南室：位于前室东南部，平面呈长方形，东西长1.92、南北宽1.30、残高0.40—0.96米。封门墙用长条砖错缝平砌，残存5层平砖，残高0.30米，铺地砖为1层，用长条砖错缝平铺，室内南北并列放置2具陶棺，陶棺呈东西向。南侧的陶棺规格略大于北侧陶棺，南侧陶棺平面近长方形，长1.50、宽0.48、高0.22、壁厚0.02—0.04米；北侧陶棺平面呈长方形，长1.38、宽0.34—0.38、高0.22、壁厚0.02—0.04米。陶棺保存较差。

东侧室北室：位于前室东北部，面积略小于东侧室南室，平面呈长方形，东西长1.70、南北宽1.40、残高0.50—0.86米。南墙略低，北墙稍高，封门墙用长条砖错缝平砌，残存5层，残高0.30米。铺地砖为1层，用长条砖错缝平铺，南北并列放置2具陶棺，陶棺呈东西向，平面均为近长方形。北侧陶棺规格略大于南侧陶棺，北侧陶棺长1.38、宽0.34—0.40、高0.22、壁厚0.02—0.04米；南侧陶棺长1.10、宽0.36—0.38、高0.22、壁厚0.02—0.04米。陶棺保存较差。

南侧室：位于前室西南部，甬道西侧，平面呈长方形，南北长2.20、东西宽1.50、残高0.06—0.44米。东、西两壁北部保存略高，其余仅剩残迹，铺地砖为1层，用长条砖错缝平铺。

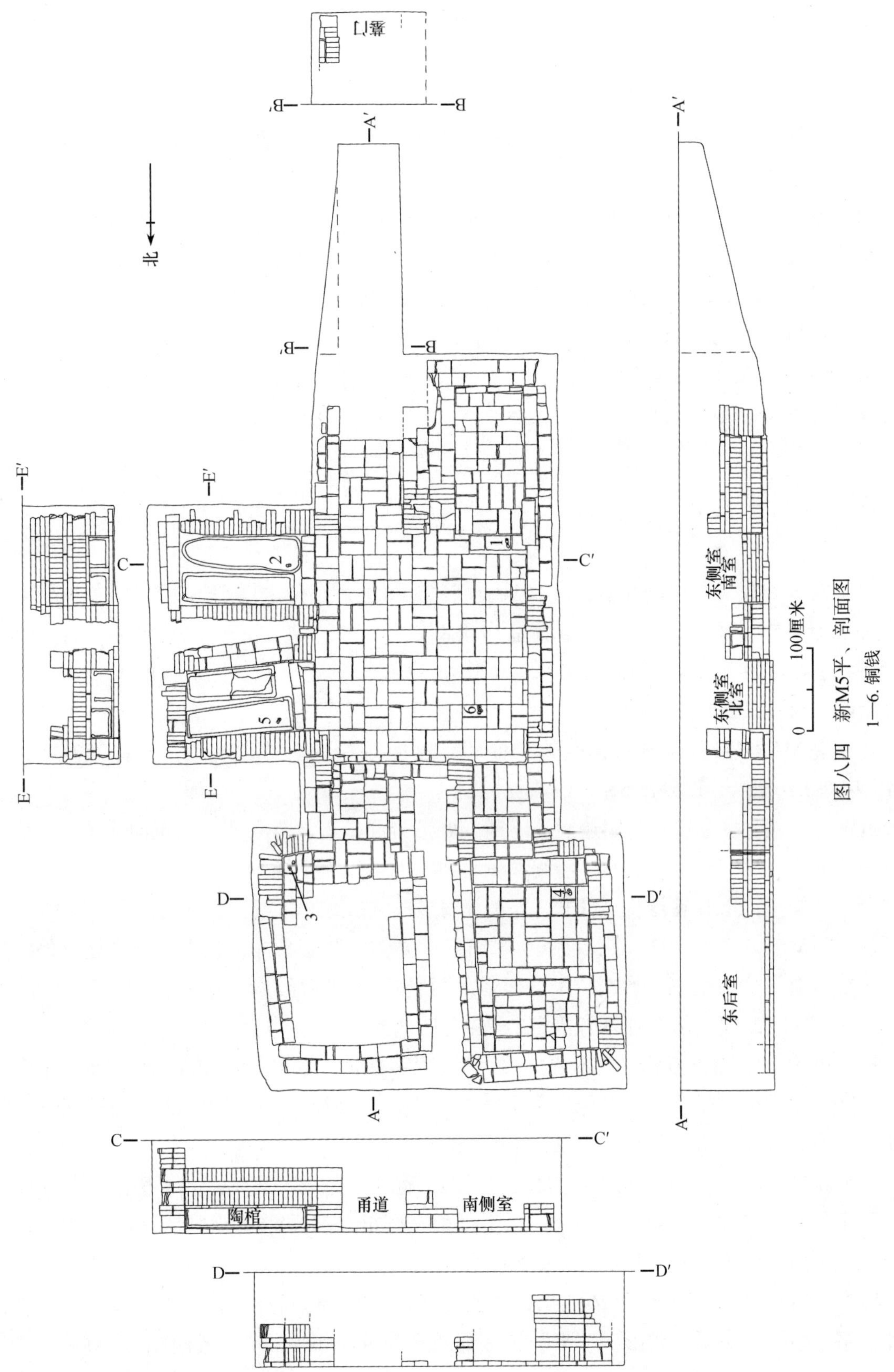

图八四 新M5平、剖面图
1—6. 铜钱

后室：2个，为东后室和西后室，并排于前室北面，两室平面皆近“刀”形，分别有过道与前室相通。

东后室：过道平面为长方形，宽1.30、进深1.14、残高0.06—0.44米，铺地砖为1层，用长条砖错缝平铺。东后室平面为长方形，南北长2.60—2.80、东西宽1.80—2.00、残高0.06—0.42米，东、南壁墙体保存略高，其他墙体仅存1—2层平砖，铺地砖仅在南部局部见到。

西后室：过道平面为长方形，宽1.30、进深1.14、残高0.06—0.78米，铺地砖为1层，用长条砖错缝平铺。西后室平面为长方形，南北长2.80、东西宽2.00、残高0.06—0.78米，南壁残存较高，西壁中段较低，铺地砖为1层，用长条砖错缝平铺。

墓室周壁皆采用长条砖二平一竖砌筑，长条砖规格有两种，分别为长0.30、宽0.15、厚0.05米；长0.30、宽0.16、厚0.06米。

墓室内葬具为陶棺，无人骨，葬式不详。

（二）出土器物

仅见铜钱44枚。其中南侧室出土10枚（新M5：1），东侧室南室出土3枚（新M5：2），东后室出土4枚（新M5：3），西后室出土8枚（新M5：4），东侧室北室出土5枚（新M5：5），前室出土14枚（新M5：6）。分半两、五铢、剪轮五铢、货泉四种。

半两　1枚。无钱郭、穿郭。

标本新M5：1-1，半两。无钱郭、穿郭。正面穿左右篆书“半两”。钱径2.42、穿宽0.84、肉厚0.10厘米，重量1.96克（图八五，1）。

五铢　32枚。多数腐蚀，字迹漫漶不清，圆形方穿，正、背有郭，穿正面无郭，正面穿左右篆书“五铢”，“五”字宽大，竖画或较直或特曲，接上下横画处垂直或呈外放状，“铢”字“金”旁头呈三角形或菱形，“朱”旁上部两竖或方折或圆折或圆折外敞。

标本新M5：1-3，五铢。字体瘦长，“五”字宽大，竖画特曲，接上下横画处呈外放状，“铢”字“金”旁头呈三角形，“朱”旁上部两竖圆折。郭径2.60、钱径2.22、穿宽0.96、郭宽0.17、郭厚0.12、肉厚0.10厘米，重量2.67克（图八五，3）。

标本新M5：1-8，五铢。字体瘦长，“五”字瘦长，竖画较直，接上下横画处垂直，“铢”字“金”旁头呈菱形，“朱”旁上部两竖方折。郭径2.56、钱径2.25、穿宽0.95、郭宽0.15、郭厚0.16、肉厚0.09厘米，重量2.52克（图八五，4）。

标本新M5：2-1，五铢。字体宽大，“五”字宽大，竖画特曲，接上下横画处呈外放状，“铢”字“金”旁头呈三角形，“朱”旁上部两竖圆折。郭径2.59、钱径2.33、穿宽0.93、郭宽0.11、郭厚0.11、肉厚0.07厘米，重量2.37克（图八五，5）。

标本新M5：3-1，五铢。字体瘦长，“五”字宽大，竖画特曲，接上下横画处呈外放状，“铢”字“金”旁头呈三角形，“朱”旁上部两竖圆折。郭径2.52、钱径2.32、穿宽0.92、郭

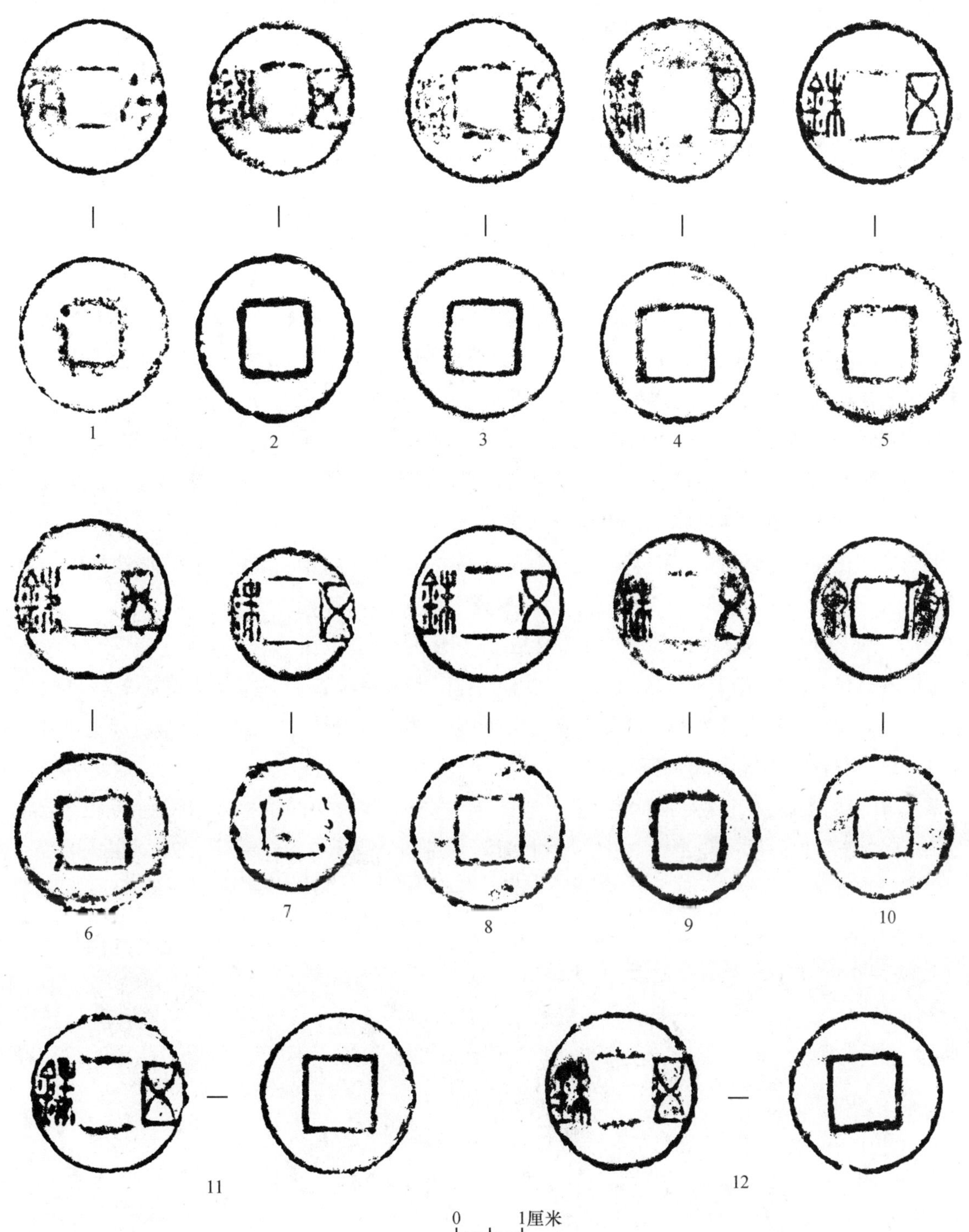

图八五 新M5铜钱拓本

1. 半两（新M5：1-1） 2、7、9. 剪轮五铢（新M5：1-2、新M5：3-3、新M5：4-6） 3—6、8、11、12. 五铢（新M5：1-3、新M5：1-8、新M5：2-1、新M5：3-1、新M5：4-2、新M5：5-2、新M5：5-5） 10. 货泉（新M5：5-1）

宽0.09、郭厚0.12、肉厚0.10厘米，重量2.68克（图八五，6）。

标本新M5：4-2，五铢。字体瘦长，“五”字瘦长，竖画特曲，接上下横画处呈外放状，“铢”字“金”旁头呈三角形，“朱”旁上部两竖圆折。郭径2.50、钱径2.23、穿宽0.87、郭宽0.17、郭厚0.14、肉厚0.10厘米，重量2.44克（图八五，8）。

标本新M5：5-2，五铢。字体宽大，“五”字宽大，竖画特曲，接上下横画处呈外放状，“铢”字“金”旁头呈三角形，“朱”旁上部两竖方折。郭径2.55、钱径2.35、穿宽0.94、郭宽0.12、郭厚0.10、肉厚0.08厘米，重量2.85克（图八五，11）。

标本新M5：5-5，五铢。字体瘦长，“五”字瘦长，竖画较直，接上下横画处垂直，“铢”字“金”旁头呈三角形，“朱”旁上部两竖圆折外敞。郭径2.54、钱径2.20、穿宽0.91、郭宽0.10、郭厚0.08、肉厚0.05厘米，重量2.28克（图八五，12）。

标本新M5：6-1，五铢。字体瘦长，“五”字瘦长，竖画较直，接上下横画处垂直，“铢”字“金”旁头呈三角形，“朱”旁上部两竖方折。郭径2.56、钱径2.24、穿宽0.86、郭宽0.15、郭厚0.19、肉厚0.11厘米，重量3.24克（图八六，1）。

标本新M5：6-2，五铢。字体宽大，“五”字宽大，竖画特曲，接上下横画处呈外放状，“铢”字“金”旁头呈菱形，“朱”旁上部两竖圆折外敞。郭径2.53、钱径2.28、穿宽0.90、郭宽0.14、郭厚0.12、肉厚0.09厘米，重量2.31克（图八六，2）。

标本新M5：6-3，五铢。字体宽大，“五”字宽大，竖画特曲，接上下横画处呈外放状，“铢”字“金”旁头呈三角形，“朱”旁上部两竖方折。郭径2.46、钱径2.14、穿宽0.91、郭宽0.13、郭厚0.16、肉厚0.08厘米，重量2.23克（图八六，3）。

标本新M5：6-5，五铢。字体瘦长，“五”字瘦长，竖画特曲，接上下横画处呈外放状，“铢”字“金”旁头呈三角形，“朱”旁上部两竖圆折。郭径2.49、钱径2.26、穿宽0.92、郭宽0.14、郭厚0.12、肉厚0.10厘米，重量2.09克（图八六，4）。

剪轮五铢　9枚。腐蚀严重，字迹漫漶不清，部分仅剪去边郭，部分剪之较甚，五铢两字或有残缺，圆形方穿，穿正面无郭。

标本新M5：1-2，剪轮五铢。字体宽大，仅剪去边郭，“五”字宽大，竖画特曲，接上下横画处呈外放状，“铢”字“金”旁头呈三角形，“朱”旁上部两竖方折。钱径2.32、穿宽0.94、肉厚0.09厘米，重量1.67克（图八五，2）。

标本新M5：3-3，剪轮五铢。字体瘦长，剪之较甚，字迹有残缺，“五”字宽大，竖画特曲，接上下横画处呈外放状，“铢”字“金”旁头呈三角形，“朱”旁上部两竖方折。钱径2.06、穿宽0.94、肉厚0.10厘米，重量1.26克（图八五，7）。

标本新M5：4-6，剪轮五铢。字体瘦长，仅剪去边郭，“五”字宽大，竖画特曲，接上下横画处呈外放状，“铢”字“金”旁头呈三角形，“朱”旁上部两竖方折。钱径2.30、穿宽0.93、肉厚0.12厘米，重量1.67克（图八五，9）。

标本新M5：6-11，剪轮五铢。仅剪去边郭，字体瘦长，“五”字瘦长，竖画较直，接上下

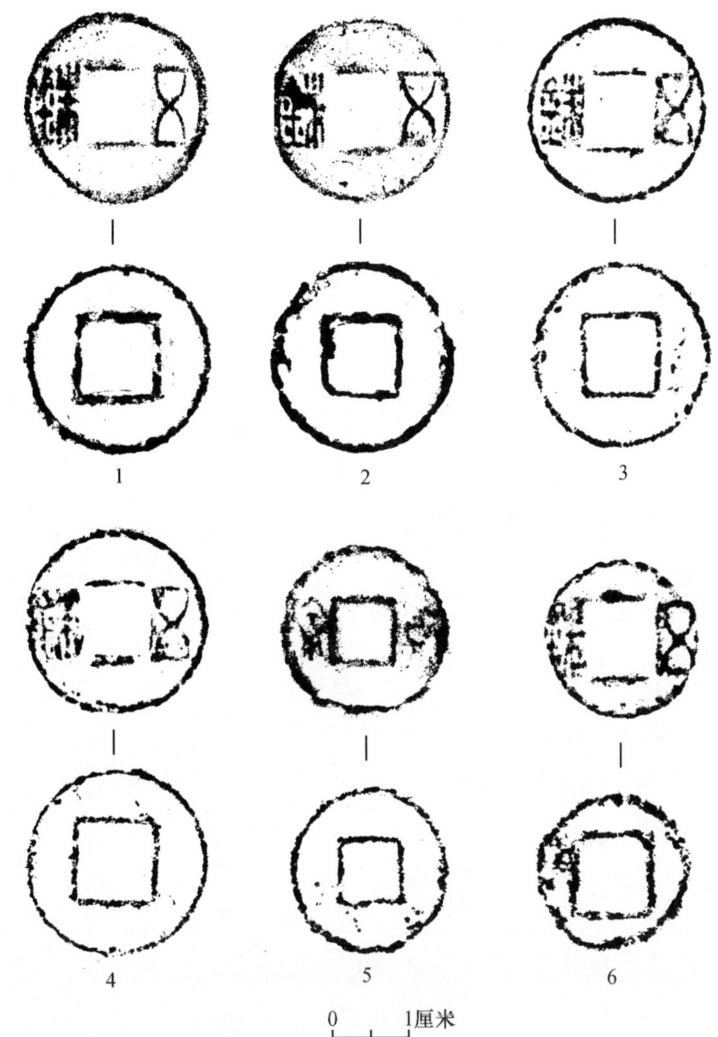

图八六　新M5铜钱拓本

1—4. 五铢（新M5：6-1、新M5：6-2、新M5：6-3、新M5：6-5）　5. 货泉（新M5：6-8）
6. 剪轮五铢（新M5：6-11）

横画处垂直，“铢”字“金”旁头呈三角形，“朱”旁上部两竖方折。钱径2.05、穿宽0.89、肉厚0.12厘米，重量1.27克（图八六，6）。

货泉　2枚。保存较完好，正背均有钱郭、穿郭。

标本新M5：5-1，货泉。圆形方穿，对读。正反面均有郭。正面穿左右篆书“货泉”。郭径2.30、钱径2.08、穿宽0.74、郭宽0.20、郭厚0.12、肉厚0.10厘米，重量2.44克（图八五，10）。

标本新M5：6-8，货泉。圆形方穿，对读。正反面均有郭。正面穿左右篆书“货泉”。郭径2.27、钱径1.89、穿宽0.66、郭宽0.16、郭厚0.16、肉厚0.11厘米，重量2.24克（图八六，5；表一七）。

表一七　新M5铜钱统计表　　（单位：厘米、克）

种类	编号	记号	郭径	钱径	穿宽	郭宽	郭厚	肉厚	重量	备注
半两	M5：1-1	无		2.42	0.84			0.10	1.96	
五铢	M5：1-3	无	2.60	2.22	0.96	0.17	0.12	0.10	2.67	
	M5：1-4	无	2.61	2.32	0.96	0.16	0.13	0.08	2.85	
	M5：1-5	无	2.64	2.31	0.92	0.14	0.17	0.12	2.95	
	M5：1-6	无	2.55	2.08	1.00	0.13	0.10	0.06	1.72	
	M5：1-7	无	2.58	2.27	0.88	0.15	0.13	0.08	2.94	
	M5：1-8	无	2.56	2.25	0.95	0.15	0.16	0.09	2.52	
	M5：1-9	无	2.47	2.11	0.98	0.13	0.11	0.07		残
	M5：1-10	无	2.56	2.18	0.90	0.15	0.12	0.08	2.56	
	M5：2-1	无	2.59	2.33	0.93	0.11	0.11	0.07	2.37	
	M5：2-2	无	2.56	2.26	0.94	0.19	0.12	0.08	3.07	
	M5：2-3	无	2.56	2.16	0.90	0.14	0.13	0.08	3.00	
	M5：3-1	无	2.53	2.32	0.92	0.09	0.12	0.10	2.68	
	M5：3-2	无	2.51	2.28	0.91	0.15	0.12	0.09	1.81	
	M5：4-1	无	2.66	2.29	0.87	0.11	0.15	0.11	4.68	
	M5：4-2	无	2.50	2.23	0.87	0.17	0.14	0.10	2.44	
	M5：4-3	无	2.60	2.30	1.01	0.13	0.09	0.06	1.61	
	M5：4-7	无	2.50	2.22	1.01	0.13	0.08	0.06	1.48	
	M5：4-8	无	2.44	2.25	0.99	0.15	0.09	0.05		残
	M5：5-2	无	2.55	2.35	0.94	0.12	0.10	0.08	2.85	
	M5：5-3	无	2.57	2.22	0.96	0.19	0.10	0.08	2.14	
	M5：5-4	无	2.57	2.27	0.99	0.17	0.10	0.06	1.76	
	M5：5-5	无	2.54	2.20	0.91	0.10	0.08	0.05	2.28	
	M5：6-1	无	2.56	2.24	0.86	0.15	0.19	0.11	3.24	
	M5：6-2	无	2.53	2.28	0.90	0.14	0.12	0.09	2.31	
	M5：6-3	无	2.46	2.14	0.91	0.13	0.16	0.08	2.23	
	M5：6-4	无	2.56	2.35	0.94	0.13	0.12	0.09	2.24	
	M5：6-5	无	2.49	2.26	0.92	0.14	0.12	0.10	2.09	
	M5：6-6	无	2.54	2.29	0.91	0.17	0.15	0.10	1.91	
	M5：6-7	无	2.52	2.28	0.88	0.15	0.13	0.08	2.27	
	M5：6-12	无	2.37	2.05	0.91	0.11	0.10	0.08		残
	M5：6-13	无	2.54	2.30	1.00	0.12	0.10	0.09		残
	M5：6-14	无	2.43	2.12	0.86	0.17	0.14	0.08		残
剪轮五铢	M5：1-2	无		2.32	0.94			0.09	1.67	
	M5：3-3	无		2.06	0.94			0.10	1.26	

续表

种类	编号	记号	郭径	钱径	穿宽	郭宽	郭厚	肉厚	重量	备注
剪轮五铢	M5：3-4	无		2.15	0.93			0.11	1.53	
	M5：4-4	无		2.39	1.91			0.11	1.85	
	M5：4-5	无		2.29	0.90			0.10	2.10	
	M5：4-6	无		2.30	0.93			0.12	1.67	
	M5：6-9	无		2.14	0.99			0.15	1.08	
	M5：6-10	无		2.16	1.01			0.10	0.93	
	M5：6-11	无		2.05	0.89			0.12	1.27	
货泉	M5：5-1	无	2.30	2.08	0.74	0.20	0.12	0.10	2.44	
	M5：6-8	无	2.27	1.89	0.66	0.16	0.16	0.11	2.24	

六、新宫六号墓（新M6）

（一）墓葬形制

位于发掘区东区中部，西邻新M7，开口于第3层下，墓口距地表深1.60米，方向10°，平面略呈“甲”字形，为带斜坡墓道竖穴土圹单室砖墓，由墓道和墓室组成。墓葬平面总长6.30、宽0.84—2.20、墓底距墓口深1.20米（图八七；图版二八，2—4）。

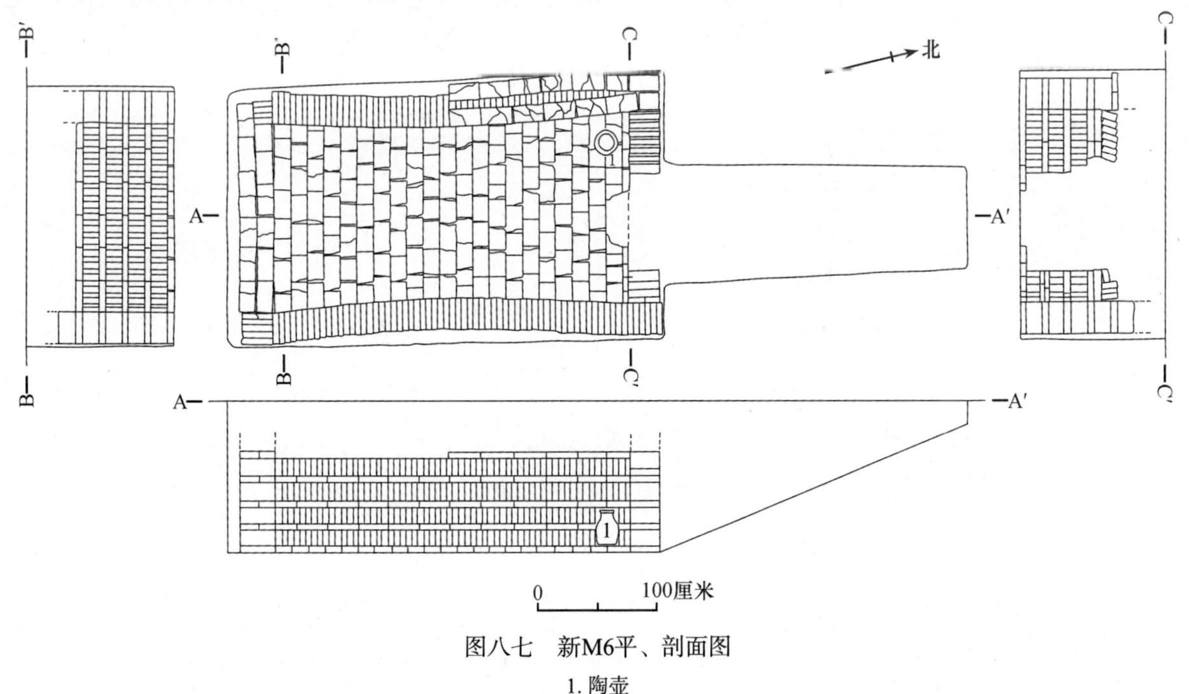

图八七　新M6平、剖面图

1. 陶壶

墓道：位于墓室北部，平面近长方形，底部为斜坡状，长2.60、宽0.82—1.00、深0.20—1.24、底长2.84米，口底宽度大致相当，壁较陡直整齐。

墓门：位于墓道南部略偏东处、墓室北部，墓门宽0.80、进深0.26、残高0.78米，两侧用长条砖一平一竖砌筑，砌至0.58米处开始起券，起券处采用一组二平一竖砌筑，封门砖无存。

墓室：位于墓道南部，平面近似长方形，长3.00、宽2.00—2.10、残高0.72—0.78米，东、西两壁由于挤压变形，向内收形成弧状，四壁用长条砖一平一竖砌筑，铺地砖为1层，用长条残砖呈东西横向错缝排列平铺。

长条砖规格为长0.26、宽0.14、厚0.05米。

因盗扰破坏严重，墓室内无葬具、人骨等，葬具与葬式均不详。

（二）出土器物

仅见1件陶壶，置于前室西北角。

陶壶　1件。标本新M6：1，泥质灰陶，轮制。浅盘口，平沿，方唇，束颈，溜肩，弧腹，下腹斜收，平底。口径15.0、通高31.0厘米（图八八；图版七五，2）。

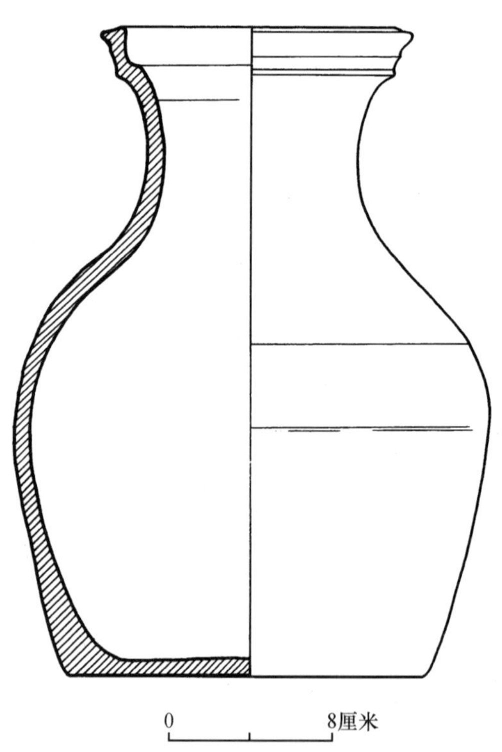

图八八　新M6出土陶壶（新M6：1）

七、新宫七号墓（新M7）

（一）墓葬形制

位于发掘区东区中部，东面紧邻新M6，开口于第3层下，墓口距地表深1.80米，方向185°，平面近“中”字形，为带斜坡墓道竖穴土圹多室砖墓，由墓道、甬道、前室、东侧室、西侧室、东后室和西后室等组成。墓葬平面总长10.00、宽0.82— 8.10、墓底距墓口深1.10米（图八九；图版二九）。

墓道：位于墓室南部偏东处，平面近长方形，底部为斜坡状，长3.25、宽0.81—1.15、深0.15—1.10、底长3.35米。

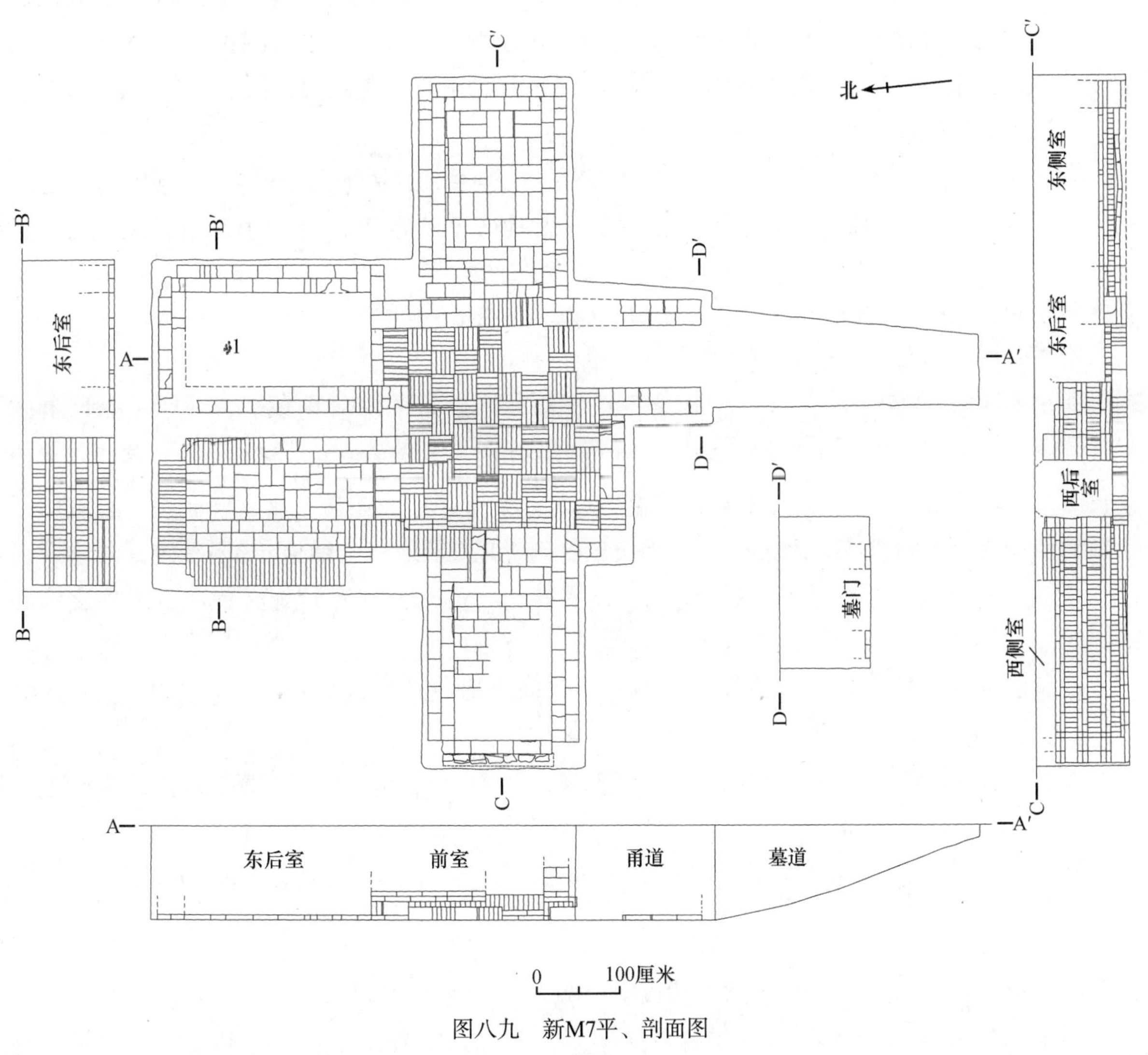

图八九　新M7平、剖面图

1. 铜钱

墓门：位于墓道北端、甬道南，宽0.72、残高0.06米，封门砖无存。

甬道：位于墓道北部、前室南，平面呈长方形，宽1.30、进深1.20米，东、西两壁底部残存1层平砖，券砖、铺地砖皆无存。

前室：位于墓道北部，由甬道入，平面似方形，南北长2.90、东西宽3.00、残高0.16—0.68米。四周墙壁大部已被破坏，墙壁宽皆0.32米，采用长条砖二平一竖砌筑，铺地砖为1层，为长条砖竖砌，东南部少数被破坏，大部分完整，采用5或6块长条砖为一组的纵横交错方式并排竖砌。

东侧室：位于前室东部，在前室东南部有过道相通，过道宽0.70、进深0.68、残高0.18米，封门墙为长条砖二平一竖砌筑，残高0.30米。土圹东西长2.14—2.40、南北宽1.94米，东侧室平面呈横长方形，长2.30、宽1.76米，用长条砖二平一竖砌筑，铺地砖为1层，保存较完整，采用长条砖纵横交错平铺。

西侧室：位于前室西部，在前室西南部有过道相通，过道呈长方形，宽1.30、进深0.62、残高0.88米，两侧墙宽0.32米，采用长条砖二平一竖砌筑，上部残留3层，券砖为平砌，封门墙为长条砖平砌，仅存1层，残高0.16米。西侧室土圹东西长2.03、南北宽1.90、深1.10米，平面呈横长方形，东西长2.00、南北宽1.80、残高0.78米，砌法与过道相同，铺地砖为1层，保存较完整，采用长条砖错缝平铺而成。

东后室：位于前室东北部，在前室东北部有过道连通，过道平面呈长方形，宽0.66、进深0.44、残高0.24—0.64米。四周底部存1层平砖，铺地砖已破坏殆尽，封门墙残留1层，为长条砖竖砌，高出前室铺地砖0.06米。东后室土圹南北长2.76、东西宽1.76、深1.10米，平面呈竖长方形，南北长2.24、东西宽1.10、残高0.06米。墓室北部出土铜钱8枚。

东后室西墙与西后室东墙相距0.30米，中间填熟土。

西后室：位于前室西北部，在前室西北部有过道连通，过道呈长方形，宽0.66、进深0.76、残高0.68—0.78米，封门墙无存。土圹南北长2.61、东西宽1.76、深1.10米，西后室平面呈长方形，南北长1.92、东西宽1.10、残高0.94米。周壁采用长条砖二平一竖砌筑。墓室西部紧贴西墙设有器物台，东西宽0.45、南北长1.92、高0.20米，高出铺地砖3层平砖，器物台表面为长条砖呈南北向错缝平铺，铺地砖为1层平砖，室内东部保存较好，铺法有纵横交错和平铺等。

长条砖质量较差，规格有两种，其中一种单面饰绳纹，分别为长0.27、宽0.14、厚0.05米；长0.32、宽0.16、厚0.06米。

因盗扰破坏严重，墓室内无葬具、人骨等，仅填土中发现残碎骨渣，葬具与葬式均不详。

（二）出土器物

仅见铜钱8枚，出土于东后室北部即棺室后部，未发现其他遗物。

铜钱　8枚。标本新M7：1，均为五铢。多数腐蚀，字迹漫漶不清，圆形方穿，正、背有郭，穿正面无郭，正面穿左右篆书“五铢”，“五”字或宽大或瘦长，竖画或较直或特曲，接上下横画处垂直或呈外放状，“铢”字“金”旁头呈三角形，“朱”旁上部两竖或方折或圆折。

标本新M7：1-6，五铢。字体宽大，“五”字宽大，竖画特曲，接上下横画处垂直，“铢”字“金”旁头呈三角形，“朱”旁上部两竖圆折。郭径2.57、钱径2.16、穿宽0.85、郭宽0.16、郭厚0.13、肉厚0.09厘米，重量2.61克（图九〇；表一八）。

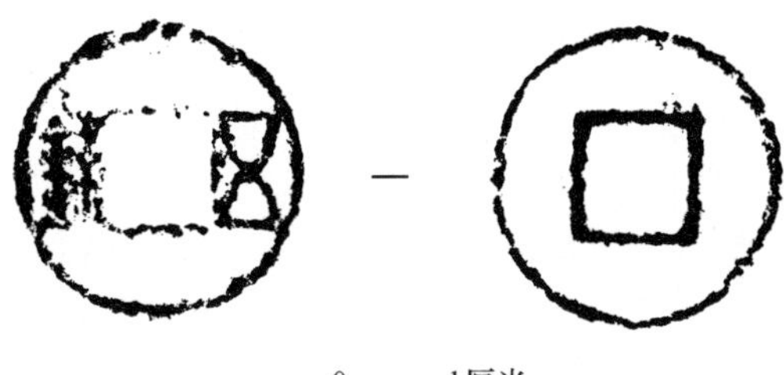

图九〇 新M7五铢拓本（新M7：1-6）

表一八 新M7铜钱统计表 （单位：厘米、克）

种类	编号	记号	郭径	钱径	穿宽	郭宽	郭厚	肉厚	重量	备注
五铢	M7：1-1	无	2.57	2.33	0.85	0.16	0.14	0.10	1.95	
	M7：1-2	无	2.61	2.11	0.85	0.16	0.15	0.09	3.22	
	M7：1-3	无	2.60	2.28	0.92	0.16	0.15	0.09	2.68	
	M7：1-4	无	2.56	2.25	0.84	0.15	0.21	0.12	3.20	
	M7：1-5	无	2.64	2.29	0.97	0.15	0.17	0.11	2.57	
	M7：1-6	无	2.57	2.16	0.85	0.16	0.13	0.09	2.61	
	M7：1-7	无	2.66	2.32	0.93	0.18	0.16	0.10	2.68	
	M7：1-8	无	2.60	2.30	0.91	0.19	0.19	0.12	2.69	

八、新宫八号墓（新M8）

（一）墓葬形制

位于发掘区东区南部，南邻新M9，东邻新M10，开口于第3层下，墓口距地表深1.50米，方向185°。平面近长方形，为竖穴土圹单室砖墓，仅有单室，无墓道。墓圹长2.30、宽0.92、墓底距墓口深0.74米（图九一；图版三〇，1）。

墓室长2.10、宽0.65—0.77米，北宽南略窄，底长1.86、宽0.40—0.50、残高0.44米。东、西两壁残存10层平砖，用长条砖错缝砌筑，南壁用长条砖侧立竖砌，残存2层，残高0.22米，由于墙体受挤压，部分已变形，中部略呈弧形，铺地砖为1层，用长条砖和残砖错缝平铺。墓室内发现1具人骨架，残留部分头骨及上、下肢骨，头向北，面朝上，仰身直肢，保存较差。

长条砖有两种，规格分别为长0.22、宽0.12、厚0.04米；长0.20、宽0.10、厚0.03米。

因盗扰破坏严重，墓室内无葬具，葬具不详。

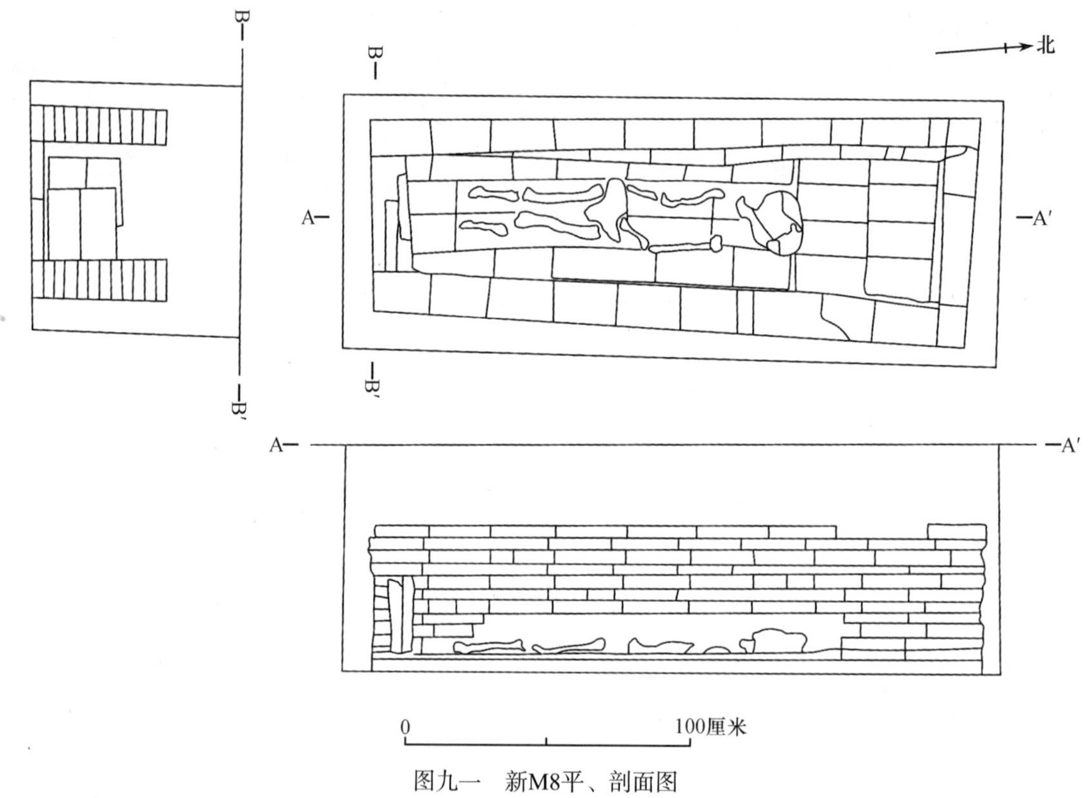

图九一　新M8平、剖面图

（二）出土器物

未见出土器物。

九、新宫九号墓（新M9）

（一）墓葬形制

位于发掘区东区南部，北邻新M8，开口于第3层下，墓口距地表深1.50米，方向0°。平面呈长方形，为竖穴土圹单室砖墓，仅有单室，无墓道。墓圹长4.00、宽1.30、墓底距墓口深0.90米（图九二；图版三〇，2）。

墓室长3.79、宽1.08—1.14、残高0.10—0.50米。北壁和西壁残留高度0.10、东壁最高处残高0.50米，东、西、北三面砖墙厚度皆0.13米，用长条砖纵向错缝平砌，铺地砖北部2层、南部1层，用长条砖呈横向错缝平铺，保存较完整。

墓砖系长条砖，规格分两种，分别为长0.26、宽0.12、厚0.04米；长0.26、宽0.13、厚0.05米。

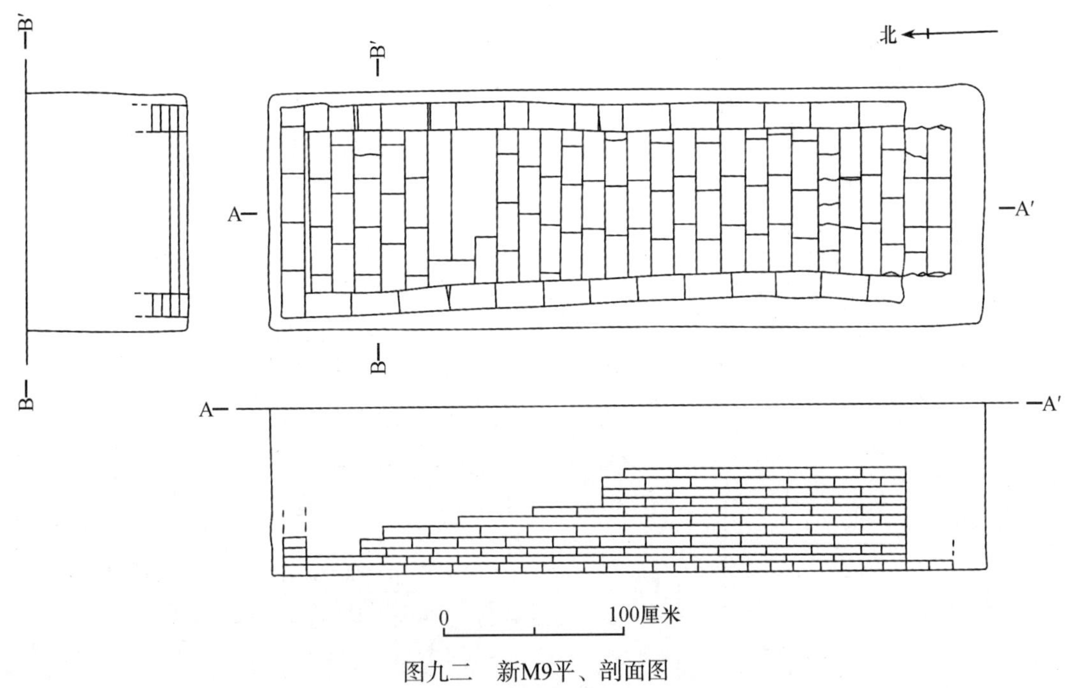

图九二　新M9平、剖面图

因盗扰破坏严重，墓室内无葬具、人骨等，葬具与葬式均不详。

（二）出土器物

未见出土器物。

十、新宫十号墓（新M10）

（一）墓葬形制

位于发掘区东区南部，西邻新M8，开口于第3层下，墓口距地表深1.50米，方向5°。平面近长方形，为竖穴土圹单室砖墓，仅有单室，无墓道。墓圹长3.40、宽1.80—1.90、墓底距墓口深1.00米（图九三；图版三〇，3）。

墓室长3.00、宽1.58—1.67、残高0.04—0.36米，北壁墙砖仅存底部1层平砖，残高0.04米，东壁残高0.18、南壁残高0.28、西壁残高0.36米，四壁砖墙厚度皆0.28—0.30米，底部为双排长条砖纵向平砌，墙壁用长条砖一平一竖砌筑，未见铺地砖。

长条砖分两种，规格为长0.28、宽0.14、厚0.04米；长0.28、宽0.14、厚0.05米。

因盗扰破坏严重，墓室内无葬具、人骨等，葬具与葬式均不详。

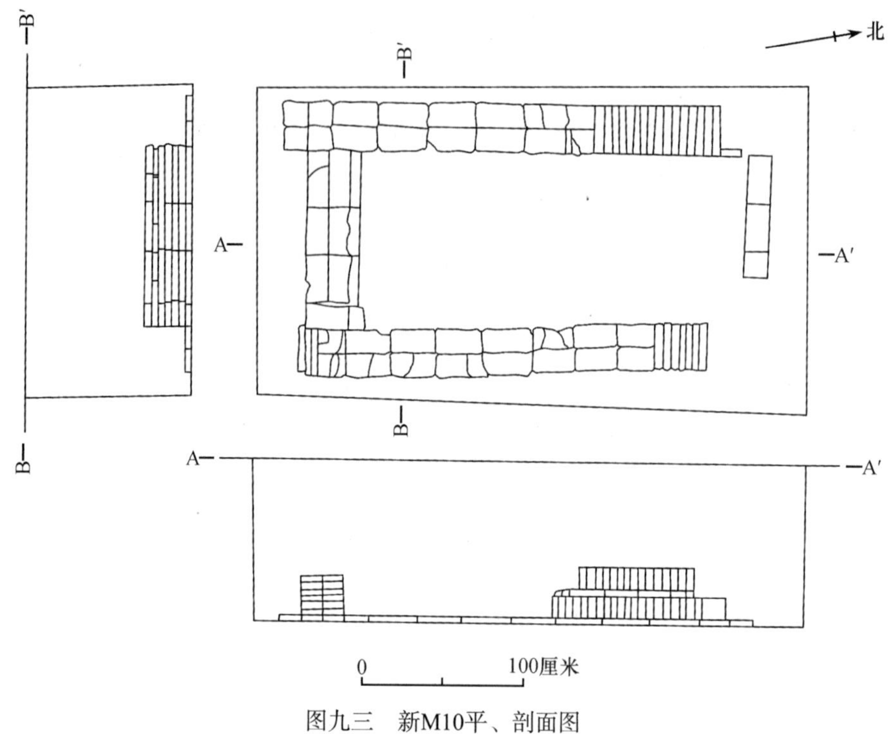

图九三　新M10平、剖面图

（二）出土器物

未见出土器物。

十一、新宫十一号墓（新M11）

（一）墓葬形制

位于发掘区西区北部偏西，开口于第3层下，墓口距地表深1.80米，方向10°。平面呈刀形，为带斜坡墓道竖穴土圹单室砖墓，由墓道、甬道和墓室组成。墓葬平面总长8.48、宽0.80—2.18、墓底距墓口深1.20米（图九四；图版三〇，4）。

墓道：位于墓室北部偏东侧，平面近长方形，底部为斜坡状，南北长3.00、宽0.80—1.18、深0.20—1.20、底长3.14米。

墓门：位于墓道南端、甬道口，宽0.78、残高0.68—0.80米，封门墙残存3层平砖，用长条砖横向平砌。

甬道：位于墓道南部、墓室北，平面呈长方形，宽1.26、进深0.92米，东侧边墙即墓室东墙，东壁残高0.68米。用长条砖二平一竖砌筑，甬道西墙残高0.80米，为单砖顺向错缝平砌，

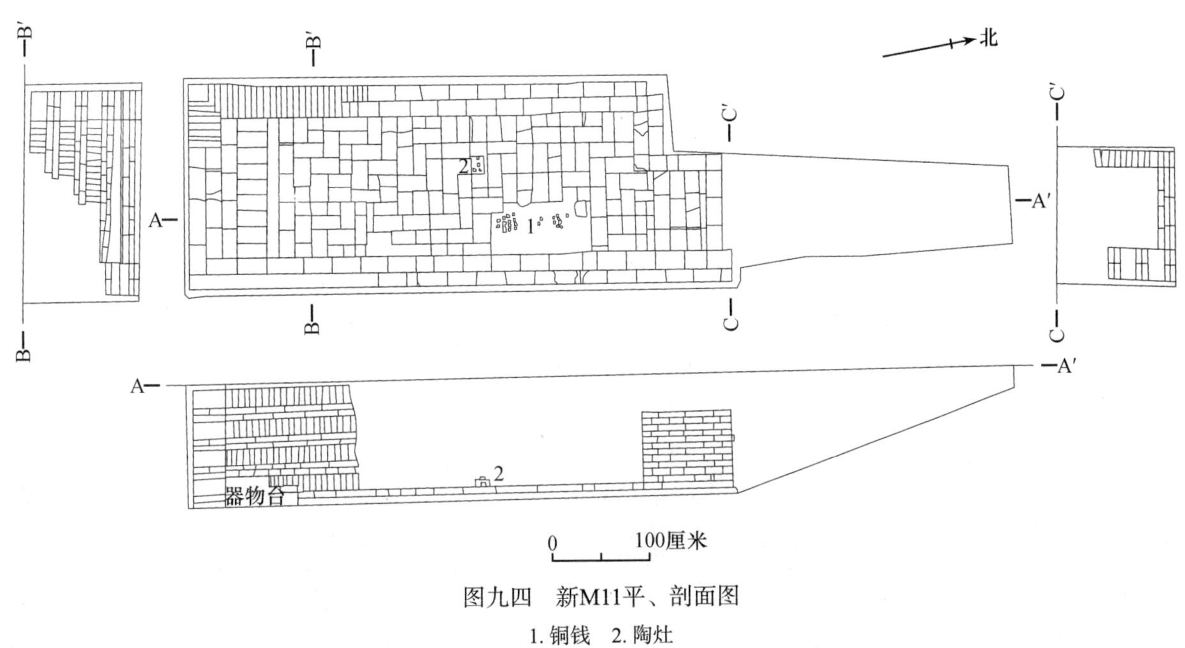

图九四 新M11平、剖面图

1. 铜钱 2. 陶灶

在砌至0.74米处开始起券。

墓室：位于甬道以南，平面近长方形，长4.70、宽2.00、残高0.74—1.02米，东、西、南三壁用长条砖二平一竖砌筑，北壁用长条砖横向错缝平砌。室内后壁即南部设有器物台，器物台做台阶状、两级台阶，东西长度等同墓内宽，东西长1.44、南北宽0.72、高0.36米，器物台台面宽0.48、高0.06米，从上至下第一级台阶宽0.08、高0.06米，第二级台阶宽0.16、高0.06米，每级台阶高差皆1块平砖，台面与台边皆用1层长条砖砌边，内填熟土。铺地砖为1层，保存较好，北部延至墓门处，铺法不规则，使用了纵横交错、合缝平铺、错缝平铺等各种铺法。

墓砖为长条砖，正面满饰绳纹，规格有两种，分别为长0.28、宽0.15、厚0.05米；长0.32、宽0.16、厚0.06米。

因盗扰破坏严重，墓室内无葬具、人骨等，葬具与葬式均不详。

（二）出土器物

仅发现陶灶1件、铜钱46枚，皆位于墓室中部。

陶灶 1件。标本新M11：2，泥质红陶，模制。灶体平面略呈长方形，灶面呈“品”字形分布三个灶眼，前端两灶眼略小，后端灶眼较大，前有横长方形低矮挡烟墙，正面中部设横长方形火门，无底内空。长18.1、宽13.3、台高7.9、通高9.0、壁厚1.0厘米（图九五；图版七五，3）。

铜钱 46枚。标本新M11：1，字迹可辨者均为五铢。多数腐蚀，字迹漫漶不清，圆形方穿，正、背有郭，穿正面无郭，正面穿左右篆书“五铢”，“五”字宽大，竖画或较直或特曲，接上下横画处垂直或呈外放状，“铢”字“金”旁头呈三角形，“朱”旁上部两竖或方折

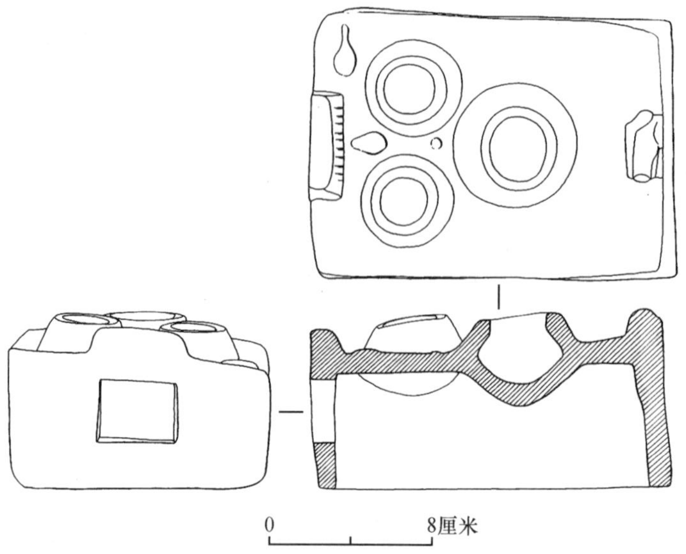

图九五　新M11出土陶灶（新M11：2）

或圆折或圆折外敞。

标本新M11：1-1，五铢。字体瘦长，“五”字瘦长，竖画较直，接上下横画处垂直，“铢”字“金”旁头呈三角形，“朱”旁上部两竖圆折外敞。郭径2.59、钱径2.30、穿宽0.96、郭宽0.14、郭厚0.14、肉厚0.10厘米，重量2.69克（图九六，1）。

标本新M11：1-2，五铢。字体宽大，“五”字宽大，竖画特曲，接上下横画处呈外放状，“铢”字“金”旁头呈三角形，“朱”旁上部两竖圆折外敞。郭径2.61、钱径2.26、穿宽0.93、郭宽0.13、郭厚0.14、肉厚0.09厘米，重量2.61克（图九六，2）。

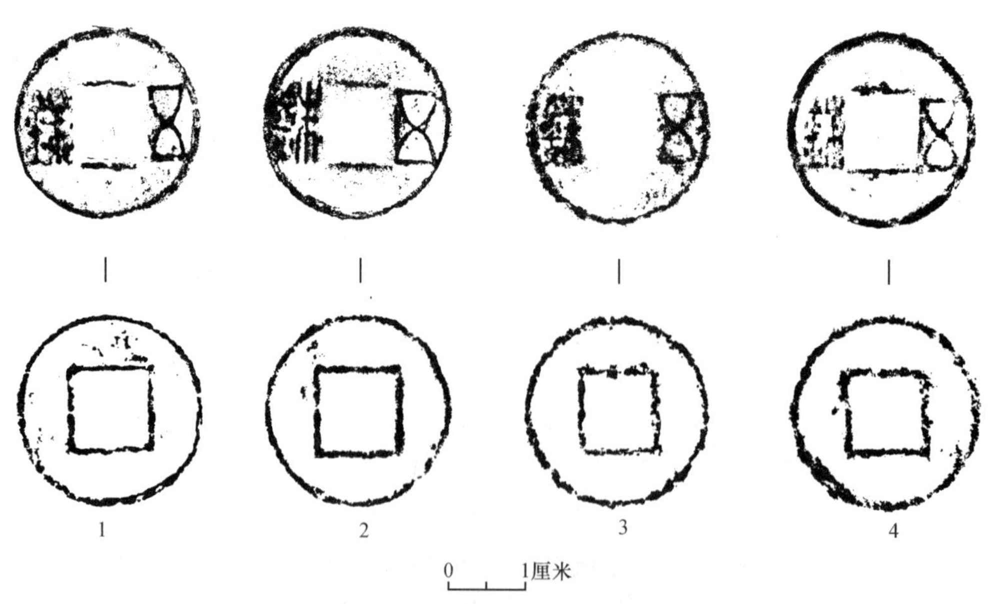

图九六　新M11铜钱拓本

1—4. 五铢（新M11：1-1、新M11：1-2、新M11：1-17、新M11：1-18）

标本新M11：1-17，五铢。字体瘦长，“五”字瘦长，竖画特曲，接上下横画处呈外放状，“铢”字“金”旁头呈三角形，“朱”旁上部两竖圆折。郭径2.54、钱径2.25、穿宽0.92、郭宽0.14、郭厚0.16、肉厚0.11厘米，重量1.93克（图九六，3）。

标本新M11：1-18，五铢。字体瘦长，“五”字瘦长，竖画特曲，接上下横画处呈外放状，“铢”字“金”旁头呈三角形，“朱”旁上部两竖方折。郭径2.59、钱径2.30、穿宽0.89、郭宽0.24、郭厚0.15、肉厚0.10厘米，重量2.45克（图九六，4；表一九）。

表一九 新M11铜钱统计表 （单位：厘米、克）

种类	编号	记号	郭径	钱径	穿宽	郭宽	郭厚	肉厚	重量	备注
五铢	M11：1-1	无	2.59	2.30	0.96	0.14	0.14	0.10	2.69	
	M11：1-2	无	2.61	2.26	0.93	0.13	0.14	0.09	2.61	
	M11：1-3	无	2.58	2.30	0.91	0.14	0.16	0.09	3.80	
	M11：1-4	无	2.58	2.32	0.99	0.19	0.16	0.10	2.94	
	M11：1-5	无	2.57	2.22	0.90	0.20	0.17	0.11	3.06	
	M11：1-6	无	2.58	2.31	0.90	0.15	0.14	0.08	3.26	
	M11：1-7	无	2.62	2.42	0.92	0.18	0.17	0.12	2.55	
	M11：1-8	无	2.57	2.30	0.91	0.17	0.15	0.10	2.29	
	M11：1-9	无	2.60	2.27	0.87	0.20	0.18	0.11	3.29	
	M11：1-10	无	2.68	2.37	0.88	0.20	0.23	0.16		略残
	M11：1-11	无	2.63	2.28	0.94	0.20	0.15	0.10	3.34	
	M11：1-12	无	2.68	2.28	0.98	0.22	0.18	0.11	3.76	
	M11：1-13	无	2.59	2.24	0.85	0.21	0.13	0.08	2.76	
	M11：1-14	无	2.51	2.28	0.96	0.19	0.13	0.10	1.86	
	M11：1-15	无	2.49	2.27	0.86	0.14	0.13	0.08	2.10	
	M11：1-16	无	2.58	2.32	0.92	0.21	0.15	0.10	3.65	
	M11：1-17	无	2.54	2.25	0.92	0.14	0.16	0.11	1.93	
	M11：1-18	无	2.59	2.30	0.89	0.24	0.15	0.10	2.45	
	M11：1-19	无	2.57	2.29	0.81	0.14	0.16	0.09	3.39	
	M11：1-20	无	2.53	2.23	0.90	0.17	0.14	0.08	3.17	
	M11：1-21	无	2.64	2.36	0.80	0.17	0.18	0.12	3.86	
	M11：1-22	无	2.66	2.36	1.08	0.21	0.14	0.10	1.93	
	M11：1-23	无	2.64	2.23	0.95	0.20	0.17	0.12		略残
	M11：1-24	无	2.61	2.39	0.97	0.19	0.20	0.12		略残
	M11：1-25	无	2.56	2.27	0.96	0.22	0.17	0.08		略残
	M11：1-26	无	2.54	2.28	0.88	0.18	0.14	0.10	2.54	
	M11：1-27	无	2.48	2.27	0.91	0.13	0.09	0.07	1.88	

续表

种类	编号	记号	郭径	钱径	穿宽	郭宽	郭厚	肉厚	重量	备注
五铢	M11：1-28	无	2.55	2.28	0.87	0.17	0.17	0.09		略残
	M11：1-29	无	2.58	2.37	1.01	0.13	0.16	0.12	2.85	
	M11：1-30	无	2.60	2.34	0.87	0.17	0.17	0.11	3.16	
	M11：1-31	无	2.59	2.18	0.93	0.22	0.19	0.12	3.25	
	M11：1-32	无	2.52	2.30	0.88	0.20	0.10	0.08	2.80	
	M11：1-33	无	2.50	2.22	0.81	0.16	0.22	0.10	2.90	
	M11：1-34	无	2.57	2.32	0.97	0.20	0.15	0.11	2.83	
	M11：1-35	无	2.52	2.33	1.03	0.10	0.12	0.08	2.00	
	M11：1-36	无	2.59	2.29	0.94	0.17	0.16	0.10	3.28	
	M11：1-37	无	2.62	2.38	0.90	0.16	0.14	0.10	2.20	
	M11：1-38	无	2.62	2.29	0.87	0.18	0.25	0.14		略残
	M11：1-39	无	2.57	2.28	0.99	0.12	0.17	0.16		残
	M11：1-40	无	2.50	2.21	0.98	0.17	0.15	0.10		残
	M11：1-41	无	2.63	2.39	0.83	0.20	0.15	0.10		残
	M11：1-42	无	2.64	2.34	0.92	0.16	0.14	0.11		残
	M11：1-43	无	2.59	2.29	0.88	0.13	0.14	0.12		残
	M11：1-44	无	2.59	2.30	0.90	0.16	0.13	0.12		略残
	M11：1-45	无	2.54	2.25	0.91	0.15	0.16	0.08		残
	M11：1-46	无	2.63	2.26	0.99	0.19	0.21	0.16		残

十二、新宫十二号墓（新M12）

（一）墓葬形制

位于发掘区西区南部，开口于第3层下，墓口距地表深2.80米，方向2°。平面呈刀形，为带斜坡墓道竖穴土圹单室砖墓，由墓道和墓室组成。墓葬平面总长6.90、宽0.80—2.26、墓底距墓口深1.00米（图九七；图版三一，1）。

墓道：位于墓室北部、略偏东处，平面近长方形，底部为斜坡状。南北长2.86、东西宽0.80—0.88、深0.20—1.00、底长2.94米。

墓门：位于墓道南端、墓室北，宽0.80、残高0.30米，封门墙用长条砖平砌，残存4层，高0.20米。

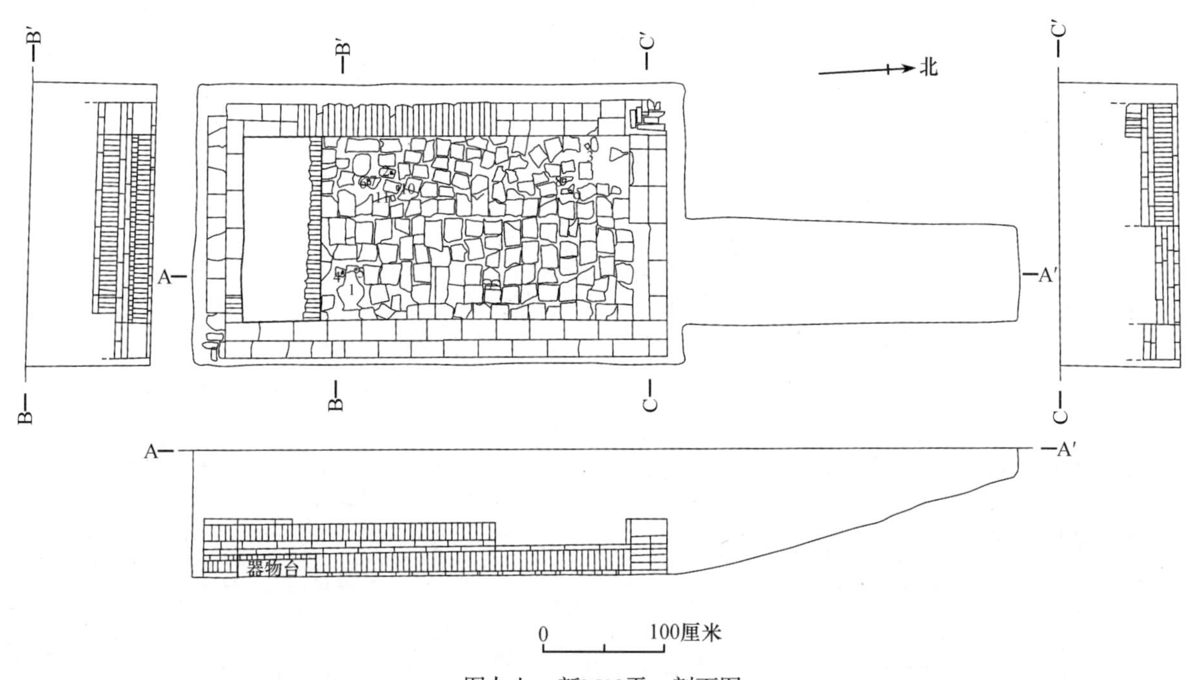

图九七　新M12平、剖面图
1. 陶壶　2、4、6、7. 陶奁　3. 陶厕　5. 陶盘　8、9. 陶案　10. 陶盒　11. 陶仓

墓室：位于墓道南部，平面呈长方形，南北长3.90、东西宽2.13、残高0.22—0.36米，墓室西南侧保存较高，其他较低，周壁用长条砖二平一竖砌筑，铺地砖为1层，用残砖呈不规则方式平铺。南部即墓室后部设一个长方形器物台，器物台东西长1.52、南北宽0.64、高0.10米，器物台外侧用残砖竖砌而成，内填花土，土质紧密夯实。

长条砖规格为长0.28、宽0.14、厚0.04米。

因盗扰破坏严重，墓室内无葬具、人骨等，葬具与葬式均不详。

（二）出土器物

随葬品大多置于墓室西部，有陶奁3件、陶仓1件、陶盒1件、陶案2件、陶厕1件，墓室东南部有陶壶1件、陶奁1件、陶盘1件，器物台上未见随葬品。

陶壶　1件。标本新M12：1，泥质灰陶，轮制。敞口，方唇，细长束颈，折扁腹，假圈足，平底。下腹有数周轮旋痕。口径16.8、腹径26.4、底径14.0、通高43.4厘米（图九八，8；图版七五，4）。

陶奁　4件。均为轮制。其中泥质灰陶3件，泥质红陶1件。

标本新M12：2，泥质灰陶。直口，方唇，筒形直腹，平底。腹部有轮旋痕。口径22.8、底径22.0、通高11.8厘米（图九八，3；图版七五，5）。

标本新M12：4，泥质灰陶。直口，方唇，浅筒形直腹，平底内凹。腹部有轮旋痕。口径

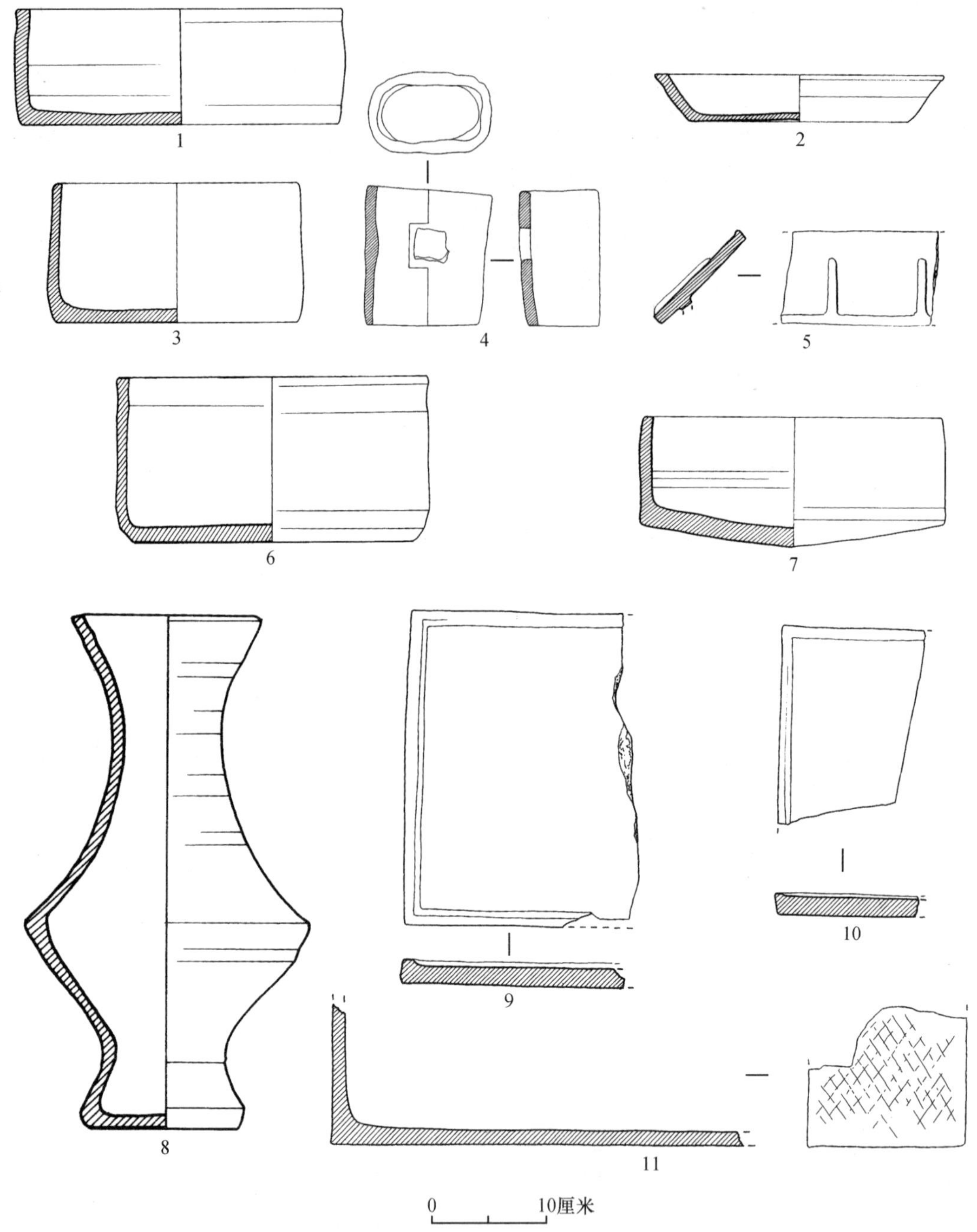

图九八　新M12出土器物

1、3、6、7. 陶奁（新M12：7、新M12：2、新M12：4、新M12：6）　2. 陶盘（新M12：5）　4. 陶厕（新M12：3）　5. 陶仓（新M12：11）　8. 陶壶（新M12：1）　9、10. 陶案（新M12：8、新M12：9）　11. 陶盒（新M12：10）

27.1、底径28.2、通高13.9厘米（图九八，6；图版七六，1）。

标本新M12：6，泥质红陶。直口，方唇，直筒形腹，底中部凸起，放置不平。口径26.1、底径25.3、通高11.0厘米（图九八，7；图版七六，3）。

标本新M12：7，泥质灰陶。直口，方唇，浅筒形直腹，平底。口径28.5、底径28.0、通高

9.7厘米（图九八，1；图版七六，4）。

陶仓 1件。标本新M12：11，泥质灰陶，轮制。残存顶部。坡面有瓦垄。残长13.2、宽10.4厘米（图九八，5；图版七七，2）。

陶盒 1件。标本新M12：10，泥质灰陶，轮制。残。直腹，平底，饰网格纹。残长35.2、残宽12.2、高15.7厘米（图九八，11；图版七七，1）。

陶案 2件。均为泥质灰陶，模制。

标本新M12：8，残。长方形，四角略削去，边上饰一周斜凸缘，平底。底饰网格纹。残长20.54、宽27.00、厚2.10厘米（图九八，9；图版七六，5）。

标本新M12：9，手工修整。残。长方形，四角略削去，边上饰一周斜凸缘，平底。残长16.9、残宽12.5、厚1.7厘米（图九八，10；图版七六，6）。

陶盘 1件。标本新M12：5，泥质灰陶，轮制。直口，方唇，斜直腹，平底略内凹。腹部有轮旋痕。口径23.8、底径18.0、通高3.6厘米（图九八，2；图版七六，2）。

陶厕 1件。标本新M12：3，泥质灰陶，模制。顶残。平面呈不规则的圆角方形，墙体作直筒形，正面中部有一方形孔。上口长11.1、宽7.0、下口长10.3、宽6.4、高11.4厘米（图九八，4；图版七五，6）。

十三、新宫十三号墓（新M13）

（一）墓葬形制

位于发掘西区东北部，新M15之北，开口于第2层下，墓口距地表深1.80米，方向182°。平面呈长方形，为竖穴土圹单室墓，仅有单室，无墓道。墓圹长2.00、宽0.82—0.84、墓底距墓口深0.80米（图九九；图版三一，2）。

四周墙壁较整齐，内置单棺，棺木已朽，棺长1.78、宽0.50—0.64、残高0.16米。棺内骨架保存较差，头向南，面向上，仰身直肢葬，部分骨骼已朽，有错位。

（二）出土器物

仅见铜钱11枚，出土于墓主右上肢内侧，未发现其他遗物。

铜钱 11枚。标本新M13：1，均为五铢。多数腐蚀，字迹漫漶不清，圆形方穿，正、背有郭，穿正面无郭，正面穿左右篆书“五铢”，“五”字瘦长，竖画或较直或特曲，“铢”字“金”旁头呈三角形，“朱”旁上部两竖或圆折或圆折外敞。

标本新M13：1-9，五铢。字体宽大，“五”字宽大，竖画特曲，接上下横画处呈外放

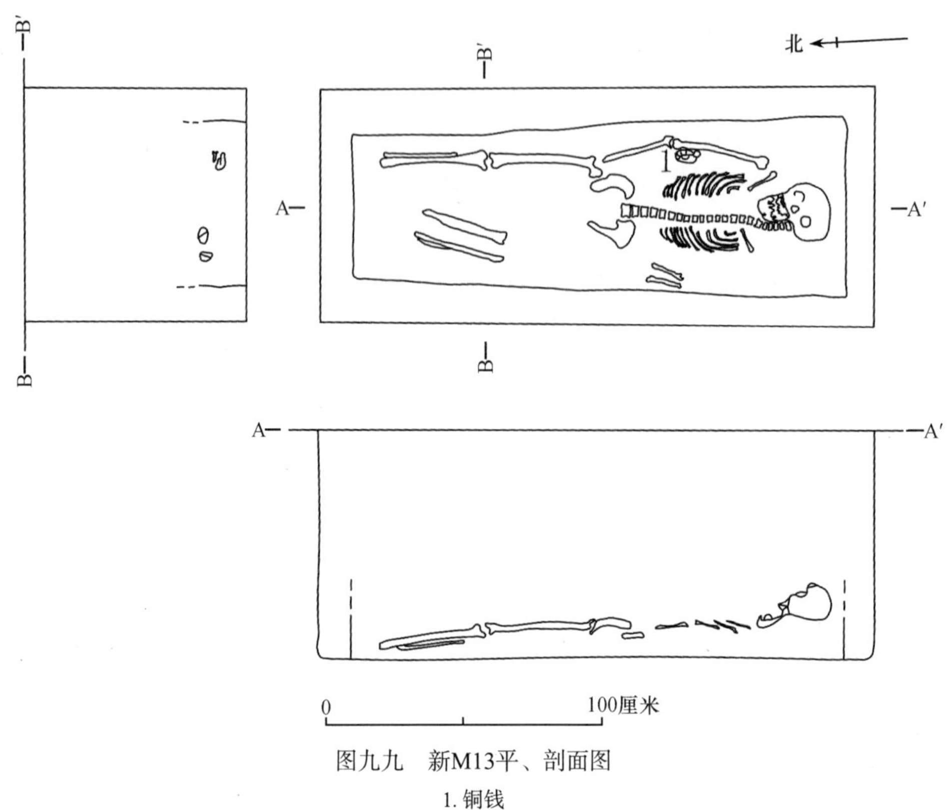

图九九　新M13平、剖面图

1. 铜钱

状，“铢”字“金”旁头呈三角形，“朱”旁上部两竖圆折外敞。郭径2.55、钱径2.33、穿宽0.93、郭宽0.17、郭厚0.13、肉厚0.10厘米，重量2.35克（图一〇〇；表二〇）。

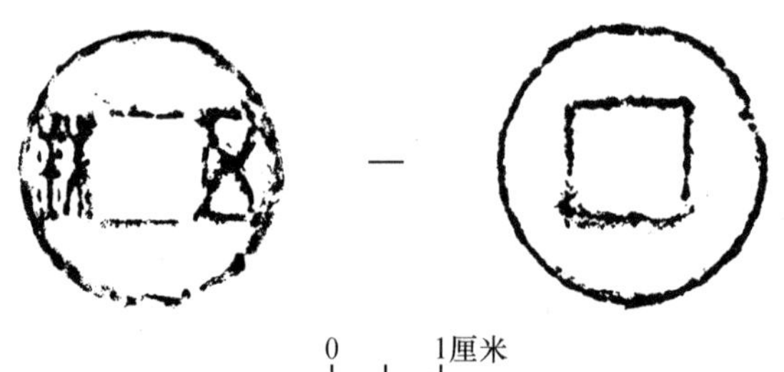

图一〇〇　新M13五铢拓本（新M13：1-9）

表二〇　新M13铜钱统计表　　　（单位：厘米、克）

种类	编号	记号	郭径	钱径	穿宽	郭宽	郭厚	肉厚	重量	备注
五铢	M13：1-1	无	2.58	2.30	0.92	0.19	0.17	0.12	3.15	
	M13：1-2	无	2.58	2.32	0.89	0.12	0.14	0.09		略残
	M13：1-3	无	2.63	2.26	0.87	0.19	0.18	0.10	3.11	
	M13：1-4	无	2.51	2.24	0.90	0.10	0.17	0.11	2.21	
	M13：1-5	无	2.56	2.28	0.91	0.13	0.14	0.10	1.86	
	M13：1-6	无	2.47	2.17	0.90	0.13	0.09	0.08	2.07	

续表

种类	编号	记号	郭径	钱径	穿宽	郭宽	郭厚	肉厚	重量	备注
五铢	M13：1-7	无	2.59	2.20	0.85	0.21	0.18	0.12	3.14	
	M13：1-8	无	2.61	2.21	0.85	0.16	0.15	0.09	2.77	
	M13：1-9	无	2.55	2.33	0.93	0.17	0.13	0.10	2.35	
	M13：1-10	无	2.66	2.26	0.94	0.16	0.14	0.10	2.96	
	M13：1-11	无	2.61	2.26	0.93	0.17	0.15	0.09	2.88	

十四、新宫十四号墓（新M14）

（一）墓葬形制

位于发掘区西区东南部，西与新M17为邻，开口于第3层下，墓口距地表深1.80米，方向185°。平面呈刀形，为带斜坡墓道竖穴土圹单室砖墓，由墓道和墓室组成。墓葬平面总长9.32、宽0.90—3.00、墓底距墓口深1.25米（图一〇一；图版三一，3）。

墓道：位于墓室南部偏东处，平面似长方形，底部为斜坡状，长4.16、宽0.90—1.16、深0.20—1.25、底长4.60米。

墓门：位于墓道北部，紧邻东壁，墓门宽0.88、残高0.55米，两侧墙壁用长条砖先砌一组一平一竖，再连续多层用长条砖错缝平砌，残存11层，封门墙残存底部2层，用长条砖竖砌。

墓室：位于墓道北部，平面呈长方形，土圹南北长4.90、东西宽3.00、残深1.25米，墓室长4.83、宽2.88、残高0—0.55米。北壁被破坏，东、西、南壁残高0.55米，周壁用长条砖砌

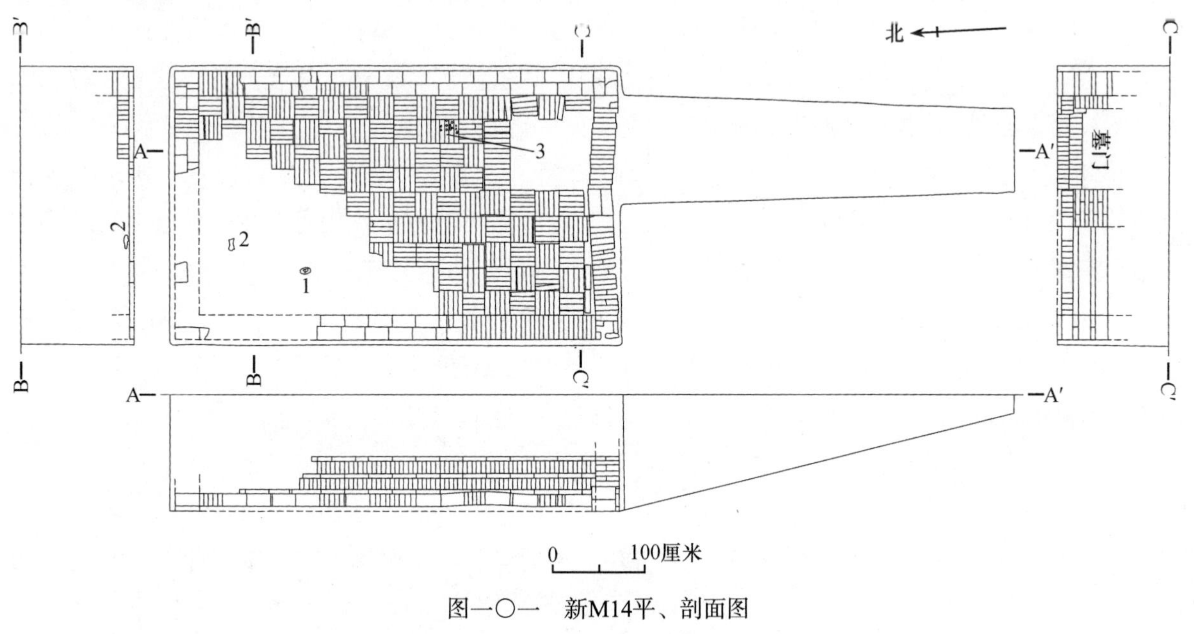

图一〇一　新M14平、剖面图

1. 陶俑　2. 陶狗　3. 铜钱

筑，铺地砖为1层，铺法较规整，以5块竖砖为一组呈纵横交错方式铺成，西北部被破坏。

墓砖皆长条砖，规格有两种，分别为长0.26、宽0.13、厚0.04米；长0.26、宽0.13、厚0.05米。

因盗扰破坏严重，墓室内无葬具、人骨等，葬具与葬式均不详。

（二）出土器物

仅发现陶俑1件、陶狗1件，位于墓室后部；铜钱1件（143枚），置于墓室中部偏前侧。

陶俑　1件。标本新M14：1，泥质灰陶，手制。头部残缺。双手拢于胸前，做站立状，身着落地长袍，袍角微上翘，袍底装饰一周褶皱。残高12.0厘米（图一〇二，1；图版七七，3）。

陶狗　1件。标本新M14：2，泥质灰陶，模制。首尾皆残。做站立状，短颈，四足直立。残长9.7、高5.6厘米（图一〇二，2；图版七七，4）。

铜钱　143枚。标本新M14：3，分半两、五铢、货泉三种。

半两　2枚。有钱郭无穿郭。

标本新M14：3-142，半两。无钱郭无穿郭。正面穿左右篆书“半两”。郭径2.44、钱径2.18、穿宽0.71、郭宽0.11、郭厚0.12、肉厚0.06厘米，重量2.23克（图一〇三，6）。

五铢　138枚。多数腐蚀，字迹漫漶不清，圆形方穿，正、背有郭，穿正面无郭，正面穿左右篆书“五铢”，“五”字或宽大或瘦长，竖画或较直或特曲，接上下横画处垂直或呈外放状，“铢”字“金”旁头呈三角形或菱形，“朱”旁上部两竖或方折或圆折或圆折外敞。

标本新M14：3-1，五铢。字体瘦长，“五”字瘦长，竖画特曲，接上下横画处呈外放状，“铢”字“金”旁头呈三角形，“朱”旁上部两竖方折。郭径2.55、钱径2.28、穿宽0.91、郭宽0.09、郭厚0.17、肉厚0.11厘米，重量2.60克（图一〇三，1）。

标本新M14：3-2，五铢。字体瘦长，“五”字宽大，竖画特曲，接上下横画处垂直，“铢”字“金”旁头呈三角形，“朱”旁上部两竖圆折。郭径2.56、钱径2.23、穿宽0.87、郭宽0.16、郭厚0.16、肉厚0.10厘米，重量3.79克（图一〇三，2）。

标本新M14：3-6，五铢。字体较小，笔画较粗，“五”字宽大，竖画较直，接上下横画处垂直，“铢”字“金”旁头呈三角形，“朱”旁上部两竖方折。郭径2.58、钱径2.34、穿宽0.92、郭宽0.16、郭厚0.13、肉厚0.08厘米，重量2.57克（图一〇三，3）。

标本新M14：3-13，五铢。字体瘦长，“五”字瘦长，竖画特曲，接上下横画处呈外放状，“铢”字“金”旁头呈三角形，“朱”旁上部两竖圆折外敞。郭径2.59、钱径2.27、穿宽0.95、郭宽0.20、郭厚0.15、肉厚0.09厘米，重量3.04克（图一〇三，4）。

货泉　3枚。保存较完好，正背均有钱郭、穿郭。

标本新M14：3-139，货泉。圆形方穿，对读。正反面均有郭。正面穿左右篆书“货泉”。郭径2.30、钱径1.97、穿宽0.69、郭宽0.11、郭厚0.13、肉厚0.09厘米，重量2.77克（图一〇三，5；表二一）。

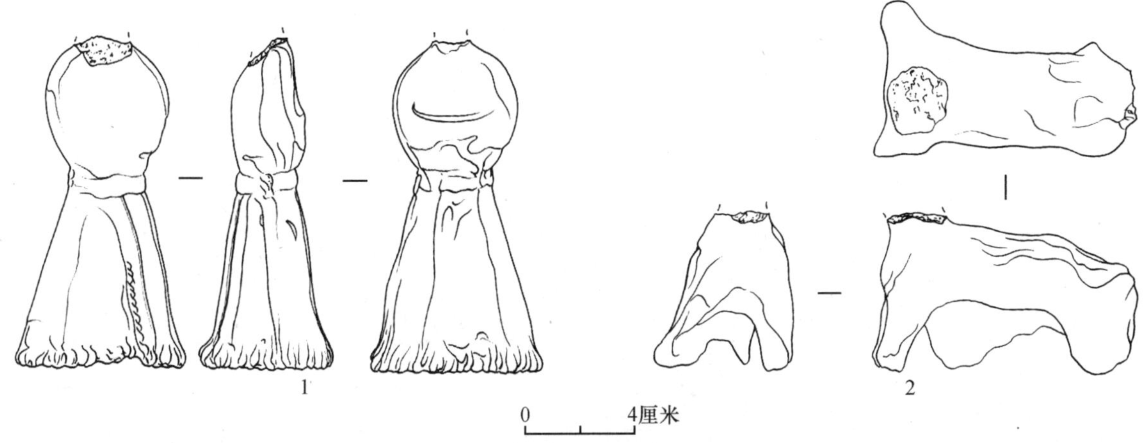

图一〇二 新M14出土器物

1. 陶俑（新M14：1） 2. 陶狗（新M14：2）

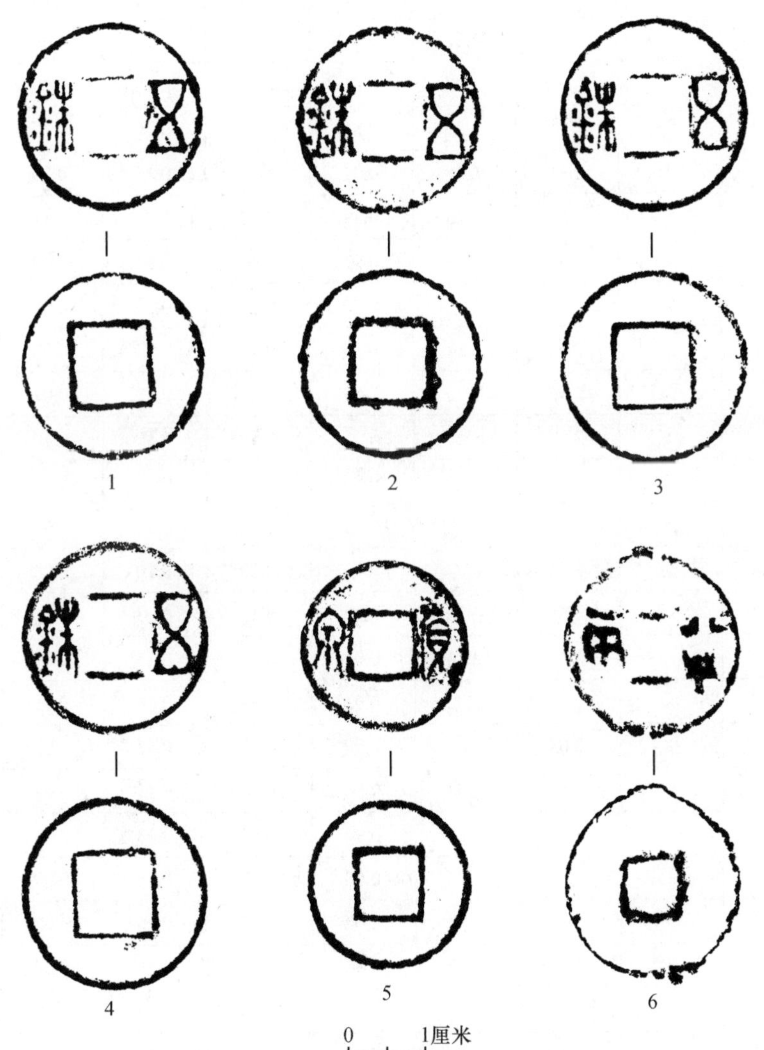

图一〇三 新M14铜钱拓本

1—4. 五铢（新M14：3-1、新M14：3-2、新M14：3-6、新M14：3-13） 5. 货泉（新M14：3-139） 6. 半两（新M14：3-142）

表二一　新M14铜钱统计表　（单位：厘米、克）

种类	编号	记号	郭径	钱径	穿宽	郭宽	郭厚	肉厚	重量	备注
五铢	M14：3-1	无	2.55	2.28	0.91	0.09	0.17	0.11	2.60	
	M14：3-2	无	2.56	2.23	0.87	0.16	0.16	0.10	3.79	
	M14：3-3	无	2.64	2.34	0.91	0.19	0.14	0.09	3.04	
	M14：3-4	无	2.49	2.25	0.91	0.22	0.13	0.09	3.00	
	M14：3-5	无	2.56	2.28	0.91	0.16	0.15	0.10	2.60	
	M14：3-6	无	2.58	2.34	0.92	0.16	0.13	0.08	2.57	
	M14：3-7	无	2.51	2.24	0.89	0.15	0.18	0.12	3.59	
	M14：3-8	无	2.57	2.17	0.95	0.21	0.12	0.10	3.14	
	M14：3-9	无	2.61	2.23	0.93	0.24	0.16	0.11	3.38	
	M14：3-10	无	2.59	2.30	0.92	0.16	0.13	0.09	2.87	
	M14：3-11	无	2.52	2.27	0.88	0.14	0.16	0.10	2.97	
	M14：3-12	无	2.64	2.35	0.91	0.14	0.14	0.09	2.66	
	M14：3-13	无	2.59	2.27	0.95	0.20	0.15	0.09	3.04	
	M14：3-14	无	2.61	2.32	0.86	0.20	0.20	0.12	3.30	
	M14：3-15	无	2.61	2.28	0.91	0.15	0.15	0.10	3.16	
	M14：3-16	无	2.58	2.35	0.89	0.13	0.21	0.11	2.98	
	M14：3-17	无	2.53	2.23	0.93	0.15	0.12	0.07	2.12	
	M14：3-18	无	2.66	2.34	0.96	0.14	0.15	0.09	3.09	
	M14：3-19	无	2.64	2.34	0.96	0.12	0.13	0.08	2.62	
	M14：3-20	无	2.52	2.25	1.03	0.14	0.12	0.07	1.54	
	M14：3-21	无	2.52	2.21	0.91	0.19	0.17	0.10	3.44	
	M14：3-22	无	2.56	2.26	0.86	0.14	0.16	0.13	3.00	
	M14：3-23	无	2.50	2.23	0.88	0.15	0.12	0.09	2.66	
	M14：3-24	无	2.51	2.32	0.97	0.10	0.10	0.06	1.58	
	M14：3-25	无	2.58	2.35	0.89	0.11	0.13	0.10	2.09	
	M14：3-26	无	2.48	2.24	0.94	0.15	0.15	0.09	2.34	
	M14：3-27	无	2.58	2.32	0.92	0.18	0.16	0.11	3.18	
	M14：3-28	无	2.63	2.41	0.97	0.14	0.13	0.09	3.15	
	M14：3-29	无	2.55	2.33	0.90	0.10	0.11	0.09	2.46	
	M14：3-30	无	2.61	2.36	0.94	0.14	0.13	0.07		略残
	M14：3-31	无	2.54	2.28	0.98	0.12	0.15	0.09	2.47	
	M14：3-32	无	2.46	2.23	0.92	0.15	0.10	0.07	2.37	
	M14：3-33	无	2.60	2.32	0.96	0.15	0.13	0.09	2.94	
	M14：3-34	无	2.57	2.31	0.91	0.10	0.15	0.10	2.51	
	M14：3-35	无	2.54	2.29	0.93	0.10	0.12	0.09	1.75	
	M14：3-36	无	2.58	2.34	0.88	0.16	0.16	0.13	2.87	

续表

种类	编号	记号	郭径	钱径	穿宽	郭宽	郭厚	肉厚	重量	备注
五铢	M14：3-37	无	2.51	2.20	0.88	0.19	0.11	0.06	1.49	
	M14：3-38	无	2.58	2.33	0.93	0.14	0.11	0.07	2.25	
	M14：3-39	无	2.60	2.29	0.95	0.13	0.17	0.10	3.24	
	M14：3-40	无	2.60	2.33	0.98	0.13	0.15	0.09	2.14	
	M14：3-41	无	2.56	2.26	0.93	0.16	0.14	0.10	2.73	
	M14：3-42	无	2.63	2.27	0.89	0.14	0.18	0.09	2.43	
	M14：3-43	无	2.57	2.26	0.90	0.15	0.14	0.08	2.93	
	M14：3-44	无	2.55	2.29	0.89	0.17	0.16	0.11	2.90	
	M14：3-45	无	2.67	2.32	0.90	0.18	0.11	0.06	2.91	
	M14：3-46	无	2.57	2.27	0.94	0.17	0.14	0.10	3.16	
	M14：3-47	无	2.51	2.22	0.90	0.19	0.11	0.08	2.43	
	M14：3-48	无	2.63	2.40	0.91	0.15	0.14	0.09	3.42	
	M14：3-49	无	2.57	2.30	0.90	0.13	0.14	0.07	2.30	
	M14：3-50	无	2.65	2.34	0.90	0.15	0.16	0.10	3.36	
	M14：3-51	无	2.59	2.34	0.92	0.19	0.13	0.09	3.20	
	M14：3-52	无	2.55	2.25	0.90	0.19	0.15	0.10	2.69	
	M14：3-53	无	2.50	2.23	0.92	0.13	0.13	0.06	2.65	
	M14：3-54	无	2.64	2.29	0.90	0.14	0.13	0.08	3.61	
	M14：3-55	无	2.54	2.25	0.94	0.19	0.16	0.10	2.09	
	M14：3-56	无	2.58	2.33	0.88	0.16	0.13	0.09	3.63	
	M14：3-57	无	2.51	2.23	0.96	0.14	0.14	0.09	1.94	
	M14：3-58	无	2.58	2.30	0.96	0.15	0.13	0.10	2.87	
	M14：3-59	无	2.66	2.32	0.86	0.18	0.14	0.08	3.23	
	M14：3-60	无	2.61	2.27	0.91	0.16	0.21	0.12	3.67	
	M14：3-61	无	2.60	2.36	0.89	0.20	0.17	0.10	3.36	
	M14：3-62	无	2.58	2.33	0.87	0.16	0.15	0.11	3.02	
	M14：3-63	无	2.64	2.27	0.89	0.14	0.16	0.10	3.64	
	M14：3-64	无	2.47	2.23	0.92	0.15	0.12	0.10	1.91	
	M14：3-65	无	2.62	2.29	0.93	0.14	0.16	0.09	3.15	
	M14：3-66	无	2.62	2.32	0.94	0.16	0.14	0.10	3.17	
	M14：3-67	无	2.64	2.30	0.92	0.18	0.13	0.10	2.93	
	M14：3-68	无	2.48	2.16	0.88	0.14	0.16	0.08	3.12	
	M14：3-69	无	2.50	2.24	0.90	0.16	0.14	0.06	3.06	
	M14：3-70	无	2.58	2.38	0.90	0.19	0.14	0.08	3.11	
	M14：3-71	无	2.61	2.31	0.97	0.21	0.13	0.09	2.36	
	M14：3-72	无	2.62	2.29	0.86	0.19	0.13	0.08	3.17	

续表

种类	编号	记号	郭径	钱径	穿宽	郭宽	郭厚	肉厚	重量	备注
五铢	M14：3-73	无	2.56	2.29	0.89	0.16	0.18	0.10	2.57	
	M14：3-74	无	2.55	2.26	0.87	0.18	0.14	0.07	3.35	
	M14：3-75	无	2.60	2.33	0.87	0.15	0.15	0.08	3.27	
	M14：3-76	无	2.59	2.26	0.91	0.14	0.16	0.11	3.61	
	M14：3-77	无	2.60	2.32	0.95	0.18	0.15	0.10	2.89	
	M14：3-78	无	2.57	2.33	0.94	0.16	0.16	0.10	2.87	
	M14：3-79	无	2.62	2.43	0.95	0.10	0.13	0.11	2.58	
	M14：3-80	无	2.60	2.30	0.87	0.22	0.18	0.12	4.09	
	M14：3-81	无	2.57	2.27	0.88	0.15	0.14	0.09	3.21	
	M14：3-82	无	2.54	2.33	0.89	0.14	0.11	0.07	3.01	
	M14：3-83	无	2.61	2.31	0.97	0.14	0.13	0.10	2.47	
	M14：3-84	无	2.60	2.33	0.95	0.12	0.15	0.08	2.77	
	M14：3-85	无	2.53	2.28	0.94	0.09	0.15	0.10	2.83	
	M14：3-86	无	2.60	2.34	0.94	0.16	0.16	0.12	3.40	
	M14：3-87	无	2.61	2.32	0.92	0.15	0.15	0.07	3.16	
	M14：3-88	无	2.55	2.29	0.88	0.13	0.17	0.14	3.58	
	M14：3-89	无	2.52	2.23	0.92	0.13	0.15	0.10	2.75	
	M14：3-90	无	2.56	2.33	0.94	0.15	0.14	0.07	2.66	
	M14：3-91	无	2.55	2.21	0.94	0.15	0.18	0.10	3.22	
	M14：3-92	无	2.60	2.31	0.93	0.13	0.20	0.13	3.00	
	M14：3-93	无	2.64	2.32	0.88	0.19	0.17	0.11	3.14	
	M14：3-94	无	2.63	2.31	0.89	0.18	0.14	0.09		略残
	M14：3-95	无	2.56	2.32	0.87	0.15	0.15	0.10	3.31	
	M14：3-96	无	2.60	2.36	0.93	0.15	0.15	0.08	2.93	
	M14：3-97	无	2.57	2.34	0.91	0.14	0.13	0.10	3.24	
	M14：3-98	无	2.55	2.25	0.94	0.14	0.15	0.11	3.12	
	M14：3-99	无	2.57	2.31	0.94	0.18	0.17	0.12	3.05	
	M14：3-100	无	2.64	2.35	0.95	0.19	0.13	0.10	3.07	
	M14：3-101	无	2.58	2.26	0.90	0.23	0.14	0.11	2.58	
	M14：3-102	无	2.67	2.38	0.87	0.11	0.20	0.09	3.84	
	M14：3-103	无	2.51	2.29	0.92	0.15	0.14	0.10	2.34	
	M14：3-104	无	2.64	2.34	0.96	0.12	0.14	0.07	2.66	
	M14：3-105	无	2.54	2.29	0.91	0.11	0.13	0.09	2.56	
	M14：3-106	无	2.46	2.24	1.02	0.10	0.10	0.06	1.35	
	M14：3-107	无	2.59	2.28	0.83	0.14	0.16	0.10	3.54	
	M14：3-108	无	2.50	2.29	0.92	0.21	0.10	0.08	1.80	

续表

种类	编号	记号	郭径	钱径	穿宽	郭宽	郭厚	肉厚	重量	备注
五铢	M14：3-109	无	2.57	2.26	0.89	0.18	0.18	0.09	3.34	
	M14：3-110	无	2.56	2.34	0.94	0.10	0.14	0.10	2.55	
	M14：3-111	无	2.60	2.40	0.94	0.17	0.14	0.08	2.77	
	M14：3-112	无	2.56	2.29	0.91	0.11	0.13	0.11	2.56	
	M14：3-113	无	2.54	2.34	0.92	0.16	0.16	0.09	2.45	
	M14：3-114	无	2.52	2.27	0.99	0.12	0.12	0.10	1.37	
	M14：3-115	无	2.52	2.28	0.88	0.14	0.17	0.09	3.07	
	M14：3-116	无	2.60	2.23	0.94	0.16	0.17	0.10	2.83	
	M14：3-117	无	2.61	2.26	0.86	0.18	0.12	0.08	0.62	
	M14：3-118	无	2.59	2.20	0.84	0.19	0.15	0.09	3.55	
	M14：3-119	无	2.63	2.39	1.00	0.14	0.16	0.10	2.96	
	M14：3-120	无	2.66	2.33	0.98	0.18	0.16	0.12	3.36	
	M14：3-121	无	2.53	2.35	0.92	0.14	0.14	0.08	2.48	
	M14：3-122	无	2.58	2.34	0.94	0.14	0.14	0.10	3.12	
	M14：3-123	无	2.56	2.28	0.86	0.15	0.19	0.13	3.43	
	M14：3-124	无	2.61	2.36	0.92	0.14	0.20	0.10	3.39	
	M14：3-125	无	2.62	2.35	0.93	0.13	0.14	0.12		略残
	M14：3-126	无	2.52	2.24	0.96	0.16	0.12	0.09		略残
	M14：3-127	无	2.57	2.26	0.92	0.20	0.15	0.10	3.77	
	M14：3-128	无	2.56	2.30	0.98	0.15	0.16	0.09	3.49	
	M14：3-129	无	2.54	2.25	0.81	0.19	0.12	0.10	2.43	
	M14：3-130	无	2.57	2.29	0.95	0.10	0.16	0.07	2.37	
	M14：3-131	无	2.31	2.17	0.96	0.10	0.12	0.06	1.90	
	M14：3-132	无	2.31	2.13	0.91	0.14	0.18	0.10		残
	M14：3-133	无	2.51	2.38	1.04	0.09	0.11	0.08		残
	M14：3-134	无	2.48	2.22	0.98	0.15	0.11	0.08		残
	M14：3-135	无	2.57	2.34	0.90	0.14	0.18	0.10		残
	M14：3-136	无	2.52	2.27	0.90	0.18	0.14	0.17		残
	M14：3-137	无	2.67	2.36	0.96	0.18	0.17	0.11	3.19	
	M14：3-138	无	2.47	2.24	0.95	0.09	0.09	0.06	1.59	
货泉	M14：3-139	无	2.30	1.97	0.69	0.11	0.13	0.09	2.77	
	M14：3-140	无	2.35	1.99	0.66	0.19	0.18	0.08	2.63	
	M14：3-141	无	2.26	1.88	0.55	0.19	0.19	0.10	3.66	
半两	M14：3-142	无	2.44	2.18	0.71	0.11	0.12	0.06	2.23	
	M14：3-143	无	2.28	2.06	0.58	0.11	0.12	0.08	2.28	

十五、新宫十五号墓（新M15）

（一）墓葬形制

位于发掘区西区东部，北为新M13，南邻新M14，开口于第3层下，墓口距地表深1.80米，方向195°。平面形状不规则，近“中”字形，为带斜坡墓道竖穴土圹多室砖墓，由墓道、甬道、前室、东侧室南室、东侧室北室、西侧室南室、西侧室北室和后室组成。墓葬平面总长15.60、宽0.80—11.4、墓底距墓口深0.78—1.34米（图一〇四）。

墓道：位于甬道南部，平面近长方形，底部为斜坡状，墓道开口长4.10、宽0.80—1.00、深0.10—0.80、底长3.80米。

墓门：位于墓道北部，甬道南端，墓门宽0.80、残高0.60米。封门墙大部分为残砖平砌，残存4层平砖，残高0.24米。墓门南部东、西两侧，各有一长条砖平砌墙体，残存4层砖。

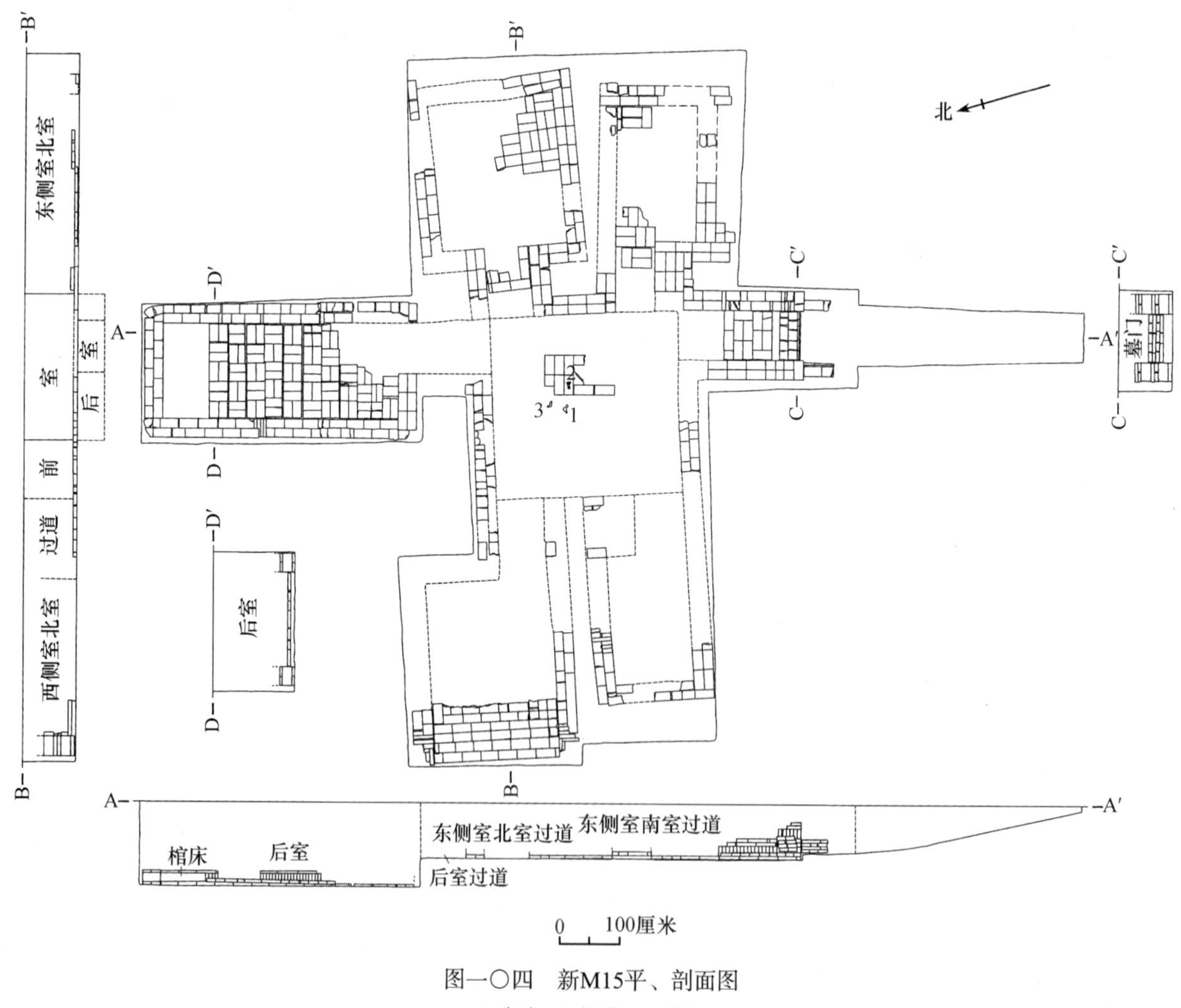

图一〇四　新M15平、剖面图

1. 陶鸡　2. 铜钱　3. 陶壶

甬道：位于墓室南部略偏东侧，与墓道相连，平面呈长方形，东西宽1.45、进深2.10、残高0.24—0.60米，西壁北段残存1层平砖，东壁和西壁南段残存较高，铺地砖为1层，用长条砖错缝平铺，高于周壁墙体底砖1层平砖。

墓室：分前室、东侧室南室、东侧室北室、西侧室南室、西侧室北室和后室6个部分。

前室：位于甬道北部偏西处，长3.70、宽3.45、残高0.2—0.22米，西南部墙体略高，其他部分仅存1层平砖，用长条砖二平一竖砌筑。

东侧室：分南室和北室，平面近长方形，均有过道与前室相通。

东侧室南室：南室过道平面近长方形，东西长1.10、南北宽1.50米。墙体残存1层平砖，铺地砖为1层，铺法多为长条砖平铺。东侧室南室平面呈长方形，东西长2.80、南北宽2.10米，墙体残存1层平砖，铺地砖为1层，仅存西部和东南部，铺法有两种，分别为长条砖合缝平铺和纵横交错平铺，铺地砖高于四壁墙体底部1层平砖。

东侧室北室：与前室对接不甚规整，砖室略向北偏，东侧室北室与前室的夹角增大，为二次修建而成，过道平面近长方形，东西长1.18、南北宽1.27米，墙体仅存1层平砖，铺地砖为1层，用长条砖纵横交错平铺。东侧室北室东西长3.18、南北宽2.70米，墙体残存1层平砖，铺地砖为1层，用长条砖错缝平铺，高于墙体底部1层平砖。

西侧室：分南室和北室，平面近长方形，均有过道与前室相通。

西侧室南室：南室过道平面近长方形，因遭破坏，形制、尺寸不详。南室平面近长方形，东西长2.50、南北宽2.00、残高0.16米，仅存西壁部分墙体和北壁1层平砖，北墙西段仅剩3块砖。

西侧室北室：北室过道已被破坏，宽1.45米，西侧室北室东西长3.45、南北宽2.80、残高0.28—0.44米，西壁、南壁、北壁底部残存1层平砖，砌法不详，铺地砖高于墙体底部1层平砖。

后室：位于前室北部，有过道与前室相通，平面呈长方形，过道因破坏严重，形制、规格不详，过道宽0.82、进深1.54米。后室南北长4.60、东西宽2.10—2.18、残高0.10—0.16米。周壁用长条砖二平一竖砌筑，残存北、东、西三面墙体，北部略高，其他仅剩底部1层平砖，铺地砖为1层，以长条砖两纵两横交错平铺，后室北部设一个长方形棺床，东西长1.54、南北宽0.76米。

长条砖规格分两种，分别为长0.28、宽0.14、厚0.04米；长0.32、宽0.16、厚0.06米。

因盗扰破坏严重，墓室内无葬具、人骨等，葬具与葬式均不详。

（二）出土器物

墓室遭破坏严重，仅发现陶壶1件、陶鸡1件、铜钱12枚，置于前室中部。

陶壶 1件。标本新M15：3，泥质灰陶。残存下腹及底部。下腹内收。残高12.5、底径14.0厘米（图一〇五，2；图版七七，6）。

陶鸡　1件。标本新M15：1，泥质灰陶，模制。为公鸡，矮冠，双目微凸，眉目、翅羽不清晰，尖尾下垂，长方形底座。长10.4、通高6.8、座高1.2厘米（图一〇五，1；图版七七，5）。

铜钱　12枚。标本新M15：2，分五铢、剪轮五铢、货泉三种。

五铢　9枚。多数腐蚀，字迹漫漶不清，圆形方穿，正、背有郭，穿正面无郭，正面穿左右篆书“五铢”，“五”字宽大，竖画或较直或特曲，接上下横画处呈外放状，“铢”字“金”旁头呈三角形，“朱”旁上部两竖或方折或圆折外敞。

标本新M15：2-1，五铢。字体宽大，“五”字宽大，竖画特曲，接上下横画处呈外放状，“铢”字“金”旁头呈三角形，“朱”旁上部两竖方折。郭径2.54、钱径2.23、穿宽0.91、郭宽0.12、郭厚0.11、肉厚0.06厘米，重量1.61克（图一〇六，1）。

标本新M15：2-8，五铢。字体瘦长，“五”字宽大，竖画特曲，接上下横画处呈外放

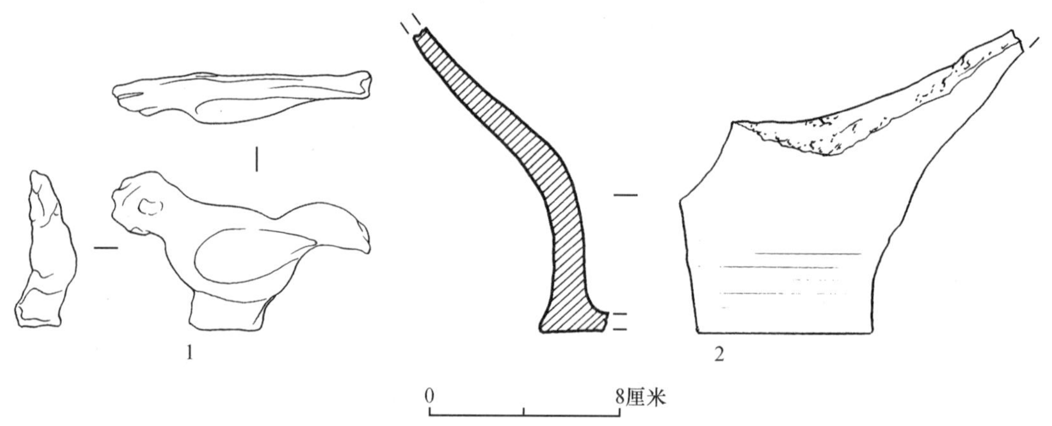

图一〇五　新M15出土器物

1. 陶鸡（新M15：1）　2. 陶壶（新M15：3）

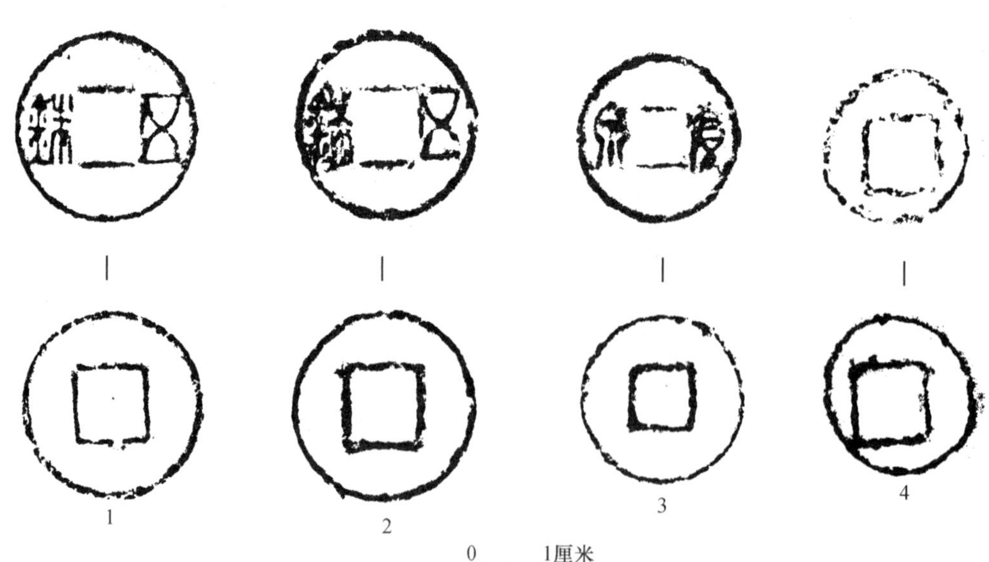

图一〇六　新M15铜钱拓本

1、2. 五铢（新15：2-1、新M15：2-8）　3. 货泉（新M15：2-10）　4. 剪轮五铢（新M15：2-12）

状，“铢”字“金”旁头呈三角形，“朱”旁上部两竖圆折外敞。郭径2.59、钱径2.22、穿宽0.88、郭宽0.19、郭厚0.16、肉厚0.08厘米，重量3.46克（图一〇六，2）。

剪轮五铢 2枚。腐蚀严重，字已漫漶不清，剪之较甚，五铢两字有残缺，圆形方穿，穿正面无郭。

标本新M15：2-12，剪轮五铢。剪之较甚，字迹有残缺，可辨，锈蚀严重。钱径1.99、穿宽0.94、肉厚0.08厘米，重量1.08克（图一〇六，4）。

货泉 1枚。保存较完好，正背均有钱郭、穿郭。

标本新M15：2-10，货泉。圆形方穿，对读。正反面均有郭，正面穿左右篆书“货泉”。郭径2.27、钱径1.93、穿宽0.69、郭宽0.20、郭厚0.15、肉厚0.06厘米，重量2.18克（图一〇六，3；表二二）。

表二二 新M15铜钱统计表 （单位：厘米、克）

种类	编号	记号	郭径	钱径	穿宽	郭宽	郭厚	肉厚	重量	备注
五铢	M15：2-1	无	2.54	2.23	0.91	0.12	0.11	0.06	1.61	
	M15：2-2	无	2.59	2.39	0.95	0.18	0.15	0.08	2.62	
	M15：2-3	无	2.54	2.22	0.93	0.17	0.14	0.07	2.66	
	M15：2-4	无	2.50	2.22	0.99	0.11	0.13	0.08	2.20	
	M15：2-5	无	2.59	2.33	0.98	0.14	0.16	0.06	2.52	
	M15：2-6	无	2.53	2.31	0.88	0.18	0.14	0.07	3.23	
	M15：2-7	无	2.51	2.32	0.89	0.17	0.16	0.07	2.70	
	M15：2-8	无	2.59	2.22	0.88	0.19	0.16	0.08	3.46	
	M15：2-9	无	2.46	2.21	0.95	0.11	0.12	0.08	2.91	
货泉	M15：2-10	无	2.27	1.93	0.69	0.20	0.15	0.06	2.18	
剪轮五铢	M15：2-11	无		2.20	1.03			0.07	1.21	
	M15：2-12	无		1.99	0.94			0.08	1.08	

十六、新宫十六号墓（新M16）

（一）墓葬形制

位于发掘区西区东南部，东邻新M17，开口于第3层下，墓口距地表深1.80米，方向5°，平面呈“甲”字形。为带斜坡墓道竖穴土圹多室砖墓，由墓道、前室、东后室和西后室组成。墓葬平面总长11.20、宽0.88—4.54、墓底距墓口深0.58—0.78米（图一〇七；图版三二，1）。

墓道：位于墓室北部，平面呈长方形，底部为斜坡状，长2.88、宽0.88—0.98、深0.04—0.56、底长2.92米，口部宽度与底部宽度相当，壁垂直，较整齐。

墓门：位于墓道南端、墓室北部略偏向东，墓门被破坏严重，残宽1.10、残高0.60米，砖

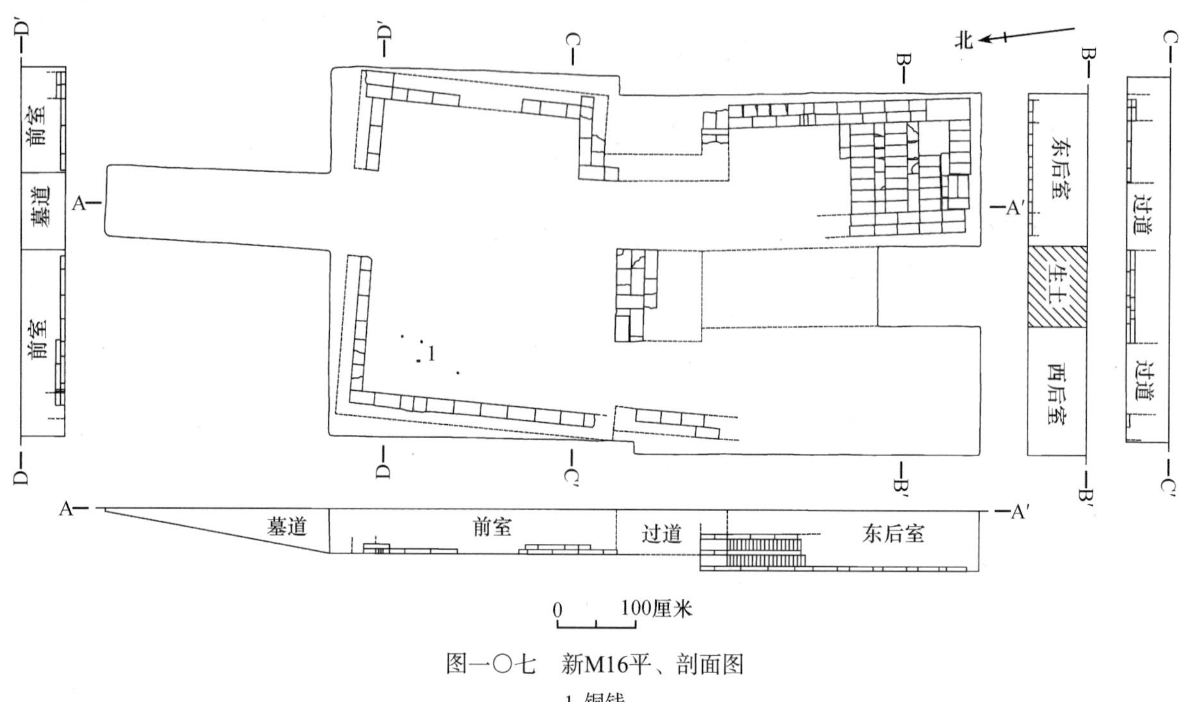

图一〇七　新M16平、剖面图
1. 铜钱

砌结构不明，封门砖已无存。

前室：位于墓道南部，平面近似长方形，东西长4.40、南北宽3.26、残高0.12米，周壁残存底部1层平砖，铺地砖已全无，砌法不详。

东后室：位于前室东南部，有过道与前室相通，过道宽0.86米，长度不详，过道地面与前室平，高于后室地面0.20米。东后室平面呈长方形，东西宽1.70、南北长3.50、残高0.46米。周壁用长条砖一平一竖砌筑，铺地砖为1层，残存南半部分，用长条砖和半砖呈纵横交错砌筑。

西后室：位于前室西南部，有过道与前室相通，破坏严重，过道宽0.84米，长度不详，过道地面与前室平，高于后室0.20米，由于破坏严重，砖砌结构不明。仅残存土圹，土圹长3.20、宽1.60米。

墓葬用砖为长条砖，规格为长0.27、宽0.14、厚0.06米。

因盗扰破坏严重，墓室内无葬具、人骨等，葬具与葬式均不详。

（二）出土器物

仅见铜钱11枚，出土于前室西北侧，未发现其他遗物。

铜钱　11枚。标本新M16：1，分五铢、货泉两种。

五铢　10枚。多数腐蚀，字迹漫漶不清，圆形方穿，正、背有郭，穿正面无郭，正面穿左右篆书“五铢”，“五”字瘦长，竖画或较直或特曲，接上下横画处垂直或呈外放状，“铢”字“金”旁头呈三角形，“朱”旁上部两竖或方折或圆折或圆折外敞。

标本新M16：1-1，五铢。字体瘦长，“五”字瘦长，竖画较直，接上下横画处垂直，“铢”字“金”旁头呈三角形，“朱”旁上部两竖方折。郭径2.59、钱径2.21、穿宽0.91、郭宽0.18、郭厚0.16、肉厚0.08厘米，重量3.12克（图一〇八，1）。

货泉 1枚。保存较完好，正背均有钱郭、穿郭。

标本新M16：1-11，货泉。圆形方穿，对读。正反面均有郭，“货”字已锈蚀不清，仅“泉”字可分辨。郭径2.29、钱径2.08、穿宽0.69、郭宽0.17、郭厚0.14、肉厚0.09厘米，重量3.00克（图一〇八，2；表二三）。

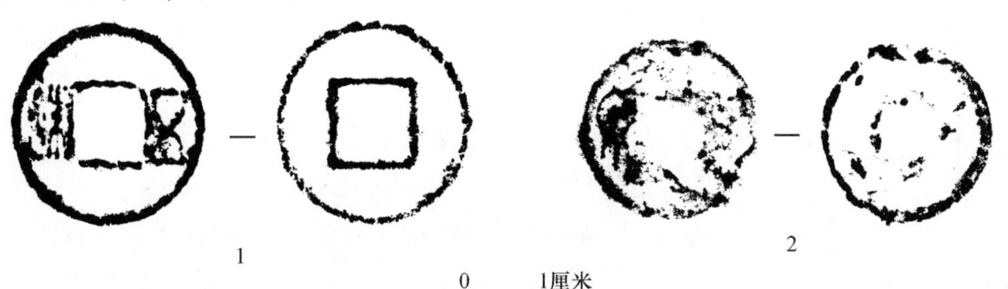

图一〇八 新M16铜钱拓本

1. 五铢（新M16：1-1） 2. 货泉（新M16：1-11）

表二三 新M16铜钱统计表 （单位：厘米、克）

种类	编号	记号	郭径	钱径	穿宽	郭宽	郭厚	肉厚	重量	备注
五铢	M16：1-1	无	2.59	2.21	0.91	0.18	0.16	0.08	3.12	
	M16：1-2	无	2.57	2.22	0.90	0.18	0.14	0.07	3.10	
	M16：1-3	无	2.53	2.28	0.88	0.15	0.19	0.09	2.93	
	M16：1-4	无	2.59	2.26	0.93	0.25	0.13	0.07	3.01	
	M16：1-5	无	2.62	2.28	0.94	0.15	0.21	0.10	3.44	
	M16：1-6	无	2.64	2.34	0.86	0.17	0.18	0.09	3.52	
	M16：1-7	无	2.59	2.26	0.92	0.20	0.19	0.08		略残
	M16：1-8	无	2.64	2.31	0.93	0.18	0.16	0.06	2.64	
	M16：1-9	无	2.64	2.38	0.91	0.17	0.16	0.08	2.74	
	M16：1-10	无	2.61	2.33	0.93	0.16	0.15	0.09	2.90	
货泉	M16：1-11	无	2.29	2.08	0.69	0.17	0.14	0.09	3.00	

十七、新宫十七号墓（新M17）

（一）墓葬形制

位于发掘区西区东南部，东邻新M14，与新M14并排而葬，西邻新M16，开口于第3层下，墓口距地表深1.80米，方向185°。平面呈刀形，为带斜坡墓道竖穴土圹双室砖墓，由墓道、前室和后室组成。墓葬平面总长8.00、宽0.84—2.50、墓底距墓口深1.04米（图一〇九；图版三二，2、3）。

墓道：位于墓室南部偏东侧，平面近长方形，底部为斜坡状，墓道口长3.40、宽0.84—1.08、深0.10—1.04、底长3.52米，北部略宽于南部。

墓门：位于墓道北端、墓室南部偏东侧，墓门宽0.70、残高0.06—0.12米，东、西两壁残留1—2层平砖，封门墙砌在墓门内，残存1层竖砖。

前室：位于墓道北部，平面近方形，南北长3.00、东西宽2.38、残高0.06—0.56米。四壁墙砖仅东北部保存较高，其他处仅残存1—2层平砖，为二平一竖砌筑，铺地砖为1层，用长条砖错缝平铺。

后室：位于前室北部偏东，平面呈长方形，长2.20、宽1.60、残高0.56米，用长条砖二平一竖砌筑，铺地砖为1层，用长条砖错缝平铺，高于前室0.16米。

长条砖分两种，规格分别为长0.30、宽0.15、厚0.05米；长0.30、宽0.16、厚0.06米。

因盗扰破坏严重，墓室内无葬具、人骨等，葬具与葬式均不详。

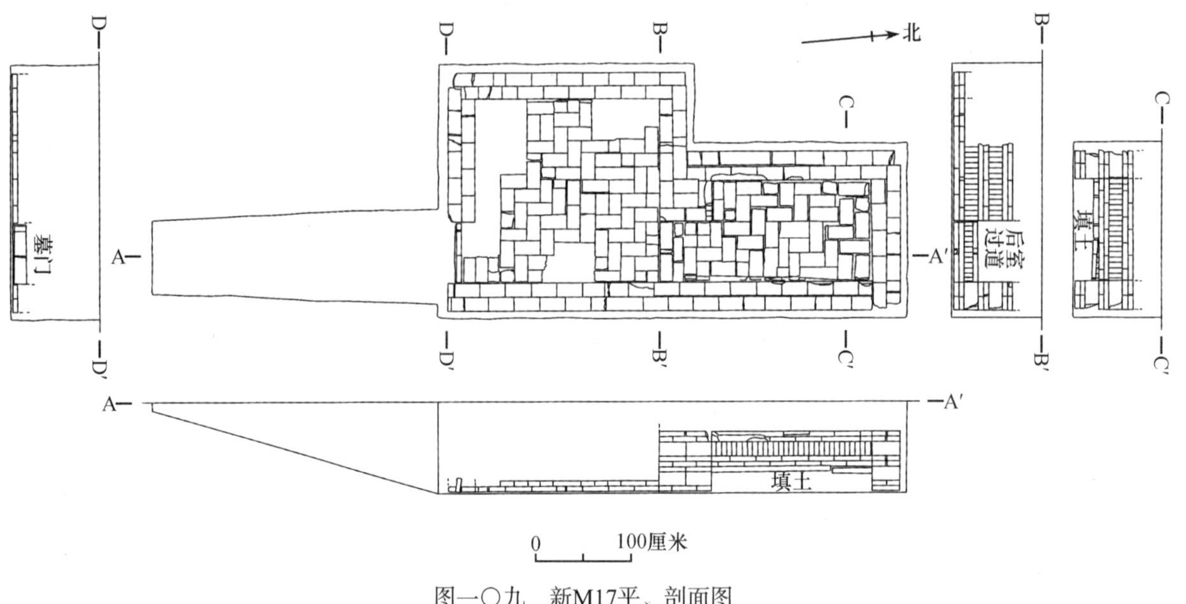

图一〇九　新M17平、剖面图

（二）出土器物

未见出土器物。

第三节 丰台南苑植物油厂保障房住房项目墓葬群

丰台南苑植物油厂保障房住房项目（简称“植物油厂”）位于南苑三处地点的东南部，该墓地共发掘各时期古墓葬20座，分别编号为植M1—植M20，其中植M2—植M8、植M12、植M15—M18等12座属于汉代墓葬，均为竖穴土圹砖室墓。其余植M1、植M9—植M11、植M13、植M14、植M19、植M20等为晚期墓。下面是关于植物油厂12座汉墓的详细介绍。

一、植物油厂二号墓（植M2）

（一）墓葬形制

位于发掘区北部，西邻植M1，开口于第4层下，被植M1打破并被切除大半，墓口距地表深1.80米，方向0°。仅剩半个墓室，平面形状不规则，推测属长方形，为竖穴土圹单室砖墓，土圹全长2.60、宽1.14—1.90、墓底距墓口深0.30米，铺地砖仅残留底部少量平砖，放置凌乱，层数、铺法皆不详（图一一〇；图版三五，1）。

因盗扰破坏严重，墓室内无葬具、人骨等，葬具与葬式均不详。

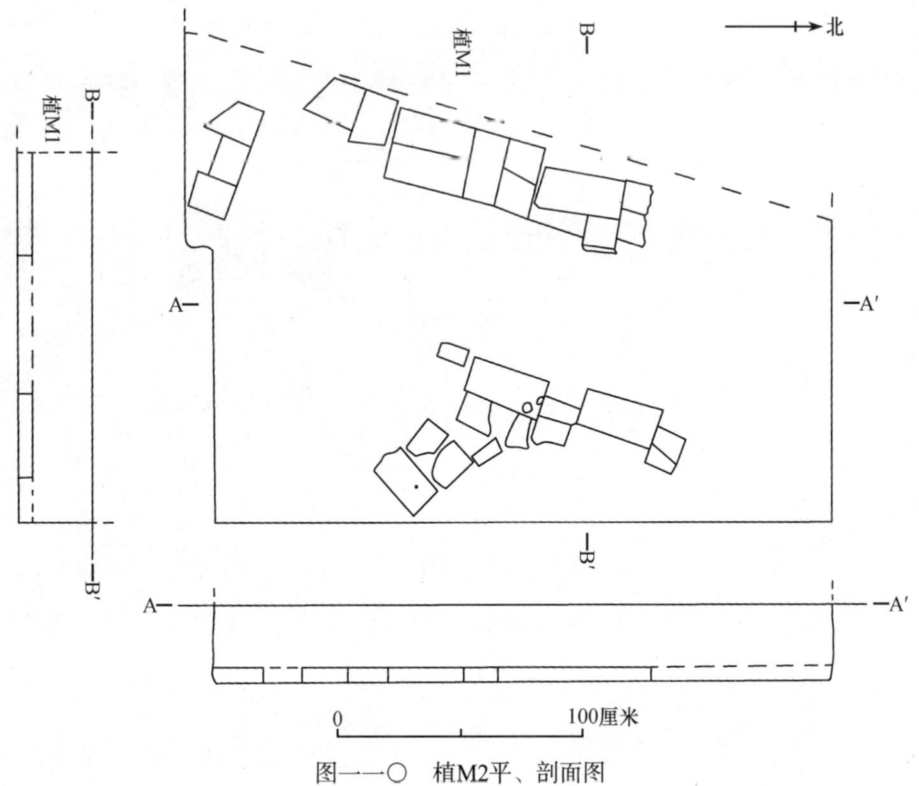

图一一〇 植M2平、剖面图

（二）出土器物

未见出土器物。

二、植物油厂三号墓（植M3）

（一）墓葬形制

位于发掘区北部，西邻植M2，开口于第4层下，墓口距地表深1.70米，方向188°。平面呈不规则形，为带斜坡墓道竖穴土圹多室砖墓，由墓道、甬道、前室、东侧室和后室组成。墓葬平面总长11.00、宽1.20—4.50、墓底距墓口深1.24米（图一一一；图版三五，2）。

墓道：位于墓室南部，平面略呈长方形，底部为斜坡状，墓道长2.50、宽1.00、深0—1.24、底长2.60米，墓道两壁较直。

甬道：位于墓道北端、前室南部偏东处，残存土圹，宽1.40、进深0.80、残高1.24米。

前室：位于甬道北、后室南部，平面呈长方形，长3.10、宽2.30米，残存2层平砖，残高0.12米，墙壁砌法不明，铺地砖为1层，用残砖块无序平铺。

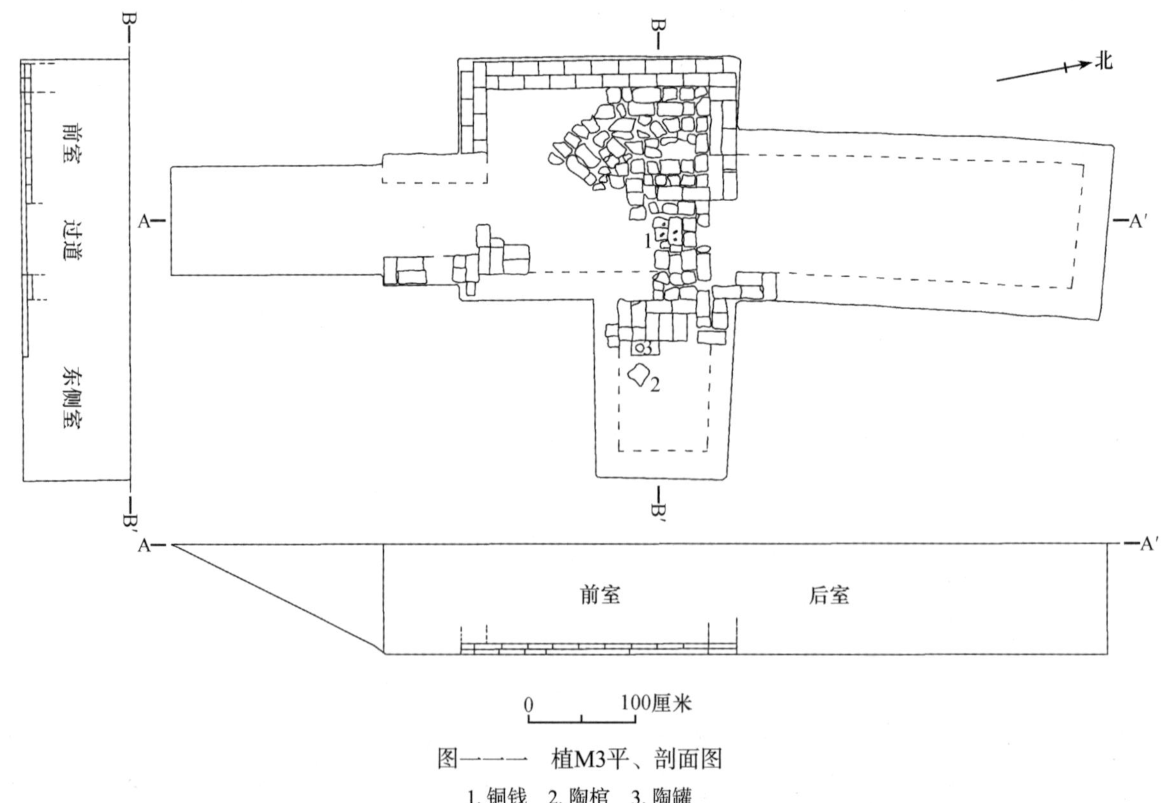

图一一一　植M3平、剖面图

1. 铜钱　2. 陶棺　3. 陶罐

东侧室：位于前室东北部，平面呈长方形，土圹长2.00、宽1.55、深1.24米，底部残留少量铺地砖，铺法不详。

后室：位于前室北部，平面呈长方形，仅残留土圹，长4.10、宽1.90、深1.24米，砖室结构不明。

墓砖规格为长0.30、宽0.15、厚0.05米。

因盗扰破坏严重，墓室内有陶棺残片，葬具为陶棺，无人骨，葬式不详。

（二）出土器物

仅发现陶罐1件、陶棺1件，位于东侧室内；铜钱9枚，位于前室东北部。

陶罐 1件。标本植M3：3，夹云母灰陶，轮制。残存口沿及腹部。侈口，方唇，折沿，束颈，弧腹。残高12.0厘米（图一一二，2）。

陶棺 1件。标本植M3：2，泥质灰陶，模制。仅存棺盖部分残片。正面满饰网格纹，背面素面。残长21.5厘米（图一一二，1；图版七九，1）。

铜钱 9枚。标本植M3：1，均为五铢。多数腐蚀，字迹漫漶不清，圆形方穿，正、背有郭，穿正面无郭，正面穿左右篆书“五铢”，“五”字瘦长，竖画或较直或特曲，接上下横画处垂直或呈外放状，“铢”字“金”旁头呈三角形，“朱”旁上部两竖或方折或圆折。

标本植M3：1-1，五铢。字体瘦长，“五”字瘦长，竖画特曲，接上下横画处呈外放状，“铢”字“金”旁头呈三角形，“朱”旁上部两竖方折。郭径2.58、钱径2.36、穿宽0.91、郭宽0.16、郭厚0.12、肉厚0.08厘米，重量2.02克（图一一三，1）。

标本植M3：1-7，五铢。字体瘦长，“五”字瘦长，竖画较直，接上下横画处呈外放状，“铢”字“金”旁头呈三角形，“朱”旁上部两竖圆折。郭径2.62、钱径2.29、穿宽0.99、郭宽0.17、郭厚0.11、肉厚0.07厘米，重量2.15克（图一一三，2；表二四）。

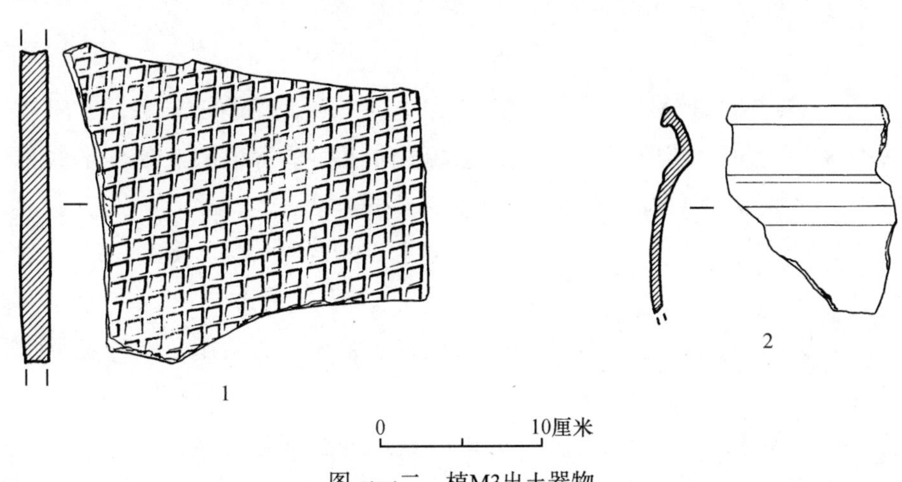

图一一二 植M3出土器物

1. 陶棺（植M3：2） 2. 陶罐（植M3：3）

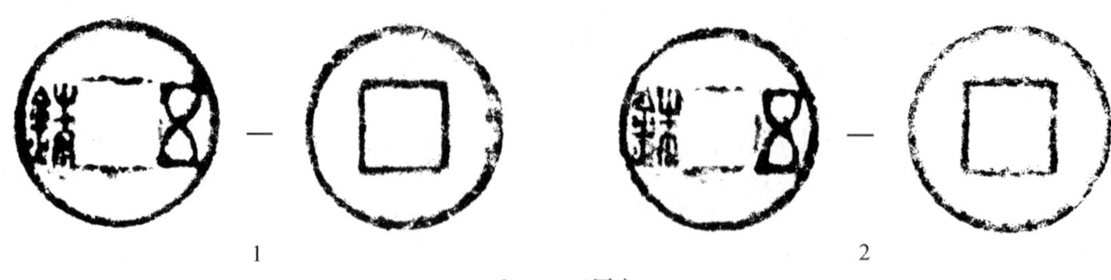

图一一三　植M3铜钱拓本
1、2. 五铢（植M3：1-1、植M3：1-7）

表二四　植M3铜钱统计表　　（单位：厘米、克）

种类	编号	记号	郭径	钱径	穿宽	郭宽	郭厚	肉厚	重量	备注
五铢	M3：1-1	无	2.58	2.36	0.91	0.16	0.12	0.08	2.02	
	M3：1-2	无	2.59	2.31	0.97	0.17	0.10	0.04	2.03	
	M3：1-3	无	2.64	2.28	0.88	0.19	0.11	0.06	2.59	
	M3：1-4	无	2.55	2.28	0.92	0.17	0.14	0.08	2.39	
	M3：1-5	无	2.47	2.29	0.94	0.09	0.10	0.05	1.16	
	M3：1-6	无	2.61	2.38	0.98	0.16	0.12	0.08	2.45	
	M3：1-7	无	2.62	2.29	0.99	0.17	0.11	0.07	2.15	
	M3：1-8	无	2.52	2.27	0.89	0.11	0.12	0.09	2.35	
	M3：1-9	无	2.65	2.27	0.97	0.19	0.14	0.08	2.62	

三、植物油厂四号墓（植M4）

（一）墓葬形制

位于发掘区北部，南邻植M5，开口于第4层下，墓口距地表深1.50米，方向15°。平面呈刀形，为带斜坡墓道竖穴土圹单室砖墓，由墓道、甬道和墓室组成。墓葬平面总长7.22、宽0.84—2.36米、墓底距墓口深1.10米（图一一四；图版三六）。

墓道：位于墓室北部，为长方形斜坡状，墓道长2.90、宽0.84、深0—1.10、底长3.10米，墓道两壁较直。

墓门：位于墓道南部、甬道北端，宽0.84、残高1.00米。两壁用长条砖二平一竖砌筑，封门墙砌在甬道内，残高0.26米，用长条砖一平一竖砌筑。

甬道：位于墓道南部，平面呈长方形，长0.70、宽1.48、残高1.00米。

墓室：位于甬道南部，平面呈长方形，长3.60、宽2.20—2.30、残高1.10米。四壁用长条砖

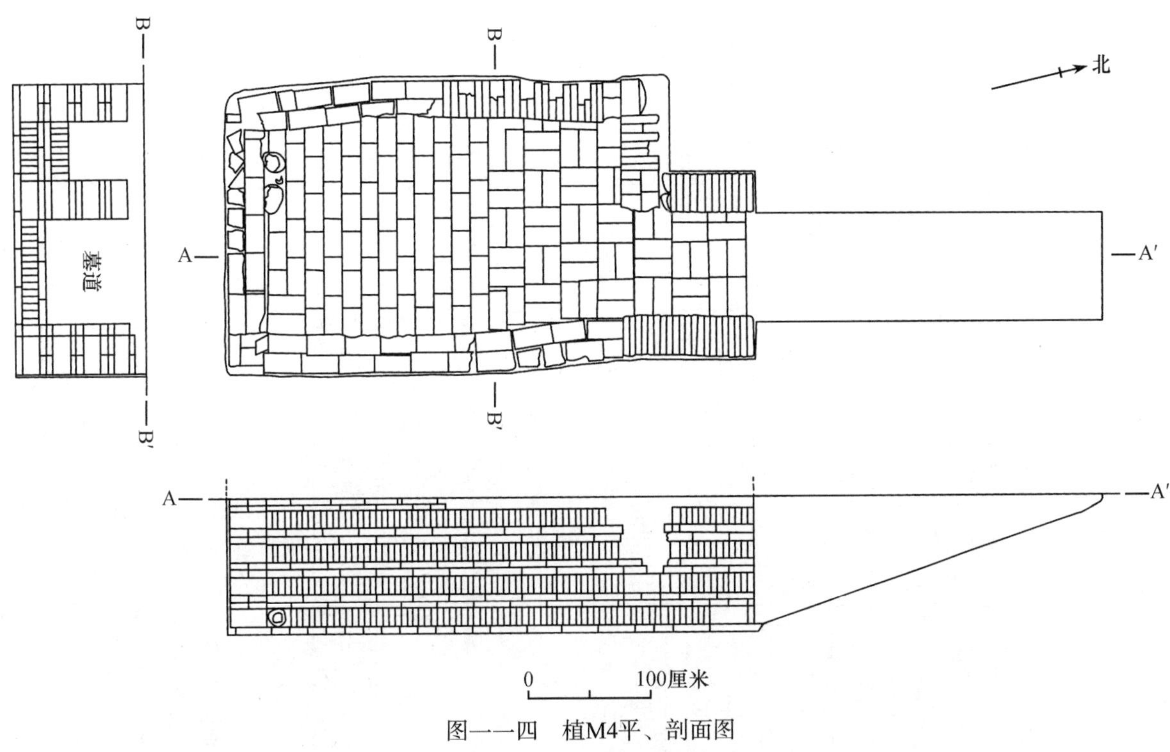

图一一四 植M4平、剖面图

二平一竖砌筑，铺地砖为1层，整齐平整，且保存较好，南部用长条砖横向错缝平铺，北部用长条砖两纵两横交错平铺。

因盗扰破坏严重，墓室内无葬具，墓室西南部残存有头骨等，葬具与葬式均不详。

（二）出土器物

未见出土器物。

四、植物油厂五号墓（植M5）

（一）墓葬形制

位于发掘区北部，西邻植M6，开口于第4层下，墓口距地表深1.40米，方向5°。平面呈“甲”字形，为带斜坡墓道竖穴土圹单室砖墓，由墓道、甬道和墓室组成。墓葬平面总长7.76、宽0.80—2.88、墓底距墓口深1.40米（图一一五；图版三七、图版三八）。

墓道：位于墓室及甬道北部，平面呈长方形，底部为斜坡状，长3.28、宽0.80—1.06、深0—1.40、底长1.30米。有5级台阶，第一级台阶南北宽0.34、高0.08米，第二级台阶宽0.38、高

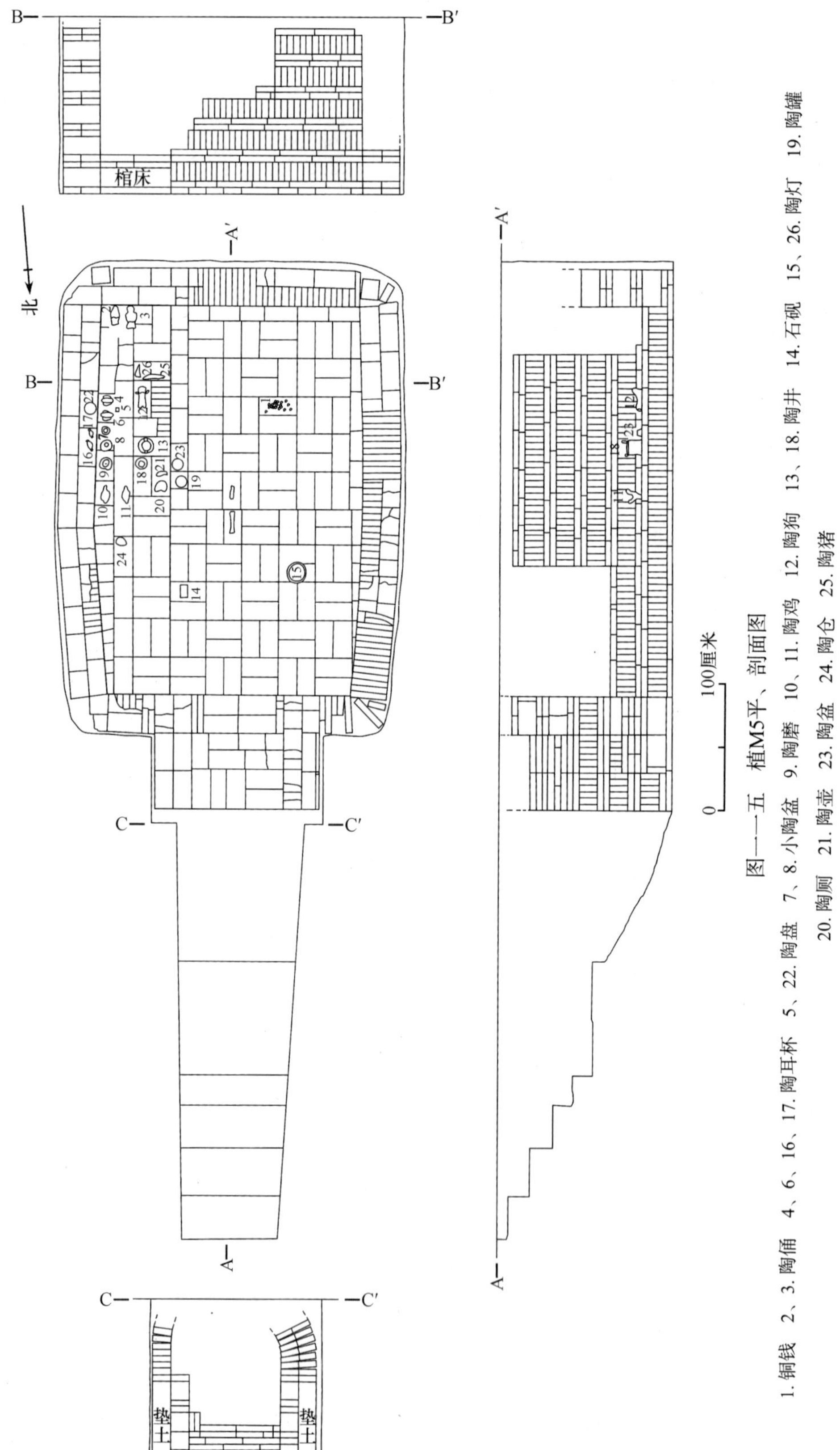

图一一五　植M5平、剖面图

1. 铜钱　2、3. 陶俑　4、6、16、17. 陶耳杯　5、22. 陶盘　7、8. 小陶盆　9. 陶磨　10、11. 陶鸡　12. 陶狗　13、18. 陶井　14. 石砚　15、26. 陶灯　19. 陶罐　20. 陶厕　21. 陶壶　23. 陶盆　24. 陶仓　25. 陶猪

0.18米，第三级台阶宽0.34、高0.18米，第四级台阶宽0.34、高0.16米，第五级台阶宽0.90、高0.10米。墓道两壁较陡直。

墓门：位于墓道南端、甬道口，墓门宽0.76米，封门墙砌在甬道内，残高0.40—0.50米，用长条砖错缝平砌。

甬道：位于墓室北部、墓道南端，平面呈长方形，顶部被破坏，存部分券砖，残高0.80—1.16米，东、西两壁用长条砖二平一竖砌筑，从下往上砌法为3组二平一竖再加2层平砖共11层砖后起券。

墓室：位于甬道南部，平面为弧长方形，墓室长3.70、宽2.45—2.88、高0.24—1.30米。周壁用长条砖二平一竖砌筑，东部设有一长方形棺床，棺床长3.10、宽0.50—0.62、高0.24米，棺床上部用长条砖纵横交错平铺1层，西壁用长条砖一平一竖包边，铺地砖为1层，采用长条砖两纵两横交错平铺。

墓砖为长条砖，长0.31、宽0.15、厚0.05米。其中一块长条砖正面饰细线阴刻鸟纹，鸟做站立状，尖喙，长尾，微上卷，高足（图一一六）。

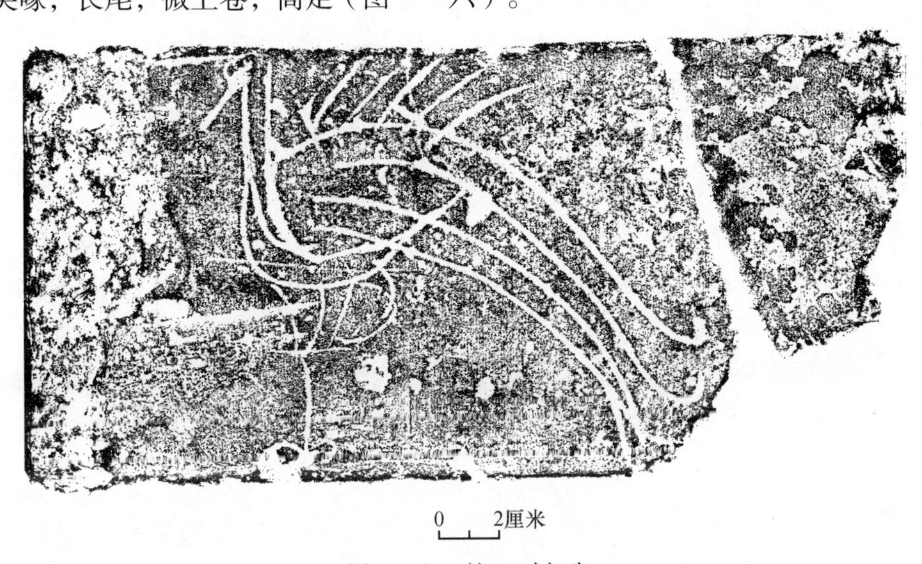

图一一六　植M5砖拓本

因盗扰破坏严重，墓室内无葬具，仅在墓室中部发现残骨痕迹，葬具与葬式均不详。

（二）出土器物

随葬品有陶壶1件、陶罐1件、陶仓1件、陶井2件、陶盆1件、陶磨1件、陶盘2件、陶耳杯4件、陶灯2件、陶厕1件、小陶盆2件、陶俑2件、陶狗1件、陶猪1件、陶鸡2件、石砚1套、铜钱1件（35枚）。铜钱和陶灯盘位于墓室中部偏西处，其余随葬品皆位于长方形棺床上和棺床附近。

陶壶　1件。标本植M5：21，泥质灰陶，轮制。仅存圈足部分残片。圈足上装饰一周戳印纹带和一周凸弦纹。残高8.7厘米（图一一七，12）。

陶罐　1件。标本植M5：19，泥质灰陶，轮制。残存口沿及颈部。敛口，圆唇，平沿，短颈。颈下饰带状网格纹间叶脉纹。残高5.8厘米（图一一七，5）。

陶仓　1件。标本植M5：24，泥质灰陶，模制。仅存下部一角，为黏合而成。壁垂直，平底。残高10.0厘米（图一一七，14）。

陶井　2件。均为泥质灰陶，轮制。

标本植M5：13，井口呈圆形，井口上有井架（残断），侈口，翻沿，圆唇，腹部有轮旋痕，下腹外张，平底。口径11.2、底径11.7、残高17.3厘米（图一一八，11；图版八〇，6）。

标本植M5：18，井口呈圆形，侈口，翻沿，尖唇，束腰，下腹外张，平底。下腹与底结合部有数个按窝装饰，底部有旋痕。口径15.6、底径12.4、高11.2厘米（图一一七，6；图版八一，5）。

陶盆　1件。标本植M5：23，泥质灰陶，轮制。残存下腹及底部。斜直腹，平底。残高4.3厘米（图一一七，10）。

陶磨　1件。标本植M5：9，泥质灰陶，模制。残存上扇。圆形，中部有一周圆形凸棱，中间有一道隔梁，隔梁两侧为置粮孔，凸棱四周饰有斜线纹，底面中间有一凹孔，用于与下扇凸起的圆榫对接。直径9.0、高1.9厘米（图一一八，12；图版八〇，2）。

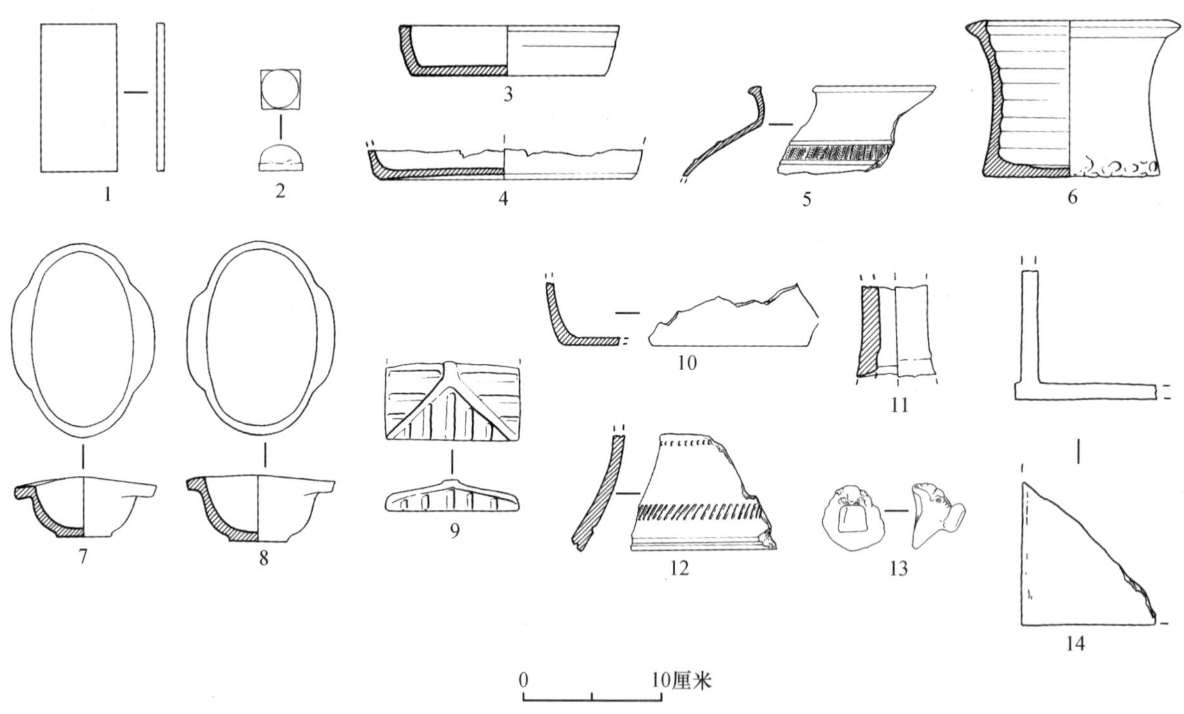

图一一七　植M5出土器物

1、2. 石砚（植M5：14）　3、11. 陶灯（植M5：15、植M5：26）　4. 陶盘（植M5：22）　5. 陶罐（植M5：19）　6. 陶井（植M5：18）　7、8. 陶耳杯（植M5：16、植M5：17）　9. 陶厕（植M5：20）　10. 陶盆（植M5：23）　12. 陶壶（植M5：21）　13. 陶猪（植M5：25）　14. 陶仓（植M5：24）

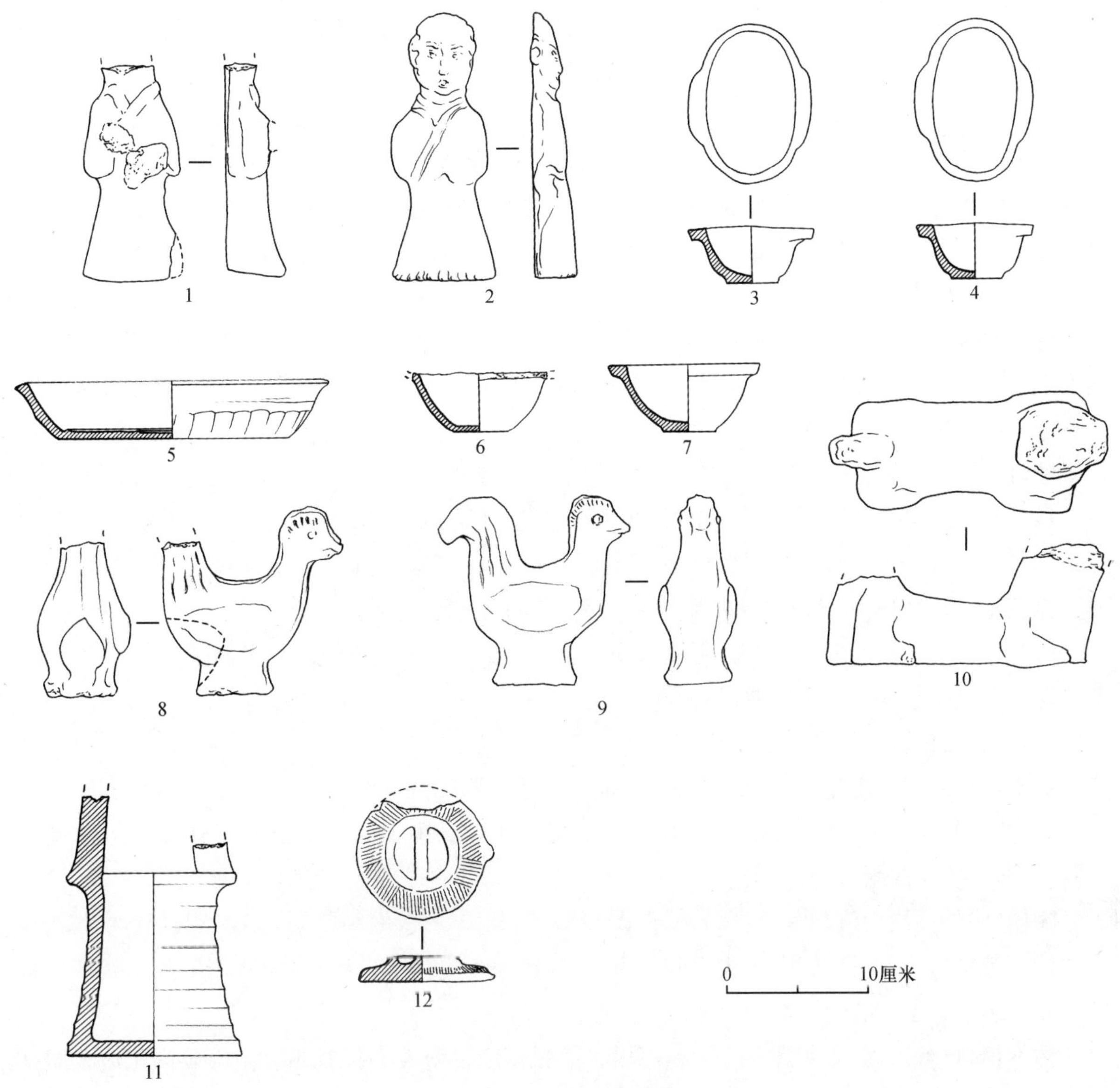

图一一八 植M5出土器物

1、2. 陶俑（植M5：2、植M5：3） 3、4. 陶耳杯（植M5：4、植M5：6） 5. 陶盘（植M5：5）
6、7. 小陶盆（植M5：7、植M5：8） 8、9. 陶鸡（植M5：10、植M5：11） 10. 陶狗（植M5：12）
11. 陶井（植M5：13） 12. 陶磨（植M5：9）

陶盘 2件。均为泥质灰陶。

标本植M5：5，模制。侈口，尖唇，斜直腹，腹部有削痕，平底。内底有两周凸弦纹。口径22.1、底径16.0、高4.0厘米（图一一八，5；图版七九，5）。

标本植M5：22，轮制。仅存盘底。平底略内凹，近底一周轮旋痕。底径18.4厘米（图一一七，4）。

陶耳杯 4件。均为泥质灰陶，模制。

标本植M5：4，器身呈椭圆形，敞口，方唇，弧腹，低矮假圈足。口沿两侧有对称月牙形耳，耳面内侧与口沿平。长径10.5、短径8.5、高4.0厘米（图一一八，3；图版七九，4）。

标本植M5：6，器身呈椭圆形，略瘦长，敞口，方唇，浅弧腹，低矮假圈足。口沿两侧有月牙形耳，耳面内侧与口沿平。长径10.6、短径8.4、高3.5厘米（图一一八，4；图版七九，6）。

标本植M5：16，器身呈椭圆形，略瘦长，敞口，方唇，浅弧腹，低矮假圈足。口沿两侧有对称月牙形耳，耳略下倾，耳面内侧与口沿平。长径13.5、短径10.4、高4.5厘米（图一一七，7；图版八一，3）。

标本植M5：17，器身呈椭圆形，略瘦长，敞口，方唇，浅弧腹，低矮假圈足。口沿两侧有对称月牙形耳，耳略下倾，耳面内侧与口沿平。长径13.2、短径10.7、高4.3厘米（图一一七，8；图版八一，4）。

陶灯　2件。均为泥质灰陶。

标本植M5：26，模制。残存柄部。直柄，中空。残长6.3厘米（图一一七，11）。

标本植M5：15，轮制。仅存灯盘，盘底有粘痕。侈口，方唇，斜直腹，盘腹数周轮旋痕，盘底平。口径15.4、残高3.5厘米（图一一七，3；图版八一，2）。

陶厕　1件。标本植M5：20，泥质灰陶，手、模兼制。仅存顶部。为四角攒尖顶，有脊，四坡皆有瓦垄。长10.0、宽5.6厘米（图一一七，9）。

小陶盆　2件。均为泥质灰陶，手制。

标本植M5：7，残存底部。斜直腹，平底。底径3.8、高3.8厘米（图一一八，6）。

标本植M5：8，侈口，平沿，方唇，腹略弧，下收，假圈足状底。直径10.5、高4.7厘米（图一一八，7；图版八〇，1）。

陶俑　2件。均为模制。

标本植M5：2，泥质红陶。头部残。身着右衽长袍，做站立状，双手拢于胸前（残）。残高14.6、宽6.7、厚3.8厘米（图一一八，1；图版七九，2）。

标本植M5：3，泥质灰陶。女俑，高髻，面目清晰，身着右衽长袍，袍底装饰花边，做站立状。高18.5、宽7.2、厚3.4厘米（图一一八，2；图版七九，3）。

陶狗　1件。标本植M5：12，泥质红陶，模制。头部残。卷尾搭于臀部，身体瘦长，做趴伏状。长18.4、高8.2、宽7.0厘米（图一一八，10；图版八〇，5）。

陶猪　1件。标本植M5：25，泥质灰陶，模制。仅存头部。五官较清晰，大鼻，额上有褶皱。残长3.0厘米（图一一七，13）。

陶鸡　2件。均为泥质灰陶，模制。

标本植M5：10，为母鸡。喙残，矮冠，小髯，双目微凸，一侧眉目、翅羽较清晰，短尾上翘（残），臀部有圆锥形孔，长方形底座。长12.7、高13.1、座高2.4厘米（图一一八，8；图版八〇，3）。

标本植M5：11，为公鸡。尖喙，高冠，双目微凸，眉目、翅羽清晰，卷尾上翘，圆角长方形底座。长13.5、高13.0、座高2.5厘米（图一一八，9；图版八〇，4）。

石砚　1套（2件）。标本植M5：14-1，青石质。长方形，正面平整光滑，背面略粗糙。长10.7、宽5.8、厚0.7厘米。标本植M5：14-2，青石质。半球状圆顶，方座，底平。方座边长2.8、高2.3厘米（图一一七，1、2；图版八一，1）。

铜钱　35枚。标本植M5：1，分五铢和剪轮五铢两种。

五铢　34枚。多数腐蚀，字迹漫漶不清，圆形方穿，正、背有郭，穿正面无郭，正面穿左右篆书“五铢”，“五”字或宽大或瘦长，竖画或较直或特曲，接上下横画处垂直或呈外放状，“铢”字“金”旁头呈三角形，“朱”旁上部两竖或方折或圆折。

标本植M5：1-2，五铢。字体宽大，“五”字瘦长，竖画特曲，接上下横画处呈外放状，“铢”字“金”旁头呈三角形，“朱”旁上部两竖圆折。郭径2.59、钱径2.33、穿宽0.75、郭宽0.21、郭厚0.15、肉厚0.09厘米，重量3.80克（图一一九，1）。

标本植M5：1-6，五铢。字体瘦长，“五”字瘦长，竖画较直，接上下横画处呈外放状，“铢”字“金”旁头呈三角形，“朱”旁上部两竖圆折。郭径2.62、钱径2.34、穿宽0.94、郭宽0.17、郭厚0.15、肉厚0.11厘米，重量2.97克（图一一九，2）。

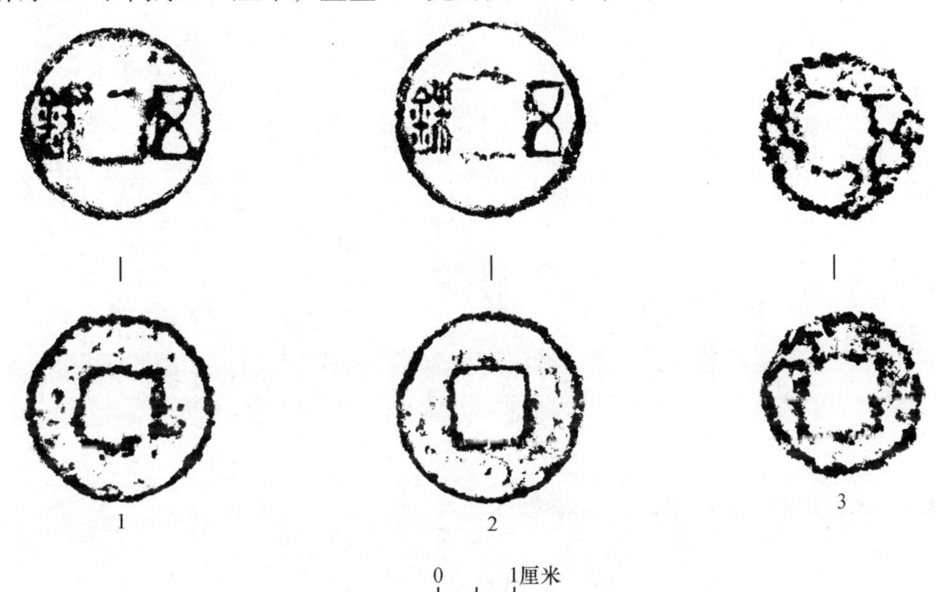

图一一九　植M5铜钱拓本

1、2. 五铢（植M5：1-2、植M5：1-6）　3. 剪轮五铢（植M5：1-8）

剪轮五铢　1枚。字迹漫漶不清，仅剪去边郭，圆形方穿，穿背面无郭。

标本植M5：1-8，剪轮五铢。仅剪去边郭，锈蚀严重，字迹漫漶不清。钱径2.23、穿宽0.93、肉厚0.12厘米，重量1.84克（图一一九，3；表二五）。

表二五　植M5铜钱统计表　（单位：厘米、克）

种类	编号	记号	郭径	钱径	穿宽	郭宽	郭厚	肉厚	重量	备注
五铢	M5：1-1	无	2.59	2.39	0.94	0.13	0.15	0.10	2.96	
	M5：1-2	无	2.59	2.33	0.75	0.21	0.15	0.09	3.80	

续表

种类	编号	记号	郭径	钱径	穿宽	郭宽	郭厚	肉厚	重量	备注
五铢	M5：1-3	无	2.63	2.32	0.91	0.10	0.20	0.14	2.84	
	M5：1-4	无	2.59	2.33	0.91	0.13	0.16	0.10	2.40	
	M5：1-5	无	2.47	2.21	0.85	0.12	0.10	0.09	2.50	
	M5：1-6	无	2.62	2.34	0.94	0.17	0.15	0.11	2.97	
	M5：1-7	无	2.61	2.36	0.92	0.18	0.17	0.10	3.36	
	M5：1-9	无	2.64	2.35	0.92	0.15	0.20	0.11	3.45	
	M5：1-10	无	2.41	2.17	0.92	0.18	0.12	0.10	2.18	
	M5：1-11	无	2.63	2.31	0.93	0.17	0.15	0.10	3.32	
	M5：1-12	无	2.57	2.38	0.87	0.15	0.17	0.11	3.02	
	M5：1-13	无	2.54	2.26	0.89	0.12	0.18	0.09	2.96	
	M5：1-14	无	2.68	2.39	0.95	0.18	0.17	0.12	3.26	
	M5：1-15	无	2.62	2.28	0.87	0.17	0.21	0.10	3.42	
	M5：1-16	无	2.68	2.48	0.90	0.14	0.19	0.12	3.65	
	M5：1-17	无	2.58	2.32	0.92	0.16	0.20	0.10	3.46	
	M5：1-18	无	2.58	2.29	0.96	0.14	0.18	0.10	3.42	
	M5：1-19	无	2.61	2.27	0.93	0.19	0.15	0.11	2.67	
	M5：1-20	无	2.61	2.20	0.88	0.23	0.23	0.14	4.09	
	M5：1-21	无	2.55	2.38	0.94	0.12	0.15	0.12	2.29	
	M5：1-22	无	2.64	2.26	0.88	0.21	0.15	0.10	2.54	
	M5：1-23	无	2.59	2.33	0.93	0.12	0.16	0.09	2.30	
	M5：1-24	无	2.55	2.23	0.67	0.13	0.18	0.14	3.18	
	M5：1-25	无	2.62	2.25	0.87	0.21	0.20	0.11	3.03	
	M5：1-26	无	2.57	2.26	0.90	0.20	0.18	0.09	2.70	
	M5：1-27	无	2.40	2.16	0.85	0.10	0.19	0.10	2.30	
	M5：1-28	无	2.71	2.35	0.90	0.21	0.16	0.12	3.40	
	M5：1-29	无	2.63	2.39	0.84	0.20	0.20	0.11	3.45	
	M5：1-30	无	2.64	2.20	0.94	0.19	0.15	0.08	2.78	
	M5：1-31	无	2.60	2.26	0.89	0.18	0.17	0.11	2.63	
	M5：1-32	无	2.66	2.40	0.93	0.19	0.16	0.12	3.29	
	M5：1-33	无	2.60	2.34	0.91	0.19	0.15	0.10	3.49	
	M5：1-34	无	2.57	2.25	0.80	0.20	0.18	0.12	3.52	
	M5：1-35	无	2.59	2.32	0.86	0.13	0.12	0.05		略残
剪轮五铢	M5：1-8	无		2.23	0.93			0.12	1.84	

五、植物油厂六号墓（植M6）

（一）墓葬形制

位于发掘区北部，东邻植M5，西邻植M7，开口于第4层下。墓口距地表深1.20米，方向347°。平面呈“中”字形，为带斜坡墓道竖穴土圹双室砖墓，由墓道、甬道、前室、过道和后室组成。墓葬平面总长11.10、宽0.84—4.60、墓底距墓口深1.70米（图一二〇；图版三九、图版四〇）。

墓道：位于墓室北部，长方形斜坡状，长3.80、宽0.84—1.00、深0—1.70、底长4.10米，墓道两壁较直。

墓门：位于墓道南、甬道北端，宽1.00、高1.20米，封门墙砌在甬道内，封门墙与甬道口平齐，用长条砖一平一竖砌筑。

甬道：位于墓道与前室之间，双层拱形券顶，宽1.40、进深0.54、高1.10、墙壁厚0.30米，两壁用长条砖一平一竖砌筑。

前室：位于甬道和后室之间，平面呈梯形，长4.60、宽3.00、残高1.00米。周壁用长条砖一平一竖砌筑。前室东部有一长方形器物台，器物台长2.36、宽1.04—1.14、高于室内铺地砖0.16米，台面用残砖平铺。铺地砖为1层，见于墓室西部，用长条砖两纵两横交错平铺，地面铺砌平整，墓室西部残留有少量肢骨。

过道：位于前室和后室之间，拱形券顶，宽1.47、进深1.50、高1.26米，两壁用长条砖一平一竖砌筑。

后室：位于前室及过道南部，平面近似长方形，长3.20、宽1.70—2.00、残高0.40—1.40米，周壁用长条砖一平一竖砌筑，铺地砖为1层，用长条砖两纵两横交错平铺，地面铺砌平整。

墓砖为长条砖，规格为长0.29、宽0.15、厚0.05米。其中一块砖正面刻划文字，字迹不辨（图一二一）。

因盗扰破坏严重，墓室内无葬具，仅在前室西部发现残骨痕迹，葬具与葬式均不详。

（二）出土器物

有陶罐4件、陶奁1件、陶仓1件、陶灶1件、陶井1件、陶器盖1件、陶耳杯1件、陶灯1件、陶厕1件、小陶盆2件、陶器底1件、陶狗3件、陶鸡3件、铜钱1件（24枚），集中放置前室东部长方形器物台边，无一件在器物台上。

陶罐　4件。均为泥质灰陶，轮制。

标本植M6：17，残存口沿及颈部。敛口，圆唇，平沿，短颈。颈下饰网格纹。残高4.8厘

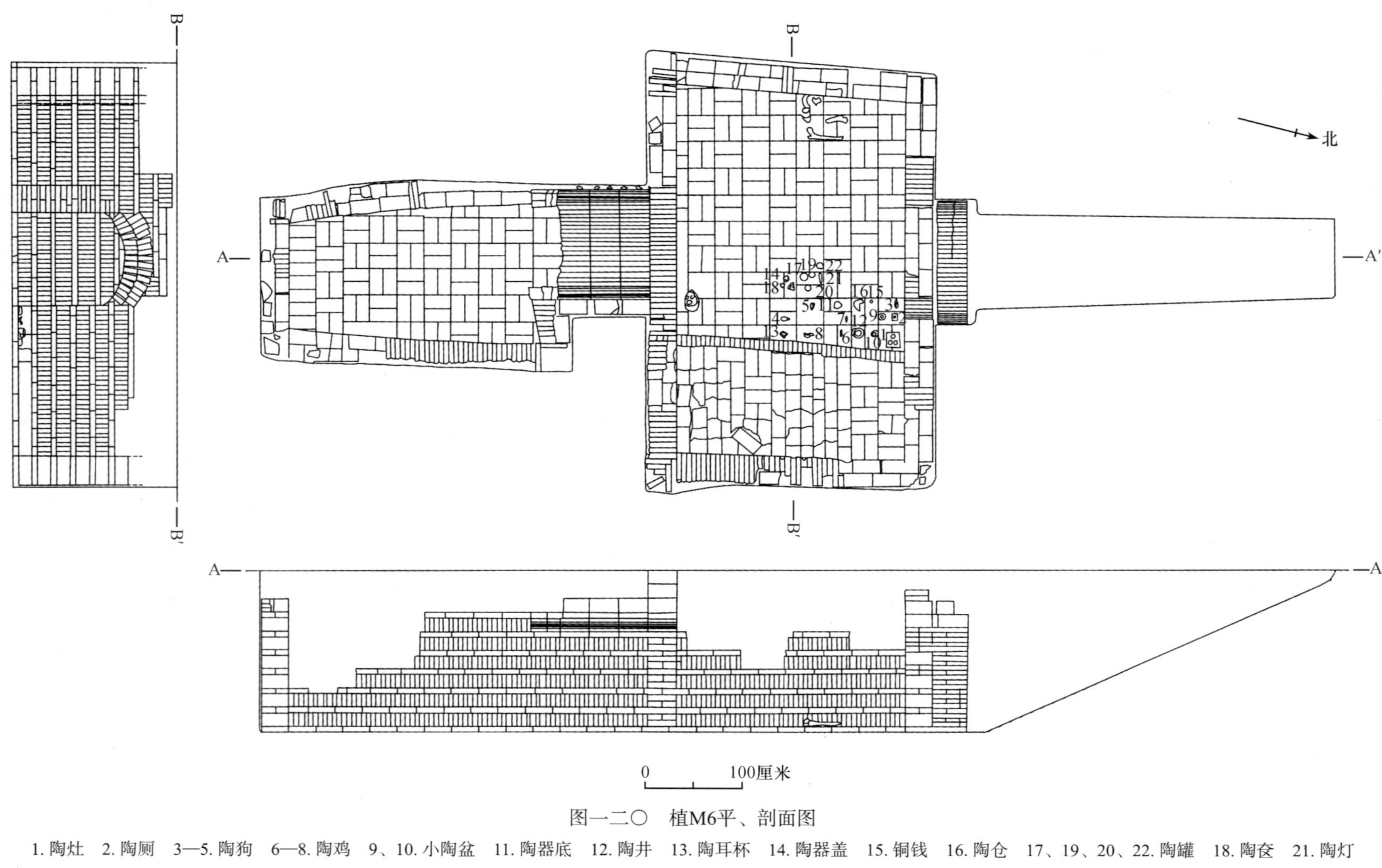

图一二〇　植M6平、剖面图

1. 陶灶　2. 陶厕　3—5. 陶狗　6—8. 陶鸡　9、10. 小陶盆　11. 陶器底　12. 陶井　13. 陶耳杯　14. 陶器盖　15. 铜钱　16. 陶仓　17、19、20、22. 陶罐　18. 陶奁　21. 陶灯

0 2厘米

图一二一 植M6带字砖拓本

米（图一二二，16）。

标本植M6：19，残存口沿及颈部。敛口，平沿，方唇，短颈。残高3.9厘米（图一二二，17）。

标本植M6：20，残存颈、腹部。束颈，弧腹。颈、腹部有轮旋痕。残高20.0厘米（图一二二，18）。

标本植M6：22，厚胎，体型较大，口微敛，沿面外斜，尖唇，短束颈，溜肩，鼓腹下收，圜底。颈部饰两周凸弦纹。口径31.0、腹径49.0、高45.5厘米（图一二二，21；图版八三，6）。

陶奁 1件。标本植M6：18，泥质灰陶，轮制。口微侈，圆唇，浅筒形直腹，平底。颈、腹部有轮旋痕。残高10.5厘米（图一二二，20）。

陶仓 1件。标本植M6：16，泥质灰陶，手、模兼制，模制为主。残存部分顶部残片。为悬山顶，上有瓦垄。残长13.1厘米（图一二二，15）。

陶灶 1件。标本植M6：1，泥质灰陶，模制。平面呈梯形，灶面有呈“品”字形分布的三个圆形灶眼，前面并排两个较小，后面一个较大，前端有挡烟墙，两侧堆塑饼状食品等图形，后端有方形示意性烟囱，正面中部有一长方形落地式灶门，无底内空。长18.5、宽12.3—14.8、通高9.4厘米（图一二二，1；图版八一，6）。

陶井 1件。标本植M6：12，泥质灰陶，轮制。井口呈圆形，口微敛，折沿，方唇，束颈，斜直壁，下腹内收，平底，胎较厚。腹有轮旋痕。口径14.2、底径11.0、高8.2厘米（图一二二，13；图版八三，4）。

陶器盖 1件。标本植M6：14，泥质灰陶，手制。顶残。坡面有不甚清晰、隐约可见的三

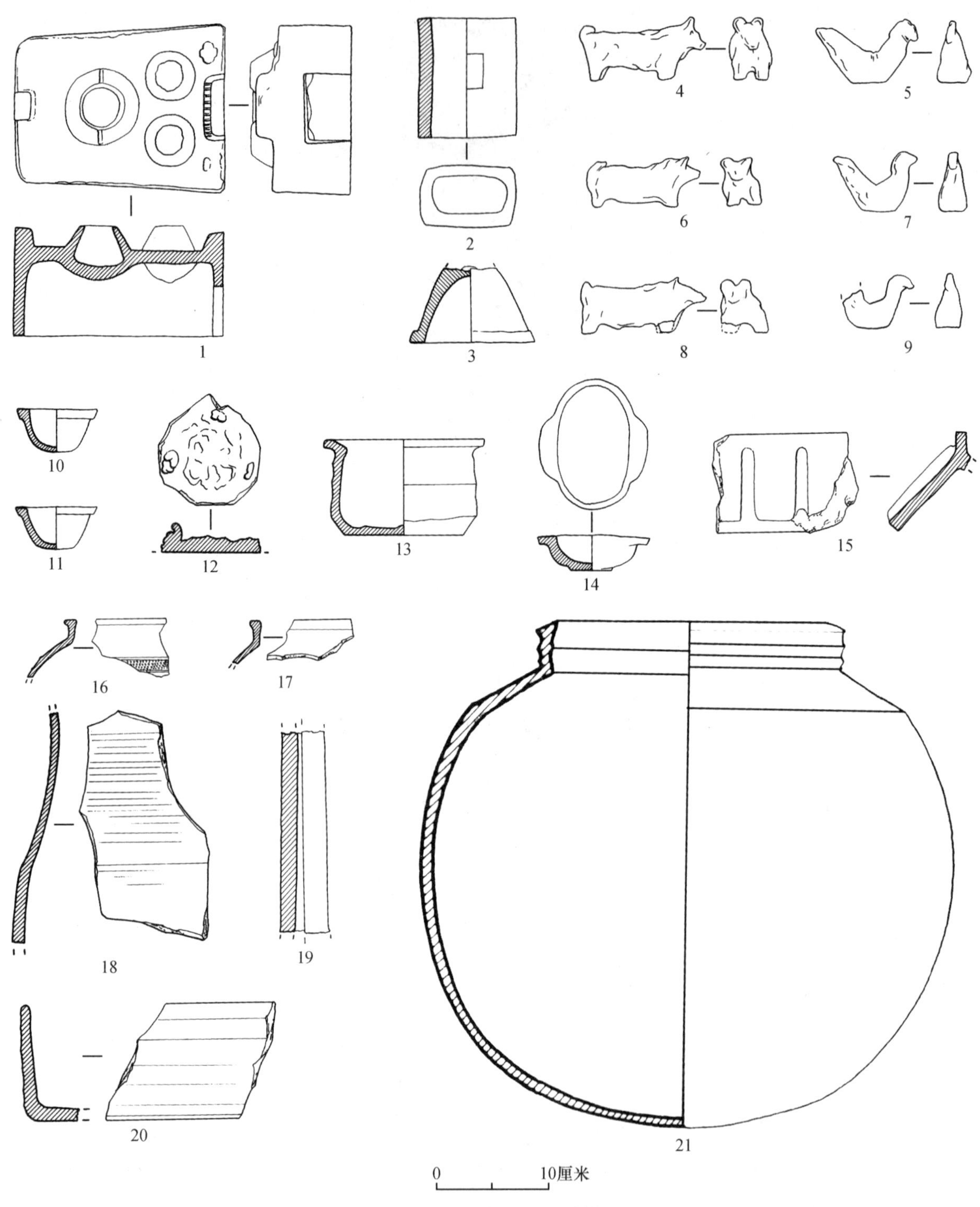

图一二二　植M6出土器物

1. 陶灶（植M6：1）　2. 陶厕（植M6：2）　3. 陶器盖（植M6：14）　4、6、8. 陶狗（植M6：3、植M6：4、植M6：5）　5、7、9. 陶鸡（植M6：6、植M6：7、植M6：8）　10、11. 小陶盆（植M6：9、植M6：10）　12. 陶器底（植M6：11）　13. 陶井（植M6：12）　14. 陶耳杯（植M6：13）　15. 陶仓（植M6：16）　16—18、21. 陶罐（植M6：17、植M6：19、植M6：20、植M6：22）　19. 陶灯（植M6：21）　20. 陶奁（植M6：18）

角形装饰，口部平，盖边缘起凸棱。直径11.4、残高6.5厘米（图一二二，3；图版八三，5）。

陶耳杯 1件。标本植M6：13，泥质灰陶，模制。器身呈椭圆形，略瘦长，敞口，方唇，浅弧腹，低矮假圈足。口沿两侧有对称月牙形耳，耳微下垂，耳面内侧与口沿平，外侧略低于口沿。长径11.4、短径9.5、高3.4厘米（图一二二，14）。

陶灯 1件。标本植M6：21，泥质灰陶，手制。残存柄部。直柄，中空。残高17.3厘米（图一二二，19）。

陶厕 1件。标本植M6：2，泥质灰陶，模制。平面呈圆角方形，筒状直腹，中空，腹中部有一长方形孔。长径8.5、短径4.7、高10.2厘米（图一二二，2；图版八二，1）。

小陶盆 2件。均为泥质灰陶，模制。

标本植M6：9，口微敞，厚方唇，斜弧腹，近圜底。口径6.8、高3.7厘米（图一二二，10；图版八三，2）。

标本植M6：10，敞口，厚方唇，斜弧腹，近圜底。口径6.8、高3.5厘米（图一二二，11；图版八三，3）。

陶器底 1件。标本植M6：11，泥质灰陶，模制。平底，内底凹凸不平。残底径8.9厘米（图一二二，12）。

陶狗 3件。均为泥质灰陶，模制。

标本植M6：3，耳耸，尖嘴，尾巴上卷，四肢直立做站立状。长10.7、高5.0、宽3.6厘米（图一二二，4；图版八二，2）。

标本植M6：4，耳耸，尖嘴，尾巴上卷，做站立状。长10.4、高4.2、宽3.6厘米（图一二二，6；图版八二，3）。

标本植M6：5，耳耸，尖嘴，尾巴上翘，做站立状。长10.8、高4.8、宽3.6厘米（图一二二，8；图版八二，4）。

陶鸡 3件。均为泥质灰陶，手制。

标本植M6：6，形体简化，尖喙，矮冠，长尾，双目、翅羽不清晰，尾上翘，无底座。长9.2、高5.0厘米（图一二二，5；图版八二，5）。

标本植M6：7，形体简化，尖喙，矮冠，长尾，双目、翅羽不清晰，尾上翘，无底座。长7.3、高5.2厘米（图一二二，7；图版八二，6）。

标本植M6：8，形体简化，尖喙，矮冠，尾残，翅羽不清晰，尾残，无底座。长6.6、高4.5厘米（图一二二，9；图版八三，1）。

铜钱 24枚。标本植M6：15，分五铢和剪轮五铢两种。

五铢 19枚。多数腐蚀，字迹漫漶不清，圆形方穿，正、背有郭，穿正面无郭，正面穿左右篆书“五铢”，“五”字宽大，竖画或较直或特曲，接上下横画处垂直或呈外放状，“铢”字“金”旁头呈三角形或菱形，“朱”旁上部两竖或方折或圆折。

标本植M6：15-1，五铢。字体宽大，“五”字瘦长，竖画特曲，接上下横画处垂直，“铢”字“金”旁头呈三角形，“朱”旁上部两竖方折。郭径2.58、钱径2.28、穿宽0.90、郭宽0.16、郭厚0.18、肉厚0.10厘米，重量2.75克（图一二三，1）。

标本植M6：15-9，五铢。字体宽大，“五”字宽大，竖画特曲，接上下横画处呈外放状，“铢”字“金”旁头呈三角形，“朱”旁上部两竖圆折。穿下有一小圆孔。郭径2.54、钱径2.29、穿宽0.91、郭宽0.15、郭厚0.16、肉厚0.08厘米，重量2.69克（图一二三，2）。

剪轮五铢　5枚。腐蚀严重，字迹漫漶不清，部分仅剪去边郭，部分剪之较甚，五铢两字有残缺，圆形方穿，穿正面无郭。

标本植M6：15-16，剪轮五铢。仅剪去边郭，字体宽大，“五”字宽大，竖画特曲，接上下横画处垂直，“铢”字“金”旁头呈三角形，“朱”旁上部两竖圆折外敞。钱径2.35、穿宽0.90、肉厚0.09厘米，重量1.95克（图一二三，3；表二六）。

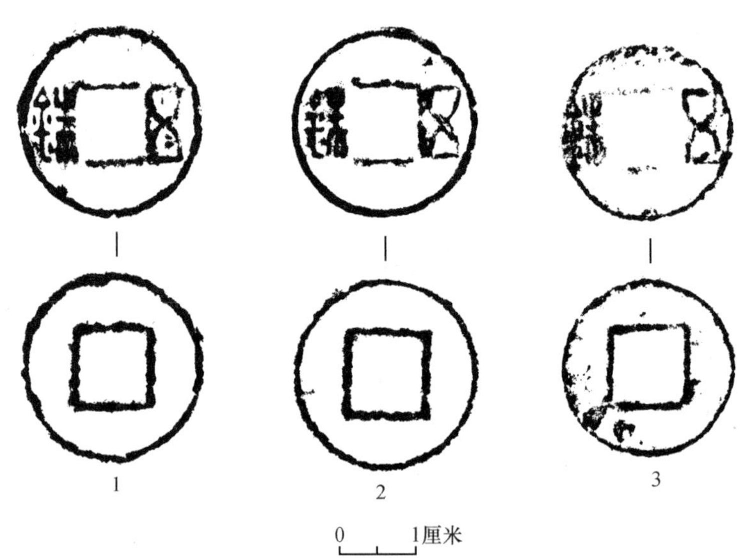

图一二三　植M6铜钱拓本

1、2. 五铢（植M6：15-1、植M6：15-9）　3. 剪轮五铢（植M6：15-16）

表二六　植M6铜钱统计表　　（单位：厘米、克）

种类	编号	记号	郭径	钱径	穿宽	郭宽	郭厚	肉厚	重量	备注
五铢	M6：15-1	无	2.58	2.28	0.90	0.16	0.18	0.10	2.75	
	M6：15-2	无	2.62	2.33	0.87	0.21	0.15	0.09	2.95	
	M6：15-3	无	2.56	2.24	0.87	0.17	0.14	0.08	2.83	
	M6：15-4	无	2.47	2.22	0.93	0.11	0.14	0.06	2.15	
	M6：15-5	无	2.58	2.29	0.98	0.18	0.11	0.07	2.48	
	M6：15-6	无	2.42	2.27	0.92	0.09	0.11	0.10	2.07	
	M6：15-7	无	2.57	2.36	0.94	0.15	0.15	0.09	2.69	
	M6：15-8	无	2.61	2.35	0.91	0.13	0.13	0.09	2.33	
	M6：15-9	无	2.54	2.29	0.91	0.15	0.16	0.08	2.69	
	M6：15-10	无	2.44	2.23	0.85	0.13	0.11	0.09	2.32	
	M6：15-11	无	2.62	2.40	0.94	0.15	0.11	0.10	2.42	
	M6：15-12	无	2.56	2.29	0.92	0.13	0.14	0.05	2.60	

续表

种类	编号	记号	郭径	钱径	穿宽	郭宽	郭厚	肉厚	重量	备注
五铢	M6：15-13	无	2.60	2.31	0.98	0.17	0.12	0.08	2.56	
	M6：15-14	无	2.49	2.32	0.89	0.16	0.16	0.11	2.57	
	M6：15-15	无	2.64	2.29	0.87	0.18	0.16	0.12	3.16	
	M6：15-21	无	2.49	2.25	0.93	0.08	0.06	0.04	1.48	残
	M6：15-22	无	2.63	2.38	0.83	0.18	0.15	0.13	2.61	残
	M6：15-23	无	2.59	2.30	0.90	0.15	0.13	0.08	2.17	略残
	M6：15-24	无	2.48	2.24	0.90	0.13	0.12	0.06	1.49	残
剪轮五铢	M6：15-16	无		2.35	0.90			0.09	1.95	
	M6：15-17	无		2.27	0.92			0.09	1.32	
	M6：15-18	无		1.87	0.85			0.08	1.03	
	M6：15-19	无		2.26	0.94			0.11	1.75	
	M6：15-20	无		2.25	0.90			0.09	1.95	

六、植物油厂七号墓（植M7）

（一）墓葬形制

位于发掘区北部，东邻植M6，开口于第4层下，墓口距地表深1.50米，方向15°。平面呈刀形，为带斜坡墓道竖穴土圹单室砖墓，由墓道、甬道和墓室组成。墓葬平面总长6.00、宽0.74—2.96、墓底距墓口深0.90米（图一二四；图版四一，1、2）。

墓道：位于墓室北部，为长方形斜坡状，长2.80、宽0.74、深0—0.90、底长3.00米，墓道两壁较直。

墓门：位于墓道南部，仅残留底部，宽0.70米，其余不详。封门墙为长条砖砌，仅存底部1层平砖。

甬道：位于墓道南端、墓室北部，平面呈长方形，宽1.50、进深0.60、残高0.90米，底部残留有少量残砖。

墓室：位于墓道及甬道南部，仅残留土圹，平面呈长方形，与甬道连在一起呈曲尺形。土圹东西长2.96、南北宽2.60、残深0.90米。

因盗扰破坏严重，墓室内无葬具，仅在墓室中部发现残骨痕迹，葬具与葬式均不详。

（二）出土器物

未见出土器物。

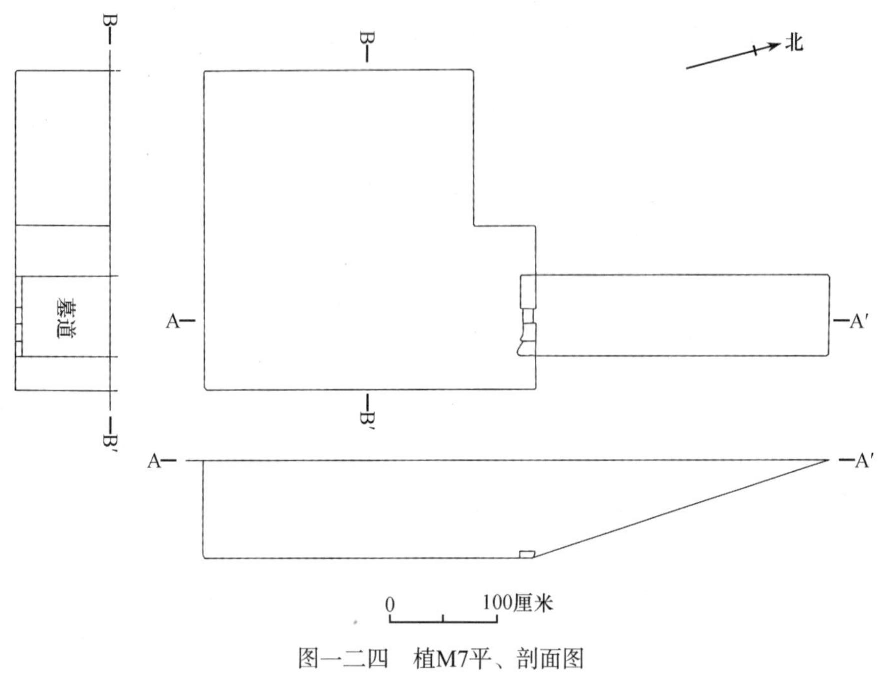

图一二四　植M7平、剖面图

七、植物油厂八号墓（植M8）

（一）墓葬形制

位于发掘区北部，开口于第4层下，墓口距地表深1.20米，方向189°。平面呈不规则形，为带斜坡墓道竖穴土圹多室砖墓，由墓道、甬道、前室、西侧室、东后室和西后室组成。墓葬平面总长11.00、宽0.90—6.00、墓底距墓口深1.80米（图一二五；图版四一，3）。

墓道：位于墓室南部，平面呈长方形，底部为斜坡状，长3.25、宽0.90、深0—1.80、底长3.30米，墓道两壁较陡直。

墓门：位于墓道北部，甬道南端，宽0.60米，封门墙为长条砖砌，残存底部一组二平一竖砖。

甬道：位于墓道北部，与前室相连，平面呈长方形，残留土圹，宽1.50、进深0.96米。

前室：位于甬道和后室之间，仅残留土圹，平面呈长方形，土圹长3.50、宽3.40、残深1.80米，铺地砖为1层，仅见于前室中部，铺法为长条砖两纵两横交错平铺。

西侧室：位于前室西侧，平面呈长方形，土圹长2.60、宽1.87、残深0.92米，墙壁用长条砖二平一竖砌筑。

东后室：位于前室东北部，残留土圹，平面呈长方形，土圹长3.40、宽2.00、残深1.80米，砖室已被破坏殆尽。

西后室：位于前室西北部，残留土圹，平面呈长方形，土圹长3.40、宽2.00、残深1.80

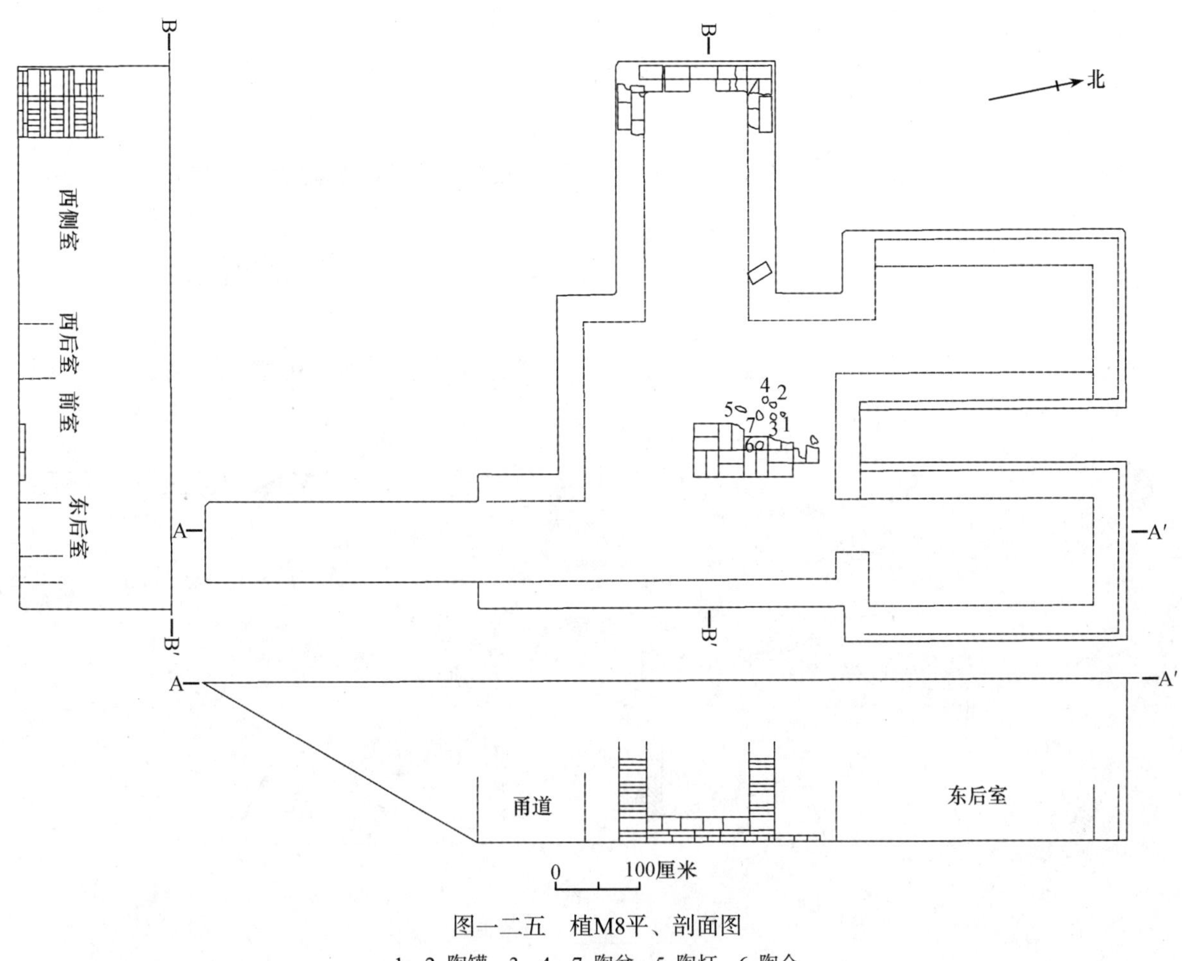

图一二五　植M8平、剖面图

1、2. 陶罐　3、4、7. 陶盆　5. 陶灯　6. 陶仓

米，砖室已被破坏殆尽。

因盗扰破坏严重，墓室内无葬具、人骨等，葬具与葬式均不详。

（二）出土器物

仅发现陶罐2件、陶仓1件、陶盆3件、陶灯1件，放置于前室中间。

陶罐　2件。均为泥质灰陶，轮制。

标本植M8：1，残存口沿及颈部。敛口，沿面外斜，尖唇。颈部饰两周凸弦纹。残高4.4厘米（图一二六，1）。

标本植M8：2，残存下腹及底部。斜直腹，平底（残）。下腹饰数周凸弦纹。残高17.3厘米（图一二六，5）。

陶仓　1件。标本植M8：6，泥质灰陶，轮制。残存部分底部。壁垂直，平底。残高6.8厘米（图一二六，7）。

陶盆　3件。均为轮制。

标本植M8：3，夹云母红陶。仅存口沿。敞口，仰折沿，方唇。残高7.9厘米（图一二六，2）。

标本植M8：4，泥质灰陶。仅存口沿。侈口，仰折沿，方唇。残高5.8厘米（图一二六，3）。

标本植M8：7，泥质灰陶。仅存口沿。敞口，仰折沿，方唇。残高5.2厘米（图一二六，4）。

陶灯　1件。标本植M8：5，泥质灰陶，模制。残存柄部。矮柄，中空。残高8.7厘米（图一二六，6）。

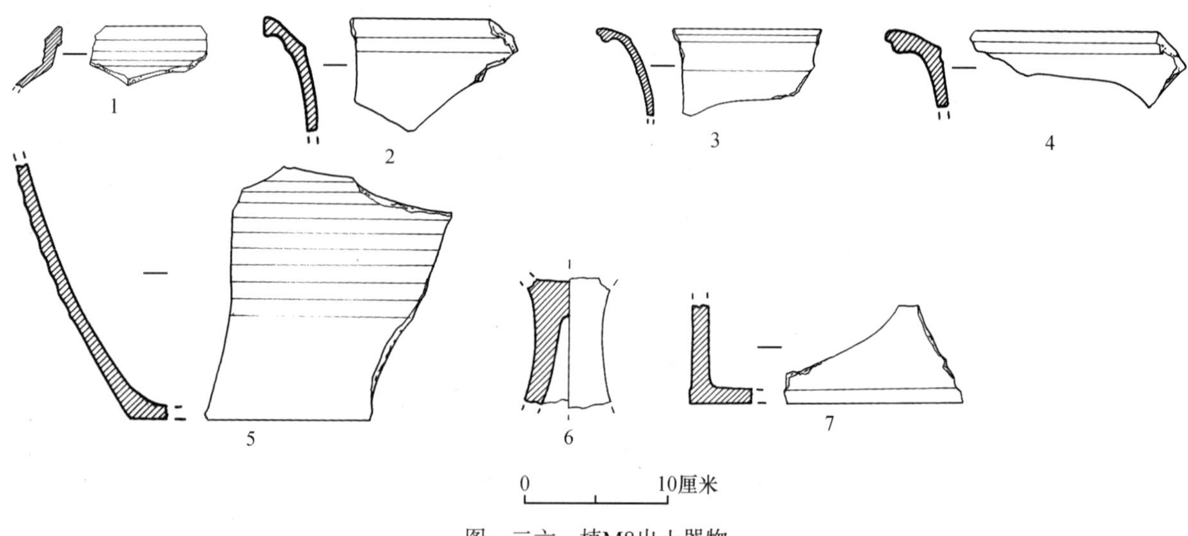

图一二六　植M8出土器物

1、5. 陶罐（植M8：1、植M8：2）　2—4. 陶盆（植M8：3、植M8：4、植M8：7）　6. 陶灯（植M8：5）　7. 陶仓（植M8：6）

八、植物油厂十二号墓（植M12）

（一）墓葬形制

位于发掘区北部，北邻植M8，开口于第4层下，墓口距地表深1.20米，方向190°。平面呈“甲”字形，为带斜坡墓道竖穴土圹多室砖墓，由墓道、甬道、前室、东后室和西后室组成。墓葬平面总长9.30、宽0.70—3.95、墓底距墓口深1.20米（图一二七；图版四二）。

墓道：位于墓室南部，呈长方形斜坡状，墓道开口长3.06、宽0.70、深0—1.20、底长3.15米。墓道两壁较陡直。

墓门：位于墓道北部、甬道南端，宽0.72、残高0.90米，封门墙砌在甬道内，采用长条砖竖砌，从下往上先侧砌2层，再横砌3层平砖，然后再竖砌，封门墙与甬道口平齐。

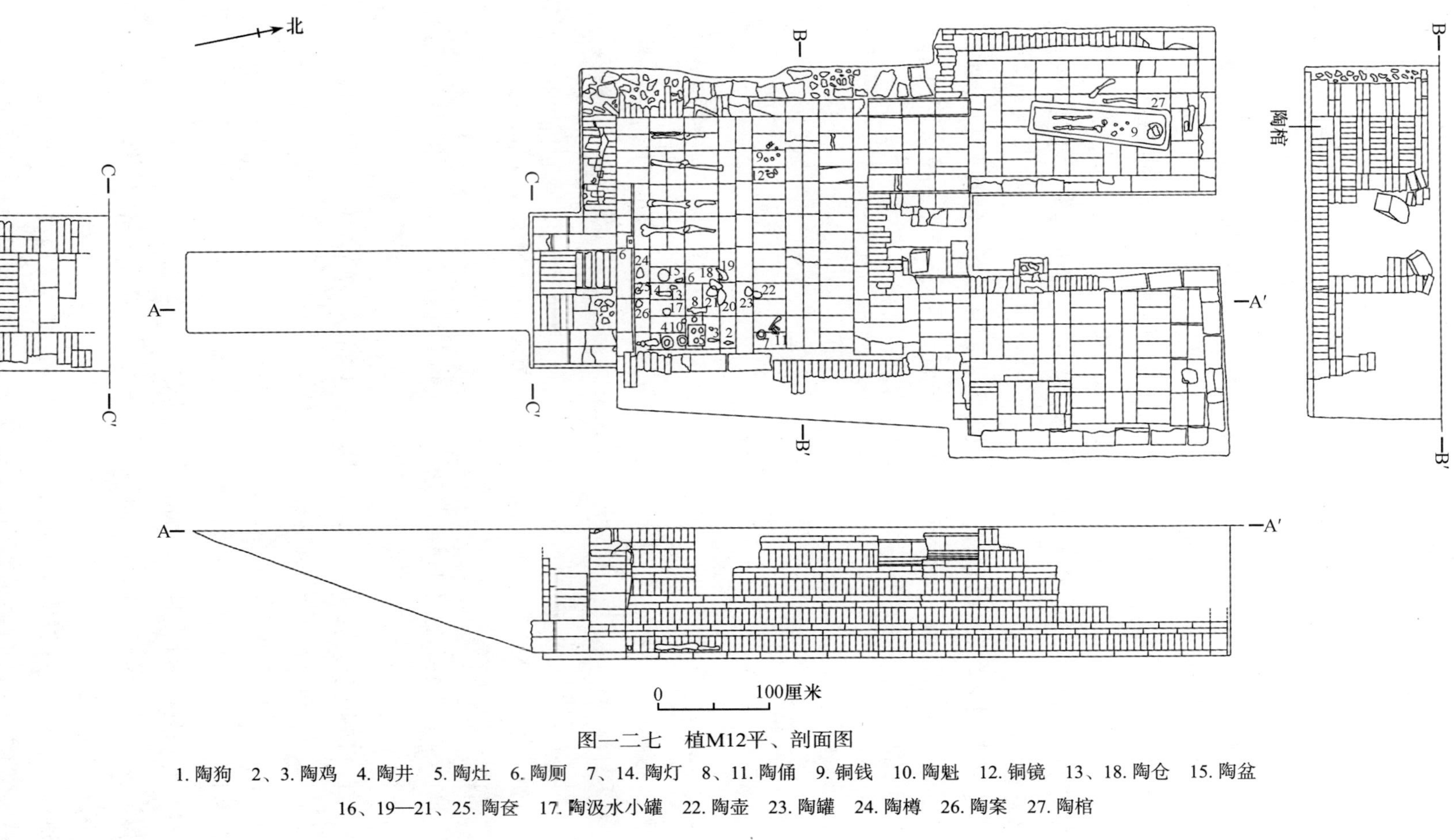

图一二七　植M12平、剖面图

1. 陶狗　2、3. 陶鸡　4. 陶井　5. 陶灶　6. 陶厕　7、14. 陶灯　8、11. 陶俑　9. 铜钱　10. 陶魁　12. 铜镜　13、18. 陶仓　15. 陶盆　16、19—21、25. 陶奁　17. 陶汲水小罐　22. 陶壶　23. 陶罐　24. 陶樽　26. 陶案　27. 陶棺

甬道：位于墓道北端、前室南部，平面呈长方形，宽1.30、进深0.74、残高0.90米，东、西两壁用残砖块二平一竖砌筑，砖墙厚0.30米。

前室：位于甬道和后室之间，平面近长方形，前室土圹东西长3.00—3.20、宽2.70米，前室长3.00、宽2.60、高0.60—1.20米，周壁用长条砖二平一竖砌筑，铺地砖为1层，采用纵一横二排列方式平铺。

东后室：位于前室东北部，与西后室间隔0.70米，平面呈长方形，长2.50、宽1.60、高0.30—1.20米。周壁用长条砖二平一竖砌筑。墓室东侧有一砖砌器物台，器物台仅存南部，南北残长0.82、东西宽0.40、高0.20米，铺地砖为1层，采用纵一横二排列方式平铺。

西后室：位于前室西北部，平面呈长方形，长2.50、宽1.50米。周壁用长条砖二平一竖砌筑。墓室西侧有一砖砌器物台，南北长2.06、东西宽0.40、高0.20米，铺地砖为1层，采用一纵二横的排列方式平铺。

前室残存两具人体骨骼，皆为下肢骨，并排放置，其余部位骨骼无存，头向北，西后室内中部置一具陶棺，陶棺长1.30、宽0.20—0.28、高0.20、厚0.06米，内有一具骨架，保存较差，仅残留头骨和少量肢骨。

（二）出土器物

出土器物有陶壶1件、陶罐1件、陶樽1件、陶奁5件、陶仓2件、陶灶1件、陶井1件、陶盆1件、陶魁1件、陶案1件、陶灯2件、陶厕1件、陶汲水小罐1件、陶棺1件、陶俑2件、陶狗1件、陶鸡2件、铜镜1件、铜钱202枚。随葬品集中位于前室东南部近墓门处，西侧人骨架边放置铜镜和铜钱，陶棺位于西后室，棺内置有铜钱。

陶壶　1件。标本植M12：22，泥质灰陶，轮制。残存口沿及颈部。浅盘口，平沿，尖唇，束颈。高10.5厘米（图一二八，2）。

陶罐　1件。标本植M12：23，泥质灰陶，轮制。残存腹部。腹饰凹弦纹。残高12.8厘米（图一二八，3）。

陶樽　1件。标本植M12：24，泥质灰陶，器身轮制，足手制，而后粘接。直口，方唇，筒形直腹，平底，底边下附三蹄形足（残）。残高12.1厘米（图一二八，4）。

陶奁　5件。均为泥质灰陶，轮制。

标本植M12：16，口微敛，圆唇，直腹，下外撇，圜底略凸。颈、腹部有轮旋痕。口径21.4、底径22.5、高11.7厘米（图一二九，13；图版八六，2）。

标本植M12：19，残存下腹及底部。直腹，平底。腹下部有凹弦纹。残高7.5厘米（图一二九，16）。

标本植M12：20，残存腹及部分底部。筒形直腹，底残。残高8.4厘米（图一二九，17）。

标本植M12：21，残存下腹及部分底部。直腹，底残。残高10.6厘米（图一二九，18）。

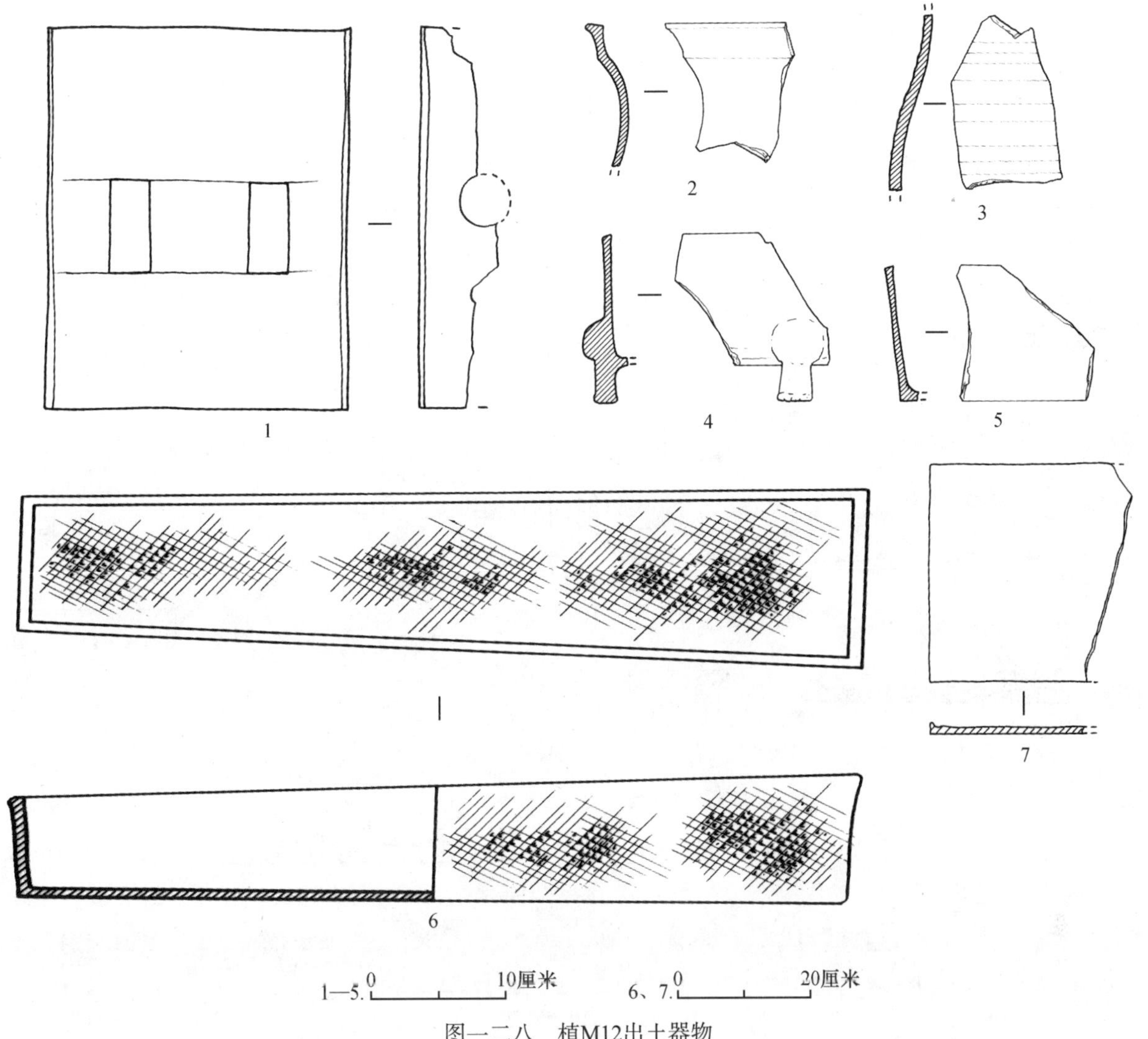

图一二八 植M12出土器物

1. 陶仓（植M12：18） 2. 陶壶（植M12：22） 3. 陶罐（植M12：23） 4. 陶樽（植M12：24） 5. 陶奁（植M12：25）
6. 陶棺（植M12：27） 7. 陶案（植M12：26）

标本植M12：25，残存下腹及部分底部。直腹，底残。残高9.8厘米（图一二八，5）。

陶仓 2件。均为泥质灰陶。

标本植M12：13，轮制。仅存部分顶部残片。为悬山顶，脊两端平，中间下凹，流水坡素平。顶长16.4、宽16.4、高8.8厘米（图一二九，11；图版八五，4）。

标本植M12：18，模制。顶残。正面并排两个长方形孔，侧面一个圆形孔。残宽28.2厘米（图一二八，1）。

陶灶 1件。标本植M12：5，泥质灰陶，模制。平面呈梯形，灶面有呈“品”字形分布的三个圆形灶眼，前面并排两个较小，后面一个较大，前端有低矮挡烟墙，后端有长方形烟囱，正面中部有一长方形落地式灶门，无底内空。灶面上有两个小陶盆，灶面堆塑炊具、工具及食

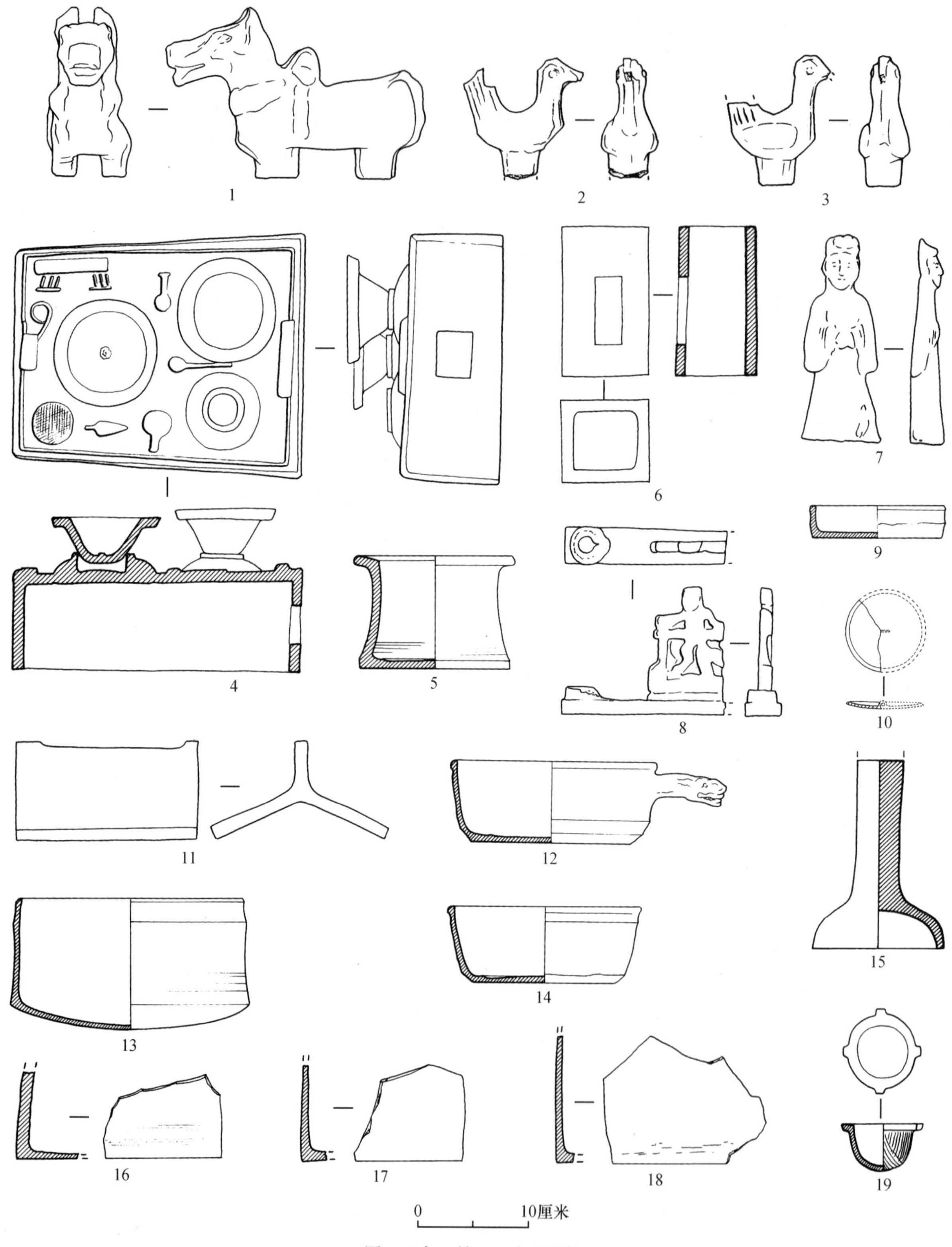

图一二九　植M12出土器物

1. 陶狗（植M12：1）　2、3. 陶鸡（植M12：2、植M12：3）　4. 陶灶（植M12：5）　5. 陶井（植M12：4）　6. 陶厕（植M12：6）　7、8. 陶俑（植M12：8、植M12：11）　9、15. 陶灯（植M12：7、植M12：14）　10. 铜镜（植M12：12）　11. 陶仓（植M12：13）　12. 陶魁（植M12：10）　13、16—18. 陶奁（植M12：16、植M12：19、植M12：20、植M12：21）　14. 陶盆（植M12：15）　19. 陶汲水小罐（植M12：17）

品等装饰物，长26.5、宽18.0—21.0、通高13.4厘米（图一二九，4；图版八四，5）。

陶井　1件。标本植M12：4，泥质灰陶，轮制。井口呈圆形，侈口，折沿，圆唇，腹下部外张，平底。口径14.6、底径14.2、高10.0厘米（图一二九，5；图版八四，4）。

陶盆　1件。标本植M12：15，泥质灰陶，轮制。侈口，圆唇，浅弧腹，平底。颈、腹部有轮旋痕，近底有削痕。内底饰一周凸弦纹，内壁有旋痕。口径17.0、底径12.4、高6.8厘米（图一二九，14；图版八六，1）。

陶魁　1件。标本植M12：10，泥质灰陶，器身轮制，柄模制，而后粘接。侈口，圆唇，束颈，直腹，平底。一侧有龙首形直柄。颈部饰一周凹弦纹，下腹饰三周细凹弦纹，近底有一道削痕。口径17.9、高7.0、柄长6.4厘米（图一二九，12；图版八五，2）。

陶案　1件。标本植M12：26，泥质灰陶，模制，手工修整。长方形，四角略削除，边上有一周斜凸缘，平底。残长32.0、厚2.1厘米（图一二八，7；图版八六，4）。

陶灯　2件。均为泥质灰陶，轮制。

标本植M12：7，直口，方唇，浅直腹，平底。腹部有削痕。口径12.3、底径11.7、高2.8厘米（图一二九，9；图版八五，1）。

标本植M12：14，残存柄部。高柱状实心直柄，喇叭状底座。残高16.6、座径11.9、柄径3.3厘米（图一二九，15；图版八五，6）。

陶厕　1件。标本植M12：6，泥质红陶，模制。平面近方形，筒状直腹，正面中部一长方形孔。长7.7、宽6.8、高13.5厘米（图一二九，6；图版八四，6）。

陶汲水小罐　1件。标本植M12：17，泥质灰陶，模制。口微侈，平折沿，方唇，沿部有两两相对的4个小方块装饰，圆腹，圜底。腹、底部饰较粗绳纹。口径6.4、高4.3厘米（图一二九，19；图版八六，3）。

陶棺　1件。标本植M12：27，泥质灰陶，模制。较完整，有盖（残），盖大于棺口四周，棺体呈长方形。正面压印网格纹，背面素面。棺长130.0、宽20.0—26.0、高20.0、厚6.0厘米（图一二八，6）。

陶俑　2件。均为泥质灰陶，模制。

标本植M12：8，头戴圆顶帽，大脸，面目不太清晰，双手拢于胸前，身着长袍，做站立状。高18.2、宽7.5、厚3.5厘米（图一二九，7；图版八五，5）。

标本植M12：11，杵杆前端残，后端踩于踏碓者脚下，踏碓者为一人，脸略胖，面目不清，双手紧握扶栏，扶栏两端有立柱固撑。长14.2、宽2.7—3.2、通高11.1厘米（图一二九，8；图版八五，3）。

陶狗　1件。标本植M12：1，泥质灰陶，模制。耳耸，目圆，嘴阔，尾巴上卷搭于臀部，四肢粗壮，做站立吠叫状。颈、腹部系较粗绳索，背部有绳索环结。长23.6、高15.0、宽7.2厘米（图一二九，1；图版八四，1）。

陶鸡　2件。均为泥质灰陶，模制。

标本植M12：2，为母鸡。尖喙，矮冠，长尾，双目微凸，眉目、尾羽清晰，尾上翘，长方形底座。长10.9、通高10.7、座高2.6厘米（图一二九，2；图版八四，2）。

标本植M12：3，为母鸡。矮冠，双目微凸，眉目、翅羽不清晰，尾残，长方形底座，不平。长9.3、通高11.4、座高2.5厘米（图一二九，3；图版八四，3）。

铜镜　1件。标本植M12：12，残破，锈蚀严重。圆形。素面。直径7.1、厚0.3厘米（图一二九，10）。

铜钱　202枚。标本植M12：9，分半两、五铢、剪轮五铢、小泉直一、货泉五种。

半两　5枚。保存较完好，无钱郭、穿郭。

标本植M12：9-5，半两。圆形方穿，正反面均无郭，铸文“半两”，“半”字两点横折。钱径2.42、穿宽0.64、肉厚0.12厘米，重量2.66克（图一三〇，3）。

五铢　160枚。多数腐蚀，字迹漫漶不清，圆形方穿，正、背有郭，穿正面无郭，正面穿左右篆书“五铢”，“五”字或宽大或瘦长，竖画或较直或特曲，接上下横画处垂直或呈外放

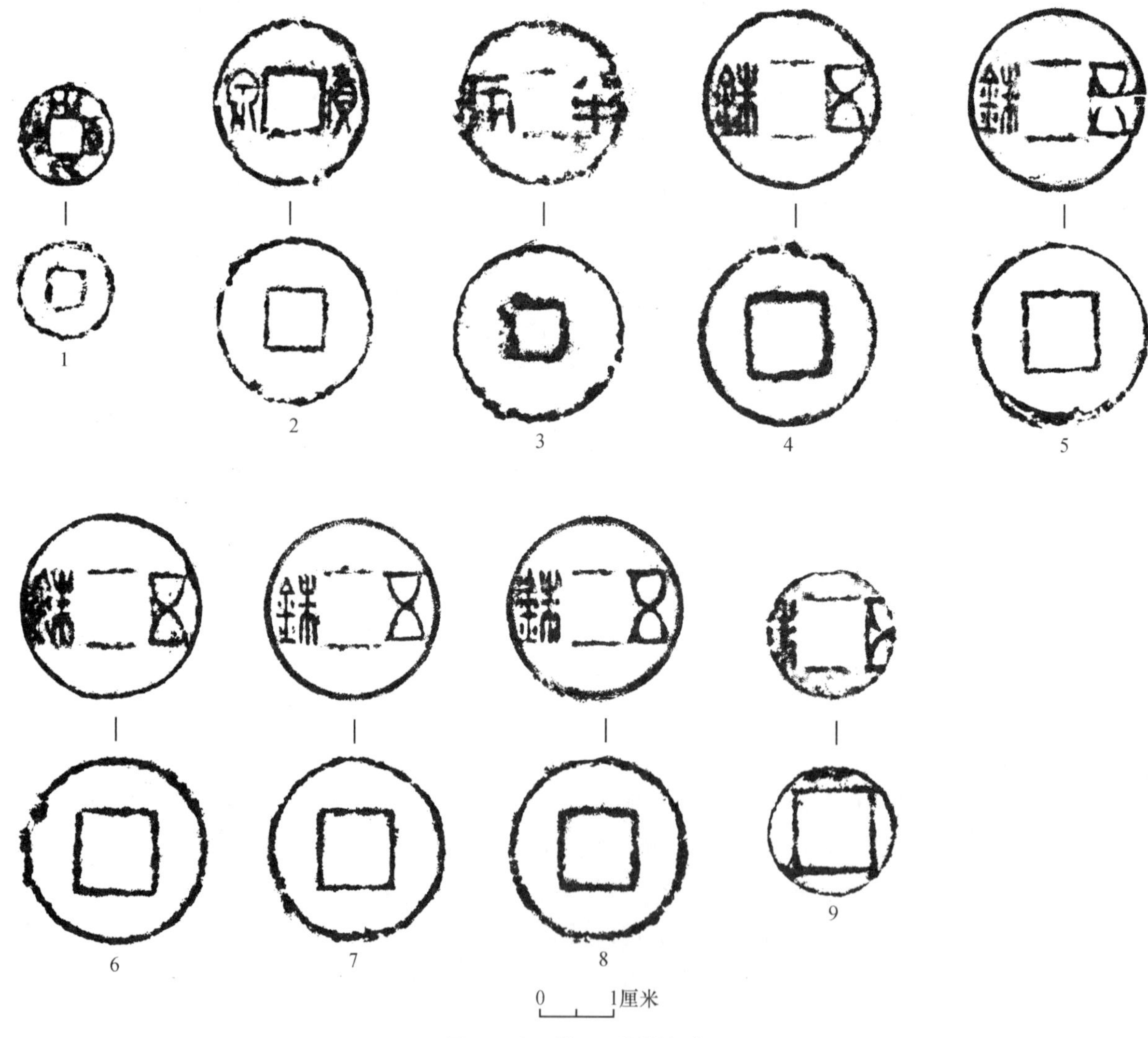

图一三〇　植M12铜钱拓本

1. 小泉直一（植M12：9-1）　2. 货泉（植M12：9-2）　3. 半两（植M12：9-5）　4—8. 五铢（植M12：9-10、植M12：9-11、植M12：9-52、植M12：9-69、植M12：9-70）　9. 剪轮五铢（植M12：9-165）

状，“铢”字“金”旁头呈三角形，“朱”旁上部两竖或方折或圆折或圆折外敞。

标本植M12：9-10，五铢。字体瘦长，“五”字瘦长，竖画较直，接上下横画处垂直，“铢”字“金”旁头呈三角形，“朱”旁上部两竖圆折。郭径2.52、钱径2.17、穿宽0.92、郭宽0.19、郭厚0.19、肉厚0.11厘米，重量3.09克（图一三〇，4）。

标本植M12：9-11，五铢。字体瘦长，“五”字瘦长，竖画特曲，接上下横画处呈外放状，“铢”字“金”旁头呈三角形，“朱”旁上部两竖圆折。郭径2.56、钱径2.30、穿宽0.93、郭宽0.19、郭厚0.11、肉厚0.06厘米，重量3.01克（图一三〇，5）。

标本植M12：9-52，五铢。字体宽大，“五”字宽大，竖画较直，接上下横画处垂直，“铢”字“金”旁头呈三角形，“朱”旁上部两竖圆折外敞。郭径2.66、钱径2.33、穿宽0.95、郭宽0.20、郭厚0.15、肉厚0.10厘米，重量2.62克（图一三〇，6）。

标本植M12：9-69，五铢。字体宽大，“五”字宽大，竖画特曲，接上下横画处垂直，“铢”字“金”旁头呈三角形，“朱”旁上部两竖方折。郭径2.55、钱径2.27、穿宽0.92、郭宽0.17、郭厚0.13、肉厚0.07厘米，重量2.47克（图一三〇，7）。

标本植M12：9-70，五铢。字体宽大，“五”字宽大，竖画特曲，接上下横画处垂直，“铢”字“金”旁头呈三角形，“朱”旁上部两竖方折。郭径2.56、钱径2.35、穿宽0.87、郭宽0.19、郭厚0.16、肉厚0.06厘米，重量3.16克（图一三〇，8）。

剪轮五铢　34枚。腐蚀严重，字迹漫漶不清，部分仅剪去边郭，部分剪之较甚，五铢两字有残缺，圆形方穿，穿正面无郭。

标本植M12：9-165，剪轮五铢。剪之较甚，字迹有残缺，“五铢”两字各半，“五”字竖画特曲，接上下横画处呈外放状，“铢”字“金”旁头不可见，“朱”旁上部两竖圆折外敞。钱径1.78、穿宽0.89、肉厚0.06厘米，重量0.97克（图一三〇，9）。

小泉直一　1枚。保存较完好，正背均有钱郭、穿郭。

标本植M12：9-1，小泉直一。篆书，对读。正反面均有郭，字迹清晰可分辨。郭径1.43、钱径1.22、穿宽0.41、郭宽0.11、郭厚0.14、肉厚0.09厘米，重量0.77克（图一三〇，1）。

货泉　2枚。保存较完好，正背均有钱郭、穿郭。

标本植M12：9-2，货泉。圆形方穿，对读。正反面均有郭，正面篆文“货泉”，“泉”字竖画有断笔。郭径2.35、钱径2.08、穿宽0.69、郭宽0.19、郭厚0.19、肉厚0.08厘米，重量2.16克（图一三〇，2；表二七）。

表二七　植M12铜钱统计表　（单位：厘米、克）

种类	编号	记号	郭径	钱径	穿宽	郭宽	郭厚	肉厚	重量	备注
小泉直一	M12：9-1	无	1.43	1.22	0.41	0.11	0.14	0.09	0.77	
货泉	M12：9-2	无	2.35	2.08	0.69	0.19	0.19	0.08	2.16	
	M12：9-3	无	2.35	2.07	0.68	0.17	0.16	0.10	3.19	
半两	M12：9-4	无		2.51	0.76			0.09	2.97	
	M12：9-5	无		2.42	0.64			0.12	2.66	

续表

种类	编号	记号	郭径	钱径	穿宽	郭宽	郭厚	肉厚	重量	备注
半两	M12：9-6	无		2.47	0.80			0.13	3.06	
	M12：9-7	无		2.42	0.89			0.08	2.11	
	M12：9-8	无		2.33	0.78			0.13	2.78	
五铢	M12：9-9	无	2.55	2.27	0.93	0.16	0.14	0.10	2.84	
	M12：9-10	无	2.52	2.17	0.92	0.19	0.19	0.11	3.09	
	M12：9-11	无	2.56	2.30	0.93	0.19	0.11	0.06	3.01	
	M12：9-12	无	2.58	2.21	0.87	0.15	0.15	0.10	3.51	
	M12：9-13	无	2.56	2.25	0.93	0.16	0.12	0.08	2.43	
	M12：9-14	无	2.62	2.33	0.97	0.18	0.16	0.09	2.72	
	M12：9-15	无	2.61	2.33	0.97	0.17	0.17	0.11	3.00	
	M12：9-16	无	2.51	2.17	0.87	0.16	0.15	0.10	2.50	
	M12：9-17	无	2.57	2.27	0.87	0.15	0.15	0.11	2.63	
	M12：9-18	无	2.58	2.33	0.95	0.15	0.16	0.10	2.65	
	M12：9-19	无	2.63	2.32	0.94	0.15	0.18	0.09	2.98	
	M12：9-20	无	2.60	2.29	0.97	0.14	0.14	0.08	2.82	
	M12：9-21	无	2.46	2.25	0.95	0.09	0.15	0.12	1.91	
	M12：9-22	无	2.59	2.28	0.90	0.11	0.16	0.10	3.00	
	M12：9-23	无	2.61	2.37	0.92	0.12	0.16	0.09	2.82	
	M12：9-24	无	2.66	2.38	0.96	0.18	0.15	0.10	3.07	
	M12：9-25	无	2.48	2.25	0.91	0.09	0.11	0.06	2.33	
	M12：9-26	无	2.61	2.27	0.91	0.20	0.13	0.09	2.66	
	M12：9-27	无	2.63	2.26	0.93	0.17	0.17	0.11	3.75	
	M12：9-28	无	2.66	2.44	0.96	0.18	0.15	0.08	2.37	
	M12：9-29	无	2.66	2.31	0.93	0.15	0.19	0.09	3.06	
	M12：9-30	无	2.60	2.39	0.87	0.16	0.17	0.07	3.06	
	M12：9-31	无	2.43	2.28	0.88	0.10	0.09	0.06	1.93	
	M12：9-32	无	2.59	2.32	0.91	0.15	0.16	0.07	2.29	
	M12：9-33	无	2.44	2.20	0.90	0.12	0.13	0.10	2.64	
	M12：9-34	无	2.58	2.32	0.90	0.16	0.16	0.11	2.91	
	M12：9-35	无	2.54	2.30	0.93	0.15	0.15	0.09	3.06	
	M12：9-36	无	2.60	2.34	0.92	0.16	0.16	0.11	3.36	
	M12：9-37	无	2.57	2.27	0.86	0.14	0.14	0.08	2.55	
	M12：9-38	无	2.55	2.30	0.88	0.15	0.15	0.09	2.77	
	M12：9-39	无	2.59	2.31	0.93	0.19	0.14	0.06	2.62	
	M12：9-40	无	2.61	2.39	0.94	0.18	0.18	0.10	3.18	
	M12：9-41	无	2.56	2.36	0.88	0.18	0.17	0.11	3.07	

续表

种类	编号	记号	郭径	钱径	穿宽	郭宽	郭厚	肉厚	重量	备注
五铢	M12：9-42	无	2.40	2.15	0.94	0.10	0.14	0.07	2.37	
	M12：9-43	无	2.59	2.17	0.91	0.20	0.14	0.10	3.42	
	M12：9-44	无	2.62	2.39	1.00	0.14	0.13	0.09	2.75	
	M12：9-45	无	2.55	2.34	0.95	0.16	0.15	0.12	2.75	
	M12：9-46	无	2.57	2.31	0.92	0.10	0.11	0.08	2.74	
	M12：9-47	无	2.59	2.25	0.91	0.19	0.14	0.10	2.30	
	M12：9-48	无	2.64	2.41	0.88	0.18	0.15	0.09	2.83	
	M12：9-49	无	2.55	2.30	0.90	0.14	0.12	0.08	2.65	
	M12：9-50	无	2.56	2.32	0.89	0.17	0.16	0.12	3.10	
	M12：9-51	无	2.64	2.37	0.92	0.18	0.10	0.08	2.89	
	M12：9-52	无	2.66	2.33	0.95	0.20	0.15	0.10	2.62	
	M12：9-53	无	2.59	2.39	0.93	0.15	0.14	0.11	2.87	
	M12：9-54	无	2.58	2.31	0.88	0.16	0.11	0.08	2.08	
	M12：9-55	无	2.57	2.30	0.91	0.14	0.11	0.09	2.95	
	M12：9-56	无	2.59	2.28	0.89	0.18	0.15	0.08	2.56	
	M12：9-57	无	2.63	2.42	0.96	0.21	0.15	0.11	2.13	
	M12：9-58	无	2.55	2.32	0.89	0.17	0.15	0.11	3.17	
	M12：9-59	无	2.57	2.35	0.88	0.20	0.17	0.09	2.78	
	M12：9-60	无	2.39	2.21	0.86	0.12	0.12	0.10	2.33	
	M12：9-61	无	2.62	2.35	0.93	0.15	0.15	0.11	2.61	
	M12：9-62	无	2.58	2.33	0.89	0.12	0.15	0.11	2.91	
	M12：9-63	无	2.59	2.34	0.95	0.18	0.12	0.08	2.68	
	M12：9-64	无	2.62	2.36	0.93	0.21	0.23	0.13	3.64	
	M12：9-65	无	2.51	2.29	0.91	0.11	0.14	0.10	3.05	
	M12：9-66	无	2.55	2.27	0.89	0.15	0.15	0.08	3.02	
	M12：9-67	无	2.60	2.40	0.89	0.15	0.12	0.11	3.00	
	M12：9-68	无	2.61	2.36	0.90	0.13	0.13	0.10	2.75	
	M12：9-69	无	2.55	2.27	0.92	0.17	0.13	0.07	2.47	
	M12：9-70	无	2.56	2.35	0.87	0.19	0.16	0.06	3.16	
	M12：9-71	无	2.62	2.33	0.86	0.19	0.13	0.08	2.86	
	M12：9-72	无	2.62	2.27	0.91	0.22	0.14	0.09	3.42	
	M12：9-73	无	2.58	2.33	0.89	0.14	0.13	0.08	2.58	
	M12：9-74	无	2.60	2.30	0.87	0.19	0.17	0.10	3.10	
	M12：9-75	无	2.52	2.29	0.95	0.15	0.15	0.11	2.45	
	M12：9-76	无	2.57	2.37	0.85	0.17	0.18	0.11	3.17	
	M12：9-77	无	2.63	2.38	0.88	0.15	0.19	0.10	3.00	

续表

种类	编号	记号	郭径	钱径	穿宽	郭宽	郭厚	肉厚	重量	备注
五铢	M12：9-78	无	2.61	2.31	0.87	0.12	0.16	0.05	2.67	
	M12：9-79	无	2.55	2.29	0.92	0.16	0.15	0.10	3.75	
	M12：9-80	无	2.53	2.30	0.93	0.15	0.11	0.07	2.25	
	M12：9-81	无	2.50	2.33	0.92	0.18	0.14	0.07	2.89	
	M12：9-82	无	2.59	2.25	0.90	0.16	0.13	0.08	2.48	
	M12：9-83	无	2.57	2.27	0.92	0.19	0.11	0.10	2.71	
	M12：9-84	无	2.42	2.23	0.89	0.12	0.12	0.10	1.97	
	M12：9-85	无	2.55	2.33	1.00	0.15	0.14	0.11	2.54	
	M12：9-86	无	2.56	2.30	0.91	0.19	0.14	0.08	2.57	
	M12：9-87	无	2.50	2.29	0.86	0.14	0.14	0.09	3.04	
	M12：9-88	无	2.58	2.28	0.96	0.12	0.14	0.10	2.72	
	M12：9-89	无	2.59	2.35	0.88	0.14	0.23	0.11	3.95	
	M12：9-90	无	2.61	2.34	0.98	0.19	0.13	0.08	2.71	
	M12：9-91	无	2.60	2.44	0.97	0.11	0.15	0.12	2.45	
	M12：9-92	无	2.50	2.26	0.94	0.12	0.13	0.09	1.82	
	M12：9-93	无	2.58	2.37	0.89	0.21	0.20	0.13	3.37	
	M12：9-94	无	2.63	2.33	0.88	0.19	0.19	0.15	3.49	
	M12：9-95	无	2.66	2.37	0.91	0.18	0.14	0.07	2.91	
	M12：9-96	无	2.57	2.34	0.97	0.13	0.11	0.09	2.65	
	M12：9-97	无	2.54	2.31	0.85	0.11	0.13	0.09	2.67	
	M12：9-98	无	2.56	2.33	0.89	0.15	0.14	0.07	3.06	
	M12：9-99	无	2.58	2.35	0.91	0.14	0.16	0.10	2.68	
	M12：9-100	无	2.61	2.32	0.89	0.16	0.15	0.11	3.00	
	M12：9-101	无	2.59	2.32	0.99	0.15	0.17	0.09	2.80	
	M12：9-102	无	2.49	2.27	0.92	0.11	0.10	0.07	2.42	
	M12：9-103	无	2.58	2.33	0.85	0.14	0.18	0.13	4.02	
	M12：9-104	无	2.55	2.30	0.89	0.19	0.12	0.08	2.03	
	M12：9-105	无	2.59	2.31	0.87	0.13	0.18	0.08	3.29	
	M12：9-106	无	2.64	2.37	0.90	0.15	0.16	0.13	3.45	
	M12：9-107	无	2.58	2.36	0.91	0.12	0.12	0.11	1.68	
	M12：9-108	无	2.53	2.32	0.85	0.15	0.14	0.08	2.43	
	M12：9-109	无	2.49	2.27	0.94	0.15	0.10	0.09	2.52	
	M12：9-110	无	2.63	2.42	0.94	0.13	0.13	0.11	2.33	
	M12：9-111	无	2.63	2.39	0.94	0.17	0.16	0.12	2.83	
	M12：9-112	无	2.56	2.33	0.87	0.14	0.12	0.08	2.88	
	M12：9-113	无	2.64	2.40	0.94	0.22	0.20	0.16	3.44	

续表

种类	编号	记号	郭径	钱径	穿宽	郭宽	郭厚	肉厚	重量	备注
五铢	M12：9-114	无	2.57	2.18	0.92	0.17	0.13	0.09	2.26	
	M12：9-115	无	2.52	2.34	0.85	0.16	0.18	0.10	2.46	
	M12：9-116	无	2.58	2.40	0.97	0.12	0.19	0.11	3.26	
	M12：9-117	无	2.58	2.35	0.97	0.16	0.13	0.08	2.87	
	M12：9-118	无	2.59	2.39	0.91	0.20	0.11	0.09	3.24	
	M12：9-119	无	2.65	2.44	0.92	0.14	0.22	0.17	3.80	
	M12：9-120	无	2.60	0.24	1.00	0.14	0.15	0.06	1.69	
	M12：9-121	无	2.50	2.21	0.79	0.18	0.15	0.08	3.34	
	M12：9-122	无	2.60	2.28	0.86	0.20	0.13	0.10	3.11	
	M12：9-123	无	2.66	2.41	0.87	0.23	0.20	0.14	3.10	
	M12：9-124	无	2.64	0.24	0.89	0.20	0.16	0.11	2.95	
	M12：9-125	无	2.53	2.25	0.98	0.12	0.11	0.08	2.23	
	M12：9-126	无	2.67	2.37	0.84	0.11	0.16	0.12	2.85	
	M12：9-127	无	2.59	2.35	0.87	0.13	0.21	0.14	3.52	
	M12：9-128	无	2.58	2.32	0.92	0.12	0.16	0.13	2.62	
	M12：9-129	无	2.64	2.41	0.95	0.21	0.14	0.10	2.31	
	M12：9-130	无	2.57	2.34	0.97	0.18	0.16	0.10	2.68	
	M12：9-131	无	2.61	2.34	0.90	0.14	0.13	0.07	2.36	
	M12：9-132	无	2.57	2.29	0.91	0.12	0.13	0.08	2.51	
	M12：9-133	无	2.64	2.36	0.86	0.15	0.23	0.15	3.23	
	M12：9-134	无	2.67	2.42	0.87	0.15	0.18	0.14	2.61	
	M12：9-135	无	2.58	2.28	0.91	0.18	0.16	0.10	3.12	
	M12：9-136	无	2.57	2.36	0.92	0.13	0.15	0.10	2.90	
	M12：9-137	无	2.53	2.26	0.97	0.11	0.10	0.07	1.73	
	M12：9-138	无	2.60	2.36	0.89	0.19	0.14	0.09	2.82	
	M12：9-139	无	2.56	2.37	0.96	0.14	0.17	0.13	2.23	
	M12：9-140	无	2.55	2.32	0.90	0.14	0.22	0.13	3.15	
	M12：9-141	无	2.60	2.39	0.96	0.16	0.14	0.09	2.71	
	M12：9-142	无	2.58	2.37	0.88	0.12	0.16	0.10	2.22	
	M12：9-143	无	2.52	2.35	0.96	0.17	0.14	0.08	2.36	
	M12：9-144	无	2.55	2.33	0.87	0.16	0.15	0.09	2.85	
	M12：9-145	无	2.53	2.34	0.85	0.14	0.16	0.12	2.73	
	M12：9-146	无	2.47	2.24	0.88	0.11	0.17	0.11	2.17	
	M12：9-147	无	2.53	2.20	0.82	0.18	0.15	0.10	2.52	
	M12：9-148	无	2.57	2.37	0.85	0.11	0.14	0.10	2.63	
	M12：9-149	无	2.61	2.32	0.91	0.17	0.19	0.12	2.87	

续表

种类	编号	记号	郭径	钱径	穿宽	郭宽	郭厚	肉厚	重量	备注
五铢	M12：9-150	无	2.44	2.23	0.87	0.17	0.19	0.14	2.76	
	M12：9-151	无	2.55	2.35	0.96	0.11	0.13	0.08	2.18	
	M12：9-152	无	2.58	2.40	0.91	0.13	0.18	0.14	2.86	
	M12：9-153	无	2.37	2.25	0.88	0.12	0.09	0.06	1.90	
	M12：9-154	无	2.56	2.31	0.93	0.18	0.14	0.10	2.61	
	M12：9-155	无	2.57	2.32	0.91	0.20	0.18	0.13	2.56	
	M12：9-156	无	2.50	2.29	0.92	0.19	0.16	0.10	2.46	
	M12：9-157	无	2.59	2.39	0.97	0.16	0.17	0.11	2.02	
	M12：9-158	无	2.48	2.27	0.89	0.12	0.16	0.13	2.24	
	M12：9-159	无	2.62	2.30	0.87	0.19	0.13	0.09	2.88	
	M12：9-160	无	2.54	2.33	0.88	0.16	0.15	0.10	2.78	
	M12：9-161	无	2.59	2.33	0.90	0.23	0.14	0.09	2.85	
	M12：9-162	无	2.66	2.37	0.97	0.19	0.19	0.14	3.49	
	M12：9-163	无	2.53	2.28	0.85	0.19	0.13	0.10	2.39	
	M12：9-164	无	2.42	2.19	0.89	0.15	0.17	0.12	1.97	
	M12：9-199	无	2.51	2.28	1.07	0.13	0.15	0.10	1.79	略残
	M12：9-200	无	2.58	2.32	0.94	0.11	0.12	0.09	2.26	略残
	M12：9-201	无	2.54	2.24	0.98	0.14	0.08	0.06	2.17	略残
	M12：9-202	无	2.63	2.34	0.94	0.10	0.16	0.09	2.95	略残
剪轮五铢	M12：9-165	无		1.78	0.89			0.06	0.97	
	M12：9-166	无		1.88	0.91			0.08	1.19	
	M12：9-167	无		1.87	0.93			0.09	0.94	
	M12：9-168	无		2.07	0.88			0.14	1.66	
	M12：9-169	无		2.29	0.85			0.13	2.65	
	M12：9-170	无		2.34	0.90			0.12	1.74	
	M12：9-171	无		2.32	0.89			0.12	1.74	
	M12：9-172	无		2.43	0.84			0.14	1.99	
	M12：9-173	无		2.37	0.91			0.10	2.11	
	M12：9-174	无		2.38	0.84			0.08	2.04	
	M12：9-175	无		2.20	0.98			0.09	1.84	
	M12：9-176	无		2.47	0.92			0.16	2.21	
	M12：9-177	无		2.34	0.86			0.11	1.62	
	M12：9-178	无		2.29	0.92			0.13	2.06	
	M12：9-179	无		2.37	0.89			0.11	1.90	
	M12：9-180	无		2.31	0.86			0.14	1.97	
	M12：9-181	无		2.47	0.95			0.11	1.75	

续表

种类	编号	记号	郭径	钱径	穿宽	郭宽	郭厚	肉厚	重量	备注
剪轮五铢	M12：9-182	无		2.17	0.91			0.12	1.69	
	M12：9-183	无		2.32	0.89			0.16	1.44	
	M12：9-184	无		2.33	0.91			0.19	2.92	
	M12：9-185	无		2.11	1.01			0.08	1.11	
	M12：9-186	无		2.46	0.88			0.15	1.94	
	M12：9-187	无		2.32	0.91			0.14	1.81	
	M12：9-188	无		2.00	0.97			0.09	1.01	
	M12：9-189	无		1.97	0.98			0.09	0.98	
	M12：9-190	无		2.38	0.90			0.10	1.63	
	M12：9-191	无		2.41	0.94			0.11	2.27	
	M12：9-192	无		2.19	0.79			0.13	2.50	
	M12：9-193	无		2.05	0.97			0.06	1.13	
	M12：9-194	无		2.35	0.94			0.15	2.26	
	M12：9-195	无		2.29	0.92			0.13	1.64	
	M12：9-196	无		2.30	0.95			0.18	1.85	
	M12：9-197	无		2.38	0.88			0.10	2.11	
	M12：9-198	无		2.44	0.90			0.12	1.76	

九、植物油厂十五号墓（植M15）

（一）墓葬形制

位于发掘区中部，南邻植M16，开口于第4层下，被植J1打破，墓口距地表深1.50米，方向180°。平面呈刀形，为带斜坡墓道竖穴土圹单室砖墓，由墓道、甬道和墓室组成。墓葬平面总长9.20、宽0.90—3.26、墓底距墓口深0.50米（图一三一；图版四三，1）。

墓道：位于甬道南部，平面呈长方形，底部为斜坡状，长1.00、宽0.90、深0—0.50、底长1.14米，墓道两壁较直。

墓门：位于墓道北部、甬道口，已全毁，形制结构及封门砖皆不详。

甬道：位于墓道北部、墓室南，仅残留土圹，平面呈长方形，甬道宽2.26、进深1.20米。

墓室：位于甬道北部，仅残存底，东壁仅存3层平砖，平面呈不规则的长方形，墓室土圹长7.00、宽3.00—3.26米。四壁为长条砖二平一竖砌筑，墓室中部被植J1打破，铺地砖为1层，残存多处，用长条砖两纵两横交错平铺。

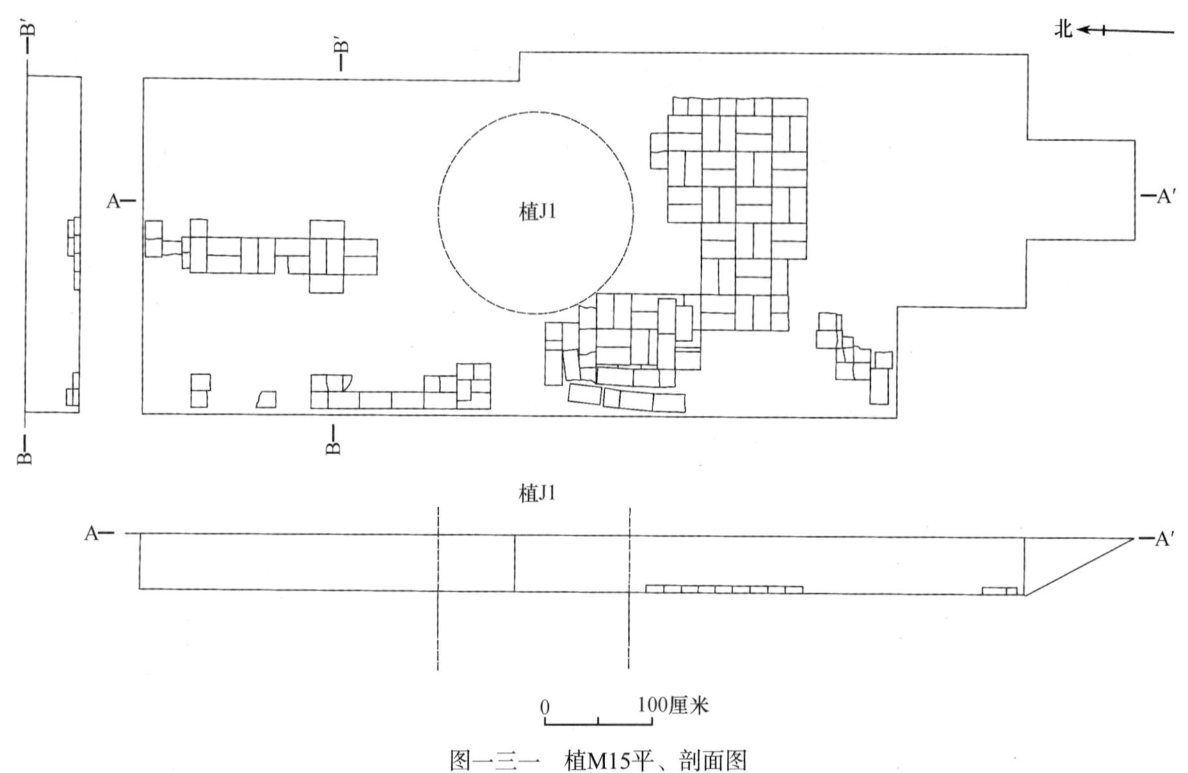

图一三一　植M15平、剖面图

墓砖规格为长0.32、宽0.16、厚0.06米。

因盗扰破坏严重，墓室内无葬具、人骨等，葬具与葬式均不详。

（二）出土器物

未见出土器物。

十、植物油厂十六号墓（植M16）

（一）墓葬形制

位于发掘区中部，北邻植M15，开口于第4层下，墓口距地表深1.50米，方向175°。平面呈刀形，为带斜坡墓道竖穴土圹单室砖墓，由墓道、甬道和墓室组成。墓葬平面总长4.60、宽2.22、墓底距墓口深0.40米（图一三二；图版四三，2、3）。

墓道：位于墓室南部，呈长方形斜坡状，长0.90、宽0.70、深0—0.40、底长1.00米。墓道两壁较直。

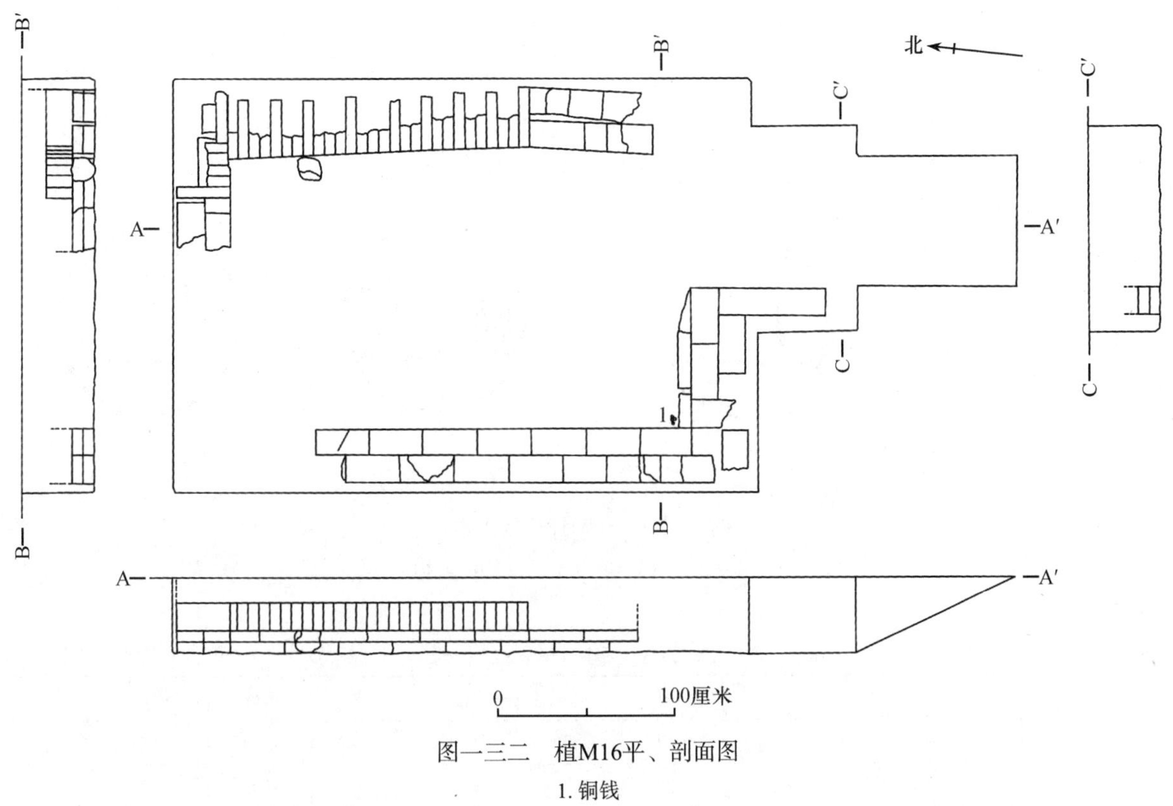

图一三二 植M16平、剖面图
1. 铜钱

墓门：位于墓道北部与甬道之间，已全毁，形制结构及封门砖皆不详。

甬道：位于墓道北端、墓室南部，残留土圹，平面呈长方形，宽1.10、进深0.60米，墙砖残存2层平砖。

墓室：位于甬道北部，墙砖残存下部3层，平面呈长方形，墓室长3.18、宽2.12、残高0.12—0.27米。周壁用长条砖二平一竖砌筑，未见铺地砖。

墓砖规格为长0.30、宽0.15、厚0.05米。

因盗扰破坏严重，墓室内无葬具、人骨等，葬具与葬式均不详。

（二）出土器物

仅见铜钱4枚，出土于墓室西南角，未发现其他遗物。

铜钱 4枚。标本植M16：1，均为五铢。多数腐蚀，字迹漫漶不清。圆形方穿，正、背有郭，穿正面无郭，正面穿左右篆书“五铢”，“五”字瘦长，竖画或较直或特曲，接上下横画处垂直或呈外放状，“铢”字“金”旁头呈三角形，“朱”旁上部两竖或方折或圆折。

标本植M16：1-1，五铢。字体瘦长，“五”字瘦长，竖画特曲，接上下横画处呈外放状，“铢”字“金”旁头呈三角形，“朱”旁上部两竖圆折。郭径2.62、钱径2.37、穿宽

0.90、郭宽0.19、郭厚0.14、肉厚0.08厘米，重量2.64克（图一三三，1）。

标本植M16：1-2，五铢。字体瘦长，“五”字瘦长，竖画特曲，接上下横画处垂直，“铢”字“金”旁头呈三角形，“朱”旁上部两竖方折。郭径2.59、钱径2.29、穿宽0.96、郭宽0.15、郭厚0.14、肉厚0.08厘米，重量2.22克（图一三三，2；表二八）。

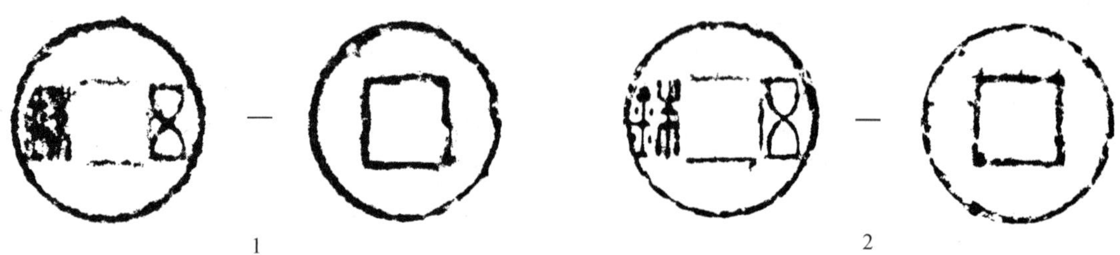

图一三三　植M16铜钱拓本

1、2. 五铢（植M16：1-1、植M16：1-2）

表二八　植M16铜钱统计表　　（单位：厘米、克）

种类	编号	记号	郭径	钱径	穿宽	郭宽	郭厚	肉厚	重量	备注
五铢	M16：1-1	无	2.62	2.37	0.90	0.19	0.14	0.08	2.64	
	M16：1-2	无	2.59	2.29	0.96	0.15	0.14	0.08	2.22	
	M16：1-3	无	2.57	2.32	0.87	0.13	0.15	0.09	2.24	
	M16：1-4	无	2.58	2.26	0.98	0.15	0.13	0.06	1.92	略残

十一、植物油厂十七号墓（植M17）

（一）墓葬形制

位于发掘区中部，开口于第4层下，墓口距地表深1.20米，方向185°。平面呈“甲”字形，为带斜坡墓道竖穴土圹多室砖墓，由墓道、甬道、前室、东后室和西后室组成。墓葬平面总长10.00、宽0.90—5.20、墓底距墓口深0.60米（图一三四；图版四四）。

墓道：位于墓室南部，呈长方形斜坡状，长1.50、宽0.90、残高0—0.50、底长1.55米。墓道两壁较直。

墓门：位于墓道北部、甬道南端，宽0.90米，不见封门砖。

甬道：位于墓道北部、墓室南，平面呈长方形，宽1.50、进深1.20、残高0.30米，两壁用长条砖一平一竖砌筑，铺地砖为1层，用长条砖以纵横排列方式平铺。

前室：位于甬道北部、两后室南部，平面呈长方形，东西长3.00、南北宽3.57米。四周墙壁用长条砖一平一竖砌筑，铺地砖为上、下两层，上层为长条砖纵横排列和合缝并列方式平

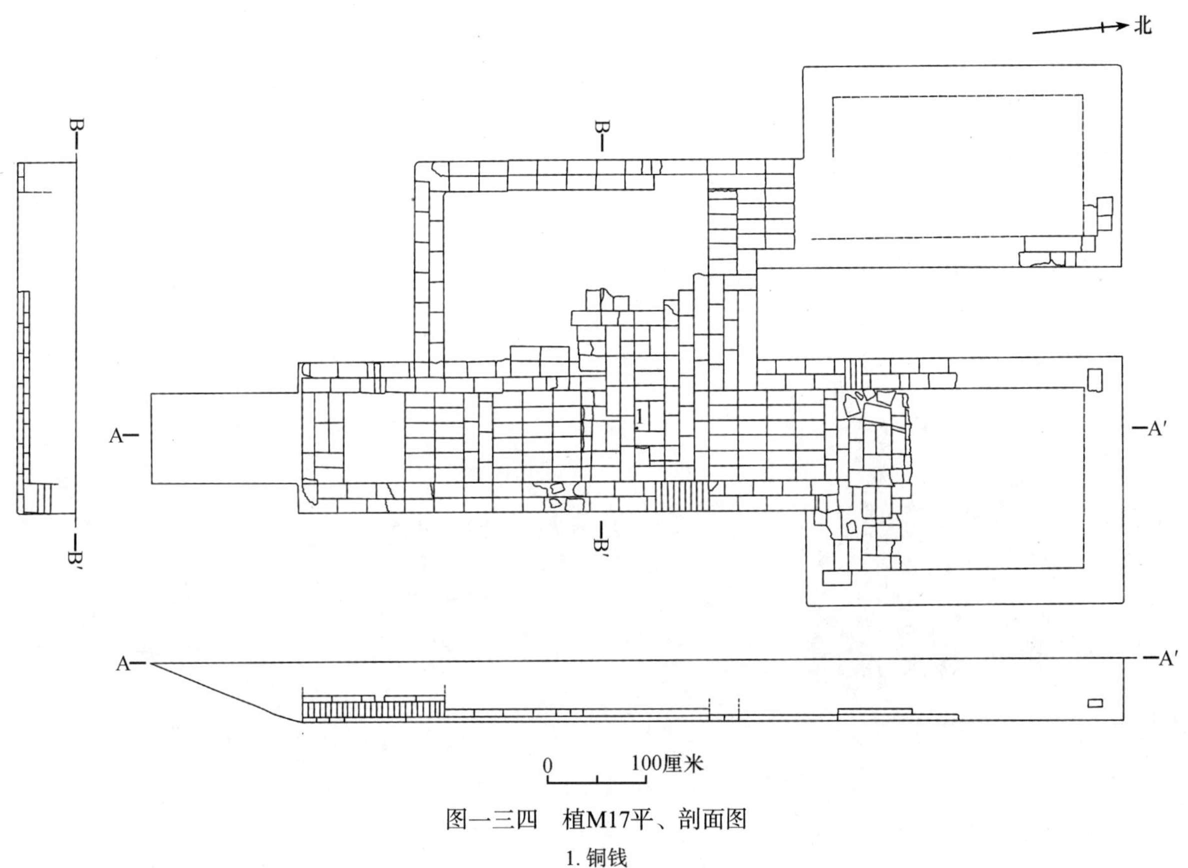

图一三四 植M17平、剖面图
1. 铜钱

铺，下层为不规则方式平铺。

东后室：位于前室东北部，有过道与前室相连，与西后室间隔0.90米，残存部分砖墙，过道平面呈长方形，宽1.50、进深1.00米。东后室平面呈长方形，土圹长3.30、宽2.30、深0.50米。铺地砖为1层，残存南部，用长条砖以纵横排列方式或不规则方式平铺。

西后室：位于前室西北部，与东后室并列，有过道与前室相连，残留土圹，过道平面呈长方形，宽1.10、进深0.60米。西后室平面呈长方形，土圹长3.30、宽2.00、深0.50米，砖室尽毁。

墓砖为长条砖，规格为长0.30、宽0.14、厚0.05米。其中一块砖正面刻划文字符号，字迹不辨（图一三五）。

因盗扰破坏严重，墓室内无葬具、人骨等，葬具与葬式均不详。

（二）出土器物

仅见铜钱1枚，出土于墓前室中部，未发现其他遗物。

铜钱 1枚。标本植M17：1，为五铢。字迹模糊，“五”字下有裂纹。字体瘦长，“五”字瘦长，竖画特曲，接上下横画处呈外放状，“铢”字“金”旁头呈三角形，“朱”旁上部两竖圆折。郭径2.57、钱径2.21、穿宽0.88、郭宽0.18、郭厚0.13、肉厚0.08厘米，重量1.85克（图一三六；表二九）。

图一三五　植M17带字砖拓本

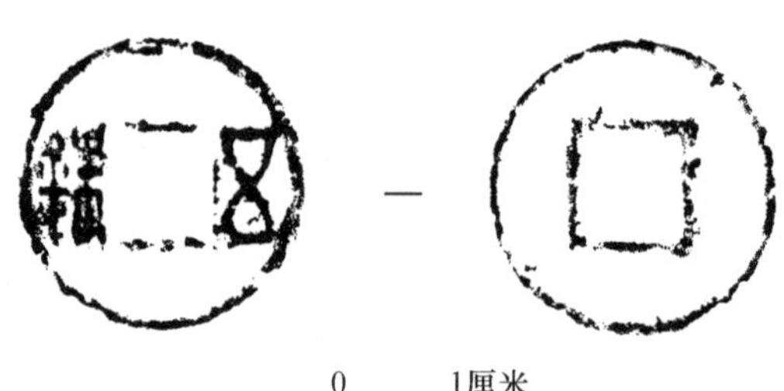

图一三六　植M17五铢拓本（植M17：1）

表二九　植M17铜钱统计表　（单位：厘米、克）

种类	编号	记号	郭径	钱径	穿宽	郭宽	郭厚	肉厚	重量	备注
五铢	M17：1	无	2.57	2.21	0.88	0.18	0.13	0.08	1.85	

十二、植物油厂十八号墓（植M18）

（一）墓葬形制

位于发掘区北部，开口于第4层下，墓口距地表深1.50米，南北向，方向185°。平面呈"甲"字形，为带斜坡墓道竖穴土圹单室砖墓，由墓道和墓室组成。墓葬平面总长3.40、宽0.60—1.54、墓底距墓口深0.50米（图一三七；图版四五）。

墓道：位于墓室南部，呈长方形斜坡状，长1.24、宽0.60—0.66、深0—0.50、底长1.30米。墓道两壁较直。

墓门：位于墓道北部、墓室南壁，残存底部，墓门宽0.42米。

两壁用长条砖二平一竖砌筑，封门墙为长条砖错缝砌筑，残高0.26米。

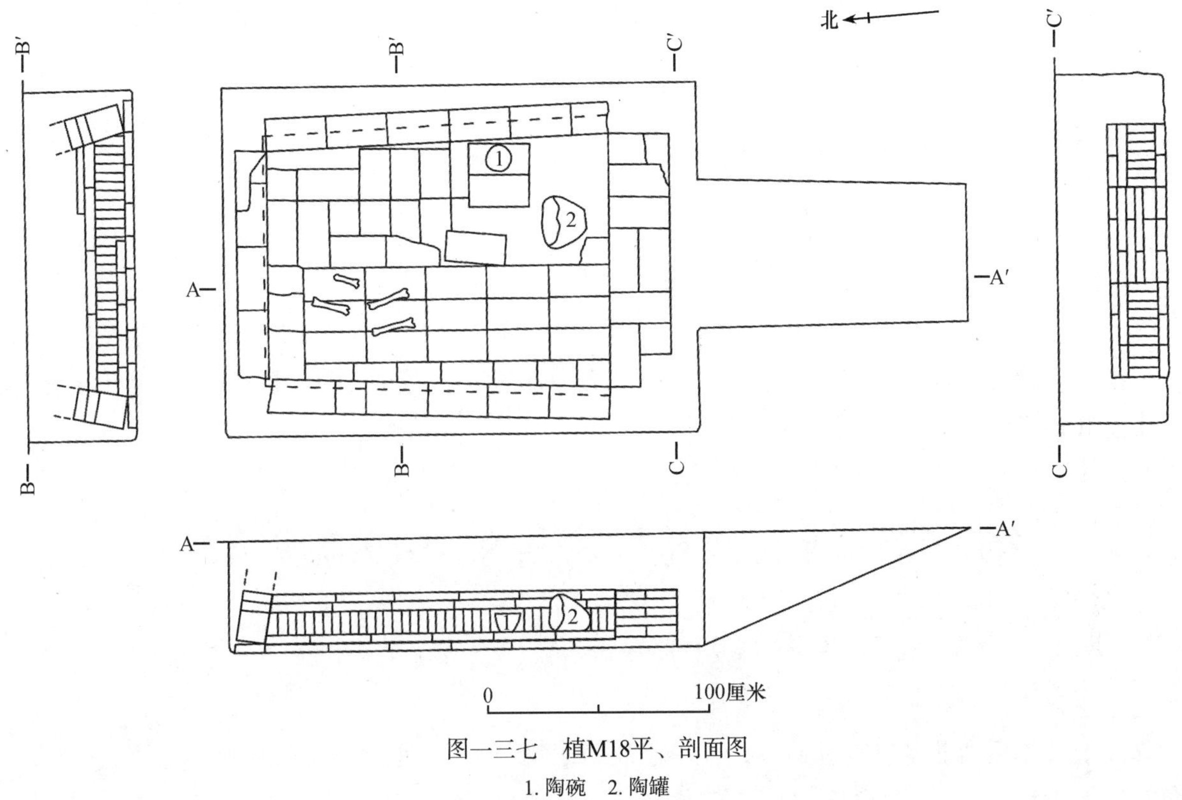

图一三七　植M18平、剖面图

1. 陶碗　2. 陶罐

墓室：位于墓道北部，平面呈长方形，墓室长1.70、宽1.30—1.45、残高0.22—0.26米。周壁用长条砖二平一竖砌筑，铺地砖为上、下两层，皆采用长条砖纵横连续方式或合缝平铺。

墓砖规格为长0.29、宽0.15、厚0.06米。

因盗扰破坏严重，墓室内无葬具，仅残留少量肢骨等，葬具与葬式均不详。

（二）出土器物

仅发现陶罐1件、陶碗1件，置于墓室东南部。

陶碗　1件。标本植M18：1，泥质灰陶，轮制。敞口，圆唇，弧腹，圈足，平底内凹。口径12.7、底径5.2、高6.5厘米（图一三八，1；图版八七，4）。

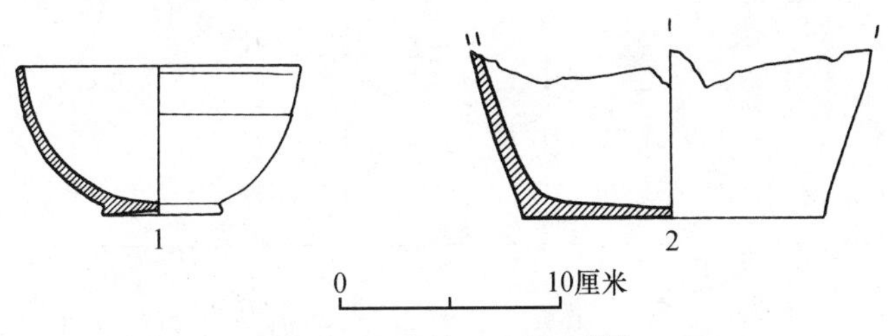

图一三八　植M18出土器物

1. 陶碗（植M18：1）　2. 陶罐（植M18：2）

陶罐　1件。标本植M18：2，泥质红陶，轮制。残存下腹及底部。斜直腹，平底。残高7.6厘米（图一三八，2）。

第三章　窑　　址

丰台南苑三处地点共发现汉代窑址14座，其中槐房2座、新宫5座、植物油厂7座，窑址与汉代墓群共存。

第一节　丰台南苑槐房村NY-019地块窑址

一、槐房一号窑（槐Y1）

位于发掘区西北部，东邻M23，开口于现地表第1层下，距地表深0.20米，呈西北—东南向，方向为130°，平面通长7.20、宽2.50米，由操作间、火门、火膛、窑室及烟道组成（图一三九；图版二四，3、4）。

操作间：位于火门东南部，平面呈椭圆形，口大底小，壁面稍内收，与窑门相连，上部被

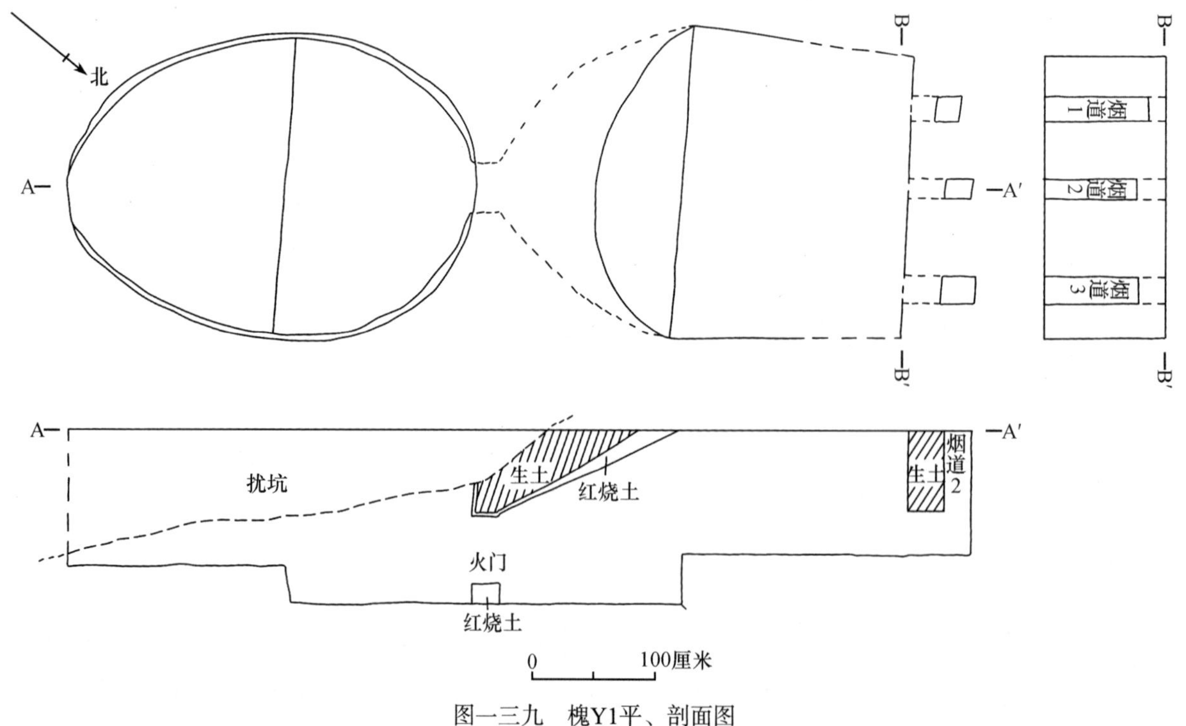

图一三九　槐Y1平、剖面图

扰乱，西北—东南长3.40、西南—东北宽2.40—2.48、残深1.10—1.40米，底部有一级台阶，台阶高0.30米。

火门：位于火膛东南端，与操作间相连，为土洞式，已被破坏，上、下部皆为红烧土，两壁为直壁，残宽0.40、残高0.54、进深0.20米。

火膛：位于操作间与窑室之间，平面呈半圆形，顶部略呈弧形，壁面为红烧土，壁内收，部分已脱落，长2.50、宽1.40—1.60、残高1.40米，火膛底部低于窑床0.40米，内填花土、青烧土、红烧土等，底部为红烧土。

窑室：位于火膛西北部，平面呈马蹄形，上部被扰乱，东西两壁均为红烧土，烧结面较薄，部分已脱落。窑室下部为窑床，窑床平面呈梯形，窑床长2.26—2.50、宽1.80—1.90、残高1.00米，表面平整，为青烧土。

烟道：3个。位于窑室后壁，西南—东北并列，在生土壁上竖直掏挖而成，内壁为红烧土，截面均呈长方形，由底部横道及垂直竖道组成，自西南向东北依次编号1—3号，1号烟道距南壁0.29米，与2号烟道间距0.40米，宽0.20、进深0.40米，2号烟道与3号烟道间距0.60米，宽0.16、进深0.54米，3号烟道距北壁0.28米，宽0.22、进深0.60米，残高均为1.00米。

未见出土器物。

二、槐房二号窑（槐Y2）

位于发掘区西南部，南邻M8，开口于现地表第1层下，距地表深0.20米，呈近东西向，方向为97°。平面通长7.30、宽2.60米。由操作间、火门、火膛、窑室及烟道组成（图一四〇；图版二五）。

操作间：位于火门东部，平面呈不规则形，口大底小，壁面稍内收，与火门相连，上部被扰坑破坏。东西残长3.30、南北宽1.10—2.10、残深1.66米。

火门：位于火膛东端，与操作间相连，为土洞式，已被破坏，上部为青烧土，两壁直壁，宽0.60、残高0.60、进深0.20米。

火膛：位于操作间与窑室之间，平面呈半圆形，顶部弧形，壁面为青烧土，壁内收，部分已脱落，长0.60—2.20、宽1.38、残高1.42—1.66米，火膛底部低于窑床0.54米，内填花土、青烧土、红烧土等，底部为青色烧土。

窑室：位于火膛与烟道之间，平面呈马蹄形，上部已损坏，东、西两壁均为青烧土，烧结面较薄，部分已脱落。底部窑床平面呈长方形，表面平整，为青烧土，窑床长2.50、宽2.30—2.60、残高1.10米。

烟道：3个。位于窑室后壁，南北并列，为生土壁竖直掏挖而成，内壁为红烧土，截面均呈长方形，由底部横道及上部垂直竖道组成，自南向北依次编号1—3号烟道，1号烟道南距南壁0.40米，与2号烟道间距0.60米，宽0.20、进深0.40米，2号烟道与3号烟道间距0.70米，宽

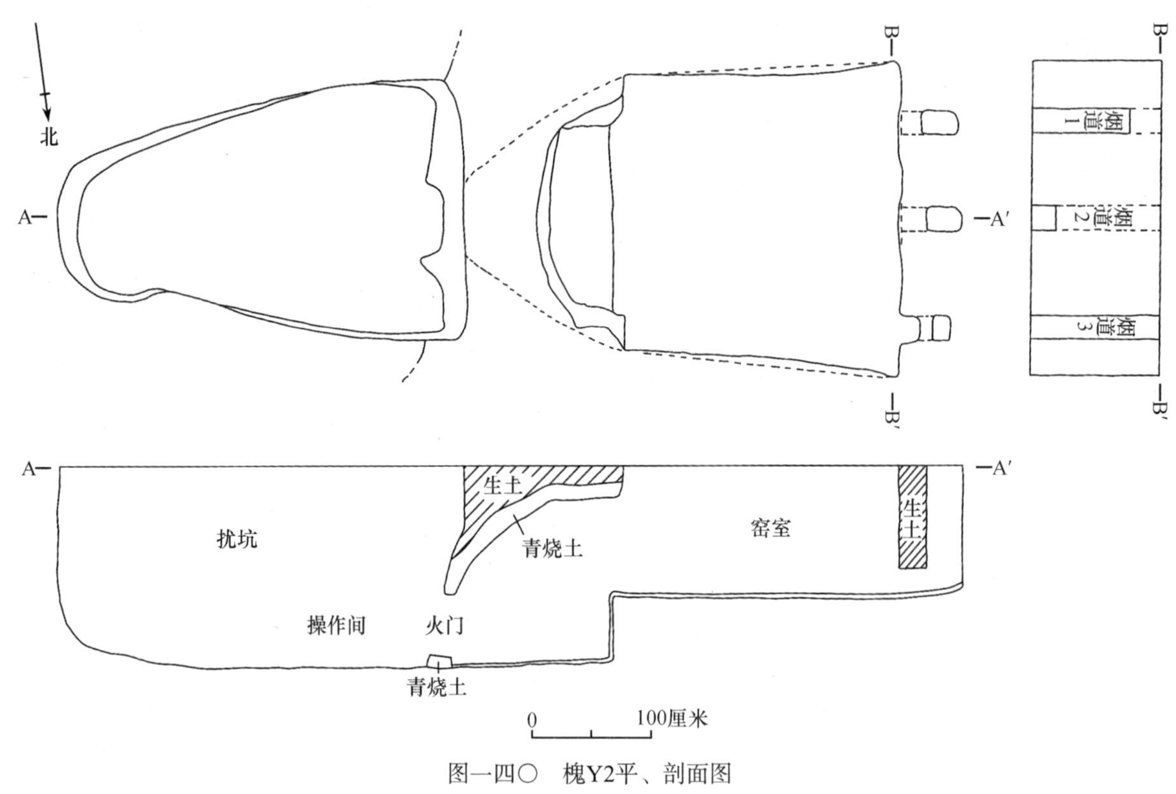

图一四〇　槐Y2平、剖面图

0.20、进深0.50米，3号烟道北距北壁0.30米，宽0.20、进深0.55米，残高均为1.10米。

未见出土器物。

第二节　丰台南苑槐房村和新宫村旧村改造项目第七宗土地项目窑址

一、新宫一号窑（新Y1）

位于发掘区西区西部，东北邻M11，开口于第3层下，距地表深2.80米，呈近东西向，方向105°。残存下部，平面通长6.60、宽1.10—2.28米，由操作间、火门、火膛和窑室组成（图一四一；图版三三，1、3）。

操作间：位于火门东部，平面似长方形，口大底小，口部东西长2.94、南北宽1.10—1.74、深0.82米，为斜壁平底，东部略显缓坡状，高于西部，坑内填土土质疏松，内含红烧土颗粒和黑灰。

火门：位于操作间西部，与火膛相通，已被破坏，形制、尺寸不明，火门两侧均有厚0.05米的青烧土，破坏严重。

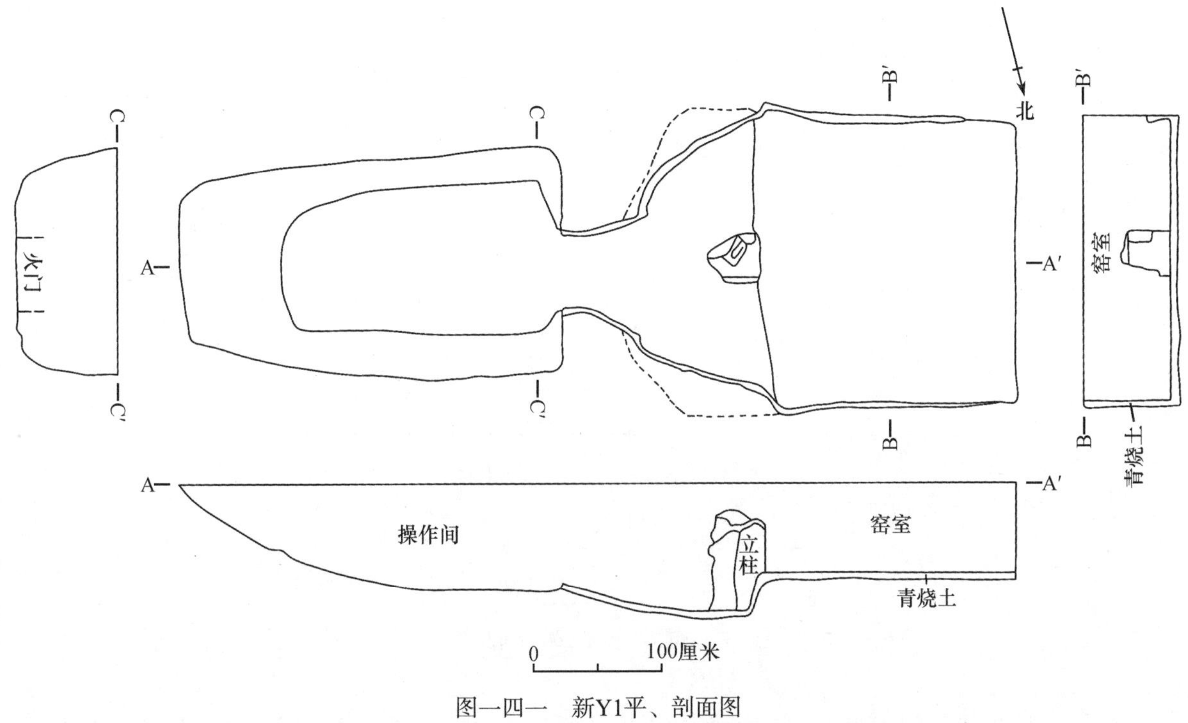

图一四一 新Y1平、剖面图

火膛：位于火门西部，连接火门，平面似半圆形，自火门至窑室前空间逐渐加大，平底。南北长0.44—2.36、东西宽1.02米，火膛底部低于窑床平面0.30米，火膛上部顶壁为弧形，中间被破坏，两边最高处残高0.88米，顶部为青灰色硬壁，底呈青灰色，火膛内填黄褐土，含烧土、烧土壁残块，底部有黑灰，火膛中部、窑室正前方有一在窑内起支撑作用的土筑立柱，经长期受火烧烤成青灰色，立柱上部已破坏，立柱平面近长方形，东西长0.42、南北宽0.28、残高0.80米。

窑室：位于火膛西部，平面呈长方形，平底，南北长2.10—2.28、东西宽1.86—2.08、残高0.58米，北壁保存较好，残存青烧土，南壁下部残存，高0.18米，西壁仅留红烧土，窑床平整，保存较好，有较坚硬的青烧土，填土中含较多的窑壁烧结土块、烧土颗粒，无其他包含物。

未见出土器物。

二、新宫二号窑（新Y2）

位于发掘区西区东北部，东邻新Y3，开口于第3层下，距地表深2.80米，呈近南北向，方向10°。平面呈不规则形，残存下部，平面通长8.52、宽2.90米。由操作间、火门、火膛、窑室和烟道组成（图一四二；图版三三，2、4）。

操作间：位于窑室北部，平面近椭圆形，南北长4.44、东西宽2.80、深1.15米，斜壁平底，北高南低，临火门处有一东高西低状的长方形坑，宽1.56、低于操作间底0.24米，填土质地疏松，近底部含红烧土、青烧土较多。

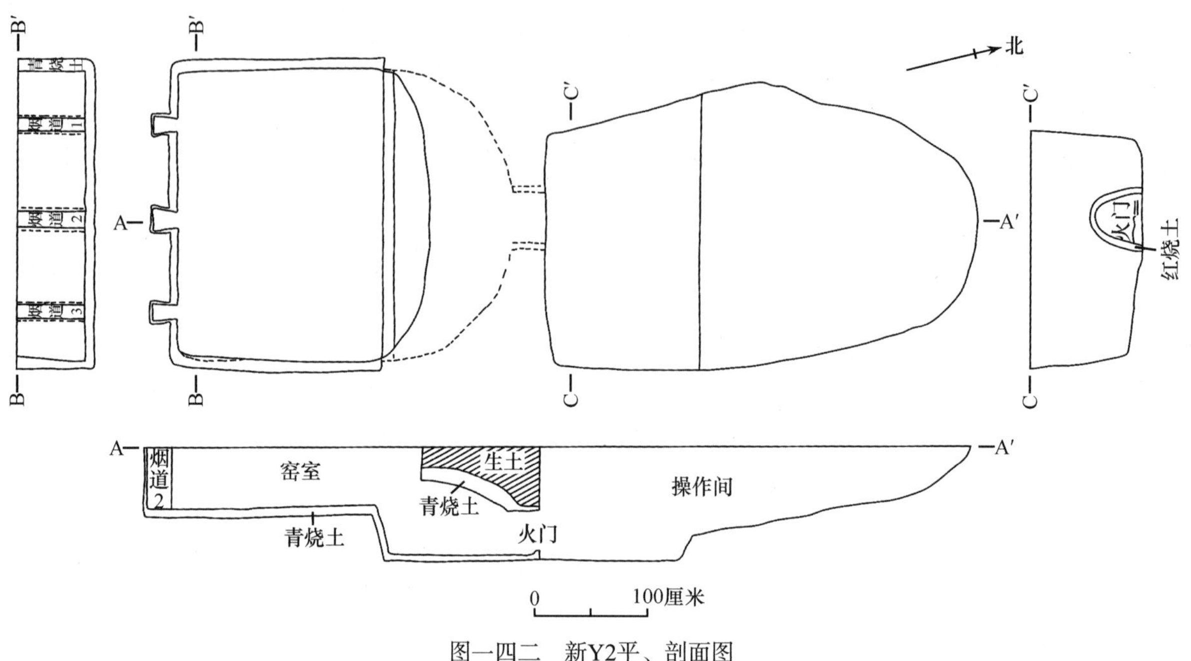

图一四二　新Y2平、剖面图

火门：位于操作间南部，火门底部高于操作间底0.10米，宽0.50、高0.48、进深0.34米，顶部为弧形，顶部青烧土厚0.06米。

火膛：位于窑室北部、火门南部，平面呈半圆形。东西长2.80、南北宽1.24、底部低于窑床0.48米，火膛顶部为弧形，残高0.74米。火膛顶部有厚0.15米的青色烧土，火膛内填土含较多青烧土块、红烧土块，底部有黑灰厚0.10米。

窑室：位于火膛南部，平面呈长方形，东西长2.78—2.90、南北宽2.14、窑室残高0.60米，窑室周壁保存较好，均为青烧土，窑床上青烧土较坚硬。

烟道：3个。皆位于窑室后壁，东西并列，形状皆近长方形，大小不一，由西向东依次编为1—3号。1号烟道紧邻西壁，东距2号烟道0.76米，宽0.12—0.14、进深0.26、残高0.18米；2号烟道距3号烟道0.76米，宽0.16、进深0.26、残高0.22米；3号烟道东距东壁0.30米，宽0.12—0.14、进深0.26、残高0.18米。3个烟道均为明烟道，由窑底通向窑口。

未见出土器物。

三、新宫三号窑（新Y3）

位于发掘区西区东北部，西邻新Y2，南邻新Y4，开口于第3层下，距地表深2.80米，呈近东西向，方向285°。残存底部，平面通长7.95、宽3.15米，由操作间、火门、火膛、窑室和烟道组成（图一四三；图版三四，2～4）。

操作间：位于窑室西部，平面呈不规则形。东西长4.10、南北宽0.60—3.15、深0.92米，斜壁平底，西高东低，近火门处有一近长方形坑，东西长1.10、南北宽0.60、深0.12米，填土含

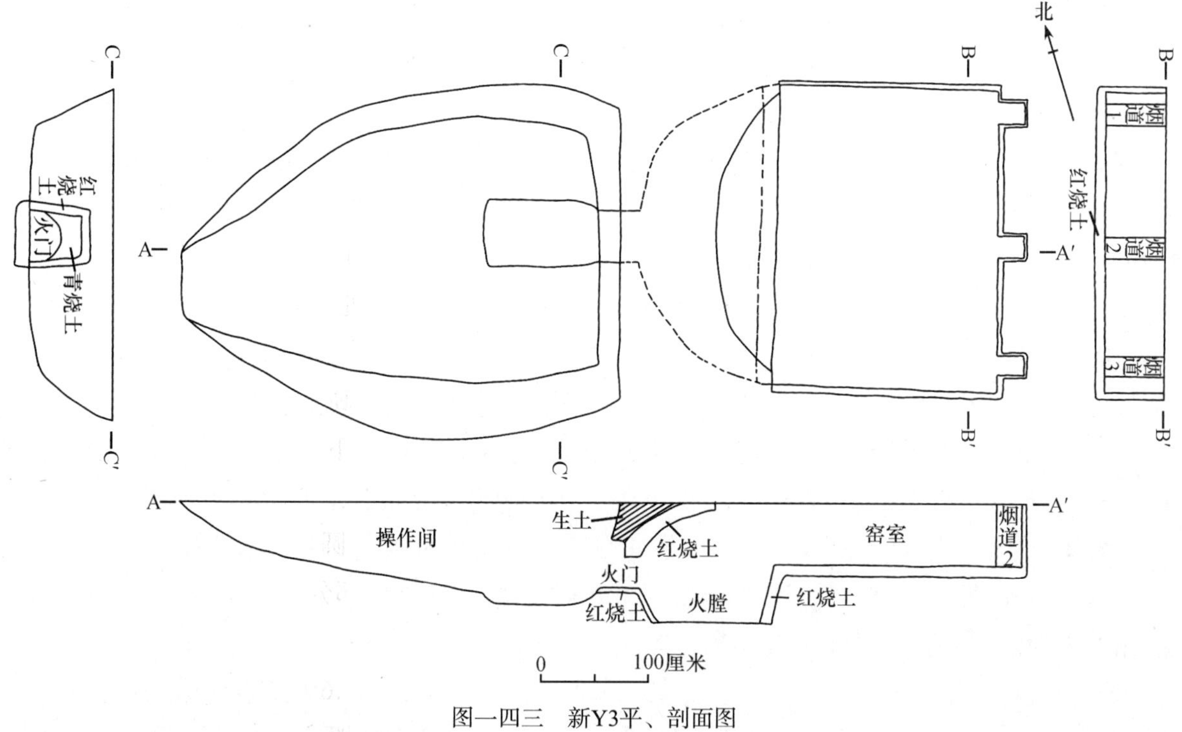

图一四三 新Y3平、剖面图

烧土颗粒、黑色灰烬、小块烧土渣等。

火门：位于操作间东部，火门底部高于操作间地面0.14米，火门外形近长方形，上宽0.36、底宽0.46、高0.48、进深0.12米，内收为弧形顶，高0.28米，呈坡状，火门底高于火膛底0.30米，火门周边皆为红烧土，厚0.08米。

火膛：位于窑室西部，平面呈半圆形，上部已被破坏，南北长2.70、东西宽1.00、底部平面低于窑床0.52米，火膛上部为弧形顶，大部分被破坏，现存顶部距火膛底高0.94米，顶部红烧土厚0.15米，火膛底部为黑色灰烬，厚0.20米。

窑室：位于火膛东部，平面呈长方形，南北长2.70、东西宽2.10、残高0.52米，窑床边为斜壁，斜向火膛0.14米，窑床面上为较坚硬的红烧土，周壁已被破坏，仅南部西侧残留少部分烧结壁，其他处仅见红烧土。

烟道：3个。皆位于窑室后壁，南北并列，形状皆近长方形，大小不一，由北向南依次编为1—3号。1号烟道紧邻北壁，南距2号烟道1.00米，宽0.18—0.20、进深0.24、残高0.55米；2号烟道距3号烟道0.88米，宽0.88—0.20、进深0.24、残高0.55米；3号烟道南距南壁0.15米，宽0.18—0.20、进深0.24、残高0.55米。3个烟道均为明烟道，由窑底通向窑口。

未见出土器物。

四、新宫四号窑（新Y4）

位于发掘区西区东北部，北邻新Y3，开口于第3层下，距地表深2.80米，呈近东西向，方向280°。残存底部。平面通长7.94、宽3.20米。窑室西南部和火膛一部被一现代水井打破。由操作间、火门、火膛、窑室和烟道组成（图一四四；图版三四，1）。

操作间：位于窑室西部，平面近椭圆形，东西长3.55、最宽处3.20、深0.92米，西部有三级台阶，台阶宽0.20—0.30、高0.14—0.28米，每级台阶均做缓坡状。底部有一近长方形坑，东西长2.46、南北宽0.80—1.24、深0.20—0.26米，斜壁平底，西部略高于东部。

火门：位于操作间东部，火门底部高于操作间地面0.10米，下为方形，顶为弧形，底宽0.35、高0.26、进深0.13米，倾斜向下进入火膛，火门外壁为红烧土，厚0.08米。

火膛：位于窑室西部，东南部被现代井打破，火膛平面似半圆形，南北长2.40、东西宽1.36、火膛底低于窑床0.62米，顶部红烧土厚0.15米，弧形顶，大部分被破坏，残高1.20米，火膛底部的黑色、白色草木灰烬厚0.20米。

窑室：位于火膛东部，平面近长方形，南北长3.00、东西宽2.60—3.00、残高0.65—0.73米。窑床已被破坏，东高西低，西南部被现代井打破，周壁被破坏，东壁北侧残留部分青烧土，其他处均残留红烧土。

烟道：3个。皆位于窑室后壁，南北并列，中间烟道较大，为半圆形，南、北两侧烟道皆

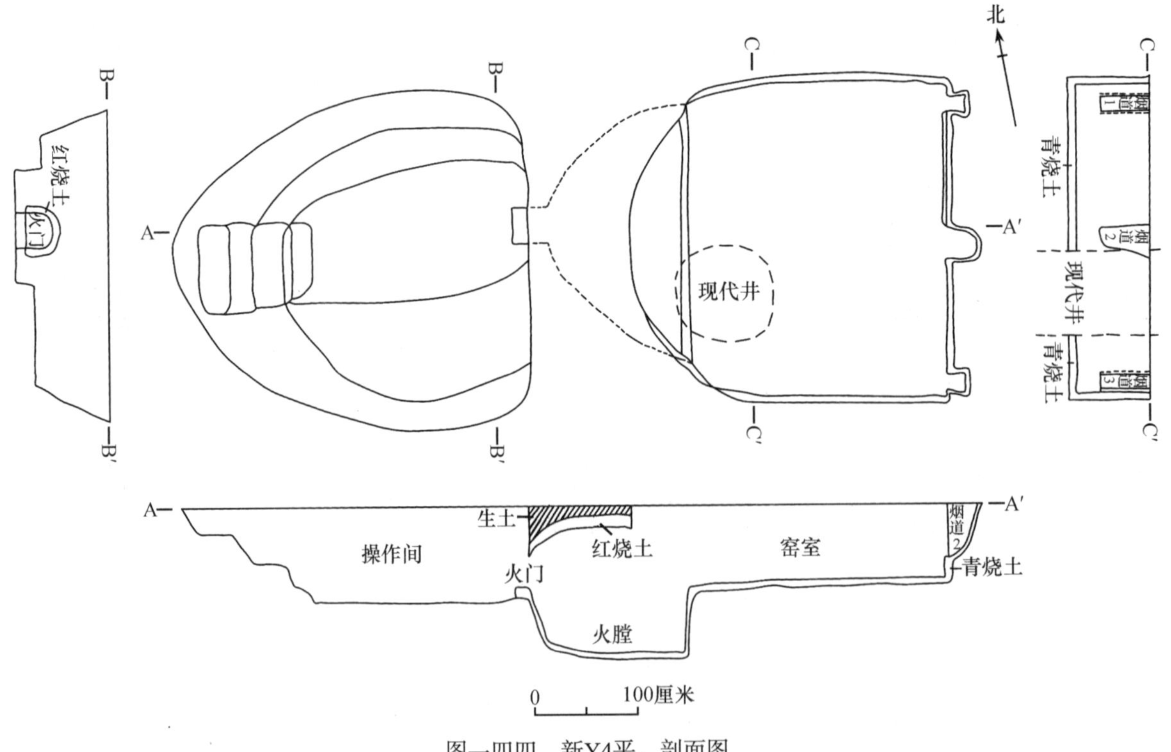

图一四四　新Y4平、剖面图

呈长方形，自北向南依次编为1—3号，1号烟道北距北壁0.10米，宽0.15—0.18、进深0.18米，烟道底距窑床0.20米，残高 0.48米；2号烟道即中间烟道距1号烟道1.10米，烟道底距窑底0.20米，上宽下窄，上口宽0.32、下口宽0.08、进深0.30、残高0.50米，向内斜伸至窑内；3号烟道距南壁0.05米，形状、大小与北部烟道相同。3个烟道均为明烟道，由窑底通向窑口。

未见出土器物。

五、新宫五号窑（新Y5）

位于发掘区西区东北部，西邻新Y3、新Y4，开口于第3层下，距地表深2.70米，呈西北—东南向，方向300°。残存下部。平面通长6.80、宽0.60—2.13米。由操作间、火门、火膛、窑室和烟道组成（图一四五）。

操作间：位于窑室西北部，平面呈不规则形，口部长3.00、宽0.60—2.13、底长2.30、宽1.16—1.78、深0.68—0.86米，口大底小，斜壁内收，底部不平，中部略低，斜坡壁不平整，有凹凸现象，西部设2级台阶，第一级台阶宽0.30、高0.24—0.26米，第二级台阶宽0.30、高0.12—0.20米，南部设一级台阶，宽0.16—0.30、高0.26米，操作间底部有灰烬、木炭、砖渣和残砖块等。

火门：位于火膛西北部、操作间东南部，宽0.40、高0.28、进深0.14米，上部呈弧形，下部呈长方形，火门边临操作间处平铺有一层两两并排的4块长条砖。

火膛：位于窑室西北部、操作间东南部，平面呈半圆形，西北—东南长1.98、西南—东北宽1.40—1.50、火膛低于窑床0.29、高0.68米，底部有大量木炭灰烬、碎砖块等。

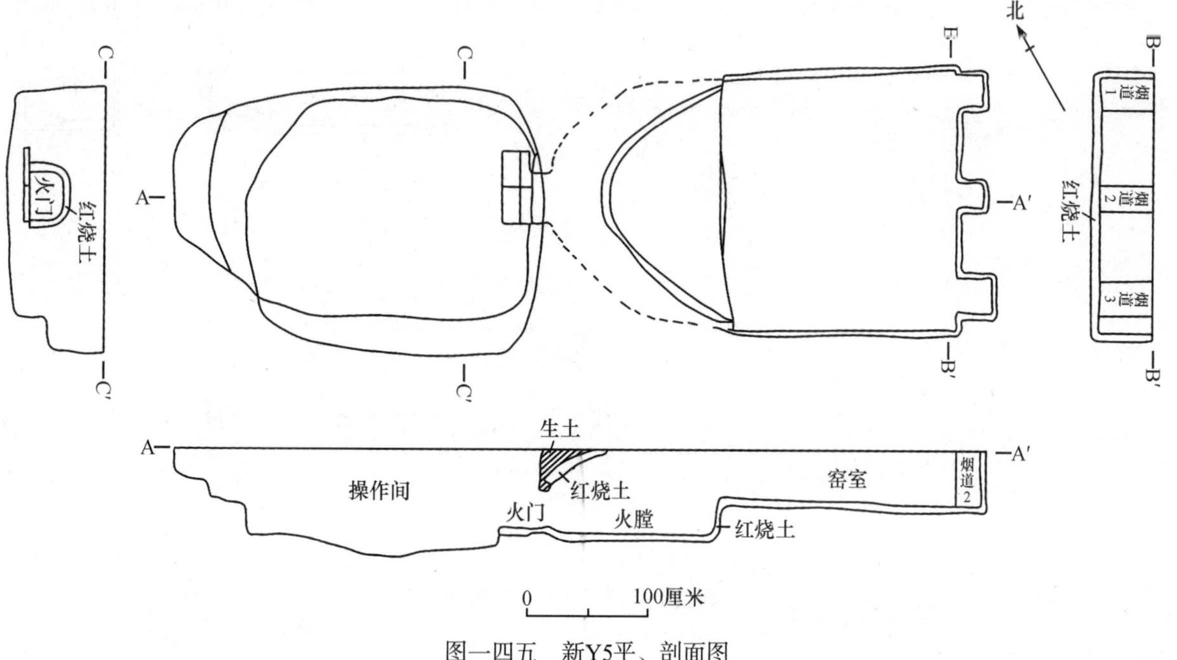

图一四五　新Y5平、剖面图

窑室：位于火膛东部，平面呈长方形，西北—东南长1.98—2.08、西南—东北宽1.86—1.96米，窑床西部略高于东部，东部略宽于西部，西部残高0.38—0.44米，中、东部及底部为红烧土。

烟道：3个。皆位于窑室后壁，南北并列，形状皆近长方形，大小不一，自东北向西南依次编为1—3号，1号烟道紧邻北壁，南距2号烟道0.62米，宽0.24—0.26、进深0.22米；2号烟道距3号烟道0.58米，宽0.28、进深0.30米；3号烟道南距南壁0.16米，宽0.20、进深0.22米，烟道残高皆0.44米。3个烟道均为明烟道，由窑室通向窑口。

未见出土器物。

第三节　丰台南苑植物油厂保障房住房项目窑址

一、植物油厂一号窑（植Y1）

位于发掘区北部，东邻植Y2，开口于第4层下，距地表深1.20米，呈西北—东南向，方向325°。残留下部。平面通长7.40、宽2.50—4.60米。由操作间、火门、火膛、窑室和烟道组成（图一四六；图版四六，1、2）。

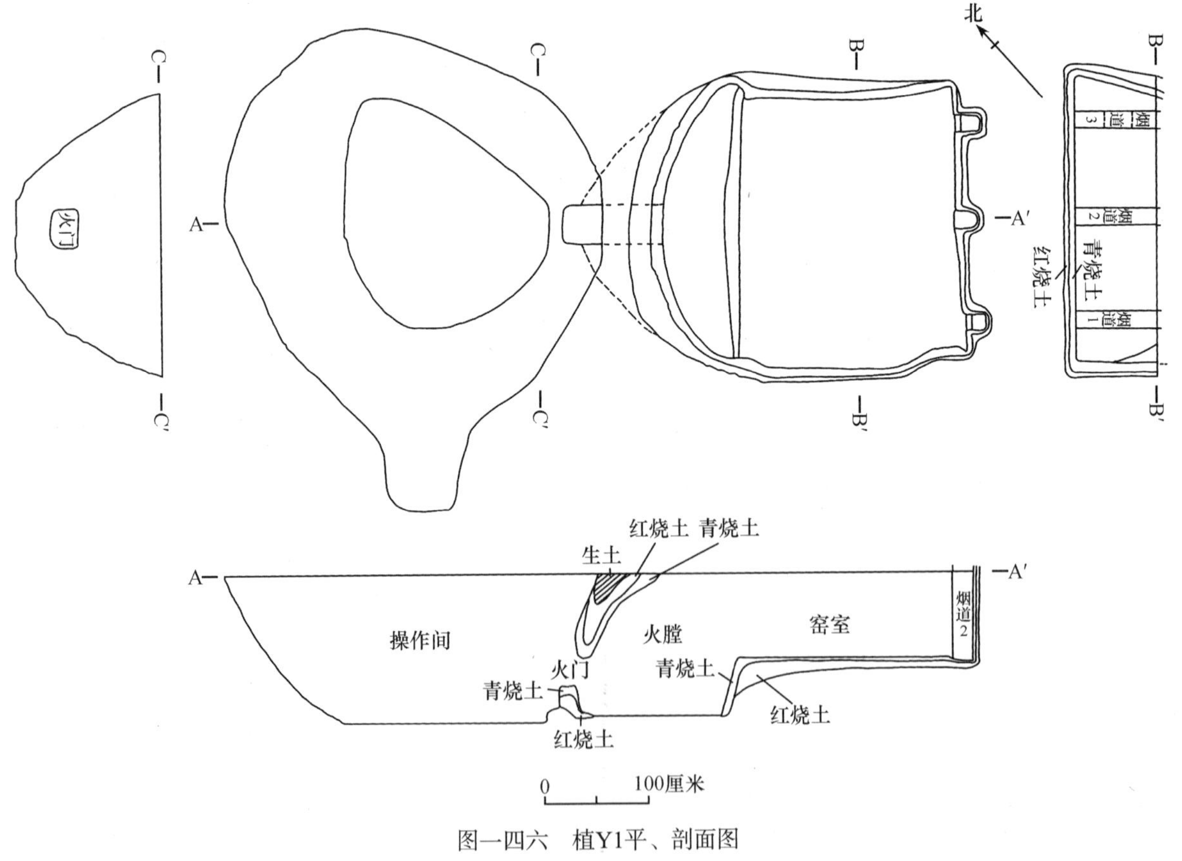

图一四六　植Y1平、剖面图

操作间：位于火门西北部，平面呈不规则形，长4.00、宽3.70、深1.40米，内填黄灰色五花土，含红烧土及炭灰颗粒。

火门：位于操作间东南部，连接火膛，呈长方形，宽0.34、高0.25、进深0.20米。上部为青灰色烧土和红烧土，厚0.10米。

火膛：位于火门东南部，平面近似半圆形，长2.55、宽1.40、高1.31米，火膛底低于窑床0.54米。周壁为青灰色烧土，厚0.10米，外围红烧土厚0.20米。底部草木灰烬层，厚0.10米。

窑室：位于火膛东南部，平面近长方形，长2.50、宽2.30、残高0.80米。底部为青灰色烧土，厚0.10米，外围红烧土厚0.10米。

烟道：3个。皆位于窑室后壁，南北并列，平面形状为圆角长方形，由南向北依次编为1—3号，1号烟道与2号烟道间距0.80米，宽0.16、进深0.20、高0.82米；2号烟道与3号烟道间距0.70米，宽0.16、进深0.26、高0.84米；3号烟道宽0.16、进深0.18、高0.84米。烟道周壁皆呈青色烧土，厚0.03米，外围为红烧土，厚0.05米。

未见出土器物。

二、植物油厂二号窑（植Y2）

位于发掘区东北部，西邻植Y1，开口于第4层下，距地表深1.20米，呈西北—东南向，方向150°。残留下部。平面通长7.20、宽2.50—3.80米。由操作间、火门、火膛和窑室组成（图一四七；图版四六，3）。

操作间：位于窑室东南部，平面呈不规则形，口大底小，底部较平，长3.10、宽1.90—3.70米。操作间内呈缓坡状。

火门：位于操作间西北部，连接火膛，呈长方形，宽0.36、高0.36、进深0.30米。周壁经火烧，为青色烧土，厚0.10米，外围红烧土，厚0.10米。

火膛：位于火门西北部，平面近半圆形，长2.36、宽1.70、高1.40米。火膛底部低于窑床0.54米，周壁烧土呈青色，厚0.10米，底部有大量草木灰，厚0.15米。

窑室：位于火膛西北部，平面近长方形，口小底大，壁面平直，略内倾，窑床平整，长2.30、宽2.30、残高0.86米。周壁烧土经长期火烧呈青色，厚0.02米。外围为红烧土，厚0.08米。

未见出土器物。

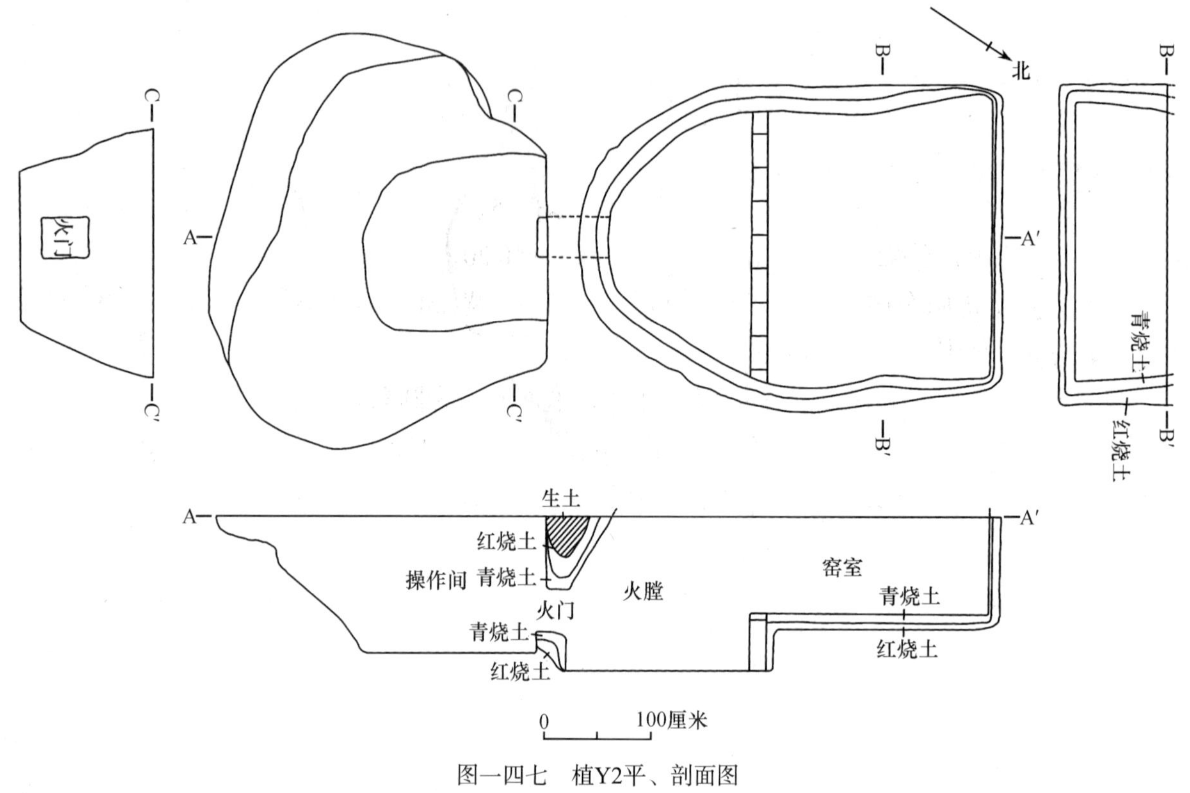

图一四七　植Y2平、剖面图

三、植物油厂三号窑（植Y3）

位于发掘区西北部，北邻植Y4，被植Y4打破，开口于第4层下，距地表深1.40米，呈近南北向，方向10°。残留下部。操作间部分已被破坏，残长3.80、宽1.92米。由火门、火膛、窑室和烟道组成（图一四八；图版四七；图版四九，1）。

操作间：已被破坏无存。

火门：残存一部分，高0.25、进深残0.41米。

火膛：位于窑室北部，平面呈近半圆形，长1.60、宽1.16、高1.50米，底部低于窑床0.40米。周壁为青烧土，厚0.08米。底有大量草木灰，厚0.10米。

窑室：位于火膛南部，平面呈长方形，东西长1.92、南北宽1.82、窑室残高1.10米。周壁青为青烧土，厚0.08米。外围红烧土，厚0.10米。

烟道：3个。皆位于窑室后壁上，东西并列，平面皆呈近长方形，由东向西依次编为1—3号，1号烟道靠东壁，与2号烟道间距0.42米，宽0.26、高0.40米；2号烟道在中部，与3号烟道间距0.64米，宽0.30、高0.32米；3号烟道靠西壁，宽0.30、高0.40米。烟道上部一个长方形烟囱，长0.84、宽0.32—0.40米，烟囱壁为青烧土，厚0.04米，外围为红烧土，厚0.06米。

出土器物：皆为窑内填土中出土。

筒瓦　3件。均为夹砂灰陶，模制。

标本植Y3：1，仅存前端瓦头，子口，唇部平，平面呈长方形，截面呈弧形，筒瓦前端较

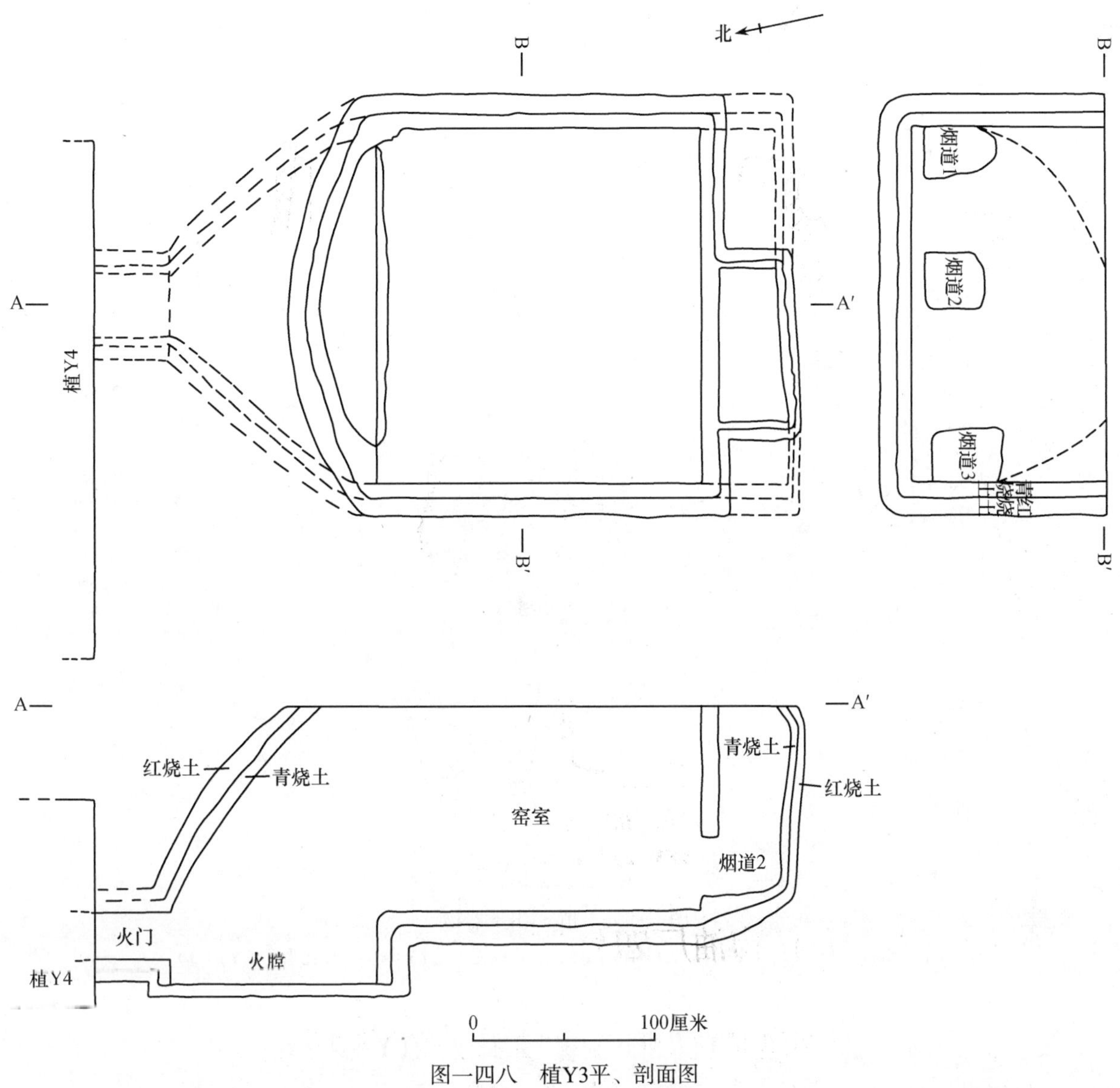

图一四八　植Y3平、剖面图

平。凸面见密集细线抹痕，凹面留布纹痕。残长8.0、宽13.6、壁厚1.5厘米（图一四九，1）。

标本植Y3：2，残次品。瓦头小于瓦身，瓦头与瓦身斜弧相连，子口，圆唇，平面呈长方形，截面弧形。凸面饰抹绳纹，凹面饰布纹。残长34.2、宽16.2、壁厚1.3厘米（图一四九，4）。

标本植Y3：5，残次品。平面呈长方形，截面呈弧形。凸面饰不规则纵向粗绳纹，凹面饰布纹。残长17.0、宽9.8、壁厚1.5厘米（图一四九，2）。

瓦当　1件。标本植Y3：3，夹砂灰陶，模制。残次品。圆形。当面正中饰凸起的圆纽和一周凸弦纹，四个等分区各饰简化云纹。直径14.6、壁厚1.5厘米（图一四九，5）。

板瓦　1件。标本植Y3：4，夹砂灰陶。平面呈长方形，截面略呈弧形，沿面微凸起，略高于凸面，沿下有数道划痕。凸面饰斜行粗绳纹，凹面饰布纹。残长29.8、残宽15.0、厚0.8厘米（图一四九，3）。

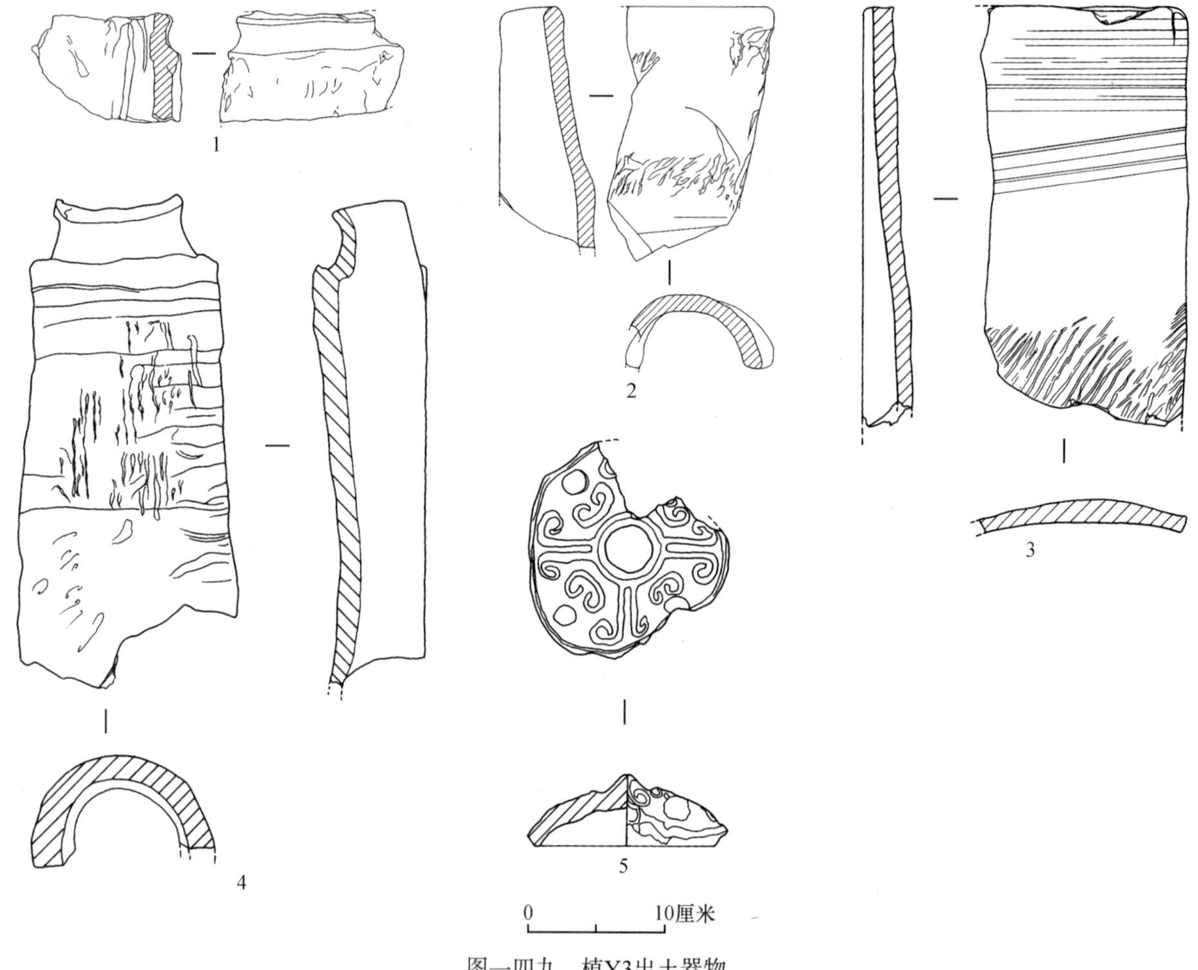

图一四九　植Y3出土器物

1、2、4. 筒瓦（植Y3：1、植Y3：5、植Y3：2）　3. 板瓦（植Y3：4）　5. 瓦当（植Y3：3）

四、植物油厂四号窑（植Y4）

位于发掘区西北部，南邻并打破植Y3，开口于第4层下，距地表深1.40米，呈近南北向，方向350°。残留下部。平面通长8.06、宽2.80—4.14米。由操作间、火门、火膛、窑室和烟道组成（图一五〇；图版四八）。

操作间：位于火门北部，平面近椭圆形。东西长4.14、南北宽3.90、深1.50米，操作间内呈缓坡状坑，长2.80、宽0.28、深0.30米。

火门：位于操作间南部，南连火膛，宽0.40、进深0.50、残高0.30米，两壁为青烧土，厚0.04米。

火膛：位于火门南部，南连窑室，平面呈半圆形，长2.80、宽1.30、高1.86米。火膛底部低于窑床0.64米。周壁为青烧土，厚0.06米，底部有大量草木灰，厚0.18米。

窑室：位于火膛南部，平面呈长方形，东西长2.80、南北宽2.30、残高1.22米。周壁及窑

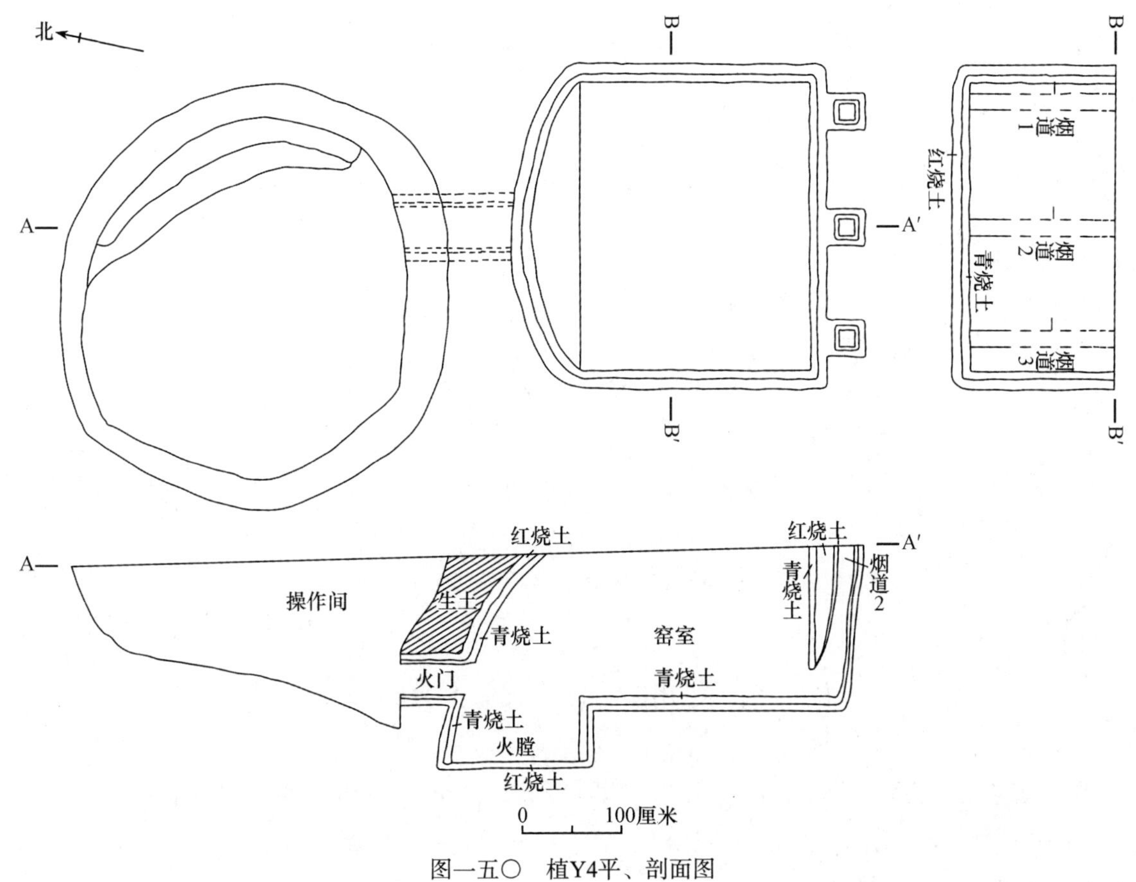

图一五〇 植Y4平、剖面图

床光滑平整，周壁为青烧土，厚0.08米，外围为红烧土，厚0.10米。

烟道：3个。位于窑室后壁，东西并列，平面呈方形，底部有通道与窑室相连，由东向西依次编号为1—3号，1号烟道位于东部，东距东壁0.14米，西与2号烟道间距0.96米，宽0.16、进深0.16、高1.20米；2号烟道在中部，与3号烟道间距0.92米，宽0.16、进深0.16、高1.20米；3号烟道位于西部，西距西壁0.23米，宽0.16、进深0.16、高1.20米。烟道周壁为青灰色烧土，厚0.04米，外围为红烧土，厚0.06米。

出土器物：皆为窑内填土中出土。

陶罐 1件。标本植Y4：1，泥质灰陶，轮制。仅存口沿残片。敛口，尖唇，短颈。颈部饰两道凸弦纹。残高8.2厘米（图一五一，1）。

陶盆 3件。均为泥质灰陶。

标本植Y4：2，轮制。仅存口沿残片。敞口，宽平沿，尖唇，唇部做叠唇状，颈部有轮旋痕。残高6.4厘米（图一五一，2）。

标本植Y4：3，轮制。仅存口沿残片。大敞口，翻沿，厚方唇，斜直腹，腹部有数周轮旋痕。残高8.4厘米（图一五一，3）。

标本植Y4：4，手制。仅存口沿残片。厚胎，侈口，圆唇，短颈，浅腹，一侧附耳，耳中部有圆形孔，平底。素面。残高9.2厘米（图一五一，4）。

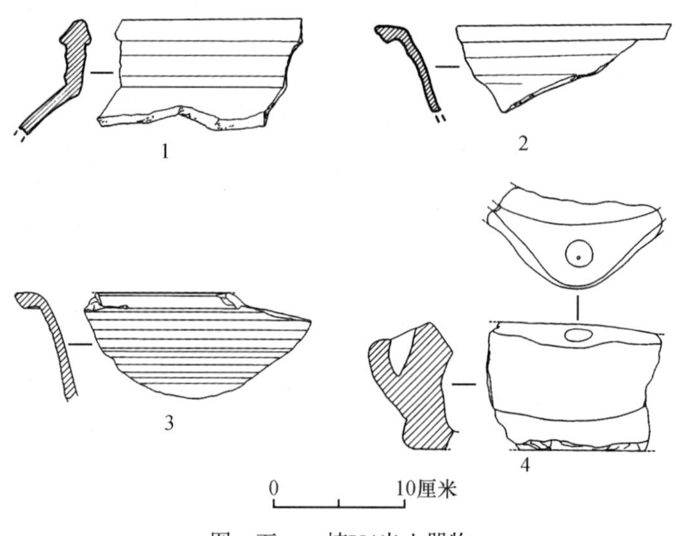

图一五一　植Y4出土器物

1. 陶罐（植Y4：1）　2—4. 陶盆（植Y4：2、植Y4：3、植Y4：4）

五、植物油厂五号窑（植Y5）

位于发掘区北部，西邻植Y6，开口于第4层下，被植Y6打破，距地表深1.40米，呈东西向，方向90°。残留下部，平面通长8.60、宽3.40—5.50米。由操作间、火门、火膛、窑室和烟道组成（图一五二；图版四九，2—4）。

操作间：位于火门东部，平面呈不规则形，南北长5.50、东西宽3.30、深1.16米，北、东、南三面皆以缓坡状进入操作间底部。

火门：位于操作间西部，连接火膛，火门底高于操作间底部0.40米，火门宽0.45、进深0.30、高0.46米。周壁为青烧土，厚0.10米，外围为红烧土，厚0.10米。

火膛：位于火门西部，与窑床相连，平面近半圆形，长2.90、宽1.06、高1.45米。火膛底部低于窑床平面0.40米。周壁为青烧土，厚0.05米，底部有大量草木灰，厚0.30米。

窑室：位于火膛西侧，平面近长方形，南北长3.50、东西宽2.70、残高0.76米。周壁为青烧土，厚0.05米，外围为红烧土，厚0.10米。

烟道：3个。位于窑室后壁，南北并列，由南向北依次编为1—3号，平面为圆角长方形，与窑室连通，1号烟道位于南部，南距南壁0.60米，与2号烟道间距0.95米，宽0.20、进深0.35、高0.76米；2号烟道在中部，北与3号烟道间距0.80米，宽0.20、进深0.30、高0.76米；3号烟道位于北部，北距北壁0.55米，宽0.20、进深0.35、高0.76米。

出土器物：皆为窑内填土中出土。

陶罐　1件。标本植Y5：1，泥质灰陶，轮制。残存下腹及底部。斜直腹内收，平底。腹部有数道轮旋痕。残高7.0厘米（图一五三，1）。

陶鼎　1件。标本植Y5：2，泥质灰陶，轮制。残存口沿及腹部。子母口，尖唇，束颈，弧

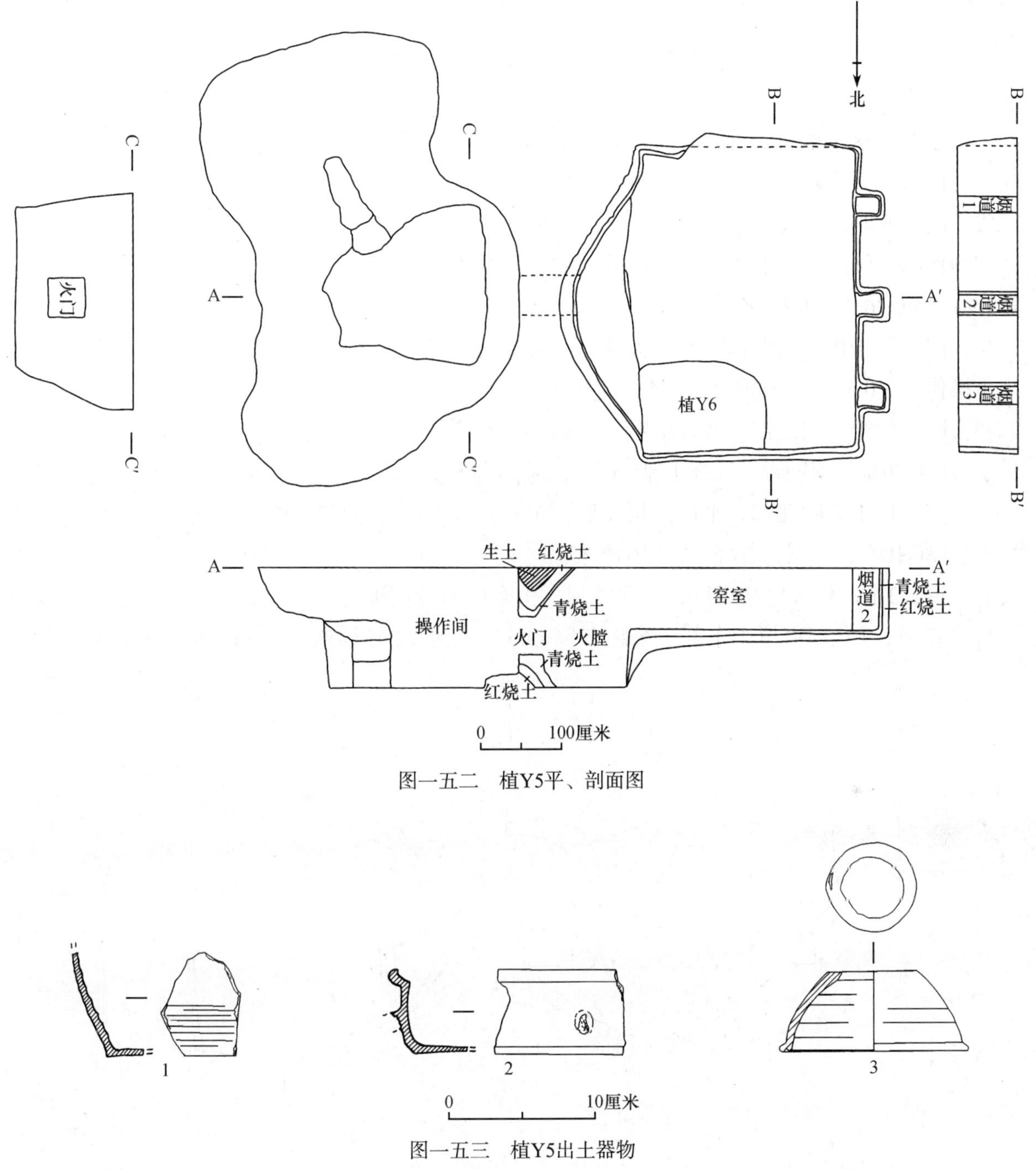

图一五二　植Y5平、剖面图

图一五三　植Y5出土器物

1. 陶罐（植Y5：1）　2. 陶鼎（植Y5：2）　3. 陶器盖（植Y5：3）

腹，平底。残高5.4厘米（图一五三，2）。

陶器盖　1件。标本植Y5：3，泥质灰陶，轮制。子母口内敛，尖唇，沿面凹槽，束颈，弧腹，盖顶残。口径13.6、残高5.8厘米（图一五三，3）。

六、植物油厂六号窑（植Y6）

位于发掘区的北部，东邻植Y5，开口于第4层下，打破植Y5，距地表深1.40米，呈南北向，方向180° 。残留下部。通长7.30、宽2.60—3.50米。由操作间、火门、火膛、窑室和烟道组成（图一五四；图版五〇）。

操作间：位于火门南部，以植Y5的窑室略作改造后成为该窑的操作间，南北长3.60、东西宽2.90、深0.76—1.40米。

火门：位于操作间北部，北连火膛，呈长方形，宽0.30、高0.30、进深0.40米。火门底部高于操作间底0.50米。周壁为青烧土，厚0.10米。

火膛：位于火门北部，北连窑室，平面近半圆形，长1.80、宽0.90、高1.60米。火膛底部低于窑床0.70米。周壁青、红烧土厚0.16米，底部有大量草木灰。

窑室：位于火膛北部，平面近长方形，东西长2.60、南北宽2.10、残高0.90米。周壁为青烧土，厚0.10米，外围为红烧土，厚0.05米。

烟道：3个。位于窑室后壁，东西并列，由东向西依次编为1—3号，平面为圆角长方形，与窑室连通，1号烟道位于东部，东距东壁0.43米，西与2号烟道间距0.65米，宽0.24、进深

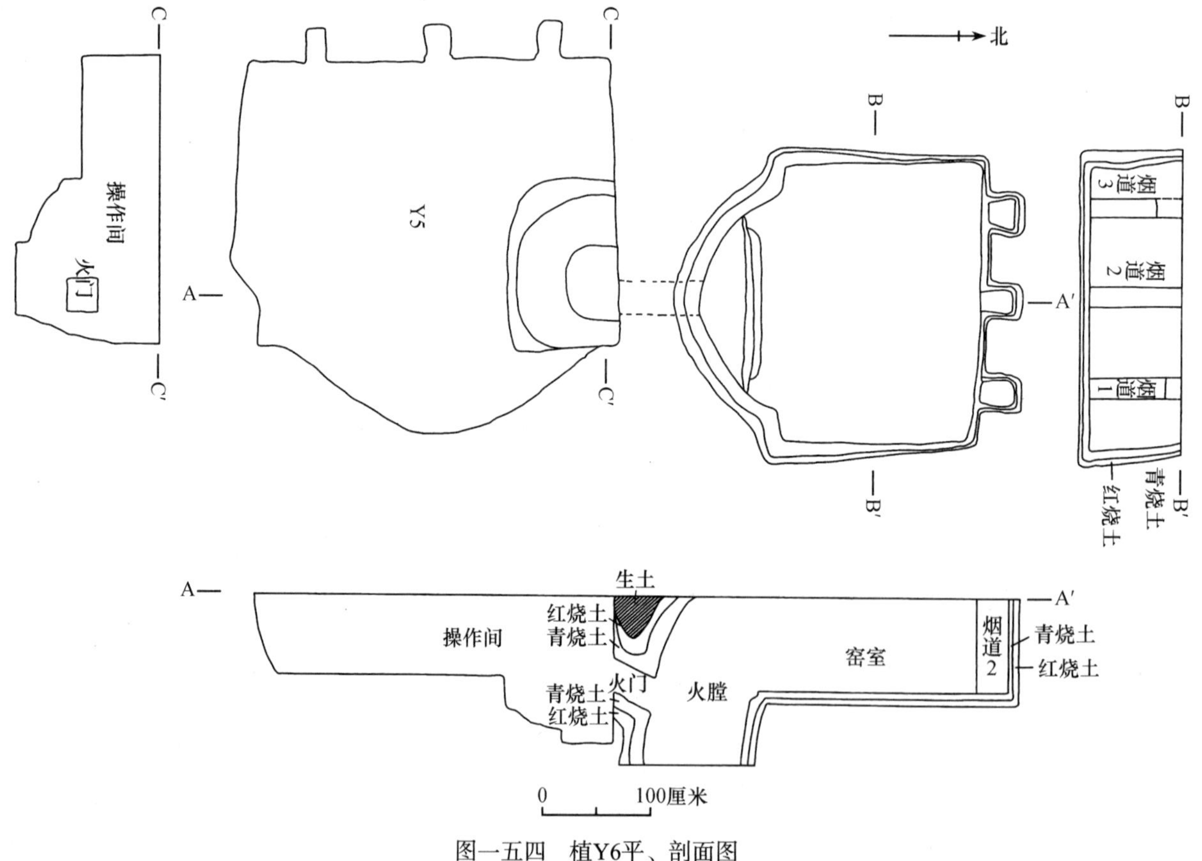

图一五四　植Y6平、剖面图

0.35、高0.90米；2号烟道在中部，距3号烟道间距0.60米，宽0.20、进深0.30、高0.90米；3号烟道位于西部，西距西壁0.26—0.34米，宽0.20—0.30、进深0.36、高0.90米。烟道壁经火烧为青烧土，厚0.10米，外围红烧土，厚0.05米。

未见出土器物。

七、植物油厂七号窑（植Y7）

位于发掘区西北部，开口于第4层下，距地表深1.40米，呈近南北向，方向 10° 。残留下部。平面通长8.50、宽3.00—3.70米。由操作间、火门、火膛、窑室和烟道组成（图一五五；图版五一、图版五二）。

操作间：位于窑室北部，平面呈不规则形，平底，南北长4.00、东西宽3.70、深1.60米，三面缓坡皆可进入。

火门：位于操作间南部，宽0.32、高0.30、进深0.80米。周壁为青烧土，厚0.10米，外围为红烧土，厚0.10米。

火膛：位于火门南部，与窑室相连，平面近半圆形，长3.00、宽1.20、高1.15米。火膛底部低于窑床0.50米。周壁为青烧土，厚0.10米，外围为红烧土，厚0.20米，底部有大量草木灰，厚0.15米。

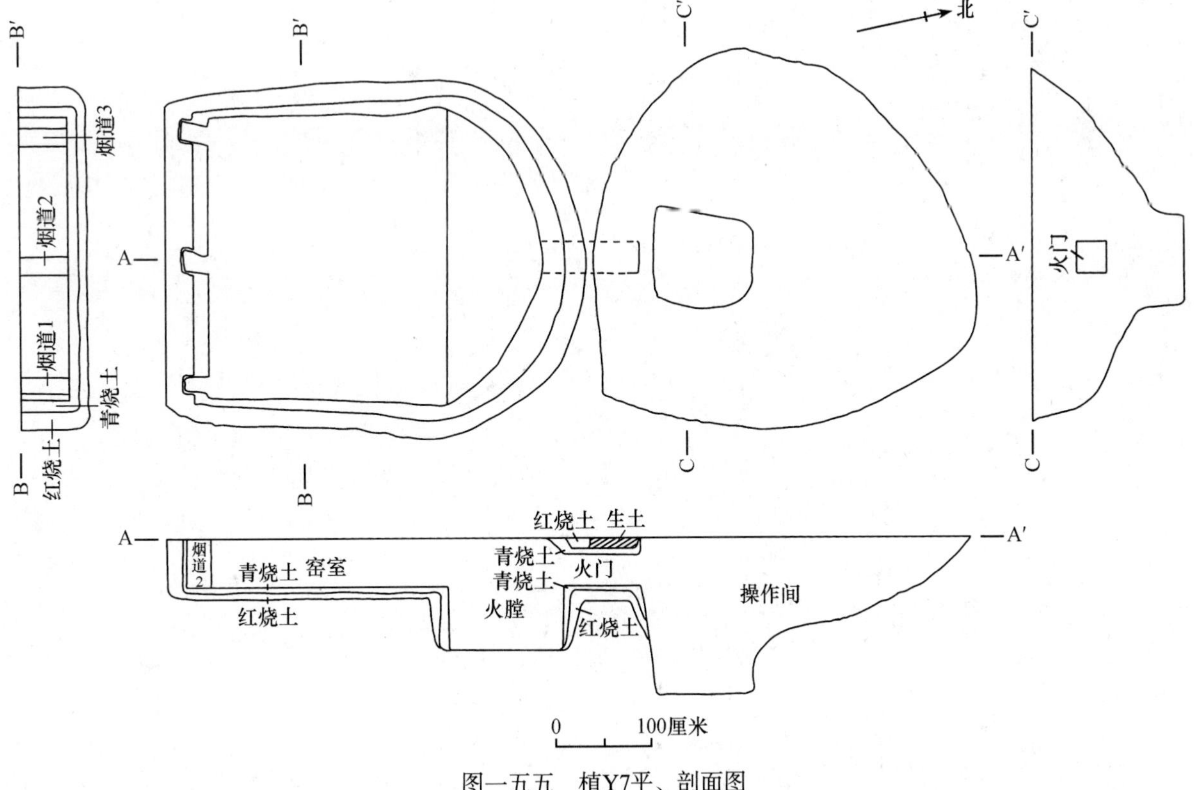

图一五五　植Y7平、剖面图

窑室：位于火膛南部，平面近似长方形，长3.00、宽2.50、残高0.50米。周壁经火烧为青烧土，厚0.10米，外围为红烧土，厚0.15米。

烟道：3个。位于窑室后壁，东西并列，平面呈斜长方形，直通窑室，由东向西依次编为1—3号，1号烟道紧邻东壁，与2号烟道间距1.06米，宽0.14、进深0.26、深0.50米；2号烟道位于中部，与3号烟道间距1.15米，宽0.15、进深0.26、深0.50米；3号烟道紧邻西壁，宽0.20、进深0.28、深0.50米。烟道周壁为青烧土，厚0.04米，外围为红烧土，厚0.20米。3个烟道均为明烟道，由窑室通向窑口。

出土器物：窑内填土中出土。

陶罐　1件。标本植Y7：1，泥质灰陶，轮制。仅存口沿残片。大敞口，翻沿，沿部凹槽，厚方唇做叠唇状，斜直腹，腹部有数周轮旋痕。残高8.8厘米（图一五六）。

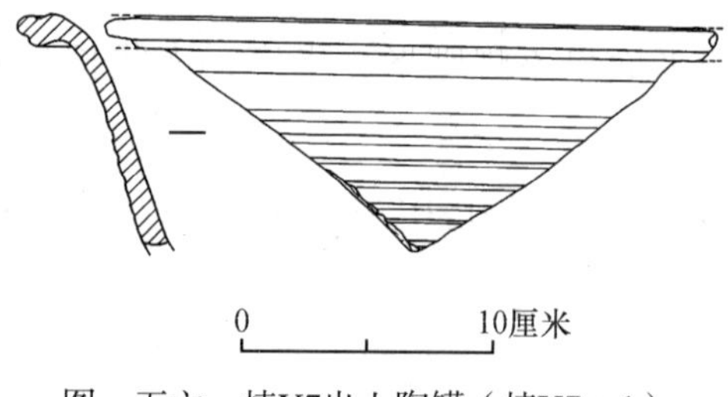

图一五六　植Y7出土陶罐（植Y7：1）

第四章　初步分析

第一节　墓葬结构

《中国考古学·秦汉卷》中将幽燕地区秦汉墓葬分为：竖穴土坑墓、土洞墓、砖椁墓、砖室墓和瓮棺葬墓五大类①。《北京考古史·汉代卷》②中，将北京地区汉墓分为六大类：瓮棺葬墓、砖椁墓、画像石墓、竖穴土坑墓、竖穴岩坑墓和砖室墓。北京地区汉墓最常见的类型是竖穴土坑墓和砖室墓，其次为砖椁墓和瓮棺葬墓，竖穴岩坑墓仅见于老山汉墓，画像石墓目前仅有零星构件发现。南苑墓地发现汉墓54座，多为砖室墓，也有竖穴土坑墓和砖椁墓。

一、墓葬形制

竖穴土坑墓在北京地区西汉时期非常流行，至王莽到东汉初期开始出现砖室墓，砖室墓到东汉时期在北京地区占据主流。砖室墓是先挖好土圹，在坑壁用砖砌墙、起券、铺底的一种墓葬形式。砖椁墓亦称砖圹墓，其特点是在坑壁用砖砌墙，底部铺砖，由顶部入葬，无墓门。南苑汉墓54座中，竖穴土坑墓1座、砖椁墓3座、砖室墓50座。

（一）竖穴土坑墓

仅1座。新M13，墓室平面呈长方形。墓坑较规整，四壁平直，墓底平坦。单人葬，仰身直肢，木棺已腐朽殆尽。

（二）砖椁墓

共3座（新M8—新M10）。均无墓道，砖椁的平面呈长方形，砖椁内木棺已腐朽不见。

① 中国社会科学院考古研究所：《中国考古学·秦汉卷》，中国社会科学出版社，2010年。

② 胡传耸：《北京考古史·汉代卷》，上海古籍出版社，2012年。

砖椁墓流行时间较短，在北京地区发现数量不多，如大兴亦庄79号地M11和西环南路M8①。

（三）砖室墓

共50座。南苑墓地砖室墓顶部均已不存，按照墓葬的结构和形制分为单室墓、双室墓和多室墓。少数砖室墓发现有棺床和器物台，随葬品多位于墓室后部。

1. 单室墓

共34座，形制较为简单，由墓道、墓门、墓室组成。墓室平面为近方形或长方形较宽，四壁较为平直，墓顶均被破坏，墓底均较平整，铺有墓底砖。单室墓数量最多，占南苑汉墓的近三分之二。其中9座有甬道，部分甬道已毁，墓室保存状况一般，多数砖墙上部已毁，个别保存较完整，如槐M20。南苑汉墓有器物台的，如槐M10、槐M20、新M11、新M12，器物台均位于墓室内，平面呈长方形，内填熟土，以长条砖包边。有的在墓室前方中间设棺床，棺床用长条砖包边，如植M5等。

单室墓根据墓葬形状的不同，又分为二型：A型，墓室平面呈“甲”字形；B型，墓室平面呈刀形。

A型　9座。墓道位于墓室前壁中部，均为长方形斜坡状。槐M8、槐M10、槐M13、槐M22、槐M23、新M4、新M6、植M5和植M18。其中植M5有甬道。

B型　21座。墓道均呈长方形斜坡状，墓门位置均偏离墓室前壁中部。分别是槐M2—槐M7、槐M11、槐M19—槐M21、槐M25、槐M26、新M1、新M3、新M11、新M12、新M14、植M4、植M7、植M15、植M16。其中槐M20、槐M21、新M3、新M11、植M4、植M7、植M15、植M16有甬道。

另外，有4座墓葬平面尚不确定（槐M14—槐M17）。这4座砖室墓因场地条件未完全发掘，推测应为带墓道单室砖墓。

单室砖墓在北京地区较为常见，刀形单室墓如房山岩上M38、南正M4等②；“甲”字形单室墓平面近方形或长方形较宽，有的在墓室前方中间设棺床，如亦庄博兴路M7、新凤河路M4③等。

2. 双室墓

共3座。由墓道、前室、后室组成，墓室平面为近方形或长方形较宽，四壁较为平直，墓

① 北京市文物研究所：《北京亦庄考古发掘报告（2003～2005年）》，科学出版社，2009年。

② 北京市文物研究所：《北京段考古发掘报告集》，科学出版社，2008年。

③ 北京市文物研究所：《北京亦庄考古发掘报告（2003～2005年）》，科学出版社，2009年。

底均铺有墓底砖。根据墓室平面形状不同，分二型。A型，墓室平面为刀形；B型，墓室平面为“中”字形。

A型 墓道不在前壁正中间，前、后室之间无过道，双室直接贯通，如新M2、新M17。

B型 墓道在前室正中间，横前堂较宽，前、后室之间以过道相连，如植M6。

3. 多室墓

共12座，多室墓结构复杂，除槐M18为双墓道多室墓外，其余均为单墓道多室墓。根据有无侧室，分为二型：A型，无侧室，平面形状为“甲”字形，由墓道、前室和后室组成；B型，有侧室，墓室多为不规则形，由墓道、前室、后室、侧室组成。

A型 3座。无侧室，墓道位于墓室前壁中部，均为长方形斜坡状。如新M16、植M12和植M17，墓室由前室、双后室组成。

B型 9座。有侧室，墓道为长方形斜坡状，墓室均由前室、后室和侧室组成。根据墓室平面布局不同，又分三亚型。

Ba型 墓室由前室、后室和侧室组成。如植M3，墓室由前室、后室和东侧室组成，墓葬平面呈不规则形；槐M24、新M15，墓室由前室、后室、西部双侧室和东部双侧室组成，墓葬平面均呈“中”字形。

Bb型 墓室由前室、双后室和侧室组成。如槐M12、植M8，墓室由前室、双后室及北（西）侧室组成，墓葬平面呈不规则形；槐M1、新M7，墓室由前室、双后室和东西侧室组成，墓葬平面呈不规则形、近“中”字形；新M5，墓室由前室、双后室、南侧室和东部双侧室组成，墓葬平面呈不规则形。

Bc型 墓室由双墓道、双前室、双后室和侧室组成。如槐M18，为双墓道多室墓，墓室由东、西前室、东、西后室和东、西侧室组成，墓葬结构东西对称分布，布局严谨，平面呈“甘”字形。

多室砖墓中，除槐M12、新M16外，墓道与前室之间均以甬道相连，部分甬道已毁，结构不详。各室之间均以过道相连，部分过道已毁，保存状况一般，多数砖墙顶部已毁，结构不详，仅槐M1前室仍可见部分券顶结构。新M7西后室及植M12东、西两个后室均发现了砖砌器物台，新M15后室中发现长方形棺床。

此外，植M2由于早年被破坏，墓葬平面形状不明，不予以归类。

二、葬具葬俗

（一）葬具

南苑墓地的葬具与人骨大多不存。据现存葬具情况来看，有木质棺椁和陶棺两种葬具。木质葬具均已腐朽，有的墓葬发现砖质棺床。

在多室砖墓中发现有陶棺，如新M5、植M3、植M12。其中新M5发现4具陶棺，保存较好，分别置于东侧室的南室和北室；植M12的1具陶棺置于西后室中部。

（二）葬式

该墓地埋藏条件不利于人骨保存，绝大多数墓葬内人骨已无存，从可辨人骨来看，葬式均为仰身直肢葬。

（三）葬俗

墓葬形制的变化是随着葬俗的变化而发展的，该墓地的土坑竖穴墓和砖椁墓多为单人葬，砖室墓多为合葬。

从墓葬分布来看，叠压打破情形较少，汉墓排列有一定的规律性，墓地似经过规划。根据墓葬朝向和墓葬形制，可分为若干组，如槐M2—槐M8，槐M14—槐M17，槐M23、槐M25、槐M26，新M8—新M10，每组墓葬方向一致，排列整齐。其中槐M2—槐M8，可能是一个家族不断沿用，从槐M8随葬品器物组合来看，下葬时间可能略晚于同组其他几座。多室砖墓的发现反映了东汉晚期聚族而葬风俗的流行，如槐M12、槐M18和槐M24。

三、陶器组合分析

随葬品据材质可分为陶、铜、铅、铁、石五大类，其中陶器与铜钱数量居多。南苑三处地点发现的4座竖穴土坑墓和砖椁墓中，都没有发现随葬陶器，现就砖室墓中随葬陶器依据单室墓、双室墓及多室墓进行比较。

（一）单室墓

槐M4：壶、罐、灶。

槐M7：罐、灶组合、井、碗。

槐M8：壶、罐、樽、奁、盆、仓、灶、井、器盖、案、盘、耳杯、灯、人物俑、动物俑。

槐M10：壶、罐、奁、盆、灶、案。

槐M11：壶、罐、奁、井、斗、案、盘、耳杯、勺、小陶盆、动物俑。

槐M13：壶、罐、盆、器盖、案、盘、耳杯、灯、小陶盆。

槐M14：盆、盒、樽、奁、案、小陶盆。

槐M15：罐、盆、盘、奁、灶。

槐M17：壶、罐、奁、仓、耳杯、狗俑、人物俑。

槐M19：樽、盘、器盖、耳杯。

槐M20：罐。

槐M26：壶、罐、樽、盒、盆、钵、耳杯、灯、圈。

新M12：壶、奁、盒、仓、厕、案、盘。

新M14：狗俑、人物俑。

植M5：壶、罐、盆、仓、井、厕、磨、盘、耳杯、灯、小陶盆、人物俑、动物俑。

（二）双室墓

新M2：磨、小陶盆、动物俑。

植M6：罐、奁、仓、灶、井、厕、器盖、耳杯、灯、小陶盆、器底、动物俑。

（三）多室墓

槐M1：罐、鐎壶、盆、鼎、甑。

槐M12：壶、罐、奁、盆、仓、案。

槐M18：罐、樽、奁、盆、碗、魁、扁壶、仓、灶、井、汲水小罐、圈、器盖、磨、案、盘、耳杯、勺、灯、人物俑、动物俑。

槐M24：罐、盆、钵、案、灶、井、奁、器盖、甑、马鞍形饰、汲水小罐、灯、仓、狗、鸭。

植M8：罐、灯、仓、盆。

植M12：壶、罐、樽、奁、盆、魁、仓、灶、井、厕、案、盘、灯、汲水小罐、人物俑、动物俑。

该墓地的陶器组合种类较复杂，以壶、罐、盆、樽、奁、仓、灶、井、厕、案、盘、耳杯、灯、俑的组合为基本组合，在此之上，增减陶器种类。由于墓葬早年被盗后，不在原位置，加之人骨保存情况不佳，无法判断随葬品与墓主人性别的关系等相关信息。

第二节　随　葬　品

一、陶　　器

（一）种类

汉代随葬用陶器按照用途分为仿铜礼器、生活用器、模型明器。南苑墓地出土陶器实用器偏少，以明器为主，器形多样。有壶、扁壶、鐎壶、罐、樽、奁、仓、井、灶、厕、圈、鼎、灯、盒、盆、碗、钵、魁、案、盘、耳杯、勺、汲水小罐、磨、人物俑、动物俑（造型有狗、猪、鸡、鸭）等。

仿铜礼器有鼎、壶。鼎只有2件，槐M1∶1、槐M1∶2。壶的样式较多，形态大致分两类：一类颈部较高，假圈足；另一类是短颈，平底。高颈圈足壶形态各异，有敞口、束颈、弧腹、假圈足的，如槐M8∶15；有敞口、方唇、细长束颈、折扁腹、假圈足的，如新M12∶1；有盘口、直颈、鼓肩、弧腹、假圈足的，如槐M13∶1。短颈平底壶，如新M6∶1，盘口、束颈、溜肩、弧腹、平底。

生活用器多见罐、盆等。

模型明器分为建筑明器和生活明器。建筑明器有井、仓、灶、厕、圈；生活明器有扁壶、樽、碗、奁、钵、盒、魁、磨、案、盘、耳杯、勺、灯、俑等。

（二）制法

南苑墓葬陶器陶质以泥质灰陶为主，泥质红陶次之，另有少量的夹云母红陶、泥质红胎绿釉陶等。灰陶质地坚硬，红陶和夹云母红陶质地较疏松。

陶器制法有轮制、模制和手制三种。器物多为轮制，部分模制或手制，耳杯及器物附件多为模制。有的陶器采用两种或多种制法兼制而成，如陶魁器身轮制，柄模制；樽器身轮制，足部手制或模制；磨、鸡、鸭模制而成，部分手制。

（三）纹饰

陶器多为素面，少数装饰纹样。陶壶、陶罐纹饰较丰富，其余装饰简单，纹样以凹弦纹、凸弦纹、网格纹为主，同时伴有少量绳纹、戳印纹及斜线纹等。凹弦纹和凸弦纹多见于壶、罐类的肩部、上腹部和樽、奁、碗、盘、盒。方格纹、网格纹等多见于罐的腹部。个别灶面灶眼周围模印或刻划与炊事、饮食相关的图像，如鱼、锅盖、勺等。部分器类为素面，如陶仓、扁壶、耳杯、勺、灯盘、厕、圈等。

二、金属器与玉石器

南苑墓地发现的金属器数量和类型都不多，按质地有铜器、铁器和铅器。

（一）铜器

铜器有铜镜和铜环两种。铜镜2件，均圆形。槐M17∶3保存状况较好，体略厚，镜面微凸，背面下凹。中间有穿孔圆纽，纹饰极简。植M12∶12保存状况较差，已残破，锈蚀严重，素面。铜环1件，槐M7∶2体量较小，环径2.2厘米，平面呈圆形。

（二）铁器

铁器有铁锸和铁钉两种。铁锸2件，均锈蚀，形制相近，侧面均呈倒三角形，顶端较厚，有一长条形銎，下端有刃，其中槐M7∶9正面呈横长方形；槐M10∶3正面呈梯形，上宽下窄。铁钉2件，槐M11∶7和槐M20∶4，大小相近，皆锈蚀，钉身截面呈方形。

（三）铅器

铅器发现4件，均为模型车马饰件，有当卢和衔镳。当卢2件，槐M8∶20和槐M11∶6。槐M11∶16为一套衔镳，衔平面扁平，两端有环，镳穿于衔两端环内。

（四）石器

石器发现6件，均为砚石，包括4件砚板和2件研杵，均为青石质，研杵石质较硬。槐M18发现3件，其中砚板2件，槐M18∶22-1和槐M18∶22-2，分别为近长方形和方形，正面平整光滑，背面略粗糙；研杵1件，槐M18∶35，顶部为半球形。槐M20∶2为砚板1件，正方形。植M5∶14为上研下砚一套，2件，砚板为长方形，研杵为半球状圆顶。

三、铜　钱

南苑墓地54座汉墓中，共有28座墓出土钱币，其中槐房13座墓出土222枚，新宫9座墓出土303枚，植物油厂6座墓出土275枚。出土钱币总计800枚。每座墓出土钱币数量不等，少者1枚，多者数百枚，钱币全为铜质。以五铢钱为主，其次为新莽钱和半两钱。新莽时期的钱币种类较多，有大泉五十、小泉直一、货泉等。

（一）五铢

715枚，出土于27座墓中。圆形方穿，正、背有郭，穿正面无郭，正面穿左右篆书“五铢”，“五”字瘦长或宽大，竖画或较直或特曲，接上下横画处垂直或呈外放状，“铢”字“金”旁头呈三角形，“朱”旁上部两竖或方折或圆折或圆折外敞。如槐M5：1、槐M7：1、新M5：1、植M12：9。

（二）剪轮五铢

61枚，出土于9座墓中。有的剪之较甚，五铢两字有残缺，圆形方穿，穿正面无郭，如槐M17：4、槐M18：23；有的仅剪去边郭，圆形方穿，穿正面无郭，如槐M20：3、新M5：4、植M5：1。

（三）货泉

14枚，出土于9座墓中。有的正背均有钱郭穿郭，如槐M7：1、槐M8：21；有的有钱郭，背面有穿郭，如新M15：2、新M16：1。

（四）大泉五十

1枚。槐M4：4，圆形方穿，正、背均有郭，穿正面无郭，对读。略有破损，“十”字已不可见。

（五）小泉直一

1枚。植M12：9，正反面均有钱郭和穿郭，对读。

（六）半两

8枚。如新M14：3，有钱郭无穿郭；新M5：1、植M12：9，无钱郭、穿郭。

第三节 分期与年代

北京地区东汉墓考古发现和研究表明，王莽至东汉初期，普遍流行的形制是竖穴土坑墓，砖椁墓开始出现。东汉早期，北京地区出现带墓道的单室砖室墓，结构简单，与砖椁墓同时流行。东汉中期，带墓道的单室砖墓仍然流行。东汉中晚期，随着券顶技术的成熟，砖室墓形制有了较大发展，墓室的跨度加大，带前后室的双室墓及前横后室双室墓已经出现并且流行，多室墓亦开始出现，砖券带前、后室的双室墓或结构复杂的前、后室带耳室的多室墓增多，此时一个中心主室附带多个耳室的多室墓纷纷出现。东汉晚期，带墓道的双室墓和带墓道的多室墓、带多个墓室的多室砖室墓盛行[①]。双室墓和多室墓“有意识地将单一空间作区域划分，前区祭祀，后区埋葬”[②]。

南苑汉墓未出土有明确纪年的实物资料，墓葬之间叠压打破关系也少见。主要根据墓葬形制、随葬器物组合以及随葬品形制特征的变化进行分期。由于墓葬保存情况较差，多被盗扰，随葬品不在下葬位置，只能依据残存的随葬品对墓葬进行分期和年代判断。初步判断，南苑汉墓均为东汉时期墓葬，大致有四期。

第一期：东汉早期。

南苑墓地东汉早期墓葬发现较少，根据墓葬形制推断新M13竖穴土坑墓和新M8—新M10砖椁墓为东汉早期墓葬。

第二期：东汉中期。

东汉中期的墓葬数量较少，以槐M7和槐M13为代表。

槐M7为带墓道土坑竖穴单室砖墓，出土的陶罐槐M7：8与燕下都W21T74①M5：1器形相

① 北京市文物研究所：《北京亦庄X10号地》，科学出版社，2010年；北京市文物研究所：《窦店与长阳》，科学出版社，2013年；北京市文物研究所：《丰台王佐遗址》，科学出版社，2010年；北京市文物研究所：《平谷杜辛庄遗址》，科学出版社，2009年；北京市文物管理处：《北京顺义临河村东汉墓发掘简报》，《考古》1977年第6期；北京市文物工作队：《北京怀柔城北东周两汉墓葬》，《考古》1962年第5期。

② 黄晓芬：《汉墓的考古学研究》，岳麓书社，2003年。

似，陶灶槐M7：5与燕下都W21T80①M9：2器形相似；槐M13为带墓道土坑竖穴单室砖墓，出土陶壶槐M13：1与顺义田各庄M31：9相似。推断为东汉中期墓葬。

第三期：东汉晚期。

东汉晚期墓葬在南苑汉墓中占有相当的比重。这一时期的随葬陶器种类多样，组合丰富，模型明器数量较多，以槐M12、槐M13、槐M14、槐M18、新M5等为代表。

槐M10和槐M14为带墓道土坑竖穴单室砖墓。槐M10出土的陶壶槐M10：5为折腹壶，与北京顺义临河东汉墓陶壶相似。槐M14出土的陶盒槐M14：3与河北逐鹿矾山五堡ZFWM4：15相似，陶樽槐M14：6与新凤河路M1：4相似。

槐M18为双墓道土坑竖穴多室砖墓，器物组合较为丰富，出土的陶扁壶、陶魁与北京平谷区西柏店和唐庄子汉墓出土器物形制相似，陶井与燕下都67LM1：27陶井相似。推断为东汉晚期墓葬。

第四期：东汉末到魏晋。

以新M12为例，新M12为带墓道土坑竖穴单室砖墓，墓底由不规则碎砖砌筑，出土的陶壶新M12：1与博兴路M2：1和亦庄80号地M75：4陶壶相似。推断为东汉末到魏晋时期墓葬。

南苑三处地点发现的汉代墓葬，主要为东汉中晚期至魏晋时期，时代特征明显。东汉中期，陶器器类有所增加，仿铜陶礼器如鼎等极为少见，以樽或其他三足器的形式出现，陶俑和动物俑开始大量出现；东汉晚期，陶器类型更加丰富，生活中使用的生活用品很多以模型明器的形式出现，如仓、灶、井这样的典型组合。这批考古资料基本再现了南苑地区东汉中晚期中下阶层葬制的变化轨迹，一定程度上反映了该地区社会生活与丧葬礼俗等文化面貌。

附　表

附表一　南苑汉墓砖室墓形制表

形制	墓道	甬道	过道	封门	墙砖	铺地砖	墓室结构	附属设施	墓号
单室墓	有	无	无						槐M2
				错缝平砌					槐M3
				斜置垒砌	长条砖并排砌筑				槐M4
				外上错缝平砌，外下凌乱，内一排横向竖砌					槐M5
				无规则堆砌	一平一竖	上层两横两纵交错，下层无规律平铺			槐M6
				外上层2层横置垒砌，外下半砖“人”字形垒砌，内上无规则垒砌，内下斜置竖砌	二平一竖、错缝平砌	上层纵横交错平铺，下层平铺			槐M7
				无规则堆砌	一平一竖	两横两纵交错平铺			槐M8
				平砌		两横两纵交错平铺		器物台	槐M10
				外上凌乱，下平砌，内平砌，内侧底竖砌	二平一竖、平砌	纵横交错平铺、合缝平铺			槐M11
					一平一竖	错缝平铺			槐M13
				未发掘	一平一竖				槐M14
				错缝平砌	一平一竖	两横两纵交错平铺			槐M15
				未发掘	一平一竖	平铺			槐M16
				未发掘		花纹砖合缝平铺，另长条砖加残砖平铺			槐M17

续表

形制	墓道	甬道	过道	封门	墙砖	铺地砖	墓室结构	附属设施	墓号
单室墓	有	无	无	外上五层横置，外下“人”字形垒砌，内上六层横置垒砌，内下“人”字形垒砌，内侧竖砌	二平一竖	五块砖一组纵横交错平铺、无规律竖砌			槐M19
					双排平砌	横纵平铺、合缝平铺			槐M22
									槐M23
				平砌	一平一竖				槐M25
				错缝平砌	一平一竖				槐M26
				一平一竖	二平一竖	错缝平铺、纵横交错平铺			新M1
					先砌一层平砖，再以长条砖斜立竖砌两层形成“人”字形				新M4
					一平一竖、二平一竖	残砖错缝平铺			新M6
				平砌	二平一竖	不规则平铺		器物台	新M12
				竖砌	一平一竖	五块竖砖为一组纵横交错铺砌			新M14
				错缝平砌	二平一竖	纵横连续方式或合缝平铺			植M18
		砖券洞室	无	外上十五层错缝横置，外下合缝横置，内上六层错缝横置，内下一平一竖	甬道一平一竖，墓室二平一竖	错缝平铺		器物台	槐M20
				上为四层错缝横置，下为二平一竖	二平一竖	两横两纵交错平铺、合缝平铺			槐M21
				平砌	二平一竖	平铺			新M3
				平砌	二平一竖、错缝平砌	残砖错缝平铺、纵横交错、合缝平铺		器物台	新M11
				一平一竖	二平一竖	两横两纵交错平铺、错缝平铺			植M4
				错缝平砌	二平一竖	两横两纵交错平铺		棺床	植M5

续表

形制	墓道	甬道	过道	封门	墙砖	铺地砖	墓室结构	附属设施	墓号
单室墓	有	砖券洞室	无	平砌					植M7
					二平一竖	两横两纵交错平铺			植M15
					二平一竖				植M16
									植M2
双室墓	单墓道	砖券洞室	无		二平一竖	错缝平铺	前后室		新M2
		无	无	竖砌	二平一竖	错缝平铺	前后室		新M17
		砖券洞室	砖券洞室	一平一竖	一平一竖	两横两纵交错平铺	前后室		植M6
多室墓	单墓道	砖券洞室	砖券洞室	残存平砌	二平一竖		前室、东侧室南北室、西侧室、东西后室		槐M1
					墓室二平一竖，过道平砌	错缝竖砌、横纵交错平铺、合缝平砌	前室、东侧室南北、西侧室南北、后室		槐M24
				竖砌和平砌	甬道一平一竖，墓室二平一竖	错缝平铺	前室、东侧室南北室、南侧室、后室东西室		新M5
					二平一竖	五或六块砖纵横交错竖砌、纵横交错平铺、错缝平铺	前室、东西侧室、东西后室		新M7
				平砌	二平一竖	两横两纵纵横交错平铺、合缝平铺、错缝平铺	前室、东侧室南北室、西侧室南北室、后室	棺床	新M15
						残砖无序平铺	前室、东侧室、后室		植M3
				从下往上先侧砌两层，再横砌三层砖，然后竖砌	二平一竖	一纵二横排列方式平铺	前室、东西后室	东西后室器物台	植M12
					一平一竖	纵横平铺、合缝并列平铺、不规则平铺	前室、东西后室		植M17

续表

形制	墓道	甬道	过道	封门	墙砖	铺地砖	墓室结构	附属设施	墓号
多室墓	单墓道	砖券洞室	已毁	二平一竖	二平一竖	两横两纵交错平铺	前室、西侧室、东西后室		植M8
		无	砖券洞室		二平一竖	花纹砖合缝平铺	前室、北侧室、南北后室		槐M12
					一平一竖	长条砖和半砖纵横交错平铺	前室、东西后室		新M16
	双墓道	砖券洞室	砖券洞室		二平一竖	错缝平铺	东西前室、东西侧室、东西后室		槐M18

附表二 南苑汉墓槐房墓葬统计表

（单位：米）

墓号	层位	方向	墓葬类型		墓道			墓室			墓门		葬具	葬式	人骨保存状况	随葬品
			平面形状	结构	长	宽	深	长	宽	高	宽	高				
槐M1	现地表第1层下	南北向	不规则形	带斜坡墓道竖穴土圹多室砖墓	3.6	0.7—0.9	1.55	前室3.2；西后室2.4；东后室2.6；西侧室1.9；东侧室北室2.25；东侧室南室2.2	前室2.4；西后室1.4—1.7；东后室1.2；西侧室1.3；东侧室北室1.2—1.3；东侧室南室1—1.1	前室1.6—1.74；西后室1.8—1.94；东后室0.05；西侧室0.06—0.15；东侧室北室0.68；东侧室南室0.5	0.7	0.05	不详	不详	不详	陶罐9件、陶鼎2件、陶鐎壶1件、陶盆8件、陶甑1件、圆陶片1件
槐M2	现地表第1层下	东西向	刀形	带斜坡墓道竖穴土圹单室砖墓	2.9	0.7—0.8	0.5—1.4	3.9	2	1.55	0.79	0.97	不详	不详	不详	
槐M3	现地表第1层下	东西向	刀形	带斜坡墓道竖穴土圹单室砖墓	2.8	0.7—0.8	0.4—1	3.6	1.9	0.1	0.8	0.52	不详	不详	不详	
槐M4	现地表第1层下	东西向	刀形	带斜坡墓道竖穴土圹单室砖墓	不详	0.8	1.14	4.4—4.66	1.84	0.05	0.8	0.2	不详	不详	不详	陶壶1件、陶罐1件、陶灶1件、铜钱1枚
槐M5	现地表第1层下	东西向	刀形	带斜坡墓道竖穴土圹单室砖墓	3	1.12	0.9—1.5	3.38	2.08	0.8	0.96	0.9	不详	不详	不详	铜钱20枚
槐M6	现地表第1层下	东西向	刀形	带陡坡墓道竖穴土圹单室砖墓	2.66	0.52—0.58	1.06—1.2	3.4—3.5	1.8—2	0.06—0.48	0.52—0.58	0.2	不详	不详	不详	陶器盖1件

续表

墓号	层位	方向	墓葬类型		墓道			墓室			墓门		葬具	葬式	人骨保存状况	随葬品
			平面形状	结构	长	宽	深	长	宽	高	宽	高				
槐M7	现地表第1层下	东西向	刀形	带斜坡墓道竖穴土圹单室砖墓	3.4	1.22	1.04—1.4	3.5	2	0.1—0.65	0.8—1	0.94	疑为木棺	仰身直肢	北侧人骨一般，南侧人骨较差	陶罐1件、陶灶1件、陶井1件、陶碗1件、陶甑1件、小陶盆1件、铜环1件、铁锸1件、铜钱6枚
槐M8	现地表第1层下	东西向	“甲”字形	带斜坡墓道竖穴土圹单室砖墓	3.96	0.52—0.8	1.62—2.2	3.5	3	0.12—2.1	0.8	0.6	疑为木棺	不详	不详	陶壶2件、陶罐1件、陶樽1件、陶奁3件、陶仓3件、陶灶1件、陶井1件、陶盆5件、陶器盖1件、陶案1件、陶盘2件、陶耳杯2件、陶灯1件、陶俑1件、陶马1件、铅当卢1件、铜钱54枚
槐M10	现地表第1层下	东西向	“甲”字形	带斜坡墓道竖穴土圹单室砖墓	4.4	0.8—1	0.1—1.25	4.35	3.26—3.4	0.06—0.32	1	0.06	不详	不详	不详	陶壶1件、陶罐4件、陶奁2件、陶灶1件、陶盆1件、陶案1件、铁锸1件

续表

墓号	层位	方向	墓葬类型		墓道			墓室			墓门		葬具	葬式	人骨保存状况	随葬品
			平面形状	结构	长	宽	深	长	宽	高	宽	高				
槐M11	现地表第1层下	东西向	刀形	带斜坡墓道竖穴土圹单室砖墓	8.5	0.9—0.95	0.1—2	6.3—6.6	2.2—2.4	1.46	0.94—1.04	1.5	不详	不详	差	陶壶2件、陶罐1件、陶卮1件、陶井1件、陶斗1件、陶案1件、陶盘1件、陶耳杯1件、陶勺1件、小陶盆1件、陶猪1件、铅当卢1件、铅衔铅镳1套、铁棺钉1件、铜钱14枚
槐M12	现地表第1层下	东西向	不规则形	带斜坡墓道竖穴土圹多室砖墓	5.7	1.34—1.58	1.1—2.8	前室4；南后室3.4；北后室3.4；北侧室3	前室3.4；南后室2.8；北后室2.8；北侧室2	前室0.32；南后室0.32；北后室0.05；北侧室0.74—1.6	已毁		不详	不详	差	陶壶2件、陶罐1件、陶卮2件、陶仓1件、陶盆2件、陶案1件、铜钱10枚
槐M13	现地表第1层下	南北向	“甲”字形	带斜坡墓道竖穴土圹单室砖墓	2.7	1—1.2	0.84—1	3.28	1.36	0.22	已毁		不详	不详	不详	陶壶2件、陶罐1件、陶盆1件、陶器盖2件、陶仓1件、陶案1件、陶盘1件、陶耳杯5件、陶灯2件、小陶盆1件

续表

墓号	层位	方向	墓葬类型		墓道			墓室			墓门		葬具	葬式	人骨保存状况	随葬品
			平面形状	结构	长	宽	深	长	宽	高	宽	高				
槐M14	现地表第1层下	东西向		竖穴土圹单室砖墓	未发掘			土圹3.3	土圹2.5—2.7	土圹2.74	未发掘		不详	不详	不详	陶樽1件、陶奁1件、陶盒1件、陶盆1件、陶案1件、小陶盆1件
槐M15	现地表第1层下	东西向		竖穴土圹单室砖墓	未发掘			2.9	1.9	0.32—1.86	1.3	0.45	疑为木棺	仰身直肢	较差	陶罐4件、陶奁1件、陶灶1件、陶盆1件、陶盘1件、铜钱38枚
槐M16	现地表第1层下	东西向		竖穴土圹单室砖墓	未发掘			2.85	1.42	0.06—0.24	未发掘		不详	不详	不详	陶盆1件
槐M17	现地表第1层下	东西向		竖穴土圹单室砖墓	未发掘			4.25	2.5	0.06—0.2	未发掘		疑为木棺	仰身直肢	较差	陶壶1件、陶罐4件、陶奁2件、陶仓1件、陶耳杯2件、陶俑1件、陶狗1件、铜镜1件、铜钱24枚

续表

墓号	层位	方向	墓葬类型		墓道			墓室			墓门		葬具	葬式	人骨保存状况	随葬品
			平面形状	结构	长	宽	深	长	宽	高	宽	高				
槐M18	现地表第1层下	南北向	“甘”字形	双斜坡墓道竖穴土圹多室砖墓	西4.9；东4.7	0.8	西0.4—2；东0—1.9	西前室3.1；西后室3.1；西侧室3.2；东前室3.28；东后室2.8；东侧室2.9	西前室2.7—3.1；西后室1.4—1.8；西侧室1.7；东前室3.2；东后室1.7—1.9；东侧室1.9	西前室0.75—1.25；西后室0.64—1.16；西侧室0.9—1.16；东前室0.96；东后室0.4—1.1；东侧室0.64—0.84	已毁		不详	不详	差	陶罐2件、陶樽1件、陶奁1件、陶仓2件、陶灶1件、陶井1件、陶盆3件、陶碗1件、陶魁1件、陶器盖1件、陶扁壶1件、陶磨2件、陶案1件、陶盘1件、陶耳杯3件、陶勺1件、陶灯2件、陶汲水小罐1件、陶圈1件、陶俑1件、陶狗1件、陶猪1件、陶鸡2件、石砚2件、石研子1件、铜钱10枚
槐M19	现地表第1层下	东西向	刀形	带斜坡墓道竖穴土圹单室砖墓	4.4	0.86—0.88	1—1.5	4.9	2.02—2.1	0.05—1.35	0.9	1.06	不详	不详	差	陶樽1件、陶器盖1件、陶盘2件、陶耳杯3件

续表

墓号	层位	方向	墓葬类型		墓道			墓室			墓门		葬具	葬式	人骨保存状况	随葬品
			平面形状	结构	长	宽	深	长	宽	高	宽	高				
槐M20	现地表第1层下	东西向	刀形	带斜坡墓道竖穴土圹单室砖墓	3.1	0.71—0.86	1.2—2.15	3.76	1.8—2	1.6	0.86	1.5	木棺	一仰身直肢；一不详	较差	陶罐2件、铅当卢1枚、铁棺钉1枚、石砚1件、铜钱17枚
槐M21	现地表第1层下	东西向	刀形	带斜坡墓道竖穴土圹单室砖墓	3.8	0.86	0.85—1.95	3.7	1.9	0.9—1.4	0.75	1.35	不详	不详	差	铜钱21枚
槐M22	现地表第1层下	东西向	“甲”字形	带斜坡墓道竖穴土圹单室砖墓	3.8	0.82	0.5—1.8	3.7	1.5	0.05	已毁		不详	不详	差	陶罐1件
槐M23	现地表第1层下	南北向	“甲”字形	带斜坡墓道竖穴土圹单室砖墓	4.3	0.8—0.9	0.4—1.3	土圹4.2	土圹2.22—2.3	土圹1.3	已毁		不详	不详	差	陶盆1件

续表

墓号	层位	方向	墓葬类型		墓道			墓室			墓门		葬具	葬式	人骨保存状况	随葬品
			平面形状	结构	长	宽	深	长	宽	高	宽	高				
槐M24	现地表第1层下	南北向	“中”字形	带斜坡墓道竖穴土圹多室砖墓	5.7	1—1.2	0.2—2	前室4；后室3.3；东侧室北室3.4；东侧室南室3.6；西侧室北室3.5；西侧室南室土圹3.4	前室3.7；后室2.8—2.9；东侧室北室2.2；东侧室南室2.2；西侧室北室2.8；西侧室南室土圹2.2	前室0.05；后室1.06；东侧室北室0.94；东侧室南室0.9；西侧室北室0.1—0.4；西侧室南室土圹2	已毁		不详	不详	差	陶罐7件、陶奁1件、陶仓1件、陶灶1件、陶井1件、陶盆11件、陶钵1件、陶器盖1件、陶案2件、陶灯4件、陶甑1件、陶汲水小罐1件、陶马鞍形饰1件、陶狗1件、陶鸭1件、铜钱6枚
槐M25	现地表第1层下	南北向	刀形	带斜坡墓道竖穴土圹单室砖墓	4.5	0.72—0.8	1.2—2.1	5	2.05—2.15	0.05—0.25	0.8	0.05	不详	不详	差	陶壶3件
槐M26	现地表第1层下	南北向	刀形	带斜坡墓道竖穴土圹单室砖墓	4.24	0.8—0.84	0.8—2.24	6.7—6.9	2.55	0.05—0.9	0.92	1.15	不详	不详	差	陶壶5件、陶罐2件、陶樽1件、陶盒1件、陶盆1件、陶钵1件、陶耳杯1件、陶灯1件、陶圈1件、铜钱1枚

附表三　南苑汉墓新宫墓葬统计表

（单位：米）

墓号	层位	方向	墓葬类型		墓道			墓室			墓门		葬具	葬式	人骨保存状况	随葬品
			平面形状	结构	长	宽	高	长	宽	高	宽	高				
新M1	第3层下	南北向	刀形	带斜坡墓道竖穴土圹单室砖墓	3.04	0.88—1.12	0.04—1.24	4.11	2	0.06—0.78	0.8	0.28	不详	不详	不详	陶罐1件
新M2	第3层下	南北向	刀形	带斜坡墓道竖穴土圹双室砖墓	3.5	0.22—1	0.88—1	前室3.4；后室3.6	前室3.1—3.3；后室2.3	前室0.16—0.72；后室0.16—0.78	0.8	0.06	不详	不详	不详	陶磨1件、小陶盆1件、陶猪2件、陶鸡2件、铜钱21枚
新M3	第3层下	南北向	刀形	带斜坡墓道竖穴土圹单室砖墓	3.4	0.72—1.14	0.2—1.44	3.5	3.3	1.44	0.86	1.04	不详	不详	不详	铜钱7枚
新M4	第3层下	南北向	“甲”字形	带斜坡墓道竖穴土圹单室砖墓	3	0.88—1	0.2—1.2	4.24	2.2—2.4	0.04—0.44	已毁		不详	不详	不详	
新M5	第3层下	南北向	不规则形	带斜坡墓道竖穴土圹多室砖墓	3.1	0.86—1.14	0.4—1	前室3.3；东侧室南室1.92；东侧室北室1.7；南侧室2.2；东后室2.6—2.8；西后室2.8	前室3；东侧室南室1.3；东侧室北室1.4；南侧室1.5；东后室1.8—2；西后室2	前室0.06—0.72；东侧室南室0.4—0.96；东侧室北室0.5—0.86；南侧室0.06—0.44；东后室0.06—0.42；西后室0.06—0.78	0.8	0.56	陶棺	不详	不详	铜钱44枚
新M6	第3层下	南北向	“甲”字形	带斜坡墓道竖穴土圹单室砖墓	2.6	0.82—1	0.2—1.24	3	2—2.1	0.72—0.78	0.8	0.78	不详	不详	不详	陶壶1件

续表

墓号	层位	方向	墓葬类型		墓道			墓室			墓门		葬具	葬式	人骨保存状况	随葬品
			平面形状	结构	长	宽	高	长	宽	高	宽	高				
新M7	第3层下	南北向	“中”字形	带斜坡墓道竖穴土圹多室砖墓	3.25	0.81—1.15	0.15—1.1	前室2.9；东侧室2.3；西侧室2；东后室2.76；西后室2.61	前室3；东侧室1.76；西侧室1.8；东后室1.76；西后室1.76	前室0.16—0.68；东侧室不详；西侧室0.78；东后室1.1；西后室1.1	0.72	0.06	不详	不详	不详	铜钱8枚
新M8	第3层下	南北向	长方形	竖穴土圹砖椁墓	无			2.1	0.65—0.77	0.44	已毁		不详	仰身直肢	较差	
新M9	第3层下	南北向	长方形	竖穴土圹砖椁墓	无			3.79	1.08—1.14	0.1—0.5	已毁		不详	不详	不详	
新M10	第3层下	南北向	长方形	竖穴土圹砖椁墓	无			3	1.58—1.67	0.04—0.36	已毁		不详	不详	不详	
新M11	第3层下	南北向	刀形	带斜坡墓道竖穴土圹单室砖墓	3	0.8—1.18	0.2—1.2	4.7	2	0.74—1.02	0.78	0.68—0.8	不详	不详	不详	陶灶1件、铜钱46枚
新M12	第3层下	南北向	刀形	带斜坡墓道竖穴土圹单室砖墓	2.86	0.8—0.88	0.2—1	3.9	2.13	0.22—0.36	0.8	0.3	不详	不详	不详	陶壶1件、陶奁4件、陶仓1件、陶盒1件、陶案2件、陶盘1件、陶厕1件
新M13	第2层下	南北向	长方形	竖穴土圹墓	无			土圹2	土圹0.82—0.84	土圹0.8	无		木棺	仰身直肢	较差	铜钱11枚
新M14	第3层下	南北向	刀形	带斜坡墓道竖穴土圹单室砖墓	4.16	0.9—1.16	0.2—1.25	4.83	2.88	0—0.55	0.88	0.55	不详	不详	不详	陶俑1件、陶狗1件、铜钱143枚

续表

墓号	层位	方向	墓葬类型		墓道			墓室			墓门		葬具	葬式	人骨保存状况	随葬品
			平面形状	结构	长	宽	高	长	宽	高	宽	高				
新M15	第3层下	南北向	“中”字形	带斜坡墓道竖穴土圹多室砖墓	4.1	0.8—1	0.1—0.8	前室3.7；东侧室南室2.8；东侧室北室3.18；西侧室南室2.5；西侧室北室3.45；后室4.6	前室3.45；东侧室南室2.1；东侧室北室2.7；西侧室南室2；西侧室北室2.8；后室2.1—2.18	前室0.2—0.22；东侧室南室不详；东侧室北室不详；西侧室南室0.16；西侧室北室0.28—0.44；后室0.1—0.16	0.8	0.6	不详	不详	不详	陶壶1件、陶鸡1件、铜钱12枚
新M16	第3层下	南北向	“甲”字形	带斜坡墓道竖穴土圹多室砖墓	2.88	0.88—0.98	0.04—0.56	前室4.4；东后室1.7；西后室土圹3.2	前室3.26；东后室3.5；西后室土圹1.6	前室0.12；东后室0.46；西后室不详	1.1	0.6	不详	不详	不详	铜钱11枚
新M17	第3层下	南北向	刀形	带斜坡墓道竖穴土圹双室砖墓	3.4	0.84—1.08	0.1—1.04	前室3；后室2.2	前室2.38；后室1.6	前室0.06—0.56；后室0.56	0.7	0.06—0.12	不详	不详	不详	

附表四　南苑汉墓植物油厂墓葬统计表

（单位：米）

墓号	层位	方向	墓葬类型		墓道			墓室			墓门		葬具	葬式	人骨保存状况	随葬品
			平面形状	结构	长	宽	深	长	宽	高	宽	高				
植M2	第4层下	南北向						土圹2.6	土圹1.14—1.9	土圹0.3	无		不详	不详	不详	
植M3	第4层下	南北向	不规则形	带斜坡墓道竖穴土圹多室砖墓	2.5	1	0—1.24	前室3.1；东侧室土圹2；后室土圹4.1	前室2.3；东侧室土圹1.55；后室土圹1.9	土圹1.24	已毁		陶棺	不详	不详	陶罐1件、陶棺1件、铜钱9枚
植M4	第4层下	南北向	刀形	带斜坡墓道竖穴土圹单室砖墓	2.9	0.84	0—1.1	3.6	2.2—2.3	1.1	0.84	1	不详	不详	不详	
植M5	第4层下	南北向	“甲”字形	带斜坡墓道竖穴土圹单室砖墓	3.28	0.8—1.06	0—1.4	3.7	2.45—2.88	0.24—1.3	0.76	0.4—0.5	不详	不详	不详	陶壶1件、陶罐1件、陶仓1件、陶井2件、陶盆1件、陶磨1件、陶盘2件、陶耳杯4件、陶灯2件、陶厕1件、小陶盆2件、陶俑2件、陶狗1件、陶猪1件、陶鸡2件、石砚1套、铜钱35枚
植M6	第4层下	南北向	“中”字形	带斜坡墓道竖穴土圹双室砖墓	3.8	0.84—1	0—1.7	前室4.6；后室3.2	前室3；后室1.7—2	前室1；后室0.4—1.4	1	1.2	不详	不详	较差	陶罐4件、陶奁1件、陶仓1件、陶灶1件、陶井1件、陶器盖1件、陶耳杯1件、陶灯1件、陶厕1件、小陶盆2件、陶器底1件、陶狗3件、陶鸡3件、铜钱24枚

续表

墓号	层位	方向	墓葬类型		墓道			墓室			墓门		葬具	葬式	人骨保存状况	随葬品
			平面形状	结构	长	宽	深	长	宽	高	宽	高				
植M7	第4层下	南北向	刀形	带斜坡墓道竖穴土圹单室砖墓	2.8	0.74	0—0.9	土圹2.96	土圹2.6	土圹0.9	0.7	不详	不详	不详	不详	
植M8	第4层下	南北向	不规则形	带斜坡墓道竖穴土圹多室砖墓	3.25	0.9	0—1.8	前室土圹3.5；西侧室土圹2.6；东后室土圹3.4；西后室土圹3.4	前室土圹3.4；西侧室土圹1.87；东后室土圹2；西后室土圹2	前室土圹1.8；西侧室土圹0.92；东后室土圹1.8；西后室土圹1.8	0.6	不详	不详	不详	不详	陶罐2件、陶仓1件、陶盆3件、陶灯1件
植M12	第4层下	南北向	“甲”字形	带斜坡墓道竖穴土圹多室砖墓	3.06	0.7	0—1.2	前室3；东后室2.5；西后室2.5	前室2.6；东后室1.6；西后室1.5	前室0.6—1.2；东后室0.3—1.2；西后室不详	0.72	0.9	陶棺	不详	较差	陶壶1件、陶罐1件、陶樽1件、陶奁5件、陶仓2件、陶灶1件、陶井1件、陶盆1件、陶魁1件、陶案1件、陶灯2件、陶厕1件、陶汲水小罐1件、陶棺1件、陶俑2件、陶狗1件、陶鸡2件、铜镜1件、铜钱202枚
植M15	第4层下	南北向	刀形	带斜坡墓道竖穴土圹单室砖墓	1	0.9	0—0.5	土圹7	土圹3—3.26	不详	已毁		不详	不详	不详	

续表

墓号	层位	方向	墓葬类型		墓道			墓室			墓门		葬具	葬式	人骨保存状况	随葬品
			平面形状	结构	长	宽	深	长	宽	高	宽	高				
植M16	第4层下	南北向	刀形	带斜坡墓道竖穴土圹单室砖墓	0.9	0.7	0—0.4	3.18	2.12	0.12—0.27	已毁		不详	不详	不详	铜钱4枚
植M17	第4层下	南北向	“甲”字形	带斜坡墓道竖穴土圹多室砖墓	1.5	0.9	0—0.5	前室3.57；东后室土圹3.3；西后室土圹3.3	前室3；东后室土圹2.3；西后室土圹2	前室不详；东后室土圹0.5；西后室土圹0.5	0.9	不详	不详	不详	不详	铜钱1枚
植M18	第4层下	南北向	“甲”字形	带斜坡墓道竖穴土圹单室砖墓	1.24	0.6—0.66	0—0.5	1.7	1.3—1.45	0.22—0.26	0.42	不详	不详	不详	较差	陶罐1件、陶碗1件

附表五　南苑汉代窑址统计表

（单位：米）

槐房窑址

编号	层位	方向	窑室形状	操作间		火门			火膛				窑室			包含物	备注
				长径	短径	宽	高	进深	长径	短径	距窑床	距窑顶	长径	短径	深度		
槐Y1	现地表第1层下	西北东南向	马蹄形	3.4	2.4—2.48	0.4	0.54	0.2	2.5	1.4—1.6	0.4	1.4	2.26—2.5	1.8—1.9	1	红烧土、青烧土	
槐Y2	现地表第1层下	近东西向	马蹄形	3.3	1.1—2.1	0.6	0.6	0.2	0.6—2.2	1.38	0.54	1.42—1.66	2.5	2.3—2.6	1.1	红烧土、青烧土	

新宫窑址

编号	层位	方向	窑室形状	操作间		火门			火膛				窑室			包含物	备注
				长径	短径	宽	高	进深	长径	短径	距窑床	距窑顶	长径	短径	深度		
新Y1	第3层下	近东西向	长方形	2.94	1.1—1.74	破坏无存			0.44—2.36	1.02	0.3	0.88	2.1—2.28	1.86—2.08	0.58	黑灰、红烧土、青烧土	
新Y2	第3层下	近南北向	长方形	4.44	2.8	0.5	0.48	0.34	2.8	1.24	0.48	0.74	2.78—2.9	2.14	0.6	黑灰、红烧土、青烧土	
新Y3	第3层下	近东西向	长方形	4.1	0.6—3.15	0.36—0.46	0.48	0.12	2.7	1	0.52	0.94	2.7	2.1	0.52	黑灰、红烧土	
新Y4	第3层下	近东西向	长方形	3.55	3.2	0.35	0.26	0.13	2.4	1.36	0.62	1.2	3	2.6—3	0.65—0.73	黑、白色草木灰、红烧土	
新Y5	第3层下	西北东南向	长方形	3	0.6—2.13	0.4	0.28	0.14	1.98	1.4—1.5	0.29	0.68	1.98—2.08	1.86—1.96	0.38—0.44	灰烬、木炭、砖渣、残砖块	

植物油厂窑址

编号	层位	方向	窑室形状	操作间		火门			火膛				窑室			包含物	备注
				长径	短径	宽	高	进深	长径	短径	距窑床	距窑顶	长径	短径	深度		
植Y1	第4层下	西北东南向	长方形	4	3.7	0.34	0.25	0.2	2.55	1.4	0.54	1.31	2.5	2.3	0.8	炭灰颗粒、草木灰、青烧土、红烧土	

续表

植物油厂窑址																		
编号	层位	方向	窑室形状	操作间		火门			火膛				窑室			包含物	备注
				长径	短径	宽	高	进深	长径	短径	距窑床	距窑顶	长径	短径	深度		
植Y2	第4层下	西北东南向	长方形	3.1	1.9—3.7	0.36	0.36	0.3	2.36	1.7	0.54	1.4	2.3	2.3	0.86	炭灰颗粒、草木灰、青烧土、红烧土	
植Y3	第4层下	近南北向	长方形	破坏无存		残存部分，高0.25，进深0.41			1.6	1.16	0.4	1.5	1.92	1.82	1.1	草木灰、青烧土、红烧土	筒瓦3件、瓦当1件、板瓦1件
植Y4	第4层下	近南北向	长方形	4.14	3.9	0.4	0.3	0.5	2.8	1.3	0.64	1.86	2.8	2.3	1.22	炭灰颗粒、草木灰、烧土块	陶罐1件、陶盆3件
植Y5	第4层下	东西向	长方形	5.5	3.3	0.45	0.46	0.3	2.9	1.06	0.4	1.45	3.5	2.7	0.76	炭灰颗粒、草木灰、烧土块	陶罐1件、陶鼎1件、陶器盖1件
植Y6	第4层下	南北向	长方形	3.6	2.9	0.3	0.3	0.4	1.8	0.9	0.7	1.6	2.6	2.1	0.9	炭灰颗粒、草木灰	
植Y7	第4层下	近南北向	长方形	4	3.7	0.32	0.3	0.8	3	1.2	0.5	1.15	3	2.5	0.5	炭灰颗粒、草木灰	陶罐1件

附表六　南苑汉墓槐房墓砖统计表　（单位：米）

墓号		长条砖（规格一）			长条砖（规格二）			花纹方砖			备注
		长	宽	厚	长	宽	厚	长	宽	厚	
槐M1	东后室	0.32	0.16	0.05							
	西侧室	0.3	0.15	0.06							
	东侧室北室	0.3	0.15	0.05							
	东侧室南室	0.3	0.15	0.05							
槐M2		0.26	0.16	0.05							
槐M3		0.26	0.13	0.05	0.28	0.14	0.05				
槐M4		0.28	0.14	0.05							
槐M5		0.27	0.14	0.05							
槐M6		0.27	0.14	0.05	0.28	0.14	0.04				
槐M7		0.28	0.14	0.04	0.27	0.13	0.05				
槐M8		0.28	0.14	0.06	0.27	0.13	0.06				
槐M10		0.28	0.14	0.05							
槐M11		0.27	0.14	0.05	0.27	0.13	0.05				砖单面饰横向粗绳纹
槐M12		0.28	0.14	0.06				0.37	0.34	0.06	
槐M13		0.26	0.13	0.06							
槐M14		0.28	0.14	0.06							
槐M15		0.28	0.14	0.05							
槐M16		0.28	0.14	0.06							
槐M17		0.28	0.14	0.06				0.38	0.36	0.06	
槐M18		0.3	0.15	0.06							
槐M19		0.28	0.14	0.05							
槐M20		0.3	0.16	0.06							
槐M21		0.28	0.14	0.06							
槐M22		0.26	0.13	0.05							
槐M23		缺									
槐M24		0.3	0.15	0.05				0.3	0.3	0.05	
槐M25		0.28	0.14	0.05							
槐M26		0.26	0.13	0.05	0.3	0.16	0.06				砖单面饰，横向粗绳纹

附表七　南苑汉墓新宫墓砖统计表　（单位：米）

墓号	长条砖（规格一）			长条砖（规格二）			长条砖（规格三）			备注
	长	宽	厚	长	宽	厚	长	宽	厚	
新M1	0.28	0.14	0.05	0.28	0.14	0.06	0.28	0.15	0.06	
新M2	0.3	0.15	0.05	0.3	0.16	0.06				
新M3	0.3	0.15	0.06	0.32	0.16	0.06				
新M4	缺									
新M5	0.3	0.15	0.05	0.3	0.16	0.06				
新M6	0.26	0.14	0.05							
新M7	0.32	0.16	0.06	0.27	0.14	0.05				
新M8	0.22	0.12	0.04	0.2	0.1	0.03				
新M9	0.26	0.12	0.04	0.26	0.13	0.05				
新M10	0.28	0.14	0.04	0.28	0.14	0.05				
新M11	0.28	0.15	0.05	0.32	0.16	0.06				长条砖饰绳纹
新M12	0.28	0.14	0.04							
新M13	缺									
新M14	0.26	0.13	0.04	0.26	0.13	0.05				
新M15	0.28	0.14	0.04	0.32	0.16	0.06				
新M16	0.27	0.14	0.06							
新M17	0.3	0.15	0.05	0.3	0.16	0.06				

附表八　南苑汉墓植物油厂墓砖统计表　（单位：米）

墓号	长条砖（规格一）			长条砖（规格二）			备注
	长	宽	厚	长	宽	厚	
植M2	缺						
植M3	0.3	0.15	0.05				
植M4	缺						
植M5	0.31	0.15	0.05				鸟纹砖1
植M6	0.29	0.15	0.05				带字砖1
植M7	缺						
植M8	缺						
植M12	缺						
植M15	0.32	0.16	0.06				
植M16	0.3	0.15	0.05				
植M17	0.3	0.14	0.05				带字砖1
植M18	0.29	0.15	0.06				

附录　丰台南苑唐、辽金元墓葬及清代水井发掘简报

丰台南苑唐、辽金元墓葬及清代水井发掘简报内容包括南苑槐房村NY-019地块（简称“槐房”）和南苑植物油厂保障房住房项目（简称“植物油厂”）除汉代墓葬和窑址以外的考古发掘成果，包括唐墓7座、辽金元墓4座、清代水井4眼（附表）。简报如下。

一、唐代墓葬

唐代墓葬共7座，包括槐房2座和植物油厂5座，分别是槐M27、槐M28、植M9、植M10、植M11、植M13和植M14。均为带墓道的“甲”字形砖室墓。墓葬基本均为南向。

（一）槐房二十七号墓（槐M27）

位于发掘区东南部，东南邻槐M28，开口于现地表第1层下,墓口距地表0.30米，方向180°。平面呈“甲”字形，土圹总长6.10、宽2.00—3.18米，墓底距墓口深1.30米，竖穴土圹单室砖墓。由墓道、墓门、甬道及墓室组成，墓室平面为弧方形（图一；图版五三，1、2）。

墓道：位于墓室南部，平面呈长方形，底部为斜坡状，墓道开口长2.70、宽1.12、底距墓口深0.50—1.70米，坡度28°，底长2.50米。四壁壁面较直。

墓门：位于墓道以北、甬道南部，已破坏无存，形制不详。

甬道：位于墓道与墓室之间，已被破坏无存，土圹残长2.20、残宽0.30、深1.70米。

墓室：位于甬道北部，平面呈弧方形，四角略显圆弧，土圹长3.66、宽3.06—3.40、残深1.70米，墓室长2.76、宽2.56、残高1.18米。四壁墙体保存较差，南壁及东、西两壁南部已无存，北壁及东、西两壁北部残存1—12层砖，残高1.18米，为长条砖二平一竖砌筑。墓室西北部设有直尺形棺床，生土台，高度为6层平砖，长3.06、宽1.45、高0.42米，棺床面上为长条砖及残砖合缝平铺，包边砖为长条砖错缝平砌。

长条砖规格为长0.35、宽0.18、厚0.06米。

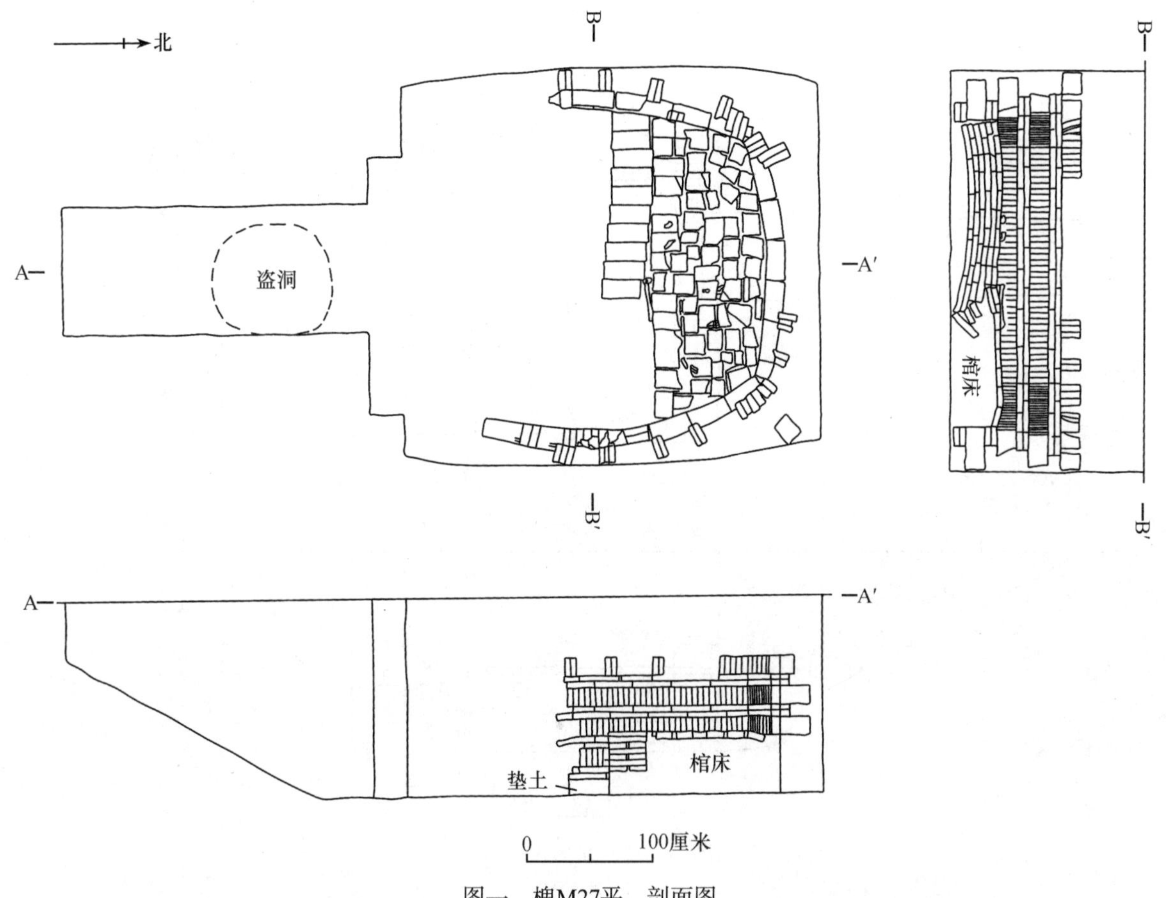

图一　槐M27平、剖面图

未发现葬具痕迹，棺床上中部有零星人骨，葬式、性别均不详。

墓道内邻甬道处发现一个圆形盗洞，直径0.90米，直达墓室。

因盗扰严重未见出土器物。

（二）槐房二十八号墓（槐M28）

位于发掘区东南部，西北邻槐M27，开口于现地表第1层下，墓口距地表0.30米，方向180°。平面呈“甲”字形，土圹总长5.50、宽2.28—2.34米，墓底距墓口深1.50米，竖穴土圹单室砖墓。由墓道、墓门及墓室组成，墓室平面为弧方形（图二；图版五四）。

墓道：位于墓室南侧，平面呈梯形，底部斜坡状，口部长3.00、宽0.60—0.72、底距墓口深1.60、底长3.60米，坡度29°，四壁壁面陡直。

墓门：位于墓道与墓室之间，破坏严重，宽0.72、进深0.36米，东西两壁墙体残存11层砖，残高1.16米，长条砖二平一竖砌筑，位于墓室南端，已被破坏，仅存底部1层平砖。

墓室：平面呈弧方形，土圹长3.00、宽2.80、残深1.60米，墓室南北宽2.60、东西长2.70、

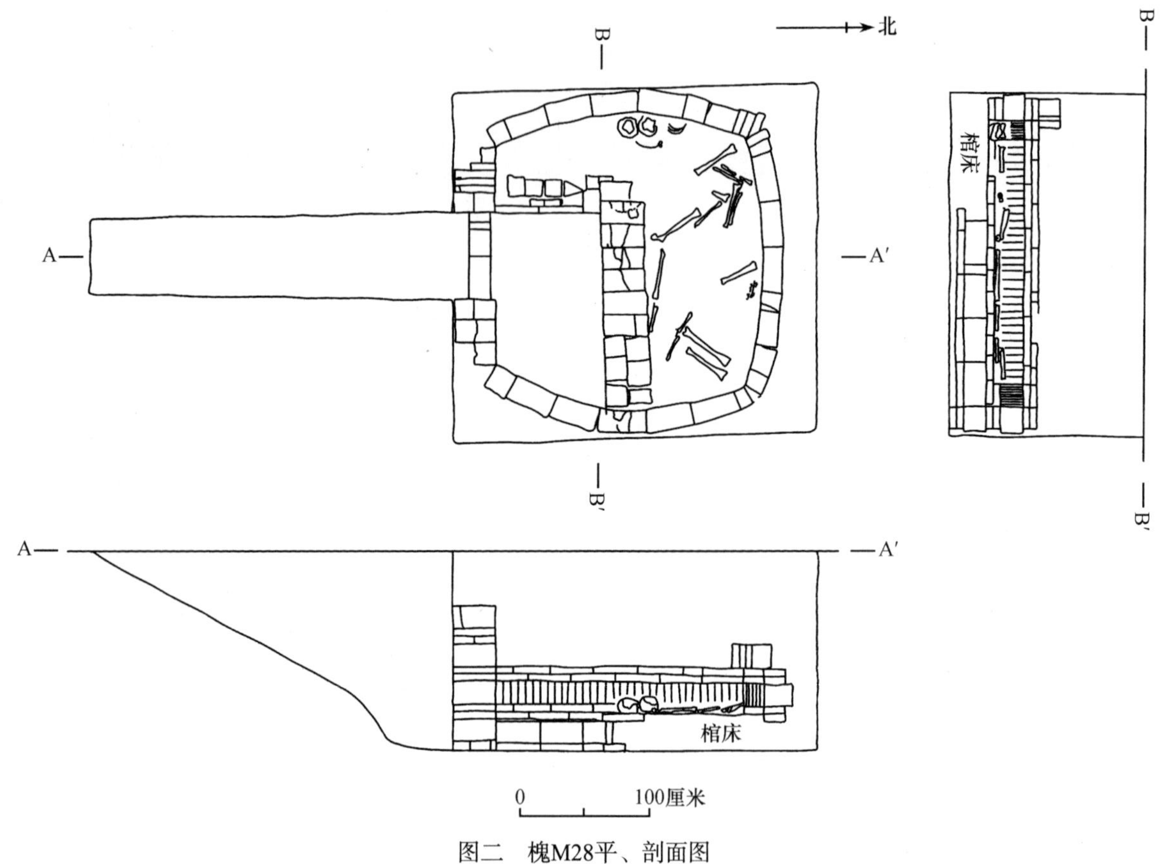

图二　槐M28平、剖面图

残高0.70—1.16米。四壁墙体除南壁外，其他三面中部皆向外弧出，墙体保存较差，最高处存7—11层砖，残高0.70—1.16米，长条砖二平一竖砌筑。墓室内西北部设有曲尺形棺床，做二层台状，高度为3层平砖，长2.40、宽1.32—2.20、高0.30米，床沿为长条砖一平一竖砌筑。

用砖规格为长0.35、宽0.18、厚0.06米。

未发现葬具痕迹，棺床上发现有人骨两具，推测为南北向并列放置，保存较差，头向均向西，骨骼大部分错位、缺失，分布散乱，葬式不明，性别不详。

因盗扰严重未见出土器物。

（三）植物油厂九号墓（植M9）

位于发掘区西北部，西邻植M10，北邻植M11，开口于第3层下，墓口距地表深1.40米，方向185°。平面呈“甲”字形，土圹总长6.96、宽0.88—3.40、墓底距墓口深1.40米，竖穴土圹单室砖墓。由墓道、墓门、甬道和墓室组成，墓室平面弧方形（图三；图版五三，3、4）。

墓道：位于墓室南部，北与墓门相连，平面近长方形。墓道底部先台阶后斜坡，长2.50、宽0.88—1.20、深0—1.40、底部坡长1.26米，南部有三级台阶：第一级台阶宽0.40、高0.24米；

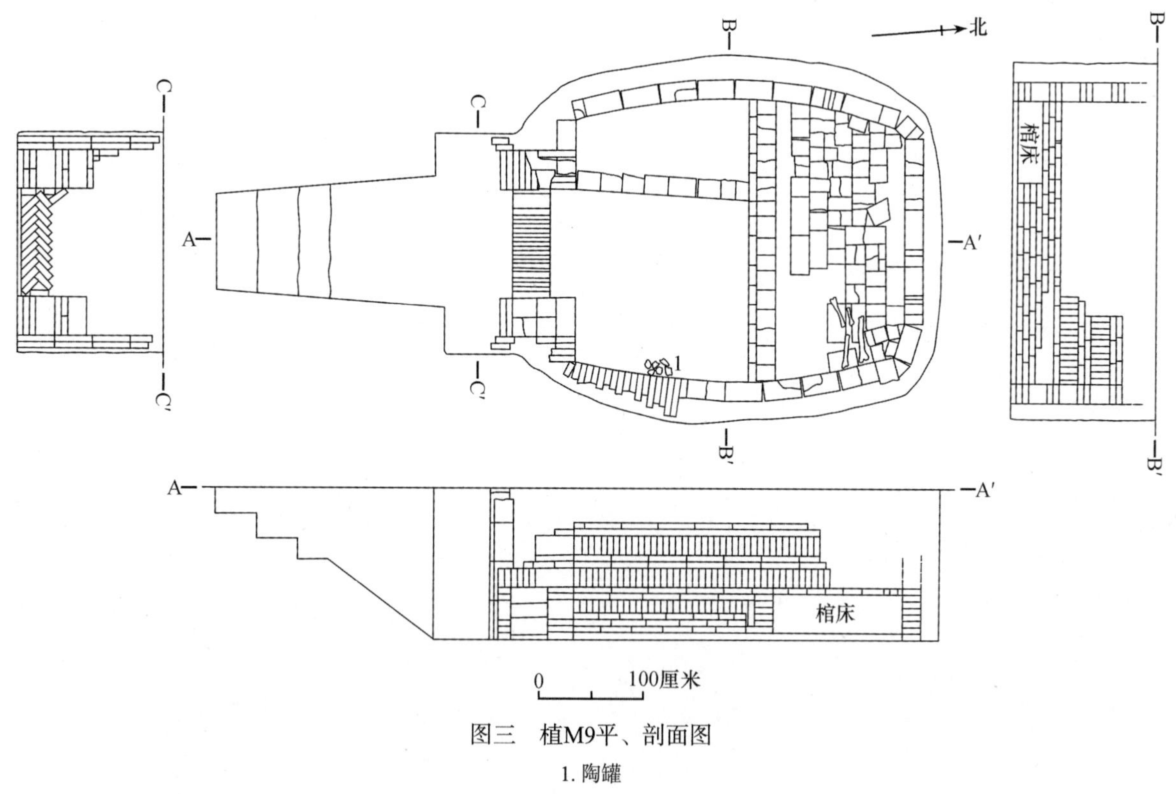

图三　植M9平、剖面图

1. 陶罐

第二级台阶宽0.40、高0.22米；第三级台阶宽0.30、高0.20米。墓道两壁较直。

墓门：位于墓道北部、短甬道内，残存底部，宽1.00、高0.70米。封门墙砌筑在甬道内，向内缩两块长条砖，用长条砖呈“人”字形斜置竖砌，残存3层砖，高0.34—0.48米。

甬道：位于墓道北部、墓室南，平面呈长方形，宽1.90、进深0.60、高1.40米。东、西两壁皆用长条砖二平一竖砌筑。

墓室：位于墓道及甬道北部，平面呈弧方形。墓室长3.47、宽2.26—3.10、残高0.48—1.08米。东、西两壁砌成向外弧出的圆弧形，四角圆弧，周壁用长条砖二平一竖砌筑。墓室内西北部设有曲尺形棺床，长1.50—3.16、宽0.64—2.62、高0.48米，棺床表面用残砖平铺1层，周壁用平砖错缝叠砌包边，棺床上部残留有少量人骨，未见铺地砖。

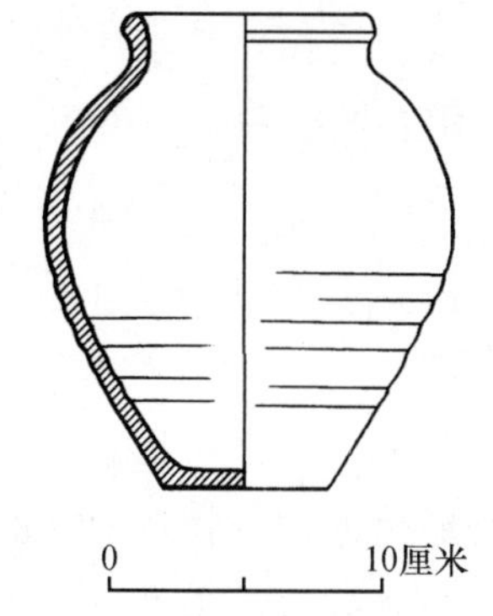

图四　植M9出土陶罐（植M9：1）

出土器物仅见1件陶罐。

陶罐　1件。标本植M9：1，泥质灰陶，轮制。敞口，圆唇，短颈，溜肩，弧腹，最大径偏上部，下腹斜收，平底。底有轮旋痕。通高16.4、口径9.0、腹径15.4、底径6.2厘米（图四；图版七八，4）。

（四）植物油厂十号墓（植M10）

位于发掘区西北部，东邻植M9，开口于第3层下，墓口距地表深1.40米，方向185°。平面呈"甲"字形，土圹总长4.30、宽1.00—2.90、墓底距墓口深0.70米，竖穴土圹单室砖墓。由墓道、墓门、甬道和墓室组成，墓室平面近椭圆形（图五；图版五五，1、2）。

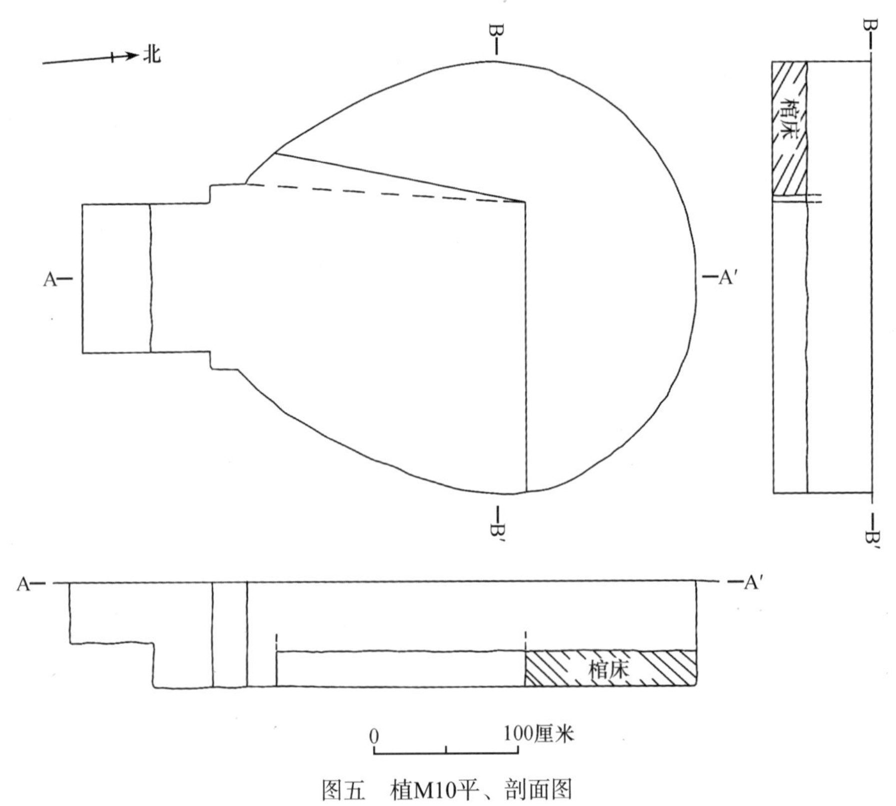

图五　植M10平、剖面图

墓道：位于墓室南部，北连甬道，平面呈长方形，墓道长1.00、宽1.00、深0.70米，南部有一级台阶，南北宽0.48、高0.30米。墓道两壁较直。

墓门：位于墓室南、墓道北，已被破坏至底，墓门长、宽不详。

甬道：位于墓道北部、墓室南部，残存土圹，平面呈长方形，土圹东西宽1.24、进深0.26米。

墓室：位于甬道北部，仅残留土圹，平面近椭圆形，长、宽尺寸不详。墓室内西北部设有曲尺形棺床，长1.20—2.68、宽0.76—2.90、高0.24米，未见砖块包边，未见铺地砖。

因盗扰严重未见出土器物。

（五）植物油厂十一号墓（植M11）

位于发掘区西北部，南邻植M9，开口于第3层下，墓口距地表深1.40米，方向185°。平面呈“甲”字形，土圹总长7.80、宽0.88—3.50、墓底距墓口深1.50米，竖穴土圹单室砖墓。由墓道、墓门、甬道和墓室组成，墓室平面为弧方形（图六；图版五五，3、4）。

墓道：位于墓室南部，平面呈长方形，底部先台阶后斜坡，墓道长3.30、宽0.88—0.90、深0—1.50、底长1.84米。墓道南部有三级台阶：第一级台阶南北宽0.36、高0.36米；第二级台阶宽0.24、高0.24米；第三级台阶宽0.38、高0.24米。墓道两壁较陡直。

墓门：位于墓道北端、甬道内，墓门宽0.86、高0.90米，封门墙为两重，砌在甬道内，封门墙前面与甬道口平齐，第一重残存5层砖，用长条砖呈“人”字形斜砌，残高0.66米；第二重残存6层，残高0.82米。

甬道：位于墓道北、墓室南，平面呈长方形，宽1.60、进深0.78、高1.30米，东、西两壁用长条砖二平一竖砌筑。

墓室：位于墓道及甬道以北，平面为弧方形，墓室长3.80、宽2.60—3.36、高0.30—1.44米，周壁皆砌成向外凸出的弧形，四角近圆形，用长条砖二平一竖砌筑，墓室内北部设有曲尺形棺床，长1.50—3.26、宽0.82—2.92、高0.24米，棺床上部用长条砖对缝平铺，包边墙用长条砖错缝平砌，铺地砖为1层，用长条砖合缝平铺。

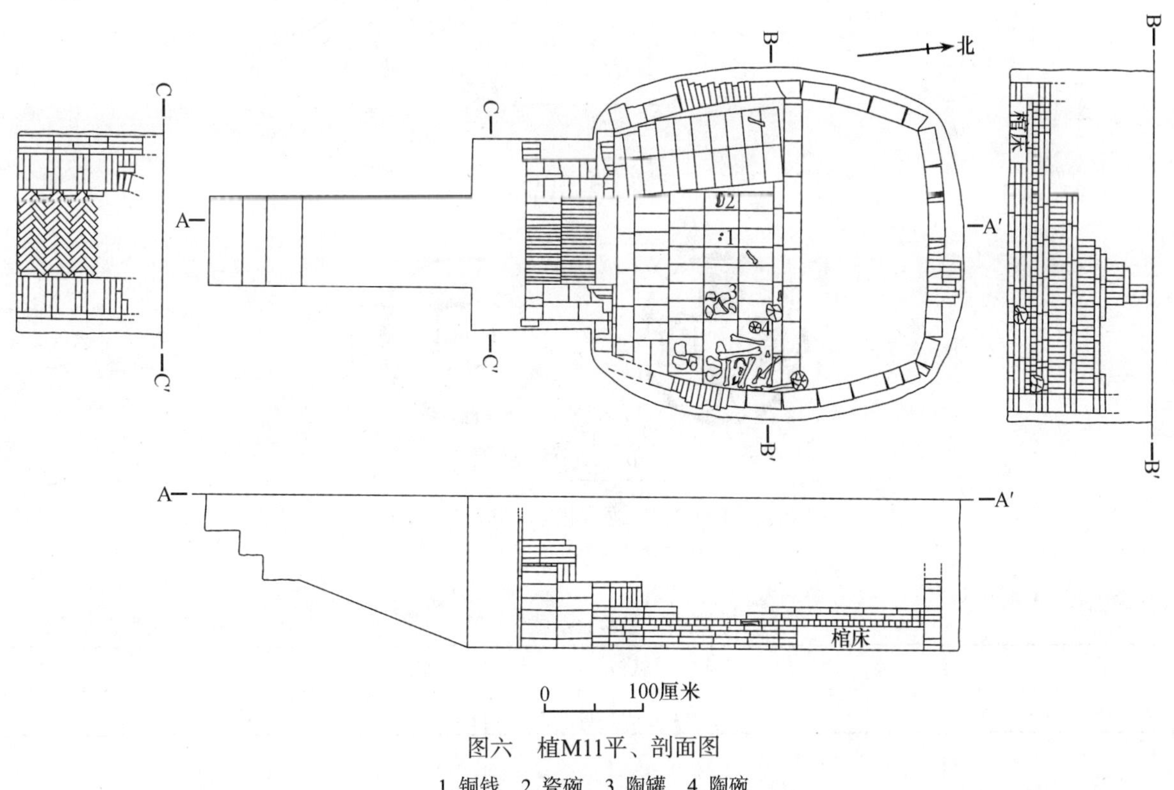

图六　植M11平、剖面图

1. 铜钱　2. 瓷碗　3. 陶罐　4. 陶碗

墓室内骨架散乱，葬式及性别皆不详。

出土器物有陶罐1件、陶碗1件、瓷碗1件，另有铜钱1枚。

陶罐　1件。标本植M11：3，泥质灰陶，轮制。敞口，平沿，圆唇，短颈，溜肩，弧腹，最大腹径偏上部，下腹斜收，平底。口径10.1、腹径16.4、底径8.8、高17.9厘米（图七，3；图版七八，5）。

陶碗　1件。标本植M11：4，泥质灰陶，轮制。敞口，圆唇，微弧腹，假圈足，足心微上凹。碗底有两周轮旋痕。高3.8、口径11.4、足径3.5 厘米（图七，2；图版七八，6）。

瓷碗　1件。标本植M11：2，残存碗底。弧腹，圈足，足心微上凹。内施红釉，外壁黑釉，腹下部及底施青釉。残高4.0厘米（图七，1）。

铜钱　1枚。植M11：1，开元通宝。保存较完好。圆形方穿，正背面均有郭，正面钱文“开元通宝”，对读，钱郭较宽。郭径2.35、钱径2.05、穿宽0.63、郭宽0.16、郭厚0.21、肉厚0.14厘米，重量4.03克（图八；表一）。

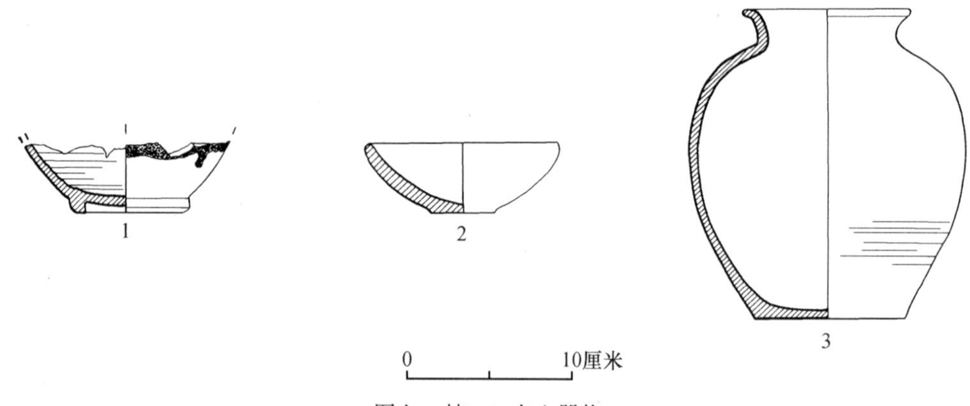

图七　植M11出土器物

1. 瓷碗（植M11：2）　2. 陶碗（植M11：4）　3. 陶罐（植M11：3）

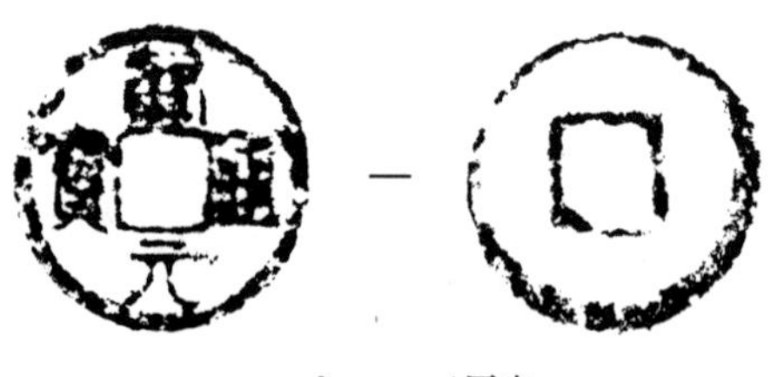

图八　植M11开元通宝拓本（植M11：1）

表一　植M11铜钱统计表　　（单位：厘米、克）

种类	编号	记号	郭径	钱径	穿宽	郭宽	郭厚	肉厚	重量	备注
开元通宝	M11：1	无	2.35	2.05	0.63	0.16	0.21	0.14	4.03	

（六）植物油厂十三号墓（植M13）

位于发掘区北部，西北邻植M9，开口于第3层下，墓口距地表深1.40米，方向190°。平面呈“甲”字形，土圹总长6.54、宽0.70—3.32、墓底距墓口深1.50米，竖穴土圹单室砖墓。由墓道、墓门、甬道和墓室组成，墓室平面近圆形（图九；图版五六）。

墓道：位于墓室南部，平面略呈长方形，底部为斜坡状，长2.82、宽0.70—0.92、深0.40—1.50、底长3.04米。墓道两壁较直。

墓门：位于墓道北部、甬道南部，墓门宽0.92、高1.40米，封门墙砌在甬道内，内缩1块长条砖，用长条砖斜置竖砌，残存2层平砖，高0.36米。

甬道：位于墓道北端、墓室南，残存下部，平面呈长方形，宽2.28、进深0.50米，两壁用长条砖二平一竖砌筑，残高1.38米。

墓室：位于墓道及甬道北，平面近圆形，墓室长3.00、宽1.90—3.00、高1.26—1.44米。周壁墙砖砌成圆弧状，四角呈弧形，用长条砖二平一竖砌筑，墓室内四角设置四个仿木结构砖柱，四个角柱从西北角开始顺时针方向分别编为1—4号，1—4号角柱均为仿木结构抹角方柱，四侧砖立砌，砖柱下垫砖柱础，上承铺作。其中1号、2号、4号角柱残高0.66米，3号角柱残高1.38米。墓室内西北部设有曲尺形棺床，长1.32—2.64、宽0.44—2.66、高0.60米。棺床西南边有一弧形门洞，高0.18、宽0.44米，棺床南部残存砖砌包边，用长条砖三平二竖砌筑，棺床上

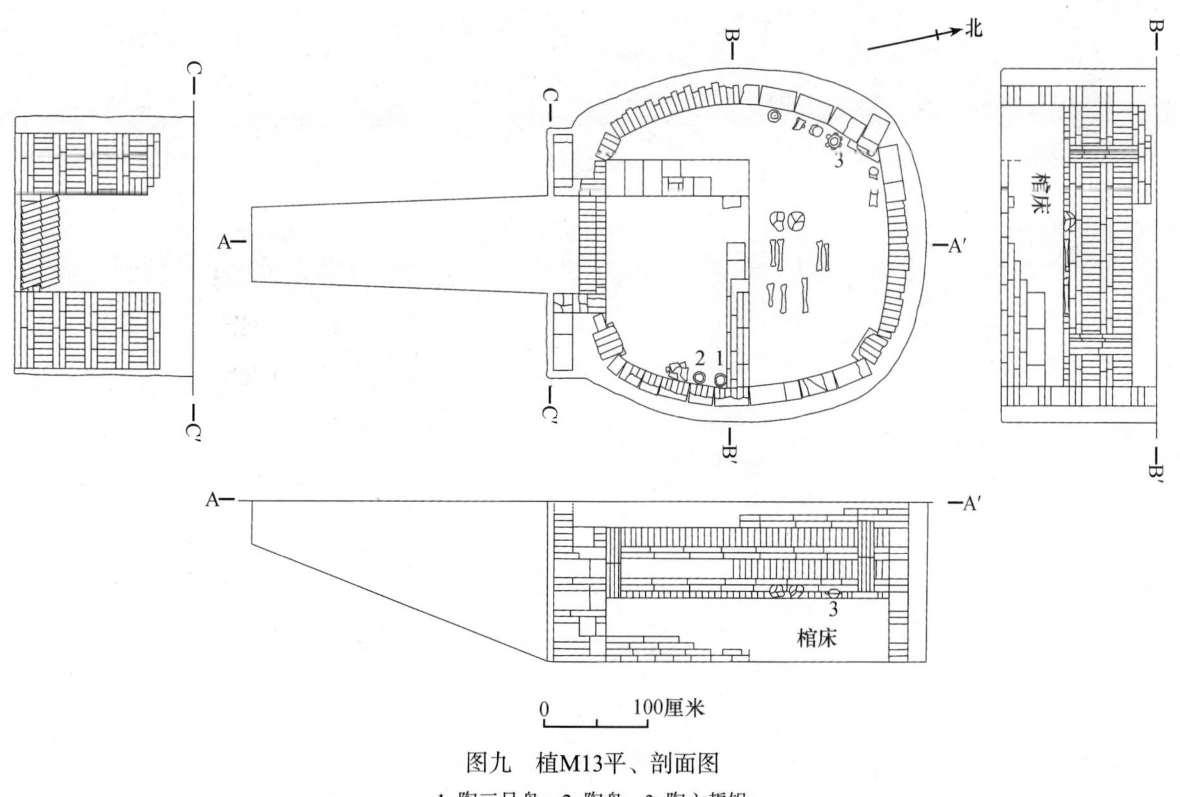

图九　植M13平、剖面图

1. 陶三足盘　2. 陶盘　3. 陶六錾锅

部残留有少量肢骨。未发现铺地砖。

墓室砌砖为长条砖，正面满饰粗绳纹，规格为长0.34、宽0.17、厚0.05米（图一〇）。

出土器物有陶盘、陶三足盘和陶六鋬锅各1件。

陶盘　1件。标本植M13：2，泥质灰陶，轮制。敛口，平沿，方唇，浅腹，平底。通高3.0、口径12.8、底径9.3厘米（图一一，2；图版八六，6）。

陶三足盘　1件。标本植M13：1，泥质灰陶，轮制。敞口，折沿，尖唇，浅腹，平底，沿面饰三周凸弦纹，腹部粘接有三足。口径13.3、通高4.5、足高2.0、底径8.4厘米（图一一，1；图版八六，5）。

陶六鋬锅　1件。标本植M13：3，泥质灰陶，轮制。敛口，斜腹，上腹饰凹弦纹，下腹曲

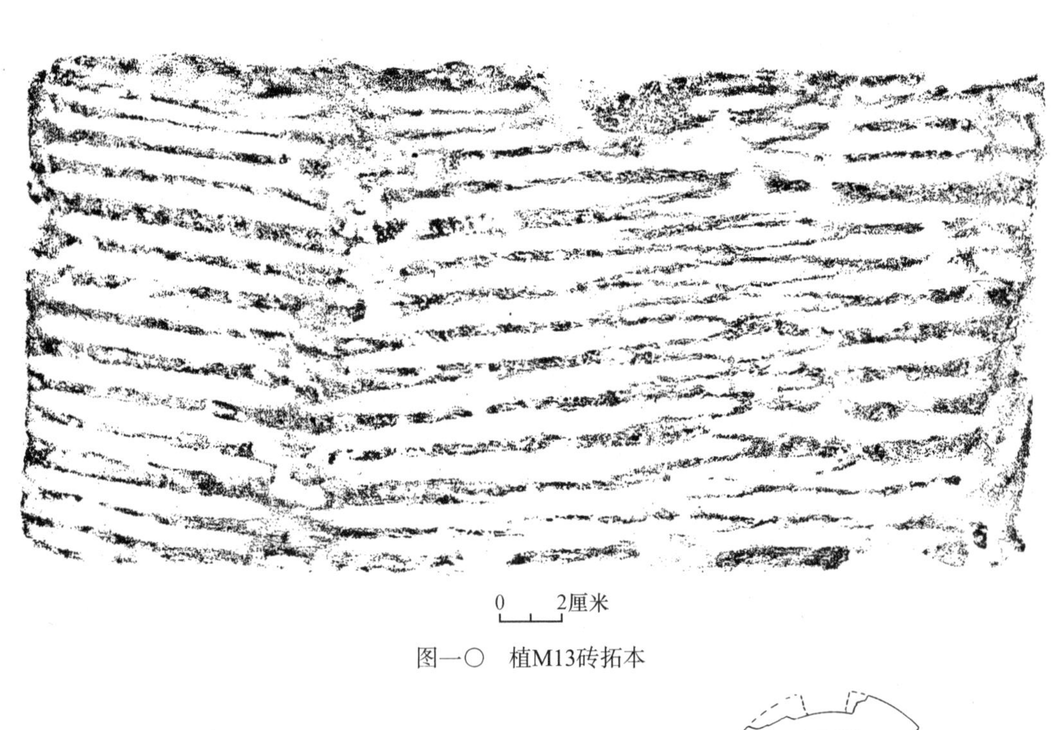

图一〇　植M13砖拓本

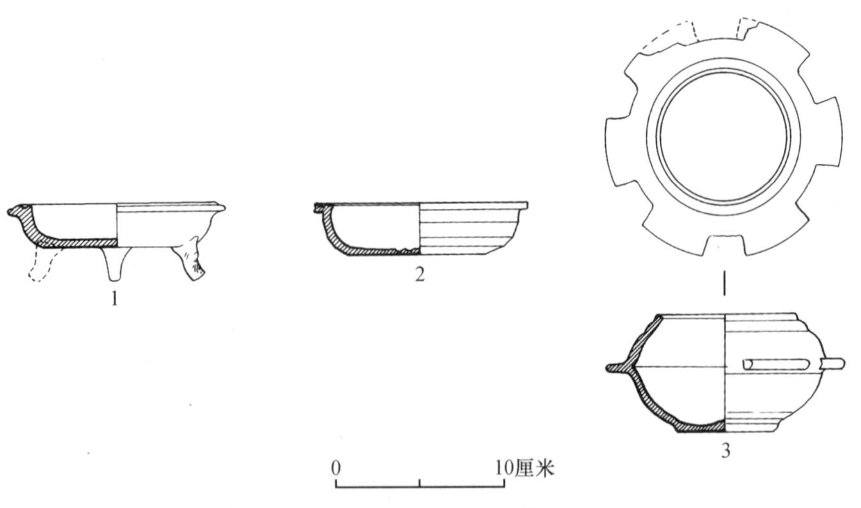

图一一　植M13出土器物

1. 陶三足盘（植M13：1）　2. 陶盘（植M13：2）　3. 陶六鋬锅（植M13：3）

收，平底，腹中部有等距离的6个凸棱装饰，沿面饰三周凸弦纹，内底饰两周凹弦纹。周身及底部有轮旋痕。高7.4、口径8.2、腹径13.8、底径5.5厘米（图一一，3；图版八七，1）。

（七）植物油厂十四号墓（植M14）

位于发掘区南部，开口于第3层下，墓口距地表深0.80米，方向180°。平面呈“甲”字形，土圹总长5.80、宽0.64—2.46、墓底距墓口深0.8米，竖穴土圹单室砖墓。由墓道、墓门和墓室组成，墓室平面呈弧边长方形（图一二；图版五七）。

墓道：位于墓室南部、略偏东一侧，长方形斜坡状，长2.66、宽0.64、深0—0.80、底长2.50米，墓道两壁较直。

墓门：位于墓道北、墓室南，由于破坏严重，墓门形制结构及尺寸皆不详。

墓室：位于墓道北部，平面呈弧边长方形，墓室长2.96、宽1.40—2.30、残高0.67。西壁仅残存零星墙砖，东壁保存稍高，用长条砖三平一竖砌筑。墓室西部设有曲尺形棺床，长2.70、宽0.90、高0.34米，用平砖错缝叠砌6层包边。铺地砖为1层，用长条砖合缝平铺。

棺床上部残留有少量肢骨。

出土器物有瓷盘和瓷杯各1件。

瓷盘　1件。标本植M14：1，白瓷，胎质细密，施白釉，内满釉，外施釉不及底。侈口，

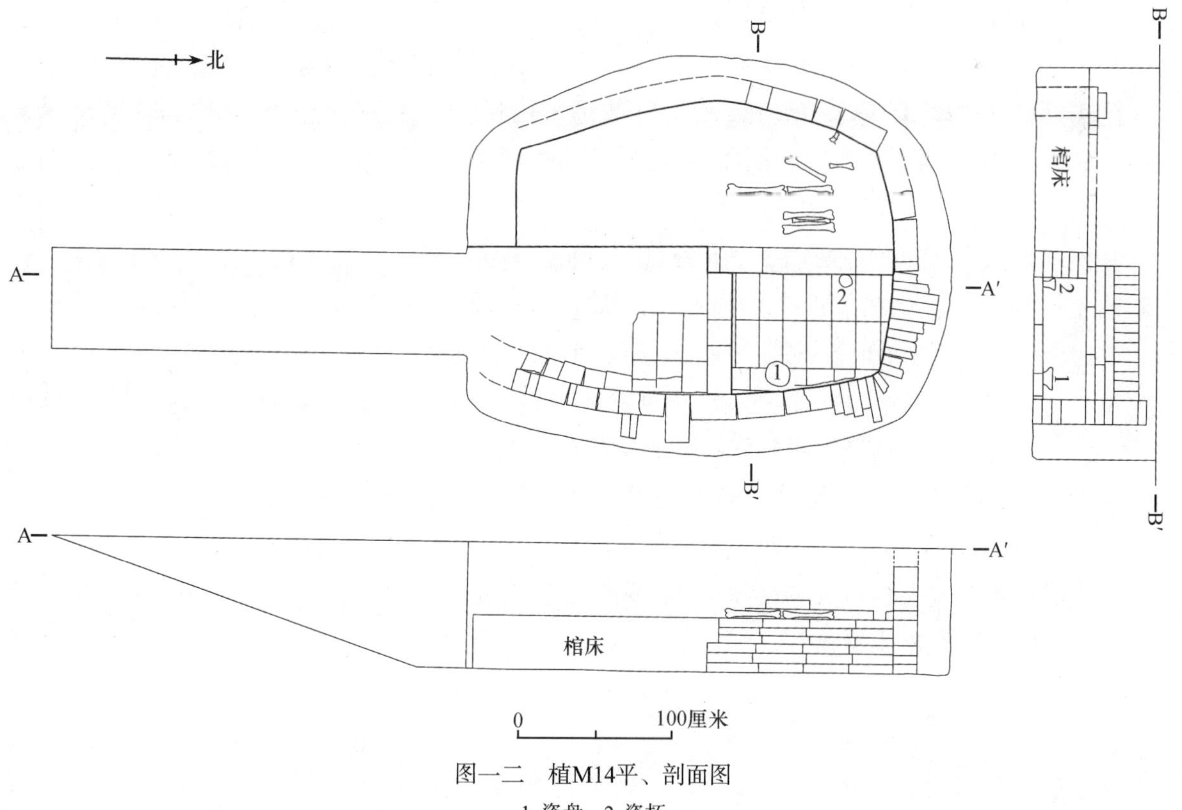

图一二　植M14平、剖面图

1. 瓷盘　2. 瓷杯

撇沿，腹内曲折收，假圈足，足口旋刮。通高5.0、口径16.7、底径9.2厘米（图一三，1；图版八七，2）。

瓷杯　1件。标本植M14∶2，白瓷，通体施白釉。敞口，圆唇，曲颈直腹，平底，假圈足。通高6.9、口径7.4、底径3.4厘米（图一三，2；图版八七，3）。

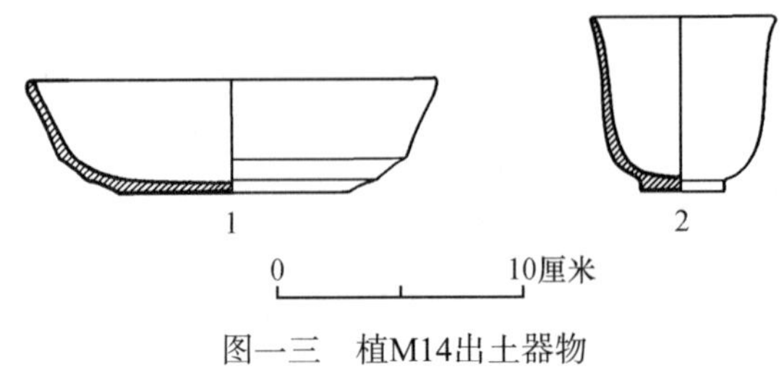

图一三　植M14出土器物
1. 瓷盘（植M14∶1）　2. 瓷杯（植M14∶2）

二、辽金元墓葬

辽金元时期墓葬共4座，其中槐房1座、植物油厂3座，分别为槐M9、植M1、植M19和植M20。

（一）槐房九号墓（槐M9）

位于发掘区西南部，西邻槐M8，开口于现地表第1层下，打破生土，墓口距地表0.60米，方向273°。平面近方形，土圹长1.10、宽0.90、深0.45米，竖穴土圹单室砖墓（图一四；图版五八，3、4）。

墓室平面近方形，四壁较直，长0.95、宽0.90、高0.45米。为先凿挖一方形的竖穴土圹，再紧贴土圹壁用长条砖铺地与砌筑墙壁，四壁墙体保存较好，为形制不同的长条砖错缝平砌而成，共9层，最上一层四角各斜压一块长条砖，平面呈现出八角形，或是四角叠涩起小平顶，或上铺有木板（现已无存），墓室墙壁表面涂抹一层白石灰，铺地砖为1层，用形制不同的长条砖平铺，铺地砖上有两排东西并列放置的长条砖。

墓室砌砖为长条砖，正面饰纵长粗绳纹，规格有两种，分别为长0.33、宽0.16、厚0.05米；长0.3、宽0.15、厚0.05米（图一五）。

墓室内底部发现有棺痕及少量细小残碎人骨，较凌乱，应为未成年人人骨，葬式不详。

因盗扰严重未见出土器物。

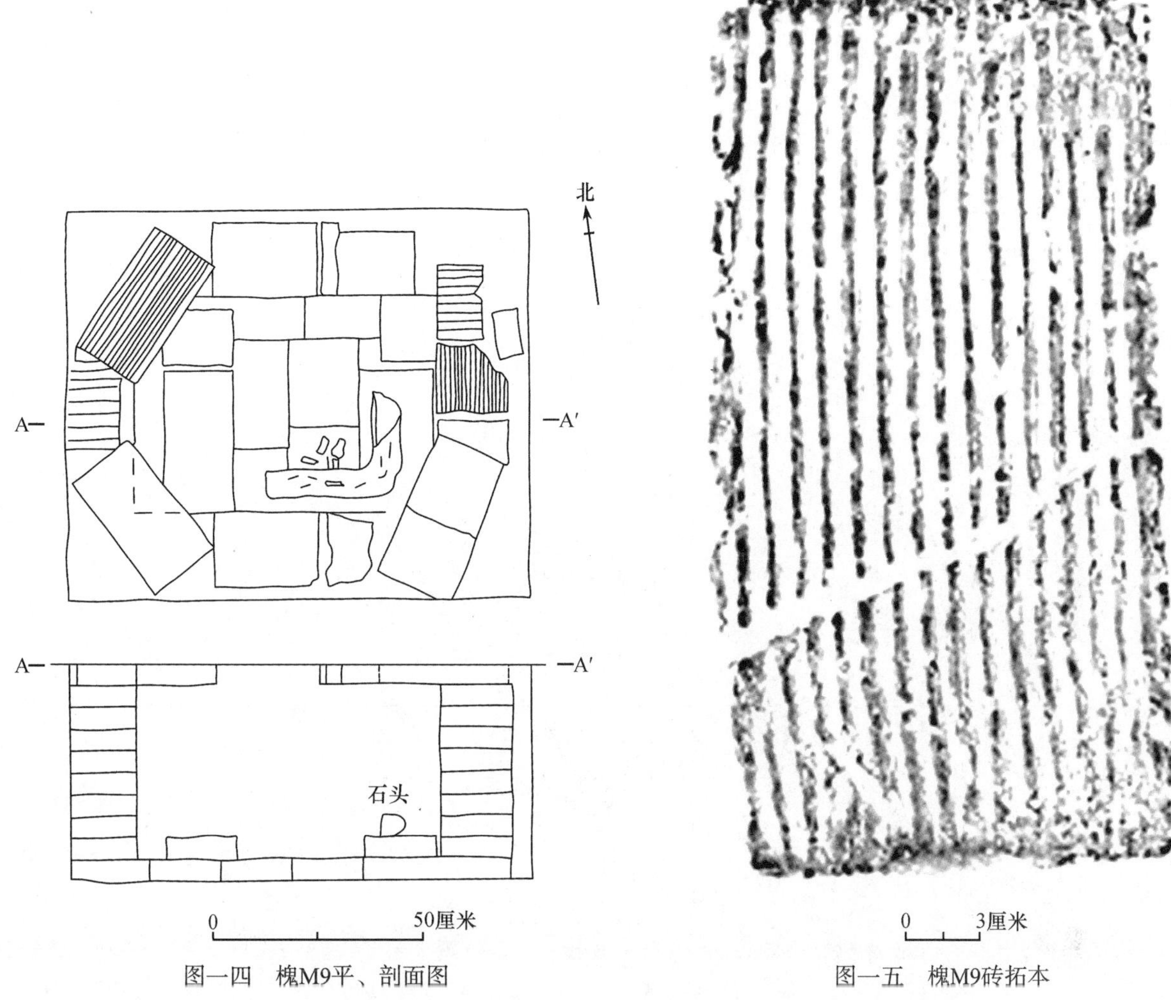

图一四　槐M9平、剖面图

图一五　槐M9砖拓本

（二）植物油厂一号墓（植M1）

位于发掘区东北部，东邻植M2，开口于第3层下，打破植M2，墓口距地表深1.40米，方向15°。平面呈不规则形，竖穴土圹单室砖墓，由墓道、墓门和墓室组成。土圹总长4.40、宽0.60—1.60、墓底距墓口深0.70米（图一六；图版五九）。

墓道：位于墓室北部，平面近梯形，底部为斜坡状，长1.40、宽0.90—1.20、深0—0.70、底长1.60米。

墓门：位于墓道和墓室之间，宽1.20、残高0.70米，用残砖块叠压平砌而成。

墓室：位于墓道南，平面近似梯形，南北长2.70、东西宽0.50—1.45、残高0.70米，由于受挤压，周壁已变形，为长条砖平铺错缝砌筑，室内上部多为坍塌的扰土，夹杂残砖，下部为淤土，铺地砖为1层，用残砖无序平铺，墓室南端发现有少量肢骨。

墓砖为长条砖，残为半截，正面满饰绳纹，其中一块残砖饰较粗绳纹，残砖规格有两种：

残长0.14、宽0.14、厚0.05米；残长0.12、宽0.16、厚0.05米（图一七）。

出土器物有陶罐1件、瓷高足杯1件、铁棺钉1枚。

陶罐　1件。标本植M1：2，泥质灰陶，轮制。直口，圆唇，短颈，肩微弧，上腹略弧，下腹曲收，平底，肩部有对称鼻形双系，通体素面。内壁下部及内底各饰一周凸弦纹。通高15.0、口径10.6、底径6.0厘米（图一八，1；图版七八，2）。

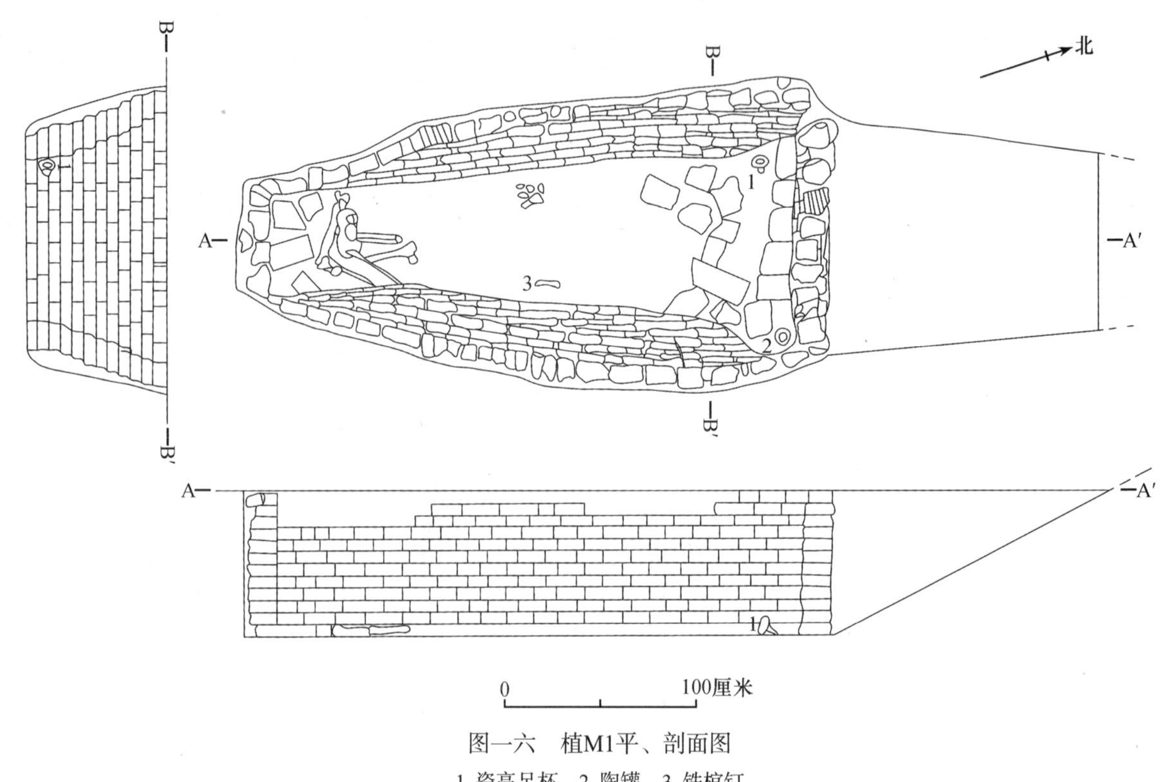

图一六　植M1平、剖面图

1. 瓷高足杯　2. 陶罐　3. 铁棺钉

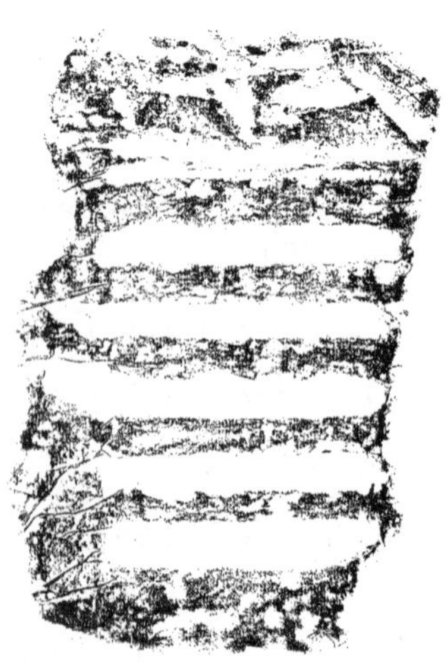

0　2厘米

图一七　植M1砖拓本

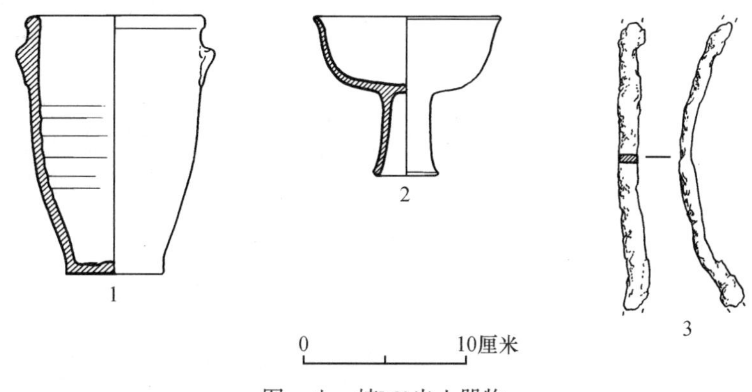

图一八　植M1出土器物

1. 陶罐（植M1：2）　2. 瓷高足杯（植M1：1）　3. 铁棺钉（植M1：3）

瓷高足杯　1件。标本植M1：1，残。侈口，尖唇，弧腹下收，平底，高圈足，足底外撇，旋削一周，足柄中空。通体施青白釉，内壁局部施青白釉，釉莹润，不甚光洁。口径10.8、足径3.6、足高4.4、通高9.3厘米（图一八，2；图版七八，1）。

铁棺钉　1枚。标本植M1：3，已锈蚀。方形钉帽，钉身截面呈方形，尖残。长17.0、截面边长0.6厘米（图一八，3；图版七八，3）。

（三）植物油厂十九号墓（植M19）

位于发掘区北端，西邻植M20，开口于第3层下，墓口距地表深1.30米，方向195°。平面呈“甲”字形，土圹总长5.26、宽0.92—2.80、墓底距墓口深1.30米，竖穴土圹单室砖墓。由墓道、墓门、墓室组成（图　九；图版六〇、图版六一）。

墓道：位于墓室南部，平面呈长方形，底部为先台阶后斜坡，墓道长2.36、宽0.92—1.08、残高0—1.30、底坡长2.20米，墓道南端有一级台阶，宽0.45、深0.36米，墓道两壁较陡直。

墓门：位于墓道北侧，墓门已不存，宽0.80、残高0.70米，封门墙残存3层，用长条砖并排竖砌，残高0.44米。

墓室：位于墓道北部，平面呈弧方形，墓室土圹东西长2.90、南北宽2.80、深1.20米；砖室东西长2.64、南北宽2.40、残高0.30—0.80米。周壁用单砖错缝叠压砌制而成，墙宽0.15米，砖墙上先涂抹白石灰，然后用黑色墨绘出壁画，痕迹仍存，墓室四角砌法独特，以4或5块长条砖为一组，采用不同方向交替竖砌，可能为四个仿木抹角砖柱，东南角、西南角残高0.60米，东北角残高0.44米，西北角被破坏，墓室底部用长条砖一平一竖砌筑，墓室北部设有器物台，东西长2.30、宽0.90米。

残存墨绘壁画从墓门两侧开始，沿墓室左、右两侧壁及后壁串接，多已脱落，从痕迹可看出应是连为一体的画面，在涂抹石灰的墙壁上用黑色墨绘装饰图案，内容已不可知，可辨纹样

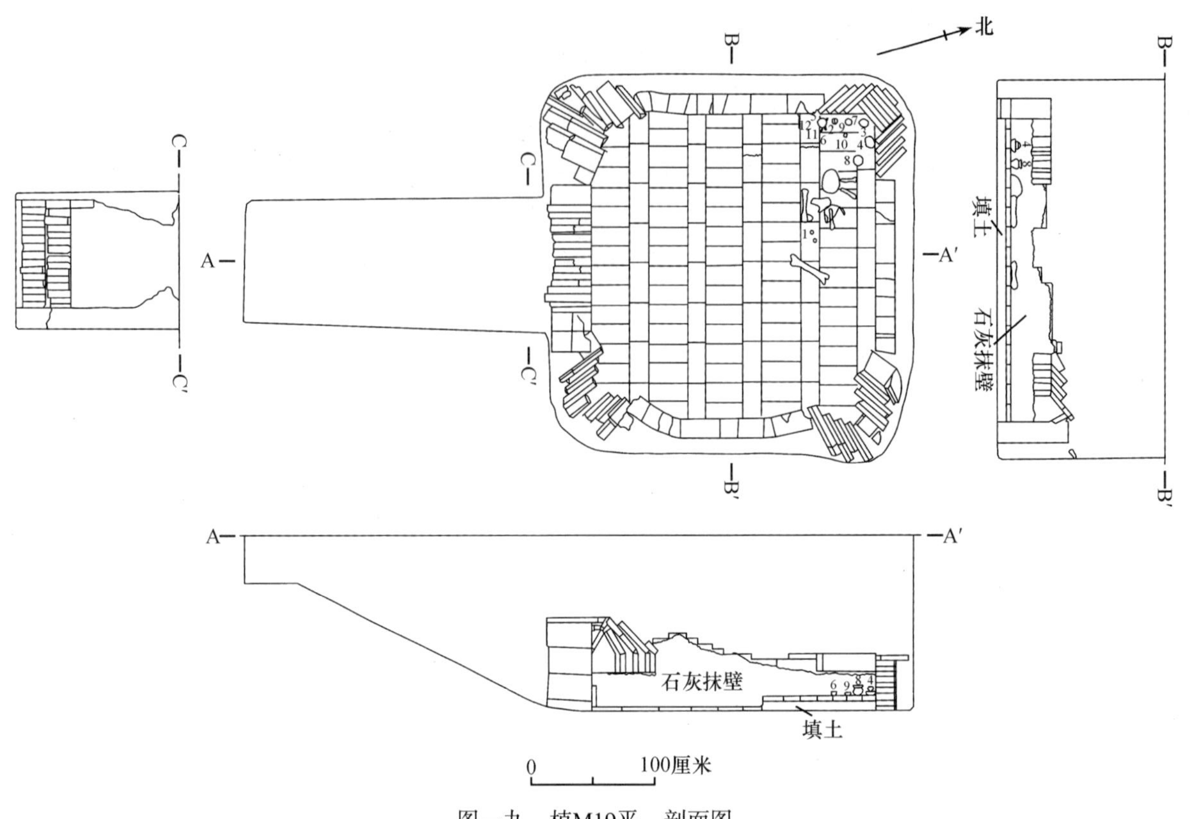

图一九　植M19平、剖面图

1. 铜钱　2、3. 陶篮　4. 瓷碟　5、7、8、11. 陶罐　6. 陶碗　9. 陶盆　10. 圆形石器　12. 陶灯

有钱纹、圆圈、花草等，墓门处绘有装饰纹样，内容漫漶不清。

出土器物有陶罐4件，陶篮2件，陶盆、陶碗、陶灯、瓷碟和圆形石器各1件，另有铜钱1件（2枚）。

陶罐　4件。均为泥质灰陶，轮制。

标本植M19：7，敞口，圆唇，短颈，溜肩，弧腹，最大腹径偏上部，下腹斜收，平底。通高6.8、口径8.2、腹径8.2、底径3.4厘米（图二〇，6；图版八八，3）。

标本植M19：8，敞口，圆唇，卷沿，短颈，溜肩，弧腹，最大腹径偏上部，下腹斜收，平底。通高6.8、口径8.0、腹径7.7、底径3.7厘米（图二〇，7；图版八八，4）。

标本植M19：11，敞口，圆唇，短颈，溜肩，弧腹，最大腹径偏上部，下腹斜收，平底。通高6.8、口径8.0、腹径8.2、底径4.1厘米（图二〇，8；图版八八，7）。

标本植M19：5，残存下腹及底部。弧腹，下腹斜收，平底。内底有凸弦纹。残高7.0、底径5.5厘米（图二〇，5）。

陶盆　1件。标本植M19：9，泥质灰陶，轮制。口微敛，鼓腹，下腹曲收，平底。下腹饰凹弦纹。通高3.2、口径6.8、腹径5.7、底径3.3厘米（图二〇，10；图版八八，5）。

陶碗　1件。标本植M19：6，泥质灰陶，轮制。敞口，圆唇，弧腹，假圈足。器身有轮旋痕。口径10.8、高4.1、足径4.1 厘米（图二〇，9；图版八八，2）。

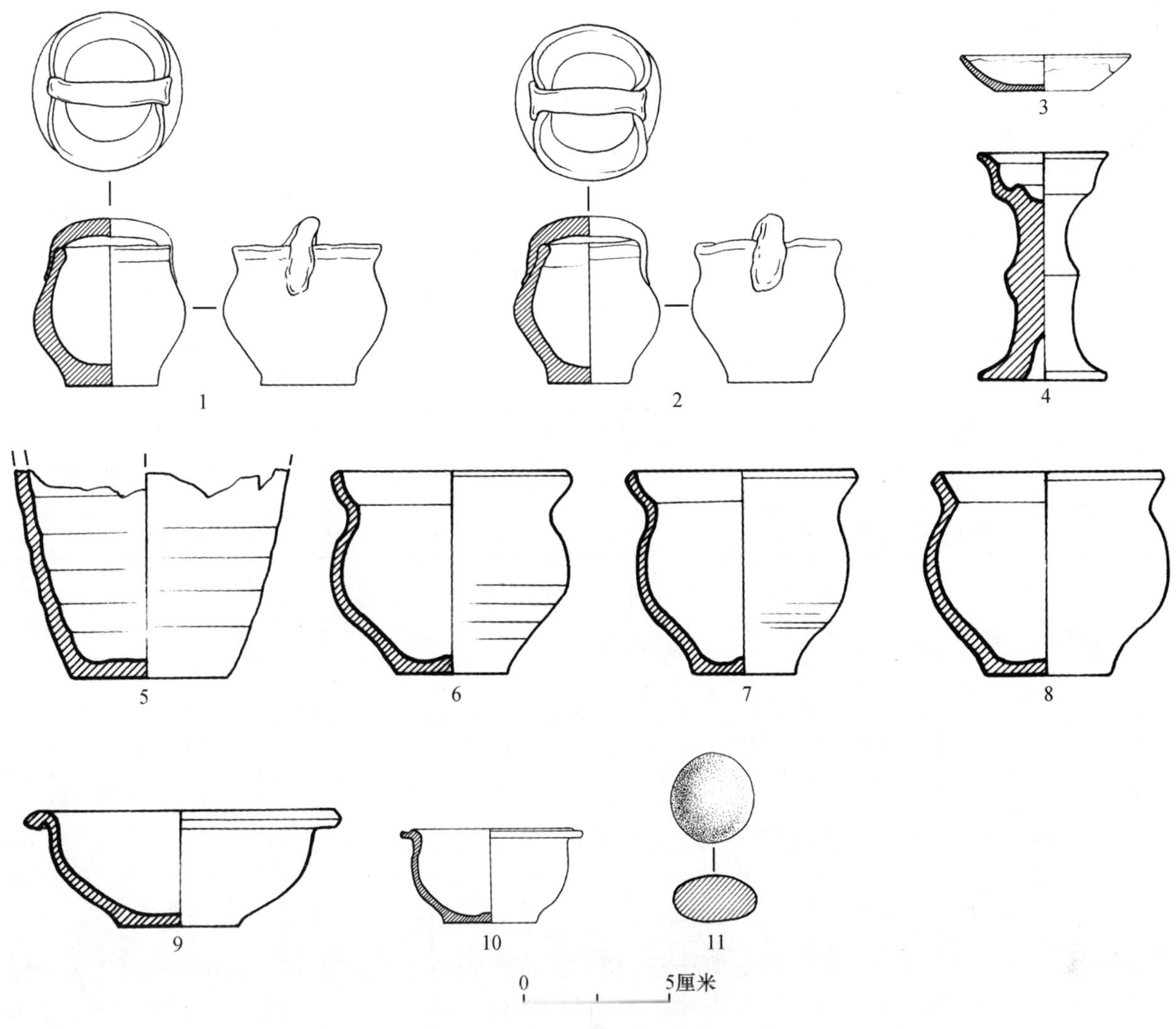

图二〇　植M19出土器物

1、2. 陶篮（植M19：2、植M19：3）　3. 瓷碟（植M19：4）　4. 陶灯（植M19：12）　5—8. 陶罐（植M19：5、植M19：7、植M19：8、植M19：11）　9. 陶碗（植M19：6）　10. 陶盆（植M19：9）　11. 圆形石器（植M19：10）

陶篮　2件。均为泥质灰陶，手制。

标本植M19：2，八字形敞口，口部沿短径设桥形提梁，仰折沿，短颈，鼓腹下收，平底。长径5.5、短径4.0、底径3.0、通高5.6厘米（图二〇，1；图版八七，5）。

标本植M19：3，八字形敞口，口部沿短径设桥形提梁，仰折沿，短颈，鼓腹下收，平底。长径5.3、短径4.2、底径2.7、通高6.0厘米（图二〇，2；图版八七，6）。

陶灯　1件。标本植M19：12，泥质灰陶，手、轮兼制。灯盘敞口，尖唇，浅腹，内底中心下凹呈孔状，柄做葫芦状，底座呈喇叭状，平底。通高7.7、口径4.8、底径4.5厘米（图二〇，4；图版八八，8）。

瓷碟　1件。标本植M19：4，胎质细密，白胎，施黑釉，内施釉在口部，外施釉不及底。侈口，腹斜收，足旋刮。口径5.8、底径3.5、高1.2厘米（图二〇，3；图版八八，1）。

图二一　植M19元丰通宝拓本（植M19：1-2）

圆形石器　1件。标本植M19：10，正面圆形，身扁平，围棋子状。直径2.7、厚1.5厘米（图二〇，11；图版八八，6）。

铜钱　2枚。植M19：1，元丰通宝，保存较完好。

标本植M19：1-2，圆形方穿，正背面均有郭和穿郭，正面隶文"元丰通宝"，旋读，钱郭较宽。郭径2.43、钱径1.86、穿宽0.65、郭宽0.28、郭厚0.11、肉厚0.06厘米，重量2.31克（图二一；表二）。

表二　植M19铜钱统计表　（单位：厘米、克）

种类	编号	记号	郭径	钱径	穿宽	郭宽	郭厚	肉厚	重量	备注
元丰通宝	M19：1-1	无	2.42	1.90	0.65	0.22	0.14	0.10	3.12	
	M19：1-2	无	2.43	1.86	0.65	0.28	0.11	0.06	2.31	

（四）植物油厂二十号墓（植M20）

位于发掘区北端，东邻植M19，开口于第4层下，墓口距地表深1.10米，方向102°。平面近圆形，竖穴土圹单室砖墓，无墓道，仅见墓室，土圹长1.88、宽1.80、墓底距墓口深0.80、中间砖室残长0.50—0.82、宽0.80米（图二二；图版五八，1、2）。

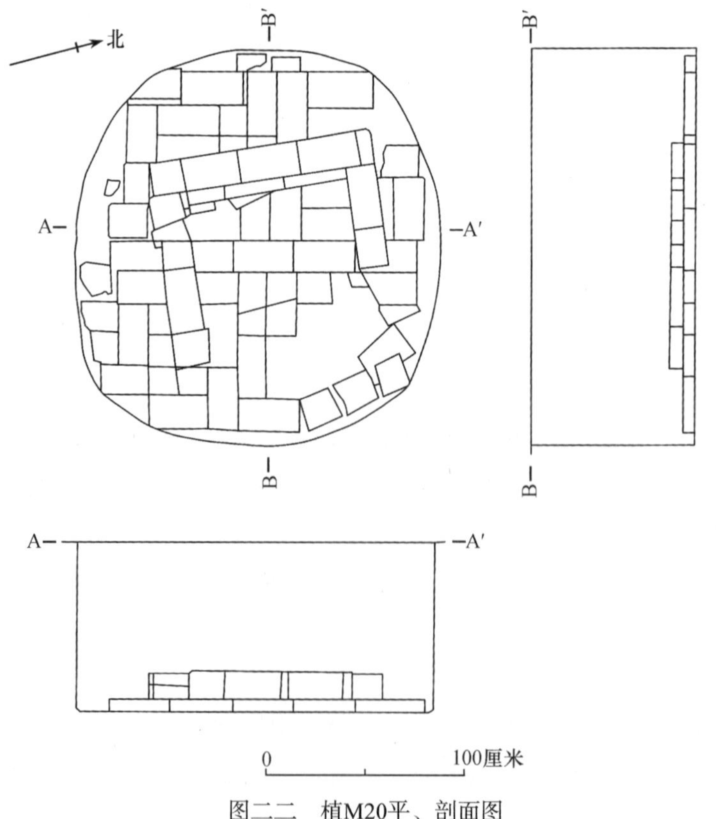

图二二　植M20平、剖面图

四壁不见墙砖，铺地砖铺满整个土圹，铺地砖为1层，用长条砖以纵横交错方式平铺，上部用单砖错缝砌筑。

因盗扰严重未见出土器物。

三、清代水井

清代水井皆见于植物油厂，编号为植J1、植J2、植J3和植J4。

（一）植物油厂一号水井（植J1）

位于发掘区中部，西邻植J2，开口于第2层下，打破植M15，井口距地表深1米，圆形竖穴土井，口大底小。口径1.80、底径1.60、井底距井口深3.50米（图二三；图版六二，1、2）。

内填花土，土质疏松。

（二）植物油厂二号水井（植J2）

位于发掘区中部，东邻植J1，开口于第2层下，井口距地表深1.00米，砖砌圆形竖穴土圹，口小底大，口径1.90、底径2.00、井底距井口深4.30米，周壁用长条砖逐层交替错缝叠砌（图二四；图版六二，3）。

内填花土，土质疏松，内含碎砖渣等。

（三）植物油厂三号水井（植J3）

位于发掘区中部偏西，开口于第2层下，井口距地表深1.00米，砖砌圆形竖穴土圹，直径1.40、井底距井口深3.34米，周壁用长条砖逐层交替错缝砌成（图二五；图版六三，1、2）。

内填花土，土质疏松，内含碎砖渣等。

（四）植物油厂四号水井（植J4）

位于发掘区东北部，开口于第2层下，井口距地表深1.00米，圆形竖穴土圹，口大底小。口径4.60、底径4.00、井底距井口深3.60米（图二六；图版六三，3）。

内填花土，土质疏松，内含碎砖渣等。

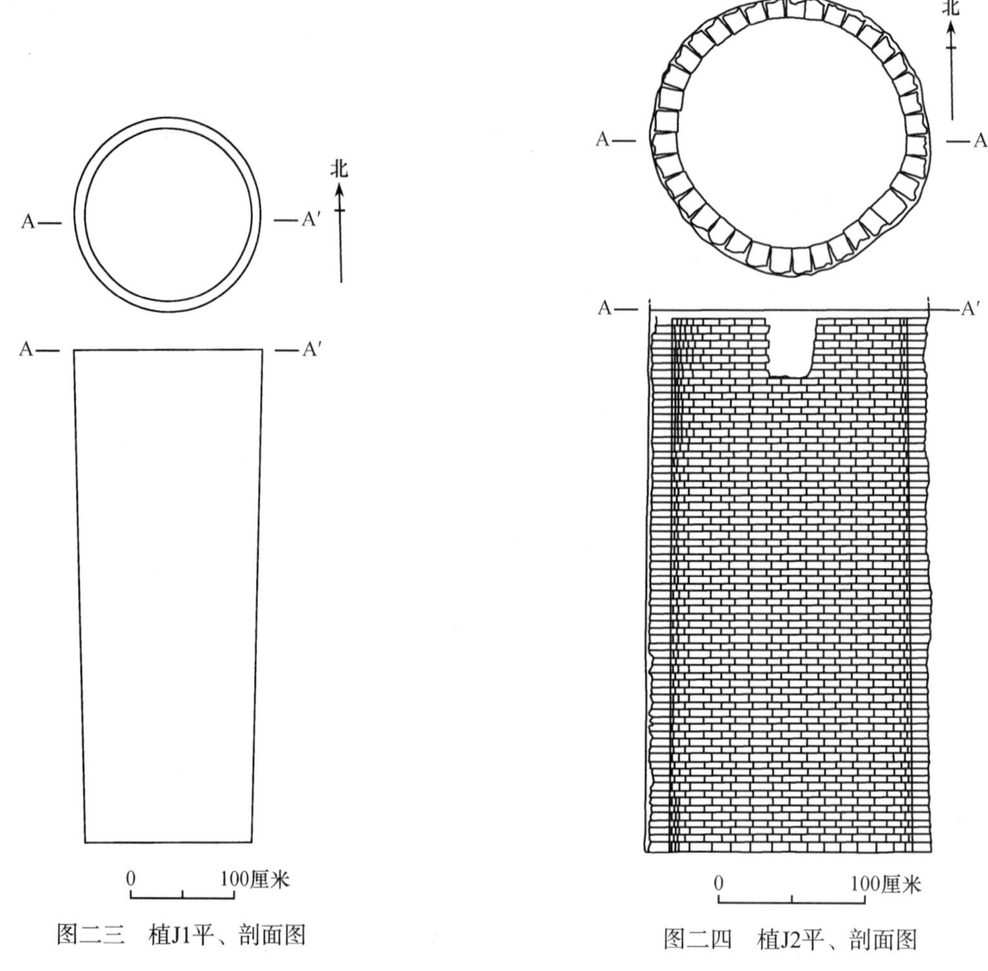

图二三　植J1平、剖面图

图二四　植J2平、剖面图

四、小　　结

南苑三处地点只在槐房和植物油厂发现了晚期遗存（新宫未见），包括唐墓7座、辽金元墓4座和清代水井4眼，其中水井仅见于植物油厂。

晚期遗存中的墓葬，槐M27和槐M28相距不远，墓葬形制、方向近似，植M9、植M10、植M11距离更近，相互关系可能更为密切，其余几座晚期墓葬大多独立于各自地块内的汉代墓群之外，唯植M1与其他汉墓相距较近，植物油厂的水井位置无明显的分布规律。

7座唐墓，均为小型单室砖室墓，墓室平面多为弧方形，出土器物有陶罐、陶盘、陶六鋬锅、瓷碗及铜钱等。平面呈方形（或长方形）四壁外弧的墓室、内设曲尺形棺床，为北京地区

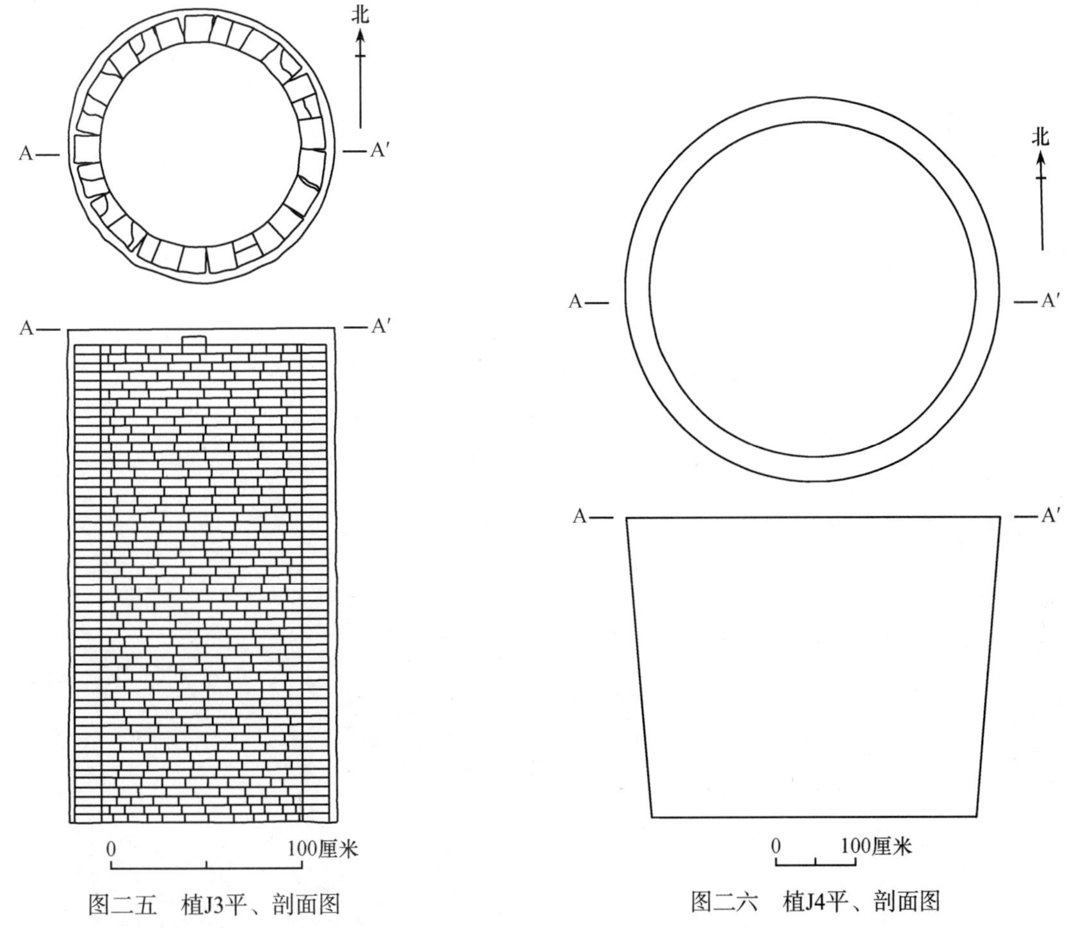

图二五　植J3平、剖面图

图二六　植J4平、剖面图

常见的唐代墓葬形制，与昌平白浮村①、海淀八里庄②、北京亦庄③、密云大唐庄④等地发现的唐墓墓葬形制基本相同，随葬器物也与上述墓葬所出器物大体相似，且植M11还出土铜钱“开元通宝”，因此，南苑唐墓的年代可以判断为唐代中晚期。

4座辽金元墓葬，其中的槐M9为近方形砖砌单室火葬墓、植M20为近圆形砖砌单室火葬墓，均未出土器物。据以往资料，北京地区火葬墓上限年代可到辽代早中期，主要群体是契丹、女真等少数民族及僧侣，后扩展到包括受影响的汉族民众，人们对佛教的崇尚与信仰，使得辽金时期火葬墓盛行，明初朱元璋颁布禁止火葬令后，使得火葬墓才很少出现⑤。因此将这

① 北京市文物工作队：《北京昌平白浮村汉、唐、元墓葬发掘》，《考古》1963年第3期。

② 北京市海淀区文物管理所：《北京市海淀区八里庄唐墓》，《文物》1995年第11期。

③ 北京市文物研究所：《北京亦庄考古发掘报告（2003～2005年）》，科学出版社，2009年；北京市文物研究所：《北京亦庄X10号墓地》，科学出版社，2010年；北京市文物研究所：《北京亦庄X11号地考古发掘报告》，科学出版社，2012年。

④ 北京市文物研究所：《密云大唐庄——白河流域古代墓葬发掘报告》，上海古籍出版社，2010年。

⑤ 参见李伟敏：《北京地区的火葬墓及相关问题研究》，《考古》2012年第5期。

两座火葬墓的年代定为辽代早中期至元代中晚期之间。植M1为带斜坡墓道的砖券单室墓葬，墓室已挤压变形，出土有陶罐、瓷高足杯等，其中陶罐与平谷巨家坟金墓[①]出土陶罐相似，瓷高足杯与耶律铸夫妇合葬墓[②]出土青白釉高足杯形制一致，因此，植M1的年代应为金代至元代早期。植M19墓室为圆角方形单室砖墓，墓葬平面呈“甲”字形，出土有陶罐、陶盆、陶碗、陶篮、陶灯、瓷碟、圆形石器及铜钱等，形制为辽金元时期常见墓葬形制，其陶罐与通州区三间房M1[③]出土小陶罐相似，年代应为金代中期。

植物油厂发现4眼水井，无出土遗物，从形制结构初步判断年代为清代。

---

① 宋大川主编：《北京考古发现与研究（1949—2009）》下册，科学出版社，2009年，第334页。

② 宋大川主编：《北京考古发现与研究（1949—2009）》下册，科学出版社，2009年，第371页。

③ 宋大川主编：《北京考古发现与研究（1949—2009）》下册，科学出版社，2009年，第336页。

附表　南苑晚期墓葬统计表

（单位：米）

墓号	层位	方向（°）	墓葬类型		墓室平面形状	墓道			墓室			墓门		葬具	葬式	人骨状况	随葬品	年代
			平面形状	结构		长	宽	深	长	宽	高	宽	高					
槐M27	现地表第1层下	180	“甲”字形	带斜坡墓道竖穴土圹单室砖墓	弧方形	2.7	1.12	0.5—1.7	2.76	2.56	1.18	已毁		不详	不详	差	无	唐
槐M28	现地表第1层下	180	“甲”字形	带斜坡墓道竖穴土圹单室砖墓	弧方形	3	0.6—0.72	1.6	2.7	2.6	0.7—1.16	0.72	不详	不详	不详	较差	无	唐
植M9	第3层下	185	“甲”字形	带斜坡墓道竖穴土圹单室砖墓	弧方形	2.5	0.88—1.2	0—1.4	3.47	2.26—3.1	0.48—1.08	1	0.7	不详	不详	较差	陶罐1件	唐
植M10	第3层下	185	“甲”字形	带斜坡墓道竖穴土圹单室砖墓	椭圆形	1	1	0.7	不详	不详	不详	不详	不详	不详	不详	不详	无	唐
植M11	第3层下	185	“甲”字形	带斜坡墓道竖穴土圹单室砖墓	弧方形	3.3	0.88—0.9	0—1.5	3.8	2.6—3.36	0.3—1.44	0.86	0.9	不详	不详	差	陶罐1件、陶碗1件、瓷碗1件、铜钱1枚	唐
植M13	第3层下	190	“甲”字形	带斜坡墓道竖穴土圹单室砖墓	近圆形	2.82	0.7—0.92	0.4—1.5	3	1.9—3	1.26—1.44	0.92	1.4	不详	不详	差	陶三足盘1件、陶盘1件、陶六鋬锅1件	唐
植M14	第3层下	180	“甲”字形	带斜坡墓道竖穴土圹单室砖墓	弧边长方形	2.66	0.64	0—0.8	2.96	1.4—2.3	0.67	不详	不详	不详	不详	差	瓷盘1件、瓷杯1件	唐
槐M9	现地表第1层下	273	近方形	竖穴土圹单室砖墓	近方形	无墓道			0.95	0.9	0.45	无		疑为木棺	不详	较差	无	辽金元
植M1	第3层下	15	不规则形	带斜坡墓道竖穴土圹单室砖墓	近似梯形	1.4	0.9—1.2	0—0.7	2.7	0.5—1.45	0.7	1.2	0.7	不详	不详	差	陶罐1件、瓷高足杯1件、铁棺钉1枚	辽金元
植M19	第3层下	195	“甲”字形	带斜坡墓道竖穴土圹单室砖墓	弧方形	2.36	0.92—1.08	0—1.3	2.64	2.4	0.3—0.8	0.8	0.7	不详	不详	不详	陶罐4件、陶篮2件、陶盆1件、陶碗1件、陶灯1件、瓷碟1件、圆形石器1件、铜钱2枚	辽金元
植M20	第4层下	102	近圆形	竖穴土圹单室砖墓		无墓道			0.5—0.82	0.8		无		不详	不详	不详	无	辽金元

后　记

《丰台南苑汉墓》是北京城市基本建设考古工作成果。城市发展建设为城市考古带来了前所未有的机遇，促使我们探究城市文明发展和社会环境变化。然而，城市考古在实际工作和学术研究上仍然面临着诸多困难，从学科自身的规律来看，重要的考古成果往往需要长期的、系统的、科学的、有计划的考古工作，而城市考古受环境和条件的限制，计划性和系统性都比较薄弱；从城市发展的进程来看，北京是一座古今叠压城市，历朝历代的建设都会对前期的遗址造成扰动和破坏，考古工作的复杂程度往往超出预想；从城市考古的特点来看，收获往往是局部的、零星的，使得城市考古的“读城”方式，更像是在做立体拼图，需要长期积累和不断研判，把一个个小碎片连缀起来。考古工作并不都是重大发现，更多的是不起眼的遗址和普通的平民墓葬，对城市考古而言，每一个地层、每一个小碎片都是城市生命体的一部分，都同等重要。

北京地区考古发现的汉墓数量巨大，由于种种原因，公布的资料有限，研究也不够系统，近几年考古工作量与考古工作人员数量严重不匹配更加剧了资料的积压。每一部考古报告都凝聚了考古工作者的心血，从田野考古到室内整理编写，多少汗水艰辛，不为人知。加快资料的整理发表，对考古领队来说，最大的困难是时间，如果没有顽强的毅力和超常的付出，恐怕是很难完成的。在报告的整理编写过程中，我深切地感受到由于各种事务缠身，时间只能零打碎敲，工作效率大打折扣，尽管报告付梓，心中仍有很多遗憾。

南苑槐房考古发掘正值酷暑，我的同事和技师们在烈日炎炎下一丝不苟地发掘、记录。拍摄发掘现场照片，要避开强烈的阳光，最好是日出或日暮，光线比较柔和，大家在太阳升起前就开始在工地奔波了。《丰台南苑汉墓》的出版，要感谢郭京宁、魏然、刘风亮和技师们的支持与付出，同时也要感谢科学出版社编辑们的辛勤工作。

白　岩

2018年11月

发掘期间专家指导及工作照

图版二

发掘期间专家指导及工作照

槐M1形制

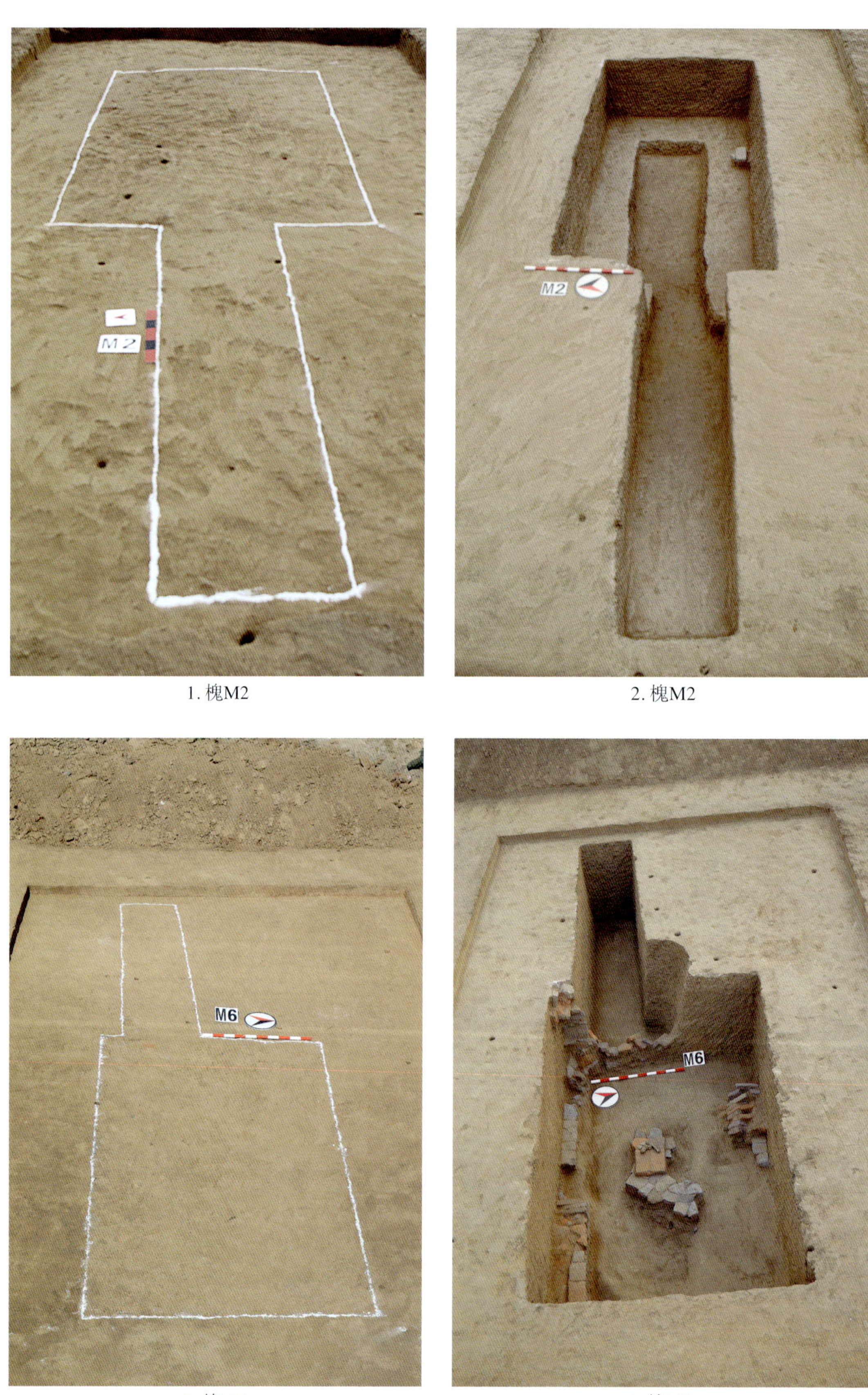

1. 槐M2　2. 槐M2
3. 槐M6　4. 槐M6

槐M2、槐M6形制

图版五

1. 槐M3

2. 槐M4

3. 槐M3

4. 槐M4

槐M3、槐M4形制

图版六

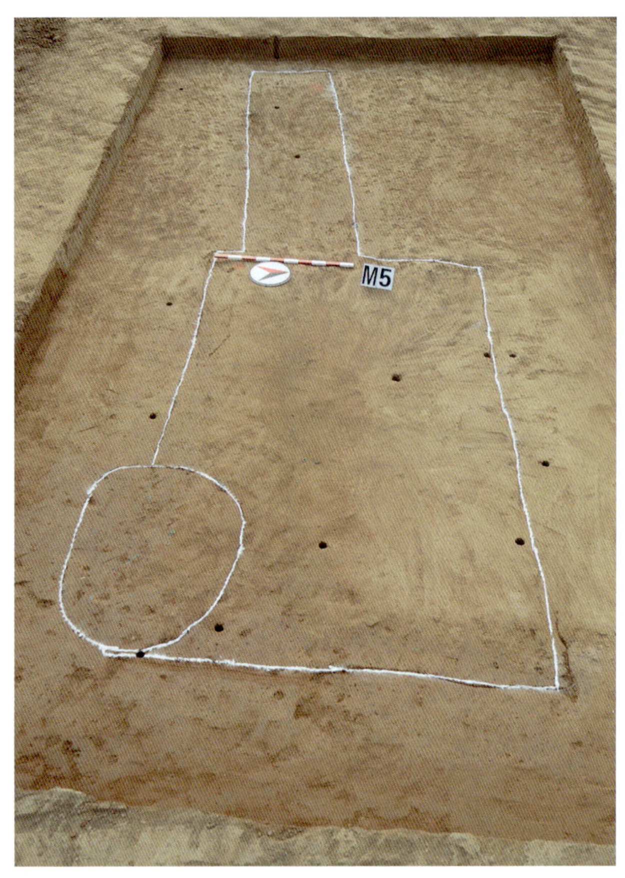

槐M5形制

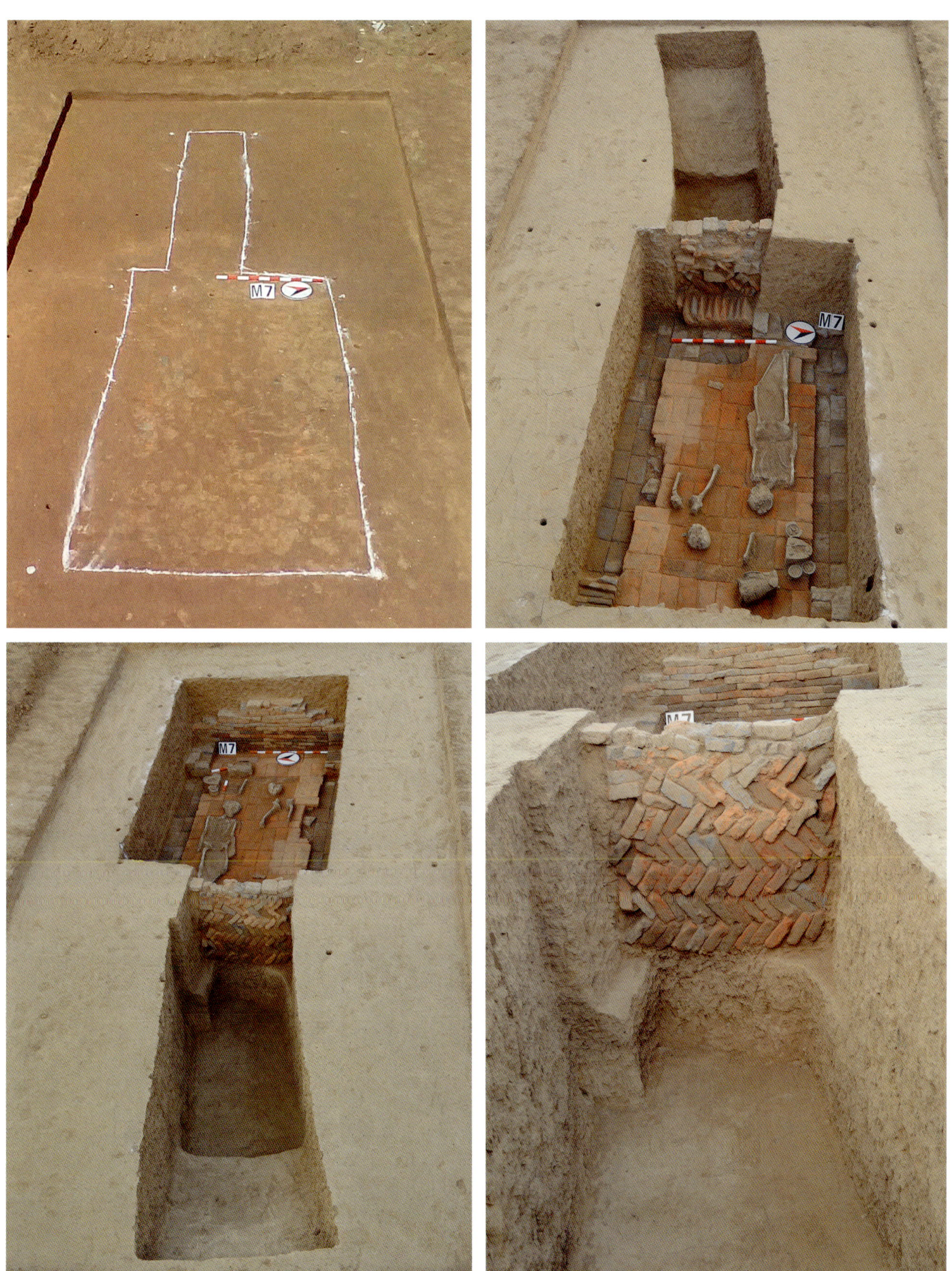

槐M7形制

图版八

槐M8形制

槐M8形制

图版一〇

槐M10形制

槐M11形制

槐M12形制

槐M12形制

图版一四

1. 槐M13

2. 槐M13

3. 槐M14

4. 槐M14

槐M13、槐M14形制

1. 槐M15

2. 槐M15

3. 槐M16

4. 槐M16

槐M15、槐M16形制

图版一六

1. 槐M17

2. 槐M17

3. 槐M24

4. 槐M24

槐M17、槐M24形制

槐M18形制

槐M19形制

槐M20形制

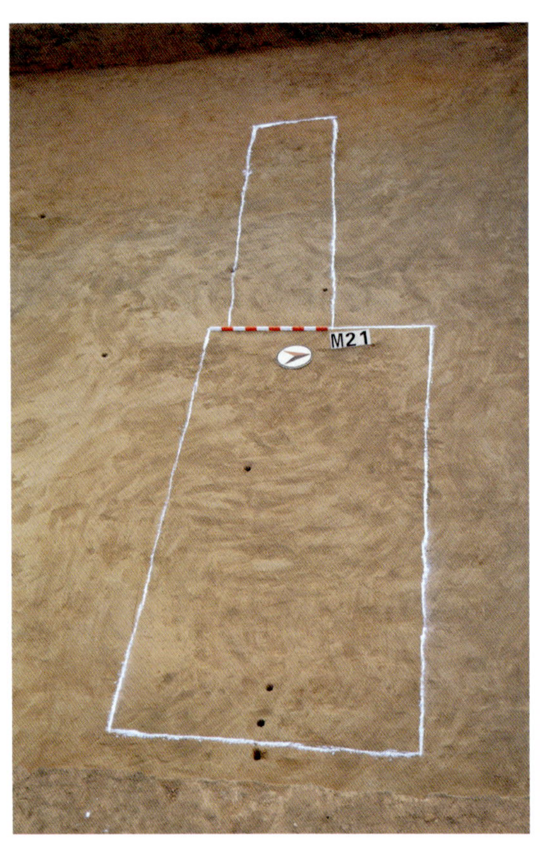

槐M21形制

槐M21形制

槐M22形制

1. 槐M23

2. 槐M25

3. 槐M23

4. 槐M25

槐M23、槐M25形制

图版二四

1. 槐M26

2. 槐M26

3. 槐Y1

4. 槐Y1

槐M26、槐Y1形制

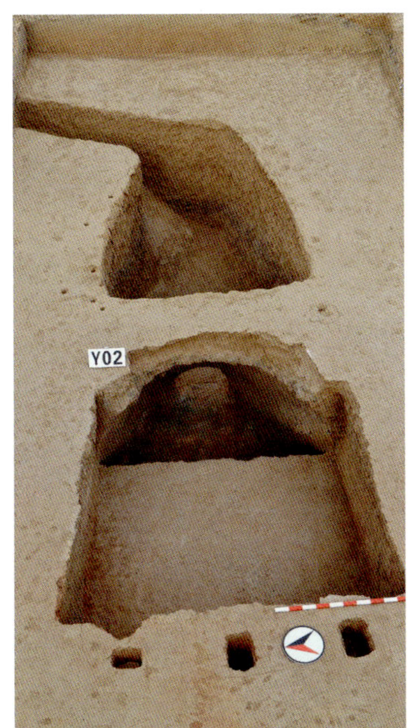

槐Y2形制

图版二六

1. 新M1

2. 新M2

3. 新M1

4. 新M2

新M1、新M2形制

1. 新M4

2. 新M5

3. 新M4

4. 新M5

新M4、新M5形制

图版二八

1. 新M3

2. 新M6

3. 新M6

4. 新M6

新M3、新M6形制

新M7形制

图版三〇

1. 新M8

2. 新M9

3. 新M10

4. 新M11

新M8—新M11形制

图版三一

1. 新M12

2. 新M13

3. 新M14

新M12—新M14形制

1. 新M16

2. 新M17

3. 新M17

新M16、新M17形制

1. 新Y1

2. 新Y2

3. 新Y1

4. 新Y2

新Y1、新Y2形制

图版三四

1. 新Y4

2. 新Y3

3. 新Y3

4. 新Y3

新Y3、新Y4形制

1. 植M2

2. 植M3

植M2、植M3形制

图版三六

植M4形制

植M5形制

图版三八

植M5形制

植M6形制

植M6形制

1. 植M7

2. 植M7

3. 植M8

植M7、植M8形制

植M12形制

1. 植M15

2. 植M15与植M16关系

3. 植M16

植M15、植M16形制

植M17形制

植M18形制

1. 植Y1

2. 植Y1

3. 植Y2

植Y1、植Y2形制

植Y3形制

植Y4形制

1. 植Y3

2. 植Y5

3. 植Y5

4. 植Y5

植Y3、植Y5形制

植Y6形制

图版五一

植Y7形制

图版五二

植Y7形制

1. 槐M27

2. 槐M27

3. 植M9

4. 植M9

槐M27、植M9形制

槐M28形制

1. 植M10

2. 植M10

3. 植M11

4. 植M11

植M10、植M11形制

图版五六

植M13形制

植M14形制

图版五八

1. 植M20

2. 植M20

3. 槐M9

4. 槐M9

槐M9、植M20形制

植M1形制

植M19形制

植M19墓室壁画

1. 植J1

2. 植J1与植M15关系

3. 植J2

植J1、植J2形制

图版六三

1. 植J3

2. 植J3

3. 植J4

植J3、植J4形制

1. 鼎（槐M1：1）

2. 鼎（槐M1：2）

3. 罐（槐M7：8）

4. 马（槐M8：1）

5. 器盖（槐M8：2）

6. 罐（槐M8：3）

槐M1、槐M7、槐M8出土陶器

1. 灯（槐M8：4）

2. 灯（槐M8：4）

3. 仓（槐M8：5）

4. 盆（槐M8：6）

5. 奁（槐M8：7）

6. 奁（槐M8：8）

槐M8出土陶器

1. 樽（槐M8：9）

2. 奁（槐M8：10）

3. 耳杯（槐M8：11）

4. 盘（槐M8：12）

5. 仓（槐M8：13）

6. 仓（槐M8：14）

槐M8出土陶器

1. 壶（槐M8：15）

2. 壶（槐M8：16）

3. 井（槐M8：17）

4. 俑（槐M8：19）

5. 盆（槐M8：23）

6. 案（槐M8：24）

槐M8出土陶器

1. 盘（槐M8：25）

2. 耳杯（槐M8：26）

3. 灶（槐M10：4）

4. 壶（槐M10：5）

5. 案（槐M10：6）

6. 壶（槐M11：2）

槐M8、槐M10、槐M11出土陶器

1. 壶（槐M13：1）

2. 灯（槐M18：1）

3. 奁（槐M18：2）

4. 樽（槐M18：3）

5. 鸡（槐M18：4）

6. 鸡（槐M18：5）

槐M13、槐M18出土陶器

1. 狗（槐M18：6）

2. 猪（槐M18：7）

3. 磨（槐M18：8）

4. 耳杯（槐M18：9）

5. 耳杯（槐M18：11）

6. 耳杯（槐M18：10）

槐M18出土陶器

1. 勺（槐M18：12）

2. 案（槐M18：13）

3. 仓（槐M18：14）

4. 碗（槐M18：15）

5. 灶（槐M18：16）

6. 灶（槐M18：16）

槐M18出土陶器

1. 陶磨（槐M18：17）

2. 陶井（槐M18：18）

3. 陶盘（槐M18：19）

4. 陶仓（槐M18：20）

5. 陶魁（槐M18：21）

6. 石砚（槐M18：22-2）

槐M18出土陶器、石器

1. 石研子（研杵）（槐M18：35）

2. 石砚（槐M18：22-1）

3. 陶俑（槐M18：24）

4. 陶汲水小罐（槐M18：26）

5. 陶扁壶（槐M18：32）

6. 陶灯（槐M18：33）

槐M18出土陶器、石器

1. 罐（新M1：1）

2. 猪（新M2：1）

3. 猪（新M2：2）

4. 鸡（新M2：3）

5. 鸡（新M2：4）

6. 小陶盆（新M2：6）

新M1、新M2出土陶器

1. 磨（新M2：7）

2. 壶（新M6：1）

3. 灶（新M11：2）

4. 壶（新M12：1）

5. 奁（新M12：2）

6. 厕（新M12：3）

新M2、新M6、新M11、新M12出土陶器

1. 奁（新M12：4）

2. 盘（新M12：5）

3. 奁（新M12：6）

4. 奁（新M12：7）

5. 案（新M12：8）

6. 案（新M12：9）

新M12出土陶器

1. 盒（新M12：10）

2. 仓（新M12：11）

3. 俑（新M14：1）

4. 狗（新M14：2）

5. 鸡（新M15：1）

6. 壶（新M15：3）

新M12、新M14、新M15出土陶器

1. 瓷高足杯（植M1：1）

2. 陶罐（植M1：2）

3. 铁棺钉（植M1：3）

4. 陶罐（植M9：1）

5. 陶罐（植M11：3）

6. 陶碗（植M11：4）

植M1、植M9、植M11出土陶器、瓷器、铁器

图版七九

1. 棺（植M3：2）

2. 俑（植M5：2）

3. 俑（植M5：3）

4. 耳杯（植M5：4）

5. 盘（植M5：5）

6. 耳杯（植M5：6）

植M3、植M5出土陶器

1. 小陶盆（植M5：8）

2. 磨（植M5：9）

3. 鸡（植M5：10）

4. 鸡（植M5：11）

5. 狗（植M5：12）

6. 井（植M5：13）

植M5出土陶器

1. 石砚（植M5：14）

2. 陶灯（植M5：15）

3. 陶耳杯（植M5：16）

4. 陶耳杯（植M5：17）

5. 陶井（植M5：18）

6. 陶灶（植M6：1）

植M5、植M6出土陶器、石器

1. 厕（植M6：2）

2. 猪（植M6：3）

3. 猪（植M6：4）

4. 猪（植M6：5）

5. 鸡（植M6：6）

6. 鸡（植M6：7）

植M6出土陶器

1. 鸡（植M6：8）

2. 小陶盆（植M6：9）

3. 小陶盆（植M6：10）

4. 井（植M6：12）

5. 器盖（植M6：14）

6. 罐（植M6：22）

植M6出土陶器

1. 狗（植M12：1）

2. 鸡（植M12：2）

3. 鸡（植M12：3）

4. 井（植M12：4）

5. 灶（植M12：5）

6. 厕（植M12：6）

植M12出土陶器

1. 灯（植M12：7）

2. 魁（植M12：10）

3. 俑（植M12：11）

4. 仓（植M12：13）

5. 俑（植M12：8）

6. 灯（植M12：14）

植M12出土陶器

1. 盆（植M12：15）

2. 奁（植M12：16）

3. 汲水小罐（植M12：17）

4. 案（植M12：26）

5. 三足盘（植M13：1）

6. 盘（植M13：2）

植M12、植M13出土陶器

1. 陶六錾锅（植M13：3）

2. 瓷盘（植M14：1）

3. 瓷杯（植M14：2）

4. 陶碗（植M18：1）

5. 陶篮（植M19：2）

6. 陶篮（植M19：3）

植M13、植M14、植M18、植M19出土陶器、瓷器

图版八八

1. 瓷碟（植M19：4）

2. 陶碗（植M19：6）

3. 陶罐（植M19：7）

4. 陶罐（植M19：8）

5. 陶盆（植M19：9）

6. 圆形石器（植M19：10）

7. 陶罐（植M19：11）

8. 陶灯（植M19：12）

植M19出土陶器、瓷器、石器